全国一级造价工程师职业资格考试应试指南

Jiaotong Yunshu Gongcheng Jishu yu Jiliang Gonglu Pian

交通运输工程技术与计量 公路篇

（2020 年版）

北京中交京纬公路造价技术有限公司
长沙市中交京纬职业培训学校
主编

人民交通出版社股份有限公司

北 京

内 容 提 要

本书根据最新版《全国一级造价工程师职业资格考试大纲》编写，包括绪论，工程地质、水文与气象，工程构造，工程材料与工程机械，公路工程施工组织与施工技术，公路养护工程技术，公路工程计量与计价等 7 章内容。每章列出了考纲要求，制作了知识架构和思维导图，梳理了知识点集成表格，精编了习题及答案解析，并对例题进行了细致剖析。本书知识架构逻辑清晰，脉络分明，学练结合，便于读者对知识点的掌握和理解。

本书可作为全国一级造价工程师（交通运输工程公路专业）职业资格考试考生复习备考的参考用书，也可作为相关从业人员及相关专业师生在实际工作和教学中的参考用书。

图书在版编目（CIP）数据

交通运输工程技术与计量. 公路篇 ：2020 年版 / 北京中交京纬公路造价技术有限公司，长沙市中交京纬职业培训学校主编. — 北京 ：人民交通出版社股份有限公司，2020. 8

ISBN 978-7-114-16782-9

Ⅰ. ①交… Ⅱ. ①北… ②长… Ⅲ. ①交通工程—工程造价—资格考试—自学参考资料②道路工程—工程造价—资格考试—自学参考资料 Ⅳ. ①U491②U415. 13

中国版本图书馆 CIP 数据核字（2020）第 152599 号

全国一级造价工程师职业资格考试应试指南
书 名：交通运输工程技术与计量 公路篇（2020 年版）
著 作 者：北京中交京纬公路造价技术有限公司
长沙市中交京纬职业培训学校
责任编辑：石 遥 朱伟康
责任校对：刘 芹
责任印制：刘高彤
出版发行：人民交通出版社股份有限公司
地 址：（100011）北京市朝阳区安定门外外馆斜街 3 号
网 址：http://www.ccpcl.com.cn
销售电话：（010）59757973
总 经 销：人民交通出版社股份有限公司发行部
经 销：各地新华书店
印 刷：北京市密东印刷有限公司
开 本：787 × 1092 1/16
印 张：23
字 数：527 千
版 次：2020 年 8 月 第 1 版
印 次：2020 年 8 月 第 1 次印刷
书 号：ISBN 978-7-114-16782-9
定 价：90.00 元
（有印刷、装订质量问题的图书由本公司负责调换）

《交通运输工程技术与计量　公路篇》

（2020年版）

主编单位

北京中交京纬公路造价技术有限公司

长沙市中交京纬职业培训学校

编写人员

（以姓氏笔画为序）

刘建华　宋　军　张　艳　陈　纯

范美玲　周　林

审定人员

董再更　谢　萍　陈晓东

前　言

交通运输是现代社会的血脉，是现代社会经济发展的基础和先行，为适应现代社会发展要求而产生的公路建设行业始终被列为国家的重点建设行业。公路工程造价管理是公路建设不可或缺的一项重要工作，对于科学、合理确定和使用公路建设资金，发挥其最大效能具有不可替代的重要作用。造价工程师的素质不仅直接关系到工程的成本、质量，也关系到工程成败。因此，造价工程师在整个工程建设中的分量举足轻重。

2018 年 7 月，住房城乡建设部、交通运输部、水利部、人力资源社会保障部联合印发了《造价工程师职业资格制度规定》和《造价工程师职业资格考试实施办法》。据此，交通运输部拟定了交通运输工程类别的“技术与计量”和“造价案例分析”两个专业科目的考试大纲。为助考生更高效的备考，按照该考试大纲的要求，紧密围绕交通运输部发布的行业标准、规范和 2018 年版公路工程新定额，结合交通运输工程公路专业科目“技术与计量”和“造价案例分析”的 2020 年版最新教材，北京中交京纬公路造价技术有限公司和长沙市中交京纬职业培训学校组织来自公路工程造价（定额）管理、设计、施工、造价咨询等单位和高校的专家，编写了相应的考试辅导书，包括 2020 年版《全国一级造价工程师职业资格考试应试指南　交通运输工程技术与计量　公路篇》《全国一级造价工程师职业资格考试应试指南　交通运输工程造价案例分析　公路篇》共两册（以下简称《应试指南》），分别与两个专业科目考试相对应。

2020 版《应试指南》在编排体例上延续了 2019 版《应试指南》的风格，除反映教材新的变化之外，还对 2019 版《应试指南》中的一些错误之处进行了修正，同时结合 2019 年交通运输工程公路专业造价工程师的考试题型新增了大量的习题和解析，部分章节相较于 2019 版《应试指南》还做了较大幅度的修改，力求方便考生在短时间内掌握考试内容，辅助考生顺利通过考试。

本《应试指南》在修编过程中虽几经推敲，再三修正，但由于编者水平有限，疏漏和纰误难以避免,恳请广大读者批评指正,可以将发现的问题发到电子邮箱：1282331156@ qq. com。最后,预祝考生取得优异成绩。

北京中交京纬公路造价技术有限公司

长沙市中交京纬职业培训学校

2020 年 8 月

目　　录

第一章 绪 论

一、本章知识架构

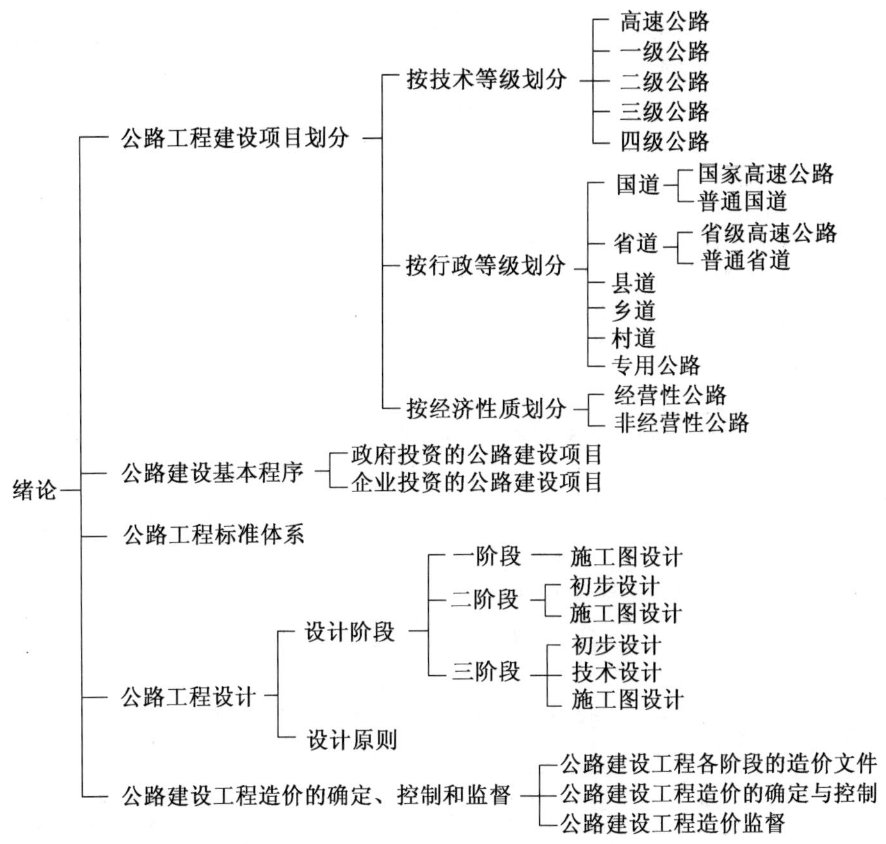

二、知识点与题型详解

知识点集成

公路工程建设项目划分	
技术等级	根据使用任务、功能和适应的交通量分为高速公路、一级公路、二级公路、三级公路、四级公路五个等级
行政等级	按公路在公路路网中的地位和行政等级,分为国道(国家高速公路、普通国道)、省道(省级高速公路、普通省道)、县道、乡道、村道和专用公路

续上表

公路工程建设项目划分	
经济性质	公路按经济性质,分为经营性公路和非经营性公路
公路建设基本程序	
政府投资公路建设的项目	1. 根据规划,编制项目建议书。 2. 根据批准的项目建议书,进行工程可行性研究,编制可行性研究报告。 3. 根据批准的可行性研究报告,编制初步设计文件。 4. 根据批准的初步设计文件,编制施工图设计文件。 5. 根据批准的施工图设计文件,组织项目招标。 6. 根据国家有关规定,进行征地拆迁等施工前准备工作,并向交通运输主管部门申报施工许可。 7. 根据批准的项目施工许可,组织项目实施。 8. 项目完工后,编制竣工图表、工程决算和竣工财务决算,办理项目交、竣工验收和财产移交手续。 9. 竣工验收合格后,组织项目后评价
企业投资公路建设的项目	1. 根据规划,编制工程可行性研究报告。 2. 组织投资人招标工作,依法确定投资人。 3. 投资人编制项目申请报告,按规定报项目审批部门核准。 4. 根据核准的项目申请报告,编制初步设计文件,其中涉及公共利益、公众安全、工程建设强制性标准的内容应当按项目隶属关系报交通运输主管部门审查。 5. 根据初步设计文件编制施工图设计文件。 6. 根据批准的施工图设计文件组织项目招标。 7. 根据国家有关规定,进行征地拆迁等施工前准备工作,并向交通运输主管部门申报施工许可。 8. 根据批准的项目施工许可,组织项目实施。 9. 项目完工后,编制竣工图表、工程决算和竣工财务决算,办理项目交、竣工验收。 10. 竣工验收合格后,组织项目后评价
公路工程标准体系	
公路工程标准体系是公路工程建设、管理、养护、运营相关标准按其内在联系形成的科学的有机整体,其体系结构分为三层,第一层为板块,第二层为模块,第三层为标准	
公路工程设计	
一阶段设计	一阶段设计即一阶段施工图设计,应以批准的可行性研究报告、测设合同和定测、详勘资料为依据进行编制
两阶段设计	即初步设计和施工图设计两个阶段。应以批准的可行性研究报告、测设合同和初测资料为依据,编制初步设计文件和工程概算。然后根据批准的初步设计,通过详细测量,编制施工图设计文件和工程预算。初步设计文件一经主管部门批准,其概算就是建设项目投资的最高限额,不得随意突破
三阶段设计	即在初步设计和施工图设计之间,增加一个设计阶段,称为技术设计,是根据批准的初步设计和初测与定测资料来进行编制的,是对初步设计中有关技术、经济的各项初步规划和决定进一步具体和深化,制订更为完善的设计和施工方案,进一步确定各项工程数量,提供各种必要的数据,以满足编制修正概算的需要。技术设计文件一经批准,其修正概算就是建设项目投资的最高限额,不得随意突破
设计原则	1. 要精心设计,按照从实际出发、因地制宜、安全适用、就地取材的原则,使设计的建设项目在技术上先进、经济上合理,具有良好的社会综合效益。 2. 要节约用地,尽量少占良田,重视环境保护,要顺应地形、地貌,使交通建设工程与沿线自然景观有机地融为一体。在有条件的地方,应结合施工,改土造田,注意与农田水利设施的综合利用,支援农业。在进行方案比选时,应将占地多少作为重要条件之一。 3. 要具有全寿命设计理念,减少资源的占用与消耗,加强技术经济的分析工作,重视经济效益。工程设计要遵循技术与经济相统一的原则,正确处理两者之间的关系

续上表

公路建设工程造价的确定、控制和监督	
公路建设工程各阶段的造价文件	1. 前期阶段:项目建议书(投资估算文件)、工程可行性研究(投资估算文件)、设计阶段(设计概算、施工图预算)。 2. 实施阶段:招标阶段[招(投)标工程量清单、工程量清单预算文件]、施工阶段(合同工程量清单、计量与支付文件、工程变更费用文件、造价管理台账)。 3. 竣工(交)阶段:工程计算文件、竣工决算文件、造价执行情况报告
公路建设工程造价的确定与控制	1. 工程项目建议书、工程可行性研究报告阶段: 投资估算的编制、审查、审批、备案应符合交通运输部发布的《公路工程建设项目投资估算编制办法》(JTG 3820—2018)、《公路工程估算指标》(JTG/T 3821—2018)和各省(区、市)交通运输主管部门有关补充计价依据的规定。 2. 初步设计阶段: (1)设计概算的编制、审查、审批、备案应符合交通运输部发布的《公路工程建设项目概算预算编制办法》(JTG 3830—2018)、《公路工程概算定额》(JTG/T 3831—2018)、《公路工程预算定额》(JTG/T 3832—2018)、《公路工程机械台班费用定额》(JTG/T 3833—2018)和各省(区、市)交通运输主管部门有关补充计价依据的规定。 (2)经批准的概算是建设项目投资的最高限额,设计概算的静态投资部分不得超过经审批或者核准的投资估算的静态投资部分的110%。 (3)未经批准擅自增加建设内容、扩大建设规模、提高建设标准、改变设计方案等造成超概算的,不予调整设计概算。 (4)由于地质条件发生重大变化、设计方案变更等因素造成的设计概算调整,实际投资调增幅度超过静态投资估算10%的,应当报项目可行性研究报告审批或者核准部门调整投资估算后,再由原初步设计审批部门审查调整设计概算;实际投资调增幅度不超过静态投资估算10%的,由原初步设计审批部门直接审查调整设计概算。 3. 施工图设计阶段: 施工图预算的编制、审查、审批、备案应符合交通运输部发布的《公路工程建设项目概算预算编制办法》(JTG 3830—2018)、《公路工程预算定额》(JTG/T 3831—2018)、《公路工程机械台班费用定额》(JTG/T 3833—2018)和各省(区、市)交通运输主管部门有关补充计价依据的规定。施工图预算应控制在批准的初步设计概算范围内。 4. 招标阶段: (1)公路工程建设项目实行招标的,应当使用《公路工程标准施工招标文件》(2018年版),在招标文件中载明工程计量计价事项。设有标底或者最高投标限价的,标底或者最高投标限价应当根据造价依据并结合市场因素进行编制,并不得超出经批准的设计概算或者施工图预算对应部分。 (2)建设单位应当进行标底或者最高投标限价与设计概算或者施工图预算的对比分析,合理控制建设项目造价。 (3)投标报价由投标人根据市场及企业经营状况编制,不得低于工程成本。 5. 施工阶段: (1)建设单位应当将施工合同的工程量清单按管理权限报各级交通运输主管部门备案。 (2)建设单位应当根据年度工程计划及时编制该项目年度费用预算,并根据工程进度及时编制工程造价管理台账,对工程投资执行情况与经批准的设计概算或者施工图预算进行对比分析。 (3)计量支付文件应根据合同文件、工程变更、签认的质量检验单和计量工程量等编制。 (4)设计变更应按合同文件以部、省(区、市)有关设计变更管理办法的规定和程序,由建设单位完成审批程序,合理确定变更费用。 价格调整应符合合同约定。 6. 竣(交)工阶段: (1)交工阶段承包人应根据合同文件、计量支付文件和变更文件编制工程结算。 (2)竣工验收前,建设单位应当编制竣工决算文件(报告)及公路工程建设项目造价执行情况报告,经审定的竣工决算是公路工程的最终造价,是确定公路工程新增固定资产投资额的依据。审计部门对竣工决算报告提出审计意见和调整要求的,建设单位应当按照要求对竣工决算报告进行调整。

续上表

公路建设工程造价监督	公路工程造价监督检查主要包括以下内容: 1. 相关单位对公路工程造价管理法律、法规、规章、制度以及公路工程造价依据的执行情况。 2. 各阶段造价文件编制、审查、审批、备案以及对批复意见的落实情况。 3. 建设单位工程造价管理台账和计量支付制度的建立与执行、造价全过程管理与控制情况。 4. 设计变更原因及费用变更情况。 5. 建设单位对项目造价信息的收集、分析及报送情况。 6. 从事公路工程造价活动的单位和人员的信用情况。 7. 其他相关事项

例题解析

1. 对技术复杂、基础资料缺乏或不足的建设项目,或建设项目中的特殊大型桥梁、隧道等部分工程,必要时可在初步设计和施工图设计之间增加(　　)。

A. 方案设计　　B. 专题设计　　C. 技术设计　　D. 课题设计

答案:C

【解析】 本题为2012年考题,考查三阶段设计,对于技术复杂、基础资料缺乏或不足的建设项目,或建设项目中的特殊大型桥梁、隧道、互通式立体交叉等部分工程,必要时可采用三阶段设计。即在初步设计和施工图设计之间,增加一个设计阶段,称为技术设计。技术设计是根据批准的初步设计和初测与定测资料来进行编制的。

2.《公路工程技术标准》(JTG B01—2014)将公路等级划分为(　　)个等级。

A. 三　　B. 四　　C. 五　　D. 六

答案:C

【解析】 本题为2013年考题,按照《公路工程技术标准》(JTG B01—2014),公路根据使用任务、功能和适应的交通量分为高速公路、一级公路、二级公路、三级公路、四级公路五个等级。

本章习题

Ⅰ. 单项选择题

1. 目前,我国公路工程一阶段设计,应以批准的(　　)为依据,详测后做施工图设计。

A. 项目建议书　　B. 可行性研究报告

C. 初步设计文件　　D. 技术设计文件

2. 目前,我国公路工程三阶段设计是指(　　)。

A. 项目建议书、工程可行性研究报告和初步设计

B. 项目前期阶段设计、项目设计阶段和项目施工阶段设计

C. 初步设计、技术设计和施工图设计

D. 估算阶段设计、预算阶段和决算阶段设计

3. 我国公路建设项目投资的最高限额是指(　　)。

A. 项目建议书投资估算
B. 工程可行性研究报告投资估算
C. 初步设计概算
D. 施工图预算

4. 我国公路工程必须编制修正概算的是(　　)。
A. 初步设计
B. 技术设计
C. 施工图设计
D. 施工超支

5. 对特殊大型桥梁,技术复杂,基础资料不足,必要时可在初步设计与施工图设计之间增加(　　)。
A. 方案设计　B. 专题设计　C. 技术设计　D. 虚拟设计

6. 下列说法有误的是(　　)。
A. 设计概算应符合交通运输部发布的现行《公路工程建设项目概算预算编制办法》《公路工程概算定额》《公路工程预算定额》《公路工程机械台班费用定额》和各省(区、市)交通运输主管部门有关补充计价依据的规定
B. 经批准的概算是基本建设项目投资的最高限额, 设计概算的静态投资部分不得超过经审批或者核准的投资估算的静态投资部分的110%
C. 未经批准擅自增加建设内容、扩大建设规模、提高建设标准、改变设计方案等造成超概算的,可调整设计概算
D. 由于地质条件发生重大变化、设计方案变更等因素造成的设计概算调整,实际投资调增幅度超过静态投资估算10%的,应当报项目可行性研究报告审批或者核准部门调整投资估算后,再由原初步设计审批部门审查调整设计概算;实际投资调增幅度不超过静态投资估算10%的,由原初步设计审批部门直接审查调整设计概算

Ⅱ. 多项选择题

1. 下列属于实施阶段的造价文件的有(　　)。
A. 造价管理台账
B. 计量与支付文件
C. 工程变更费用文件
D. 施工图预算文件

2. 关于公路设计交通量的预测,以下叙述正确的有(　　)。
A. 高速公路和具有干线功能的一级公路设计交通量一般按20年预测
B. 二级公路设计交通量一般按15年预测
C. 具有集散功能的一级公路设计交通量按15年预测
D. 三级公路设计交通量一般按10年预测

3. 以下关于公路工程设计,叙述正确的有(　　)。
A. 初步设计文件一经主管部门批准,其预算就是建设项目投资的最高限额,不得随意突破
B. 技术设计文件一经批准,其修正概算就是建设项目投资的最高限额,不得随意突破
C. 技术设计,是根据批准的初步设计和初测与定测资料来进行编制的
D. 施工图设计是建设项目的最后设计阶段

本章习题答案及解析

Ⅰ.单项选择题

1.答案:B

【解析】 公路工程一阶段设计是以批准的可行性研究报告为依据,详测后做施工图设计。

2.答案:C

【解析】 在初步设计和施工图设计之间,增加一个设计阶段,称为技术设计,其是根据批准的初步设计和初测与定测资料来进行编制的。

3.答案:C

【解析】 初步设计文件一经主管部门批准,其概算就是建设项目投资的最高限额,不得随意突破。

4.答案:B

【解析】 根据有关文件规定,三阶段技术设计必须编制修正概算。

5.答案:C

【解析】 对于技术复杂、基础资料缺乏或不足的建设项目,或建设项目中的特殊大型桥梁、隧道、互通式立体交叉等部分工程,必要时可采用三阶段设计。

6.答案:C

【解析】 未经批准擅自增加建设内容、扩大建设规模、提高建设标准、改变设计方案等造成超概算的,不予调整设计概算。

Ⅱ.多项选择题

1.答案:ABC

【解析】 D选项(施工图预算文件)属于前期阶段造价文件。

公路建设工程各阶段的造价文件如下:①前期阶段,项目建议书(投资估算文件)、工程可行性研究(投资估算文件)、设计阶段(设计概算、施工图预算);②实施阶段,招标阶段[招(投)标工程量清单、工程量清单预算文件]、施工阶段(合同工程量清单、计量与支付文件、工程变更费用文件、造价管理台账);③竣工(交)阶段,工程计算文件、竣工决算文件、造价执行情况报告。

2.答案:ABC

【解析】 在公路设计时,我国规定高速公路和具有干线功能的一级公路设计交通量一般按20年预测;具有集散功能的一级公路,以及二级、三级公路设计交通量一般按15年预测;四级公路可根据实际情况确定。

3.答案:BCD

【解析】 初步设计文件一经主管部门批准,其概算就是建设项目投资的最高限额,不得随意突破。

第二章 工程地质、水文与气象

一、考纲要求

1. 工程地质。
2. 工程水文。
3. 工程气象。

二、本章知识架构

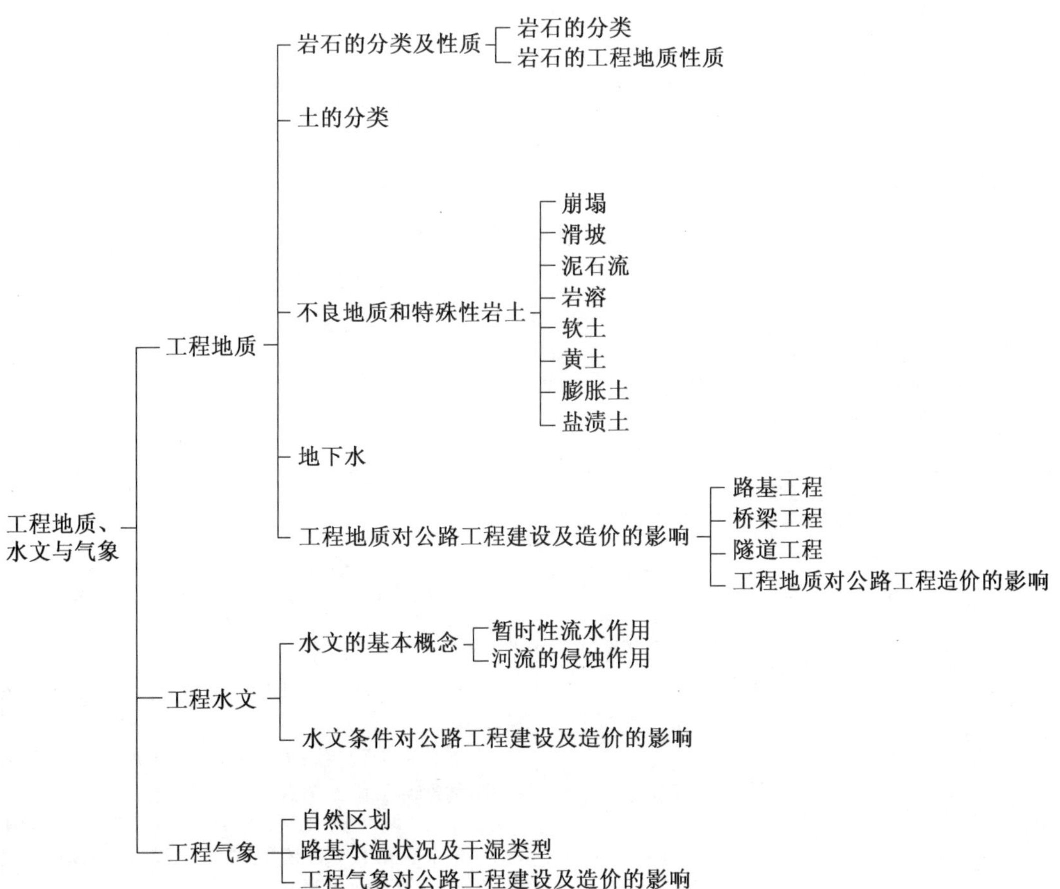

三、知识点与题型详解

(一)工程地质

工程地质知识点

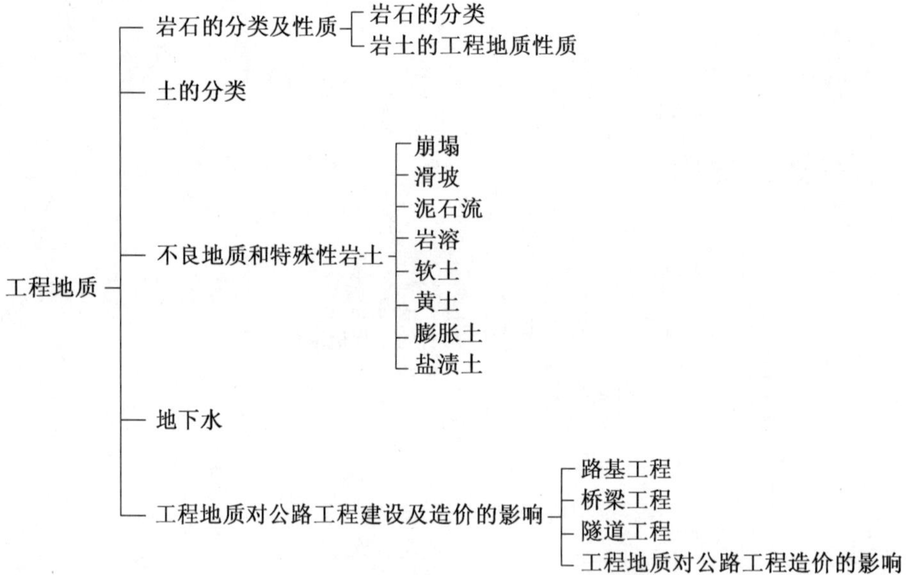

知识点集成

知识点1:岩石的分类

<table>
<tr><td colspan="3">岩石类别(按成因分)</td><td>特　征</td></tr>
<tr><td rowspan="4">岩浆岩
(火成岩)</td><td colspan="2">形成</td><td>由岩浆冷凝形成的岩石</td></tr>
<tr><td rowspan="2">分类(按颜色分)</td><td>浅色矿物</td><td>石英、正长石、斜长石及白云母等</td></tr>
<tr><td>深色矿物</td><td>黑云母、角闪石、辉石及橄榄石等</td></tr>
<tr><td colspan="2">特征</td><td>1. SiO_2(二氧化硅,也称硅石)含量高、对岩石的矿物成分影响最大。
2. SiO_2 含量与岩浆岩颜色关系密切。一般 SiO_2 含量高,岩浆岩颜色较浅;反之,岩石颜色较深。
3. 岩浆岩与沥青材料的结合能力受岩浆化学成分影响明显。一般来讲,SiO_2 含量越高,结合能力越差,即酸性岩最差、中性岩次之、基性岩最好</td></tr>
</table>

续上表

岩石类别(按成因分)			特 征
沉积岩(水成岩)	形成		岩石的风化产物,大部分被流水等运动介质搬运到河、湖、海洋等低洼的地方沉积下来,成为松散的堆积物。这些松散的堆积物经过压密、胶结、重结晶等作用,逐渐形成沉积岩
	分类	碎屑物质	常见的胶结物有硅质、铁质、钙质和泥质四种
		黏土矿物	1. 由含铝硅酸盐类矿物的岩石,经化学风化作用形成的次生矿物,如高岭石、伊利石及蒙脱石等。 2. 颗粒极细(粒径 <0.005mm),具有很大的亲水性、可塑性及膨胀性。 3. 含量直接影响沉积岩的工程性质,含量越高,工程性质越差;反之,则好
		化学沉积矿物	方解石、白云石,其他还有石膏、石盐、铁和锰的氧化物或氢氧化物等
		有机质及生物残骸	贝壳、泥岩及其他有机质等
变质岩	形成		地壳内部原有的岩石由于受到高温、高压及化学成分加入的影响,改变原来的矿物成分和结构、构造,形成新的岩石
	分类(按矿物成分分)		岩浆岩、沉积岩,如石英、长石、云母、角闪石、辉石、方解石等
			在变质作用中产生的变质岩所特有的矿物,如石墨、滑石、蛇纹石、石榴子石、绿泥石、绢云母、硅灰石、蓝晶石、红柱石等

知识点 2:岩石的工程地质性质

工程地质性质	物理性质		密度、相对密度、孔隙率等
	水理性质		吸水性、透水性、溶解性、软化性和抗冻性
	力学性质		1. 岩石的强度指标即抗压强度、抗拉强度、抗剪强度。岩石的抗压强度最高,抗剪强度居中,抗拉强度最小,其抗剪强度和抗压强度是评价岩石稳定性的重要指标。 2. 岩石的变形指标(弹性模量、变形模量、泊松比)
影响因素	地质特征	矿物成分	1. 石灰岩和砂岩,当黏土类矿物的含量 >20% 时,就会直接降低岩石的强度和稳定性。 2. 属于硬岩的有岩浆岩的全部,沉积岩中的硅质、铁质及钙质胶结的碎屑岩、石灰岩、白云岩,变质岩中的石英岩、片麻岩、大理岩等。 3. 属于软岩的有沉积岩的黏土岩及黏土含量高的碎屑岩、化学沉积岩,变质岩中的千枚岩、片岩等
		结构	1. 结晶联结的岩石,如大部分的岩浆岩、变质岩和部分沉积岩。 2. 由胶结物联结的岩石,如沉积岩中的碎屑岩等
		构造	1. 矿物成分在岩石中分布的不均匀性。 2. 岩石结构的不连续性

续上表

影响因素	外部因素	水	岩石饱水后强度降低
		风化	促使岩石的结构、构造和整体性遭到破坏,孔隙度增大,密度减小,吸水性和透水性显著增高,强度和稳定性大为降低

知识点3:土的分类

统　称	名　称		粒径 d 范围(mm)
巨粒土	漂石土		$d>200$
	卵石土		$60<d\leqslant200$
粗粒土	砾类土	粗	$20<d\leqslant60$
		中	$5<d\leqslant20$
		细	$2<d\leqslant5$
	砂类土	粗	$0.5<d\leqslant2$
		中	$0.25<d\leqslant0.5$
		细	$0.075<d\leqslant0.25$
细粒土	粉质土		$0.002<d\leqslant0.075$
	黏质土		$d\leqslant0.002$
	有机质土		—
特殊土	黄土		—
	膨胀土		—
	红黏土		—
	盐渍土		—
	冻土		—

知识点4:不良地质和特殊性土

崩塌	概念		在陡峻的斜坡上,巨大岩块在重力作用下突然而猛烈地向下倾倒、翻滚、坠落的现象
	形成条件	地形条件	斜坡高、陡
		岩性条件	1.坚硬性脆的岩石构成的斜坡。 2.软硬互层构成的陡峻斜坡
		构造条件	抗剪性能较低的"软弱面"倾向临空且倾角较陡
		其他自然因素	暴雨、久雨或强震等
滑坡	概念		斜坡大量土体和岩体在重力作用下,沿一定的滑动面(或带)整体向下滑动的现象
	形成条件		斜坡岩(土)体平衡条件遭到破坏,滑动面的形状基本为平面形和圆柱状两种
	影响因素		岩性、构造、水、地震

续上表

<table>
<tr><td rowspan="4">滑坡</td><td rowspan="4">分类</td><td>按滑坡体的主要物质组成分</td><td>堆积层滑坡、黄土滑坡、黏土滑坡、岩层滑坡</td></tr>
<tr><td>按滑坡体规模分</td><td>小型滑坡、中型滑坡、大型滑坡、巨型滑坡</td></tr>
<tr><td>按滑坡体的厚度分</td><td>浅层滑坡、中层滑坡、深层滑坡</td></tr>
<tr><td>按滑坡的力学特征分</td><td>牵引式滑坡、推动式滑坡</td></tr>
<tr><td rowspan="11">泥石流</td><td colspan="2">概念</td><td>突然暴发的含有大量泥沙、石块的特殊洪流</td></tr>
<tr><td rowspan="3">流域分区</td><td>形成区</td><td>流域上游</td></tr>
<tr><td>流通区</td><td>流域的中、下游地段</td></tr>
<tr><td>堆积区</td><td>沟谷的出口处</td></tr>
<tr><td rowspan="4">形成条件</td><td>地质条件</td><td>流域中有丰富的固体物质补给泥石流</td></tr>
<tr><td>地形条件</td><td>有陡峭的地形和较大的沟床纵坡</td></tr>
<tr><td>水文气象条件</td><td>流域的中、上游有强大的暴雨或冰雪强烈消融等形成的充沛水源</td></tr>
<tr><td>人类活动的影响</td><td>滥伐山林、矿山剥土、工程弃渣处理不当等</td></tr>
<tr><td rowspan="3">分类</td><td>按固体物质组成分</td><td>1. 泥流(以黏土、粉土为主,仅有少量岩屑碎石)。
2. 泥石流(黏土、粉土及石块、砂砾)。
3. 水石流(坚硬的石块、漂砾、岩屑及砂等,粉土和黏土含量很少)</td></tr>
<tr><td>按流体性质分类</td><td>黏性泥石流、稀性泥石流</td></tr>
<tr><td>按形态特征分类</td><td>标准型泥石流、河谷型泥石流、山坡型泥石流</td></tr>
<tr><td rowspan="3">岩溶</td><td colspan="2">概念</td><td>地表水和地下水对地表及地下可溶性岩石所进行的以化学溶解作用为主,机械侵蚀作用为辅的溶蚀作用、侵蚀-溶蚀作用以及与之相伴生的堆积作用的总称</td></tr>
<tr><td rowspan="2">影响因素</td><td>地质因素</td><td>1. 地层(包括地层的组合、厚度)。
2. 构造(包括地层产状、大地构造、地质构造等)</td></tr>
<tr><td>地理因素</td><td>气候、覆盖层、植被和地形等(气候因素对岩溶影响最为显著)</td></tr>
<tr><td rowspan="3">软土</td><td colspan="2">概念</td><td>天然含水率大、压缩性高、承载力低和抗剪强度很低的呈软塑～流塑状态的黏性土</td></tr>
<tr><td colspan="2">按天然孔隙比和有机质含量分</td><td>1. 淤泥质土($1 < e < 1.5$;3%～10%)。
2. 淤泥($e > 1.5$;3%～10%)。
3. 泥炭质土($e > 3$;10%～60%)。
4. 泥炭($e > 10$;>60%)</td></tr>
<tr><td colspan="2">特征</td><td>1. 颜色多为灰绿、灰黑色,手摸有滑腻感,能染指,有机质含量高时,有腥臭味。
2. 软土的粒度成分主要为黏粒及粉粒,黏粒含量高达60%～70%。
3. 软土的矿物成分,除粉粒中的石英、长石、云母外,黏粒中的黏土矿物主要是伊利石,高岭石次之。此外,软土中常有一定量的有机质,含量可高达8%～9%。</td></tr>
</table>

续上表

<table>
<tr><td rowspan="2">软土</td><td colspan="2">特征</td><td>4. 软土具有典型的海绵状或蜂窝状结构,这是造成软土孔隙比大、含水率高、透水性小、压缩性大、强度低的主要原因之一。
5. 软土常具有层理构造,软土和薄层的粉砂、泥炭层等相互交替沉积或呈透镜体相间形成性质复杂的土体</td></tr>
<tr><td colspan="2">工程性质特点</td><td>软土具有孔隙比大(一般大于1.0,高的可达5.8),含水率高(最大可达300%),透水性小和固结缓慢,压缩性高,强度低且具有触变性、流变性等特征</td></tr>
<tr><td rowspan="2">黄土</td><td colspan="2">概念</td><td>在干旱、半干旱气候条件下,陆相沉积的一种特殊土</td></tr>
<tr><td colspan="2">特征</td><td>1. 颜色为淡黄、褐色或灰黄色。
2. 颗粒组成以粉土颗粒(粒径为0.005 ~ 0.075mm)为主,占60% ~70%。
3. 黄土中含有多种可溶盐,特别富含碳酸盐,主要是碳酸钙,含量可达10% ~30%,局部密集形成钙质结核,又称姜结石。
4. 结构疏松,孔隙多,有肉眼可见的大孔隙或虫孔、植物根孔等各种孔洞,孔隙度一般为33% ~64%。
5. 质地均一、无层理,但具有柱状节理和垂直节理,天然条件下能保持近于垂直的边坡。
6. 湿陷性</td></tr>
<tr><td rowspan="5">膨胀土</td><td colspan="2">概念</td><td>一种黏性土,具有明显的膨胀、收缩特性</td></tr>
<tr><td colspan="2">特征</td><td>1. 膨胀土颜色多为灰白、棕黄、棕红、褐色等。
2. 粒度成分以黏粒为主,含量在35% ~50%以上,其次是粉粒,砂粒最少。
3. 黏粒的黏土矿物以蒙脱石、伊利石为主,高岭石含量很少
4. 天然状态下,膨胀土结构紧密、孔隙比小,干密度达1.6 ~1.8g/cm³,塑性指数为18 ~23。
5. 具有强烈的膨胀、收缩特性。吸水时膨胀,产生膨胀压力,失水收缩时产生收缩裂隙,干燥时强度较高,多次反复胀缩后,强度降低。
6. 天然状态下,膨胀土的剪切强度、弹性模量都比较高,但遇水后强度降低,有的甚至接近饱和淤泥的强度。
7. 膨胀土中各种成因的裂隙十分发育。
8. 早期生成的膨胀土具有超固结性。表示膨胀土的胀缩性指标有自由膨胀率、膨胀率和线缩率</td></tr>
<tr><td rowspan="3">试验</td><td>常规试验</td><td>密度、相对密度、含水率,界限含水率,岩土的矿物成分化学分析,土的黏粒含量测定</td></tr>
<tr><td>工程特性
指标试验</td><td>自由膨胀率及不同应力下的膨胀率、膨胀力、收缩系数试验</td></tr>
<tr><td>力学强度试验</td><td>压缩试验、剪切试验、浸水后剪切试验</td></tr>
</table>

续上表

盐渍土	概念		土体中易溶盐含量大于0.5%，且具有吸湿、松胀等特性的土
	分类	按形成条件分	盐土、碱土和胶碱土等类型
		按含盐成分分	氯盐渍土、亚氯盐渍土、亚硫酸盐渍土、硫酸盐渍土和碳酸盐渍土
	性质	膨胀性 （盐胀性）	硫酸盐沉淀结晶时，体积增大，脱水时体积缩小，一般认为含量在2%以内时，膨胀带来的危害性较小，高于这个含量则膨胀量迅速增加
		强度	含水率较低且含盐率较高时，土的强度就较高，反之较低
		水稳性	吸湿软化、水稳定性较低

知识点5：地下水的类型与特征

分类			特征
按埋藏条件分	上层滞水		1. 概念：在包气带（孔隙内主要为空气的岩土层）内局部隔水层上积聚的具有自由水面的重力水，受大气降水的影响。 2. 危害：使地基土的强度减弱，易引起道路的冻胀和翻浆
	潜水		1. 概念：地表下面第一个连续隔水层之上的含水层中具有自由表面的水。 2. 特点：受气候、地质、地形影响，有明显季节变化
	承压水		1. 概念：充满于两个隔水层之间的含水层中的地下水。 2. 特点：受气候、水文因素的变化的影响较小，承压水动态变化稳定。 3. 危害：过量抽取地下承压水，会导致地面沉陷（治理措施减少地下承压水的抽取量和向地下注水）
按含水层空隙性质分	孔隙水		—
	基岩裂隙水	风化裂隙水	1. 概念：分布于风化裂隙中的地下水一般为层状裂隙水，风化裂隙水多属潜水。 2. 危害：常常是边坡失稳和浅层滑坡形成的重要原因
		成岩裂隙水	对工程建设影响也较小
		构造裂隙水	呈现出不均匀性和各向异性的主要特点，可以是潜水，也可以是承压水
	岩溶水		1. 概念：赋存与运移于可溶岩的空隙、裂隙以及溶洞中的地下水。 2. 特点：受气候影响明显，可以是潜水，也可以是承压水

知识点6：工程地质对公路工程建设及工程造价的影响

路基工程	路基不均匀变形	路基沉陷变形	软土、湿陷性黄土、多年冻土、岩溶空洞和地下矿山采空区等分布区域的路基常出现
		路基不均匀鼓胀变形	盐渍土和膨胀土分布地区的路基
		路基冻胀翻浆	冰冻地区路基顶部水分集中与冻融变化
	边坡变形与失稳	1. 边坡受岩性、构造等地质条件和风化、水的渗入和冲刷等自然地质作用以及人工开挖等工程活动。 2. 塌滑时边坡上部或顶部地面下沉、出现多条拉张裂缝，边坡中、下部向外鼓胀，显示出边坡整体滑动和破坏的征兆	

续上表

<table>
<tr><td rowspan="6">隧道工程</td><td>围岩分级</td><td colspan="2">Ⅰ、Ⅱ、Ⅲ、Ⅳ、Ⅴ、Ⅵ级(详见公路隧道设计规范相关内容)</td></tr>
<tr><td rowspan="5">选址</td><td>水平岩层</td><td>应选择在岩性坚硬、完整的岩层中,如石灰岩或砂岩</td></tr>
<tr><td>水平的软、硬相间岩层</td><td>隧道拱部应当尽量设置在硬岩中,设置在软岩中有可能发生坍塌</td></tr>
<tr><td>垂直走向穿越岩层</td><td>隧道穿过软岩时易发生顺层塌方</td></tr>
<tr><td>倾斜岩层</td><td>隧道顶部右上方岩层倾向洞内侧,岩层易顺层滑动,且受到偏压</td></tr>
<tr><td colspan="2">通常尽量将隧道位置选在褶曲翼部或横穿褶曲轴,避免将隧道设置在褶曲的轴部(岩层弯曲、节理发育、地下水常常由此渗入地下,容易诱发塌方)</td></tr>
<tr><td>桥梁工程</td><td>选址</td><td colspan="2">1. 桥位应选择在岸坡稳定、地基条件良好、无不良地质现象的地段。
2. 应尽可能避开大断裂带,尤其不可在未胶结的断层破碎带和具有活动可能的断裂带上造桥。
3. 从河流的情况来看,最理想的桥位应选择在水流集中、河床稳定、河道顺直、坡降均匀、河谷较窄的地段,桥梁的轴线与河流方向垂直。
4. 在某一地段选择桥位时,避开那些有河床变迁,巨大河湾、活动沙洲的不良地段。
5. 桥头及其引线应避开滑坡、崩塌、泥石流等地质灾害发生场所</td></tr>
<tr><td>工程造价</td><td colspan="3">1. 选择工程地质条件有利的路线,对工程造价起着决定作用。
2. 工程地质勘察资料的准确性直接影响工程造价。
3. 由于对特殊不良工程地质问题认识不足导致工程造价增加</td></tr>
</table>

例题解析

1. 隧道选线应尽可能使(　　)。

A. 隧道轴向与岩层走向平行　　B. 隧道轴向与岩层走向夹角较小

C. 隧道位于地下水以上　　D. 隧道位于地下水以下

答案:C

【解析】 本题是2016年考题,考查的是关于岩层产状的概念。隧道轴部与岩层走向垂直时围岩最为稳定。选项A错误,选项B与选项A基本一致,夹角小即接近平行。

2. 常处于第一层隔水层以上的重力水为(　　)。

A. 上层滞水　　B. 潜水　　C. 承压水　　D. 裂隙水

答案:B

【解析】 本题是2016年考题,考查的是地下水的概念。潜水是地表下面第一个连续隔水层之上的含水层中具有自由表面的水。

3. 根据土的分类粒径大于200mm的土属于(　　)。

A. 碎石土　　B. 漂石土　　C. 砾类土　　D. 卵石土

答案:B

【解析】 本题是2019年考题,考查的是土的分类。漂石土粒径大于200mm。

4. 黄土最主要的特性是(　　)。

A. 膨胀性　　B. 收缩性　　C. 流变性　　D. 湿陷性

答案:D

【解析】 本题是2019年考题,考查的是黄土的特性。

5. 激发较大范围内瞬间出现大量滑坡的重要因素是(　　)。

A. 岩石风化　　B. 暴雨　　C. 人工挖掘　　D. 地震

答案:D

【解析】 本题是2019年考题,考查影响滑坡的因素。其中只有地震能造成在较大范围内瞬间出现大量滑坡。

本节习题

Ⅰ. 单项选择题

1. 岩浆岩中常见的浅色矿物有(　　)。

A. 黑云母　　B. 橄榄石　　C. 角闪石　　D. 斜长石

2. 以下关于岩石的叙述,错误的是(　　)。

A. 岩石是由一种或多种矿物以一定的规律组成的自然集合体

B. 石灰岩是由方解石组成的复矿岩

C. 岩浆岩与沥青材料的结合能力受岩浆化学成分影响明显,SiO_2 含量越高,结合能力越差

D. 有机质是沉积岩所特有的,是物质组成上区别于岩浆岩的一个重要特征

3. 以下关于岩石的叙述,正确的是(　　)。

A. 抗压强度和抗拉强度是评价岩石稳定性的重要指标

B. 石灰岩和砂岩,当黏土类矿物的含量 >30% 时,就会直接降低岩石的强度和稳定性

C. 岩石的物理性质包括密度、相对密度、孔隙率、吸水性等

D. 从岩石矿物组成来看,变质岩中的石英岩、片麻岩、大理岩属于硬岩

4. 以下哪种粒径的土属于粉质土(　　)。

A. $d=0.06$mm　　B. $d=0.15$mm

C. $d=0.45$mm　　D. $d=1.25$mm

5. 以下关于特殊性土的叙述,错误的是(　　)。

A. 土体中易溶盐含量大于0.5%,且具有吸湿、松胀等特性的土称为盐渍土

B. 膨胀土的胀缩性指标有自由膨胀率、膨胀率和线缩率

C. 黄土的颗粒组成以黏土颗粒为主,含量占60%~70%

D. 软土是一类土的总称,并非指某一种特定的土

6. 软土可根据天然孔隙比和有机质含量进行分类,天然孔隙比 $e=2.0$、有机质含量为6%的土属于(　　)。

A. 淤泥质土　　B. 泥炭　　C. 淤泥　　D. 泥炭质土

7. 以下关于岩溶地区修筑公路的叙述,错误的是(　　)。

A. 岩溶发育地区选线,应尽量在土层覆盖较厚的地段通过

B. 由于地下洞穴顶板的坍塌,引起位于其上的路基及其附属构造物发生坍陷、下沉或

开裂

C. 岩溶发育地区修筑公路,路线方向宜与岩层构造线方向平行

D. 路线应尽量避开河流附近或较大断层破碎带,不能避开时,亦宜垂直或斜交通过

8. 以下关于工程地质的叙述,错误的是( )。

A. 泥石流的拦截措施是修建拦渣坝或停淤场,将泥石流中的固体物质全部拦淤,只许余水过坝

B. 构造对岩石物理力学性质的影响,主要是由矿物成分在岩石中分布的不均匀性和岩石结构的不连续性所决定的

C. 岩溶即岩溶作用及其所产生的一切岩溶现象的总称,亦称喀斯特

D. 特殊性土主要是指黄土、膨胀土、有机质土、红黏土、盐渍土、冻土

9. 膨胀土遇水后膨胀,是因为膨胀土中含有较多的( )。

A. 蒙脱石 B. 高岭石 C. 白云石 D. 长石

10. 黄土的( )是黄土地区浸水后产生大量沉陷的重要原因。

A. 湿陷性 B. 崩解性 C. 潜蚀性 D. 易冲刷性

11. 以下关于工程地质的叙述,错误的是( )。

A. 影响岩溶发育的地理因素有气候、覆盖层、植被和地形等,其中气候因素对岩溶影响最为显著

B. 根据岩石的结构特征,可将岩石分为结晶联结的岩石和胶结物联结的岩石两类

C. 路基边坡塌滑时,其上部或顶部地面下沉、出现多条拉张裂缝,中、下部向外鼓胀,显示出边坡整体滑动和破坏的征兆

D. 一般认为盐渍土的硫酸盐含量在5%以内时,膨胀带来的危害性较小,高于这个含量则膨胀量迅速增加

12. 隧道选线无法避开断层时,应尽可能使隧道轴线与断层走向( )。

A. 方向大些 B. 方向相反 C. 交角大些 D. 交角小些

13. 以下关于工程地质的叙述,错误的是( )。

A. 路基所出现的各种软化、变形和整体失稳一般称为路基病害

B. 在软、硬相间的情况下,隧道拱部应当尽量设置在软岩中

C. 围岩分级是可以作为选择施工方法的依据

D. 岩质边坡的破坏失稳与岩体中发育的各种结构面有很大关系

14. 下列( )围岩最不稳定。

A. Ⅰ级 B. Ⅱ级 C. Ⅲ级 D. Ⅵ级

15. 以下关于工程地质对公路工程建设影响的叙述,错误的是( )。

A. 一般情况下,应当将隧道设置在褶曲的轴部

B. Ⅰ级围岩基本质量指标 BQ 或修正的围岩基本质量指标[BQ]大于550

C. 围岩分级有利于给出衬砌结构的类型及尺寸

D. 桥位应选择在岸坡稳定、地基条件良好、无不良地质现象的地段,应尽可能避开大断裂带

16. 在有褶皱构造的地区进行隧道工程设计,选线的基本原则是( )。

A. 尽可能沿褶曲构造的轴部

B. 尽可能沿褶曲构造的翼部

C. 尽可能沿褶曲构造的向斜轴部

D. 尽可能沿褶曲构造的背斜核部

17. 以下关于工程地质对公路工程建设及造价影响的叙述,错误的是(　　)。

A. 选择工程地质条件有利的路线,对工程造价起着决定作用

B. 桥墩台地基稳定性主要取决墩台地基中岩土体承载力的大小

C. 应尽可能避免将隧道位置选在褶曲翼部或横穿褶曲轴

D. 当隧道轴线顺岩层走向通过时,倾向洞内的一侧岩层易发生顺层坍滑,边墙承受偏压

18. 公路隧道围岩分为(　　)级。

A. 3　　B. 4　　C. 5　　D. 6

19. 某公路山岭隧道穿越的岩层主要是坚硬岩,岩体较完整,块状或厚层状结构,其围岩基本质量指标 BQ 为 451 ~ 550MPa,该围岩属于(　　)级。

A. Ⅰ　　B. Ⅱ　　C. Ⅲ　　D. Ⅳ

20. 不受气候影响的地下水是(　　)。

A. 上层滞水　　B. 潜水　　C. 承压水　　D. 裂隙水

21. 以下关于地下水说法错误的是(　　)。

A. 在寒冷的北方地区,上层滞水易引起道路的冻胀和翻浆

B. 潜水通过包气带与地表发生联系,不受气候、水文的影响,因此潜水的动态变化稳定

C. 风化裂隙水常常是边坡失稳和浅层滑坡形成的重要原因

D. 岩溶水可以是潜水,也可以是承压水

22. 上层滞水的主要补给来源是(　　)。

A. 大气降水　　B. 潜水　　C. 承压水　　D. 地表水

23. 基岩裂隙水的主要径流通道是(　　)。

A. 岩石的孔隙　　B. 岩石的节理

C. 溶洞　　D. 岩层的层理

24. 有明显季节循环交替的裂隙水为(　　)。

A. 风化裂隙水　　B. 成岩裂隙水

C. 层状构造裂隙水　　D. 脉状构造裂隙水

25. 岩浆的化学成分相当复杂,但含量高、对岩石的矿物成分影响最大的是(　　)。

A. 石英　　B. 正长石　　C. 黑云母　　D. 辉石

26. 某岩石的抗压强度为 200MPa,则其抗剪强度和抗拉强度可能约为(　　)。

A. 100MPa 和 400MPa　　B. 60MPa 和 20MPa

C. 300MPa 和 100MPa　　D. 50MPa 和 100MPa

27. 某竣工验收合格的道路工程,经历长期大暴雨天气后两岸坡体出现了很长的纵向裂缝,局部地面下沉,该地区土层可能为(　　)。

A. 红黏土 B. 软岩 C. 砂土 D. 湿陷性黄土

28. 道路选线难以避开地质缺陷,但尽可能使路线( )。

A. 处于顺向坡上方 B. 处于顺向坡下方

C. 与岩层面走向接近正交 D. 与岩层面走向接近平行

29. 对路基稳定最不利的是( )。

A. 岩层倾角小于坡面倾角的逆向坡

B. 岩层倾角大于坡面倾角的逆向坡

C. 岩层倾角小于坡面倾角的顺向坡

D. 岩层倾角大于坡面倾角的顺向坡

30. 应避免因工程地质勘察不详而引起工程造价增加的情况是( )。

A. 地质对结构选型的影响

B. 地基对基础选型的影响

C. 设计阶段发现特殊不良地质条件

D. 施工阶段发现特殊不良地质条件

Ⅱ. 多项选择题

1. 以下关于岩石说法正确的有( )。

A. SiO_2 含量与岩浆岩颜色关系密切,一般 SiO_2 含量高,岩浆岩颜色较深

B. 滑石是在变质作用中产生的变质岩所特有的矿物

C. 常见的岩浆岩浅色矿物有石英、黑云母、正长石、辉石等

D. 黏土矿物主要是一些由含铝硅酸盐类矿物的岩石,经化学风化作用形成的次生矿物

2. 从岩石矿物组成来看,以下岩石中属于软岩的有( )。

A. 石灰岩 B. 大理岩 C. 化学沉积岩 D. 片岩

3. 以下哪些属于岩石的水理性质( )。

A. 抗冻性 B. 孔隙率 C. 软化性 D. 透水性

4. 我国公路工程用土的分类依据有( )。

A. 土的颗粒组成特征 B. 土的成因

C. 土中有机质含量 D. 土的塑性指标

5. 以下哪些属于特殊性土( )。

A. 膨胀土 B. 盐渍土 C. 有机质土 D. 黏质土

6. 按照固体物质组成分类,泥石流可以分为( )几类。

A. 泥流 B. 稀性泥石流

C. 水石流 D. 黏性泥石流

7. 以下关于不良地质现象和特殊性土,说法正确的是( )。

A. 滑坡的发生,是斜坡岩(土)体平衡条件遭到破坏的结果

B. 泥石流的堆积区一般位于流域的中、下游地段

C. 膨胀土是一种黏性土,具有明显的膨胀、收缩特性

D. 水对盐渍土的稳定性影响很大,盐渍土的水稳定性较高

8. 我国是世界上泥石流活动最多的国家之一,属于泥石流防治措施的是(　　)。

A. 采用桥梁、涵洞等方式跨越　　B. 修筑落石平台

C. 修筑低矮的拦挡坝　　D. 采用排导沟

9. 以下关于桥梁工程建设说法中正确的是(　　)。

A. 当桥梁为静定结构时,由于各桥孔是独立的,相互之间没有联系,对工程地质条件的适应范围较广

B. 地基承载力的确定取决于岩土体的力学性质及水文地质条件,应通过室内试验和原位测试综合判定

C. 桥梁工程地质勘察一般应包括两项内容,首先应对各比较方案进行调查后选择地质条件比较好的桥位;然后再对选定的桥位进行详细的工程地质勘察

D. 从河流的情况来看,最理想的桥位应选择在水流集中、河床稳定、河道顺直、坡降均匀、河谷较窄的地段,桥梁的轴线与河流方向平行

10. 以下关于工程地质的叙述,正确的是(　　)。

A. 风化作用能促使岩石的结构、构造和整体性遭到破坏,孔隙度增大,密度减小,吸水性和透水性显著增高,强度和稳定性大为降低

B. 隧道位置与地质构造的关系密切,穿越水平岩层的隧道,应选择在岩性坚硬、完整的岩层中,如石灰岩或砂岩

C. 天然状态下,膨胀土的剪切强度、弹性模量都比较低

D. 泥石流的发育,具有一定的间歇性,一般多发生在较长的干旱年头之前,出现集中而强度较大的暴雨年份

11. 按成因,岩石可分为(　　)三大类。

A. 岩浆岩　　B. 变质岩　　C. 沉积岩　　D. 大理岩

12. 常见的沉积岩物质组成有(　　)。

A. 橄榄石　　B. 泥岩　　C. 白云石　　D. 蒙脱石

13. 岩石的变形在弹性变形范围内用(　　)指标表示。

A. 抗压强度　　B. 泊松比　　C. 弹性模量　　D. 抗剪强度

14. 根据《公路土工试验规程》(JTG E40—2007)规定,依据土的颗粒组成特征、土的塑性指标和土中有机质含量的情况,将土分为(　　)。

A. 巨粒土　　B. 粗粒土　　C. 中粒土　　D. 细粒土

15. 不同成因的软土都具有近似相同的共性,主要表现为(　　)。

A. 透水性大　　B. 压缩性高　　C. 抗剪强度低　　D. 流变性显著

16. 以下哪些属于膨胀岩土工程特性指标试验(　　)。

A. 剪切试验　　B. 收缩系数试验

C. 压缩试验　　D. 自由膨胀率试验

17. 滑坡按照滑坡体的主要物质组成分类,正确的是(　　)。

A. 堆积层滑坡　　B. 黄土滑坡

C. 切层滑坡　　D. 黏土滑坡

18. 以下关于路基工程建设的说法中,正确的是(　　)。

A. 路基病害常与特殊的工程地质条件有关,其实质是路基工程地质问题

B. 边坡整体失稳是指边坡的整体塌滑或滑坡

C. 一般来看,顺倾向岸坡地形较缓,但整体稳定性较好;反倾向坡地形陡峭,但整体稳定性较差

D. 在盐渍土和膨胀土分布地区的路基则出现冻胀翻浆

19. 地下水按埋藏条件可分为(　　)。

A. 潜水　　B. 裂隙水　　C. 承压水　　D. 孔隙水

20. 地下水按含水层空隙性质可分为(　　)。

A. 上层滞水　　B. 裂隙水　　C. 承压水　　D. 岩溶水

本节习题答案及解析

Ⅰ. 单项选择题

1. 答案:D

【解析】 岩浆岩的矿物根据颜色分为浅色矿物和深色矿物两类,浅色矿物有石英、正长石、斜长石及白云母等,选项 D 正确,而其余选项中的黑云母、橄榄石、角闪石都是属于深色矿物。

2. 答案:B

【解析】 本题 B 选项错误,单矿岩是由一种矿物组成的岩石,如石灰岩,是由方解石组成的单矿岩;复矿岩是由两种或两种以上的矿物组成的岩石,如花岗岩,主要是由正长石、石英和云母等矿物组成的复矿岩。

3. 答案:D

【解析】 本题考查的是岩石的工程地质性质,可采用排除法。抗压强度和抗剪强度是评价岩石稳定性的重要指标,选项 A 错误;岩石的矿物成分对岩石的物理力学性质产生直接的影响,石灰岩和砂岩,当黏土类矿物的含量 >20% 时,就会直接降低岩石的强度和稳定性,选项 B 错误;选项 C 中的吸水性应属于岩石的水理性质。

4. 答案:A

【解析】 粉质土粒径范围为 $0.002 < d \leqslant 0.075$,因此选项 A 正确,其余选项都为粗粒土中的砂类土。

5. 答案:C

【解析】 黄土的颗粒组成以粉土颗粒(粒径为 0.075 ~ 0.005mm)为主,含量占 60% ~ 70%。因此选项 C 错误。

6. 答案:C

【解析】 本题考查软土的分类。按天然孔隙比和有机质含量分类,软土可分为淤泥质土、淤泥、泥炭质土、泥炭四类。其中,淤泥质土:$1 < e < 1.5$,有机质含量为 3% ~ 10%;淤泥:$e > 1.5$,有机质含量为 3% ~ 10%;泥炭质土:$e > 3$,有机质含量为 10% ~ 60%。天然孔隙比 $e = 2.0$、有机质含量为 6% 的土属于淤泥。

7. **答案**:C

【解析】 路线方向不宜与岩层构造线方向平行,而应与之斜交或垂直通过,因暗河多平行于岩层构造线发育,应避免与暗河平行。

8. **答案**:D

【解析】 本题考查特殊土的分类。特殊性土主要是指黄土、膨胀土、红黏土、盐渍土、冻土五种,而有机质土属于细粒土。

9. **答案**:A

【解析】 蒙脱石在吸收水分后可以膨胀并超过原体积的几倍。

10. **答案**:A

【解析】 天然黄土在一定的压力作用下,浸水后产生突然的下沉现象称为湿陷。

11. **答案**:D

【解析】 一般认为盐渍土的硫酸盐含量在2%以内时,膨胀带来的危害性较小,高于这个含量则膨胀量迅速增加。

12. **答案**:C

【解析】 隧道轴线与断层走向方向一致和方向相反实质都是平行关系,这是最不利的,应该垂直相交;无法垂直的情况下尽量扩大交角(接近垂直),交角小即接近平行。

13. **答案**:B

【解析】 在软、硬相间的情况下,隧道拱部应当尽量设置在硬岩中,设置在软岩中有可能发生坍塌。

14. **答案**:D

【解析】 本题考查公路围岩分级。公路隧道围岩级别可分为Ⅰ、Ⅱ、Ⅲ、Ⅳ、Ⅴ、Ⅵ级,而Ⅰ级围岩为坚硬岩,岩土完整,Ⅵ级围岩为软塑状黏性土及潮湿、饱和粉细砂层、软土等。

15. **答案**:A

【解析】 一般情况下,应当避免将隧道设置在褶曲的轴部,该处岩层弯曲、节理发育、地下水常由此渗入地下,容易诱发塌方,因此选项A错误。

16. **答案**:B

【解析】 本题考查的是褶皱构造中轴部和翼部的工程地质特性。在褶皱构造中轴部(无论是向斜轴部还是背斜轴部)弯曲变形大岩层较破碎,而在翼部变形较小、岩层破碎不显著,遇到的工程地质问题相对较轻。

17. **答案**:C

【解析】 通常尽量将隧道位置选在褶曲翼部或横穿褶曲轴,垂直穿越背斜的隧道,其两端的拱顶压力大,中部岩层压力小;隧道横穿向斜时,情况则相反,因此选项C错误。

18. **答案**:D

【解析】 公路隧道围岩级别分为Ⅰ、Ⅱ、Ⅲ、Ⅳ、Ⅴ、Ⅵ级共6级。

19. **答案**:B

【解析】 本题考查的是公路隧道围岩分级。Ⅱ级围岩的岩层为坚硬岩,岩体较完整,块状、厚层状结构或是较坚硬岩,岩体完整,块状整体结构,其围岩基本质量指标 *BQ* 为451~550MPa。

20. 答案:C

【解析】 承压水是充满于两个隔水层之间的含水层中的地下水。因有隔水顶板存在,所以与大气不相通,故不受气候影响。

21. 答案:B

【解析】 潜水含水层直接与包气带相接,所以潜水在其分布范围内,都可以通过包气带接受大气降水、地表水或凝结水的补给。潜水受气象、水文因素的影响,承压水的动态有明显的季节变化。

22. 答案:A

【解析】 上层滞水接近地表,接受大气降水的补给。

23. 答案:B

【解析】 节理是岩石在自然条件下形成的裂纹和裂缝。裂隙水是指存在于岩石裂隙中的地下水。裂隙水沿节理流动。

24. 答案:A

【解析】 裂隙水按成因可分为:风化裂隙水、成岩裂隙水和构造裂隙水三种类型,只有风化裂隙水受大气降水的补给有明显的季节性的循环交替。

25. 答案:A

【解析】 岩浆岩中常见矿物石英、正长石、斜长石、角闪石、黑云母、辉石和橄榄石。岩浆的化学成分相当复杂,但含量高、对岩石的矿物成分影响最大的是石英(二氧化硅,也称硅石)。

26. 答案:B

【解析】 岩石的抗压强度最高,抗剪强度居中,抗拉强度最小,由此可排除其他答案。

27. 答案:D

【解析】 黄土湿陷性是指天然黄土在自重压力,或自重压力与附加压力作用下,受水侵蚀后,土的结构迅速破坏,发生显著的湿陷变形性质。使结构物大幅度沉降、开裂、倾斜,严重影响其安全和使用。该地区经历长期大暴雨天气后,就可能产生地面下沉,两岸出现与道路平行的裂缝,而红黏土不具有湿陷性。

28. 答案:C

【解析】 题中选项给出的顺向坡系指岩层倾向与边坡倾向一致的情况,道路选线应避开顺向坡,无论是顺向坡的上方还是下方都是不利的。选项D表述不够严谨,只指出道路路线与岩层面走向平行,并没有说明该岩层与边坡的倾向关系,如系逆向坡仍属有利条件,如系顺向坡当然不利。总的看来,还是选项C比较符合题意。因为接近正交就一穿而过,危险性减小。

29. 答案:C

【解析】 本题考查的是岩层产状与道路边坡稳定性关系,对路基稳定最不利的情况是岩层倾向和道路边坡倾向一致即顺向坡,且岩层倾角小于边坡倾角时,此时岩层容易沿层面滑动,发生塌方堵塞道路。

30. 答案:D

【解析】 本题考查的是工程地质对工程造价的影响。其体现在三个方面:一是选择工程地质条件有利的路线,对工程造价起着决定作用;二是工程地质勘察资料的准确性直接影响工程造价;三是由于对特殊不良工程地质问题认识不足导致工程造价增加。通常,往往存在着因施工期间才发现特殊不良地质的现象,这对造价影响更为严重。

Ⅱ.多项选择题

1.答案:BD

【解析】 SiO_2 含量与岩浆岩颜色关系密切,一般 SiO_2 含量高,岩浆岩颜色较浅;反之,岩石颜色较深,因此选项A错误。根据颜色分类,岩浆岩的矿物可分为浅色矿物(有石英、正长石、斜长石及白云母等)和深色矿物(有黑云母、角闪石、辉石及橄榄石等)两类,黑云母和辉石都是属于深色矿物,因此选项C错误。

2.答案:CD

【解析】 属于硬岩的有岩浆岩的全部,沉积岩中的硅质、铁质及钙质胶结的碎屑岩、石灰岩、白云岩,变质岩中的石英岩、片麻岩、大理岩等;属于软岩的有沉积岩的黏土岩及黏土含量高的碎屑岩、化学沉积岩,变质岩中的千枚岩、片岩等。因此选项A和选项B错误。

3.答案:ACD

【解析】 岩石的水理性质包括吸水性、透水性、溶解性、软化性和抗冻性,而选项B中的孔隙率是属于岩石的物理性质。

4.答案:ACD

【解析】 根据《公路土工试验规程》(JTG E40—2007)我国公路用土依据土的颗粒组成特征、土的塑性指标和土中有机质含量的情况,将土划分为四类,因此可排除选项B。

5.答案:AB

【解析】 特殊性土是指黄土、膨胀土、红黏土、盐渍土、冻土五种,而有机质土和黏质土属于细粒土,因此选项C和选项D错误。

6.答案:AC

【解析】 本题主要考查泥石流的分类。按固体物质组成分类,泥石流可分为泥流、泥石流、水石流三种,而稀性泥石流和黏性泥石流是按照泥石流的流体性质来进行分类的,因此选项B和选项D错误。

7.答案:AC

【解析】 本题可采用排除法,典型的泥石流流域一般可以分为形成、流通和堆积三个动态区,流通区一般位于流域的中、下游地段,而堆积区多在沟谷的出口处,选项B错误。选项D考查的是盐渍土的水稳定性,在潮湿的情况下,一般均表现为吸湿软化,其水稳定性较低。因此选项A和选项C正确。其考查的是滑坡和膨胀土的概念。

8.答案:ACD

【解析】 泥石流的防治措施有水土保持、跨越、排导及滞留与拦截等措施。滞留措施是修筑低矮的拦挡坝,其作用是拦蓄部分泥沙石块;采用排导沟是为使泥石流顺利排走,以防止掩埋道路、堵塞桥涵;修筑落石平台是崩塌的防治措施,因此排除选项B。

9.答案:ABC

【解析】 从河流的情况来看,最理想的桥位应选择在水流集中、河床稳定、河道顺直、坡降均匀、河谷较窄的地段,桥梁的轴线与河流方向垂直。

10.答案:AB

【解析】 天然状态下,膨胀土的剪切强度、弹性模量都比较高,但遇水后强度降低,有的甚至接近饱和淤泥的强度,因此选项C错误。形成泥石流的三个基本条件之一是流域中有丰富的固体物质补给泥石流,因此泥石流一般多发生在较长的干旱年头之后,可积累大量固体物质,因此选项D错误。

11. 答案:ABC

【解析】 本题主要考查岩石的分类。按成因,岩石可分为岩浆岩、沉积岩和变质岩三大类。

12. 答案:BCD

【解析】 本题主要考查沉积岩的物质组成,本题选项A橄榄石是属于岩浆岩中常见的矿物。

13. 答案:BC

【解析】 岩石的变形指标指弹性模量、变形模量、泊松比三种,而抗压强度和抗剪强度属于岩石的强度指标,因此选项A和选项D错误。

14. 答案:ABD

【解析】 本题考查土的分类。根据《公路土工试验规程》(JTG E40—2007),我国公路用土依据土的颗粒组成特征、土的塑性指标和土中有机质含量的情况,可分为巨粒土、粗粒土、细粒土和特殊土四类。

15. 答案:BCD

【解析】 本题考查软土的工程性质。软土具有孔隙比大(一般大于1.0,高的可达5.8),含水率高(最大可达300%),透水性小和固结缓慢,压缩性高,抗剪强度低且具有触变性、流变性显著的工程性质特点。

16. 答案:BD

【解析】 本题考查的是膨胀土试验。膨胀岩土工程特性指标试验包括自由膨胀率及不同应力下的膨胀率、膨胀力、收缩系数试验,而剪切试验和压缩试验都是属于膨胀土的力学强度试验。

17. 答案:ABD

【解析】 本题主要考查滑坡的分类。按照滑坡体的主要物质组成分类,滑坡可分为堆积层滑坡、黄土滑坡、黏土滑坡、岩层滑坡四个类型,由此排除选项C。

18. 答案:AB

【解析】 一般来看,顺倾向岸坡地形较缓,但整体稳定性较差;反倾向坡地形陡峭,但整体稳定性较好,道路选线应避开顺向坡。在盐渍土和膨胀土分布地区的路基则会出现不均匀鼓胀变形,路基冻胀翻浆是冰冻地区路基顶部水分集中与冻融变化的结果。

19. 答案:AC

【解析】 本题考查的是范畴混淆。地下水有两种分类,按埋藏条件分为上层滞水、潜水和承压水。按含水层空隙性质分为孔隙水、裂隙水和岩溶水。

20. 答案:BD

【解析】 按含水层空隙性质分为孔隙水、裂隙水和岩溶水。按埋藏条件分为上层滞水、潜水和承压水。

(二)工程水文、气象

工程水文、气象知识点

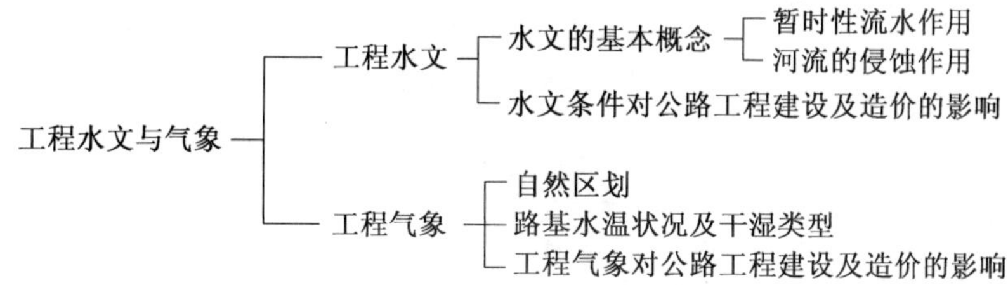

知识点集成

知识点7:水文的基本概念

<table>
<tr><td rowspan="2">暂时性流水作用</td><td>坡面细流的地质作用</td><td colspan="2">1. 概念:坡面细流从高处沿斜坡向低处缓慢流动,不断地使坡面的风化岩屑和黏土物质沿斜坡向下移动,最后在坡脚或山坡低凹处沉积下来。
2. 特点:作用强度比较小,但其作用范围和作用时间相对较广;坡面细流的侵蚀作用是边坡坡面冲刷的主要动因</td></tr>
<tr><td>山洪急流的地质作用</td><td colspan="2">1. 概念:集中暴雨或积雪骤然大量融化并在短时间内形成巨大的地表暂时流水即山洪急流,水流以其自身的水力和挟带的砂石,对沟底和沟壁进行冲击和磨蚀。
2. 特点:由冲刷作用形成的沟底狭窄、两壁陡峭的沟谷叫冲沟,冲沟的发展是以溯(逆)源侵蚀的方式向上逐渐延伸扩展的,即由沟内某一部位向沟的上游侵蚀发展</td></tr>
<tr><td rowspan="5">河流的侵蚀作用</td><td>概念</td><td colspan="2">河水在流动的过程中不断加深和拓宽河床的作用</td></tr>
<tr><td rowspan="2">按其作用的方式分</td><td>溶蚀</td><td>河水对组成河床的可溶性岩石不断地进行化学溶解,使之逐渐随水流失</td></tr>
<tr><td>机械侵蚀</td><td>流动的河水对河床组成物质的直接冲击和挟带的砂砾、卵石等固体物质对河床的磨蚀</td></tr>
<tr><td rowspan="2">按照河床不断加深和拓宽的发展过程分</td><td>下蚀作用</td><td>1. 概念:河水在流动过程中使河床逐渐下切加深的作用。
2. 主要因素:河水挟带固体物质对河床的机械破坏。
3. 特点:河流的下蚀作用并不是无止境地进行下去,其作用强度取决于河水的流速和流量,同时也与河床的岩性和地质构造有密切的关系。
4. 在河流的上游,由于河床纵坡大、流速大、纵流占主导地位,以下蚀作用为主</td></tr>
<tr><td>侧蚀作用</td><td>1. 概念:河流以挟带的泥、砂、砾石为工具,并以自身的动能和溶解力对河床两岸的岩石进行侵蚀,使河谷加宽的作用。
2. 经常性因素:河水运动过程的横向环流作用(在河湾部分最为显著)。
3. 在河流的中下游、平原区河流或处于老年期的河流,由于河湾增多、纵坡变小、流速降低,横向环流的作用相对增强,以侧蚀作用为主</td></tr>
</table>

知识点8:水文条件对桥梁建设及造价的影响

<table>
<tr><td>对路基边坡影响</td><td colspan="2">1. 容易形成沟壑,甚至引起边坡滑塌。
2. 沿河、湖布置的公路,路基易发生水毁现象。
3. 弃土场或防护排水措施设置不当,极易造成水土流失,甚至引起失稳,引发灾害</td></tr>
<tr><td rowspan="2">对桥梁影响</td><td>孔径计算和布置</td><td>1. 桥头引道,桥梁墩、台阻力的影响,改变了水流和泥沙运动的天然状态。
2. 引起河床冲淤变形,导致水流对桥梁墩台基础的冲刷,危及桥梁安全,增加工程投资。
3. 应以建桥前后桥位河段内水流和泥沙运动变化的客观规律为依据</td></tr>
<tr><td>大中桥的桥孔设计方案</td><td>1. 必要的水力计算。
2. 多方案技术经济比较。
3. 借助水力模型试验</td></tr>
</table>

知识点9:工程气象知识

<table>
<tr><td rowspan="3">自然区划(三个原则)</td><td>道路工程特征相似的原则</td><td>不利季节:
1. 北方:春融时期(翻浆)。
2. 南方:雨季(冲刷、水毁)</td></tr>
<tr><td>地表气候区划差异性原则</td><td>1. 地带性差异:纬度。
2. 非地带性差异:高程</td></tr>
<tr><td>自然气候因素既有综合又有主导作用的原则</td><td>1. 道路冻害(水和热综合作用)。
2. 南方无冻害(温度起主导作用)。
3. 西北干旱区冻害轻于东北潮湿区(水起主导作用)</td></tr>
<tr><td colspan="2">路基水温状况及干湿类型</td><td>1. 路基湿度影响因素(水和大气温度)。
2. 路基的水温状况:湿度与温度变化对路基产生的共同影响。
3. 季节性冰冻地区(华北、东北和西北地区):湿度积聚现象。
4. 影响:冻胀翻浆、降低路基结构的承载能力、路基路面结构产生变形</td></tr>
<tr><td rowspan="3">气象条件对工程建设及造价的影响</td><td>路基施工的影响</td><td>1. 出现纵向裂纹和路基下沉。
2. 出现在连续阴雨季节和高寒地区冰冻后的春融季节</td></tr>
<tr><td>路面施工的影响</td><td>1. 影响沥青和水泥混凝土两种结构路面材料的采购、运输以及整个施工过程。
2. 路面施工遇大于 10 mm 降水,会导致路面基床含水率饱和,强度降低,碎石、砾石湿度超标,路面施工停止。
3. 碾压温度影响沥青密实度,沥青路面层施工时规定气温必须在 5℃以上。
4. 混合料的含水率对路面基层施工质量影响很大:二灰碎石(4% ~5%)、水泥稳定砂砾(5% ~6%,偏差为 -1.5% ~0.5%)</td></tr>
<tr><td>桥梁施工的影响</td><td>1. 影响施工工期,威胁桥梁水下基础施工的质量和安全,同时也带来经济损失。
2. 钢筋混凝土桥梁和拱桥,正常施工温度必须在 5℃以上,合龙温度必须控制在 15℃左右</td></tr>
</table>

例题解析

1. 积雪冰川融化不属于地表流水中的(　　)。

A. 经常性流水　　B. 暂时性流水　　C. 间歇性流水　　D. 季节性流水

答案:A

【解析】 本题是2019年考题,考查的是水文的基本概念。地表流水分为暂时性流水和经常性流水,而积雪冰川融化属于暂时性流水。

2. 山区河流河床纵坡大、流速大,纵流占主导地位,侵蚀以(　　)作用为主。

A. 溶蚀　　B. 机械侵蚀　　C. 下蚀　　D. 侧蚀

答案:A

【解析】 本题是2019年考题,考查的是河流侵蚀作用。当纵坡大、流速大时,侵蚀作用主要是下蚀作用。

本节习题

Ⅰ. 单项选择题

1. 一般在河流的中下游、平原区河流或处于老年期的河流,由于河湾增多,纵坡变小,流速降低,横向环流的作用相对增强,从这个意义上来说,以(　　)为主。

A. 侧蚀作用　　B. 下蚀作用　　C. 溯源侵蚀　　D. 溶蚀

2. 以下关于地表流水的叙述,错误的是(　　)。

A. 暂时性流水是一种季节性、间歇性流水,它主要以大气降水以及积雪冰川融化为水源,所以一年中有时有水,有时干枯

B. 坡面细流的地质作用强度比较大,作用范围和作用时间相对较广

C. 侧蚀作用是指河流以挟带的泥、砂、砾石为工具,并以自身的动能和溶解力对河床两岸的岩石进行侵蚀

D. 冲沟的发展是以溯(逆)源侵蚀的方式向上逐渐延伸扩展的,即由沟内某一部位向沟的上游侵蚀发展

3. 以下关于地表流水的叙述,错误的是(　　)。

A. 侵蚀基准面是指河流下蚀作用消失的平面

B. 冲沟的发展常使路基被冲毁、边坡坍塌,而我国黄土区是冲沟发育最为典型的地区

C. 孔径的计算和布置,应以建桥前后桥位河段内水流和泥沙运动变化的客观规律为依据

D. 桥孔布置应与天然河流断面流量分配相适应,在稳定河段上,左右河滩桥孔长度之比应远远大于左右河滩流量之比

4. 按《公路工程技术标准》(JTG B01—2014)的规定,对跨径小于或等于(　　)的桥孔,宜采用标准化跨径。

A. 40m　　B. 45m　　C. 50m　　D. 55m

5. 以下关于水文条件对桥梁建设影响的叙述,错误的是(　　)。

A. 桥孔不宜压缩河滩,可适当压缩河槽

B. 在内河通航的河段上,通航桥孔布设还应充分考虑河床演变和不同水位所引起的航道变化

C. 桥位河段的天然河道不宜开挖或改移

D. 建桥后的桥前壅水不得对两岸河堤、农田、村镇造成威胁

6. 路面基层施工质量受混合料含水率的影响,某道路路面基层采用二灰碎石,碾压时混合料含水率必须控制在(　　)。

A. 3% ~4%　　B. 4% ~5%　　C. 5% ~6%　　D. 6% ~7%

7. 以下关于气象条件对路基施工影响的叙述,错误的是(　　)。

A. 冻胀现象是指积聚的水冻结后体积增大,使路基隆起而造成面层开裂

B. 路基施工是公路建设的基础,降雨、降雪、积水都直接影响路基质量,可出现纵向裂纹和路基下沉

C. 渗透性较高的砂类土易发生冻胀与翻浆

D. 季节性冰冻地区的路基在冬季冻结的过程中会在负温度坡差的影响下,极易出现湿度积聚现象

8. 某公路路面基层采用水泥稳定砂砾,碾压时对混合料含水率的控制要求及偏差为(　　)。

A. 5% ~6%、-0.5% ~1.5%　　B. 4% ~5%、-0.5% ~1.5%

C. 5% ~6%、-1.5% ~0.5%　　D. 4% ~5%、-1.5% ~0.5%

9. 气温过低会影响桥梁施工质量,所以保证钢筋混凝土桥梁正常施工的温度和合龙的温度必须控制在(　　)。

A. 5℃以上、15℃左右　　B. 3℃以上、15℃左右

C. 5℃以上、10℃左右　　D. 3℃以上、10℃左右

10. 某一级公路采用沥青路面,碾压温度会影响沥青密实度,因此规定碾压时气温必须在(　　)以上。

A. 3℃　　B. 5℃　　C. 4℃　　D. 6℃

Ⅱ. 多项选择题

1. 根据流水特征,暂时性流水可以分为(　　)。

A. 河流　　B. 山洪急流

C. 经常流水　　D. 坡面细流

2. 以下关于工程水文的叙述,错误的是(　　)。

A. 坡面细流的侵蚀作用是边坡坡面冲刷的主要动因

B. 冲沟是指由冲刷作用形成的沟底狭窄、两壁陡峭的沟谷

C. 河流的下蚀作用强度只取决于河水的流速和流量

D. 溯源侵蚀是指河流的侵蚀过程总是从河源方向逐渐向河的下游发展的

3. 以下关于工程水文的叙述,正确的是(　　)。

A. 地表流水可分为暂时性流水和经常性流水两类

B. 河流的下蚀作用和侧蚀作用两者并不是独立存在,而是互相制约和互相影响

C. 侵蚀基准面基本固定不变,流入主流的支流基本上以主流的水面为其侵蚀基准面,流入湖泊、海洋的河流则以湖面或海平面为其侵蚀基准面

D. 沿河布设的公路,往往由于河流的水位变化及侧蚀,使路基发生水毁现象,特别是河湾凹岸地段最为显著

4. 按照河床不断加深和拓宽的发展过程,河流的侵蚀作用可分为(　　)。

A. 溶蚀　　B. 下蚀作用

C. 侧蚀作用　　D. 机械侵蚀

5. 以下关于工程水文的叙述,正确的是(　　)。

A. 河流的溶蚀作用在石灰岩、白云岩等可溶性岩类分布地区比较显著

B. 在河流的上游,由于河床纵坡大、流速大、纵流占主导地位,一般以侧蚀作用为主

C. 桥梁的墩台基础避免设在断层、溶洞等不良地质处

D. 河流的下蚀作用指河水在流动过程中使河床逐渐下切加深的作用

6. 为了区分各地自然区域的筑路特性,制定了《公路自然区划标准》(JTJ 003—86),该区划是根据(　　)制定的。

A. 道路工程特征相似的原则

B. 地表气候区划差异性原则

C. 自然气候因素既有综合又有主导作用的原则

D. 自然气候因素相对一致的原则

7. 以下关于工程气象的叙述,正确的是(　　)。

A. 并不是在季节性冰冻地区所有的道路都会产生冻胀与翻浆,对于粉质土和极细砂,就不易发生冻胀与翻浆

B. 道路工程特征相似的原则指在同一区划内,在同样的自然因素下筑路具有相似性

C. 公路高填方路基裂缝及沉降的出现,主要是在连续阴雨季节和高寒地区冰冻后的春融季节

D. 路基的水温状况是指湿度与温度变化对路基产生的共同影响

8. 以下关于自然区划原则的叙述,正确的是(　　)。

A. 北方不利季节主要是春融时期,有翻浆病害;南方不利季节在雨季有冲刷、水毁等病害

B. 通常非地带性差异是指地表气候随着当地纬度而变

C. 自然气候因素既有综合又有主导作用的原则,即自然气候的变化是各种因素综合作用的结果,但其中又有某种因素起着主导作用

D. 西北干旱区与东北潮湿区,同样都有负温度区,但前者冻害轻于后者,说明水起主导作用

9. 以下关于工程气象的叙述,正确的是(　　)。

A. 渗透性很低的黏质土易发生冻胀与翻浆

B. 负温度区的水分移动一般发生在 0 ~ −3℃ 等温线之间

C. 道路冻害是水和热综合作用的结果,但是在南方,只有水而没有寒冷气候的影响,不

会有冻害,说明温度起主导作用

D. 路面施工中,如遇大于 10mm 降水,会导致路面基床含水率饱和,强度降低,碎石、砾石湿度超标,路面施工停止

本节习题答案及解析

Ⅰ. 单项选择题

1. **答案:**A

【解析】 本题考查河流侵蚀作用的特点。在河湾部分形成横向环流的现象最为显著。河水运动过程的横向环流作用,是促使河流产生侧蚀的经常性因素,一般在河流的中下游、平原区河流或处于老年期的河流,由于河湾增多、纵坡变小、流速降低,横向环流的作用相对增强,从这个意义上来说,以侧蚀作用为主。

2. **答案:**B

【解析】 本题考查水文的基本概念。坡面细流的地质作用强度比较小,但其作用范围和作用时间相对较广,对山区公路建设影响较为普遍。

3. **答案:**D

【解析】 本题考查桥孔布置的原则,桥孔布置应与天然河流断面流量分配相适应,在稳定河段上,左右河滩桥孔长度之比应近似与左右河滩流量之比相当。

4. **答案:**C

【解析】 本题考查桥孔布置的原则。按《公路工程技术标准》(JTG B01—2014)的规定,对跨径小于或等于 50m 的桥孔,宜采用标准化跨径。

5. **答案:**A

【解析】 本题考查桥孔布置的原则。桥孔布置应与天然河流断面流量分配相适应。桥孔不宜压缩河槽,可适当压缩河滩。

6. **答案:**B

【解析】 本题考查气象条件对路面基层施工的影响。如路面基层采用二灰碎石,碾压时混合料含水率必须控制在 4% ~5% 。

7. **答案:**C

【解析】 对于渗透性较高的砂类土以及渗透性很低的黏质土,水分都不容易积聚,因此不易发生冻胀与翻浆。

8. **答案:**C

【解析】 本题考查气象条件对路面基层施工的影响。如路面基层采用水泥稳定砂砾,碾压时混合料含水率必须控制在 5% ~6% ,偏差为 -1.5% ~0.5% ,因此路面施工过程中遇到连续阴雨天气必须停工,否则施工质量不能保证。

9. **答案:**A

【解析】 本题考查气温对桥梁施工的影响。桥梁施工对气温的要求十分严格,无论是钢筋桥梁,还是拱桥,正常施工温度必须在 5℃ 以上,合龙温度必须控制在 15℃ 左右,如果气温过低,就会导致混凝土出现裂缝和强度降低,最终影响桥梁质量和使用寿命。

10. 答案:B

【解析】 本题考查气温对沥青路面层施工的影响。沥青路面层施工,碾压温度影响沥青密实度,在沥青路面施工规范中除规定了沥青混合料摊铺、碾压外,还规定气温必须在5℃以上,否则不允许施工作业。

Ⅱ. 多项选择题

1. 答案:BD

【解析】 暂时性流水根据流水特征可以分为坡面细流和山洪急流两类。

2. 答案:CD

【解析】 河流的下蚀作用强度不仅取决于河水的流速和流量,还与河床的岩性和地质构造有密切的关系。河流的侵蚀过程总是从河的下游逐渐向河源方向发展,这种溯源推进的侵蚀过程称为溯源侵蚀,也称为逆源侵蚀。

3. 答案:ABD

【解析】 侵蚀基准面并不是固定不变的,由于构造运动的区域性和差异性,会引起水系侵蚀基准面发生变化。侵蚀基准面一经变动,则会引起相关水系的侵蚀和堆积过程发生重大的改变。

4. 答案:BC

【解析】 本题考查河流侵蚀作用的分类。按照河床不断加深和拓宽的发展过程,河流的侵蚀作用可分为下蚀作用和侧蚀作用。溶蚀和机械侵蚀是根据其作用的方式分类。

5. 答案:ACD

【解析】 在河流的上游,由于河床纵坡大、流速大,纵流占主导地位。从总体上来说,以下蚀作用为主。

6. 答案:ABC

【解析】 本题考查的是划分自然区域的三个原则,即道路工程特征相似的原则、地表气候区划差异性原则、自然气候因素既有综合又有主导作用的原则。

7. 答案:BCD

【解析】 冻胀翻浆使路面遭受严重破坏,对于粉质土和极细砂,则由于毛细水活动力强,极易发生冻胀与翻浆。

8. 答案:ACD

【解析】 地表气候是地带性差异与非地带性差异的综合结果。通常,地表气候随着当地纬度而变,如在北半球,北方寒冷、南方温暖,这称为地带性差异。而非地带性差异是指沿垂直方向的变化,与高程有关。

9. 答案:BCD

【解析】 渗透性很低的黏质土,水分不容易积聚,因此不易发生冻胀与翻浆。

第三章 工程构造

一、考纲要求

1. 公路工程的基本组成。
2. 路基工程的组成、分类及构造。
3. 路面工程的分类、组成及构造。
4. 隧道工程的分类、组成及构造。
5. 桥涵工程的组成、分类及构造。
6. 交叉工程的组成、分类及构造。
7. 交通工程及沿线设施的组成及构造。
8. 绿化及环境保护工程。

二、本章知识架构

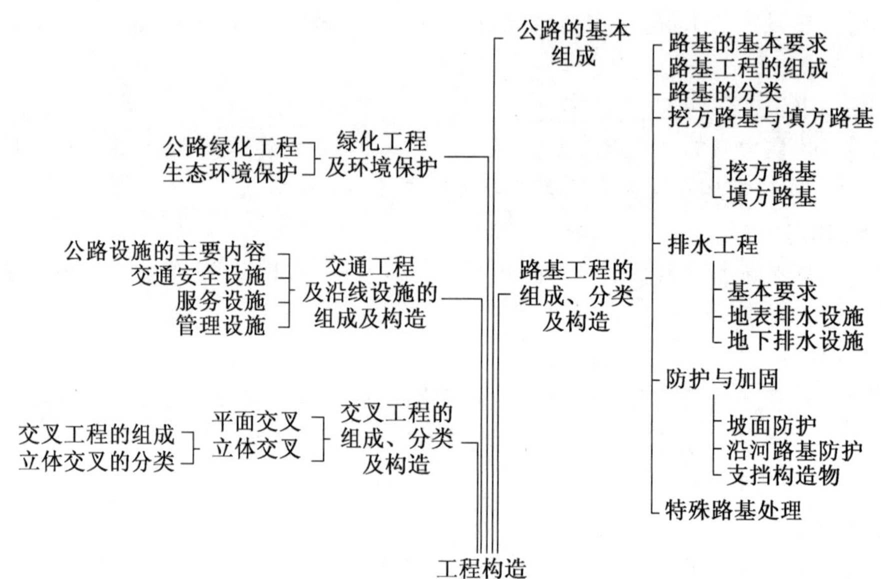

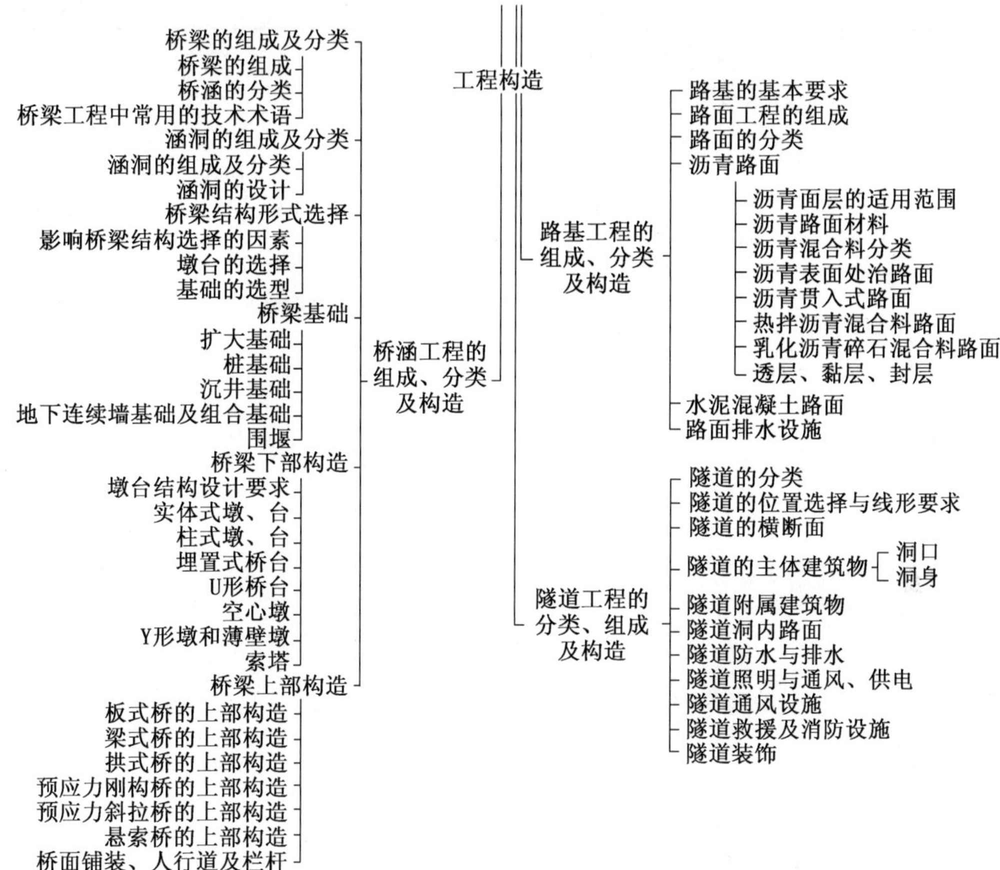

三、知识点与题型详解

（一）公路工程的基本组成

知识点集成

知识点1：公路的基本组成

道路定义	定义	是供各种无轨车辆和行人通行的基础设施的统称
	分类	按其使用特点分：公路、城市道路、乡村道路、厂矿道路、林业道路、考试道路、竞赛道路、汽车试验道路、车间通道以及学校道路等

续上表

公路	定义	公路是道路中最主要的组成部分,是指连接城市、乡村和工矿基地等,主要供汽车行驶,具备一定条件和设施的道路
	组成	线形组成:平面线形和纵断面线形
		结构组成:路基、路面、桥涵、隧道、排水系统、防护工程、交叉工程、特殊构造物、监控设施、通信设施、收费设施、服务设施等
	特点	科学合理地布设路线平纵面线形可以控制工程造价,降低对自然环境和社会环境的影响;结构物承受荷载和自然因素的影响

本节习题

Ⅰ.单项选择题

1.连接城市的道路是(　　)。

A.城市道路　　B.铁路

C.城际铁路　　D.公路

2.(　　)是道路中最主要的组成部分。

A.公路　　B.城市道路

C.高速公路　　D.乡村道路

3.(　　)是供各种无轨车辆和行人通行的基础设施的统称。

A.公路　　B.道路　　C.轨道　　D.铁路

Ⅱ.多项选择题

1.公路的线形组成包括(　　)。

A.平面线形　　B.纵断面线形

C.横断面线形　　D.剖断面线形

2.科学、合理地布设公路路线平纵面线形,可以(　　)。

A.控制造价　　B.增加自然环境影响

C.降低自然环境影响　　D.增加社会环境影响

本节习题答案及解析

Ⅰ.单项选择题

1.答案:D

【解析】　公路是道路中最主要的组成部分,是指连接城市、乡村和工矿基地等,主要供汽车行驶,具备一定条件和设施的道路,对国民经济具有举足轻重的作用。

2.答案:A

【解析】 公路是道路中最主要的组成部分，是指连接城市、乡村和工矿基地等，主要供汽车行驶，具备一定条件和设施的道路。

3. 答案：B

【解析】 道路是供各种无轨车辆和行人通行的基础设施的统称。

Ⅱ. 多项选择题

1. 答案：AB

【解析】 公路线形是指公路中线的空间几何形状和尺寸，包括平面线形和纵断面线形。

2. 答案：AC

【解析】 科学、合理地布设路线平纵面线形，可以控制工程造价、降低公路对沿线自然环境和社会环境的影响。

(二)路基工程的组成、分类及构造

路基工程的组成、分类及构造知识点

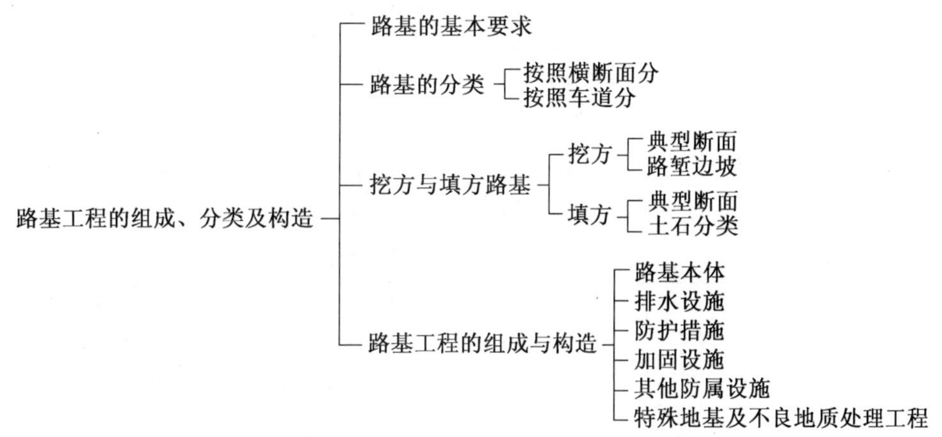

知识点集成

知识点2：路基的要求

要求	足够的整体稳定性	不足时引起：滑塌、沉陷
	足够的强度	不足时引起：路基变形
	足够的水温稳定性	不足时引起：冻胀、翻浆

知识点3:路基工程的分类

<table>
<tr><td rowspan="3">按照横断面分</td><td>高速公路、一级公路</td><td colspan="3">1. 整体式:包括车道、中间带(中央分隔带、左侧路缘带)、路肩(右侧硬路肩、土路肩)。
2. 分离式:两个分离的路基体,即车道、路肩(左、右侧硬路肩、土路肩)</td></tr>
<tr><td>二级公路</td><td colspan="3">车道、路肩(硬路肩、土路肩)</td></tr>
<tr><td>三级公路、四级公路</td><td colspan="3">车道、路肩</td></tr>
<tr><td rowspan="5">按照车道分</td><td>变速车道</td><td colspan="3">包括加速车道、减速车道</td></tr>
<tr><td>爬坡车道</td><td colspan="3">设置条件:
1. 在四车道高速公路、一级公路和双车道的二级公路连续上坡路段。
2. 当载货汽车上坡运行速度降低到教材表3.2.2的容许最低速度以下时。
3. 当上坡段的设计通行能力小于设计小时交通量时。
4. 经设置爬坡车道与改善主线纵坡不设爬坡车道技术经济比较论证后,认为设置爬坡车道的效益费用比高、行车安全性较优时。
上坡方向容许最低速度 教材表3.2.2<table><tr><td>设计速度(km/h)</td><td>120</td><td>100</td><td>80</td><td>60</td><td>40</td></tr><tr><td>容许最低速度(km/h)</td><td>60</td><td>55</td><td>50</td><td>40</td><td>25</td></tr></table></td></tr>
<tr><td>紧急停车带</td><td colspan="3">高速公路或作为干线的一级公路右侧硬路肩的宽度小于2.5m时,应设紧急停车带,停车带宽度不应小于3.50m,有效长度不应小于40m,并应在其前后设置不短于70m的过渡段,间距不宜大于500m</td></tr>
<tr><td>错车道</td><td colspan="3">当四级公路采用单车道路基时,应在不大于300m的距离内选择有利地点设置错车道。错车道有效长度不应小于20m,两端应设不小于10m过渡段</td></tr>
<tr><td>平曲线加宽</td><td colspan="3">适用于平曲线半径≤250m时,包括几何加宽和摆动加宽两部分</td></tr>
<tr><td rowspan="9">按填挖形式分</td><td rowspan="9">填方路基(路堤)</td><td rowspan="4">结构组成</td><td>上路床</td><td>路面结构层以下0~0.3m范围内的路基部分</td></tr>
<tr><td>下路床</td><td>路面结构层以下0.3~0.8m范围内的路基部分</td></tr>
<tr><td>上路堤</td><td>路床以下0.7m厚度范围的填方部分</td></tr>
<tr><td>下路堤</td><td>指上路堤以下的填方部分</td></tr>
<tr><td rowspan="3">典型横断面</td><td>矮路堤</td><td>填筑高度小于路基临界高度或小于1m</td></tr>
<tr><td>一般路堤</td><td>填筑高度大于路基临界高度或未超过6~8m</td></tr>
<tr><td>常见路堤</td><td>挡土墙路堤、护肩路堤、矮墙路堤、沿河路堤、护脚路堤、浸水路堤等</td></tr>
<tr><td colspan="3">填方路堤应优先采用天然级配较好的砂类土、砾类土等粗粒土做填料,最大粒径应小于150mm</td></tr>
<tr><td>土石分类</td><td colspan="2">公路定额采用六类分级:松土、普通土、硬土、软石、次坚石、坚石。
一般土木工程采用十六分级:Ⅰ~ⅩⅥ。
两者土石对照见教材表3.2.4。</td></tr>
</table>

续上表

<table>
<tr><td rowspan="9">按填挖形式分</td><td>填方路基（路堤）</td><td>土石分类</td><td colspan="2">公路土、石分类对照　教材表 3.2.4<table><tr><td>公路工程定额分类</td><td>松土</td><td>普通土</td><td>硬土</td><td>软石</td><td>次坚石</td><td>坚石</td></tr><tr><td>十六级分类</td><td>Ⅰ～Ⅱ</td><td>Ⅲ</td><td>Ⅳ</td><td>Ⅴ～Ⅵ</td><td>Ⅶ～Ⅸ</td><td>Ⅹ～ⅩⅥ</td></tr></table></td></tr>
<tr><td rowspan="6">挖方路基（路堑）</td><td rowspan="4">典型断面</td><td>直线形边坡断面</td><td>适用于边坡为均质的岩土，且路基开挖不深的路段</td></tr>
<tr><td>折线形边坡断面</td><td>适用于上部分边坡为土质覆盖层，下部分边坡为岩石的路段</td></tr>
<tr><td>挡土墙（或矮墙、护面墙）断面</td><td>适用于当路基挖方为软弱土质、易风化岩层</td></tr>
<tr><td>台阶形断面</td><td>适用于边坡高度较大的路段。边坡平台设为 2%～4% 向内侧倾斜的排水坡度，平台宽度不小于 2m，平台排水沟可做成斜口形或矩形断面</td></tr>
<tr><td rowspan="2">路堑边坡</td><td>土质路堑边坡</td><td>适用于边坡为均质的土层且路基开挖不深的路段。其边坡是根据边坡高度、土的密实程度、地下水和地面水的情况、土的成因及生成年代等因素来确定岩石</td></tr>
<tr><td>岩石路堑边坡</td><td>影响因素有岩石性质、岩体结构、水的作用、风化作用、地震、地应力、地形地貌及人为因素等</td></tr>
<tr><td>半填半挖路基</td><td colspan="3">是指路基横断面的一侧需要填筑，另一侧需要开挖的路基断面</td></tr>
</table>

知识点 4：路基工程的组成与构造

<table>
<tr><td>路基本体</td><td colspan="3">是在天然地面表面按照路线位置和设计断面的要求填筑或开挖形成的岩土结构物，路基横断面形式一般有：路堤、路堑、半填半挖路基三种基本形式</td></tr>
<tr><td rowspan="5">排水设施</td><td rowspan="5">地面排水设施</td><td>边沟</td><td>是在路基两侧设置的纵向水沟，用以汇集和排除路面、路肩及边坡的流水</td></tr>
<tr><td>截水沟（天沟）</td><td>定义：是设置在挖方路基边坡坡顶以外或山坡填方路基上侧适当位置的截水设施，用以汇集并排除路基边坡上侧的地表径流。
要求：当路基挖方上侧山坡汇水面积较大时，应于挖方坡顶 5m 以外设置截水沟。截水沟长度一般不宜超过 500m，超过 500m 时应设置出水口并将水引入河沟，平、纵转角处应设曲线连接，沟底纵坡应不小于 0.3%</td></tr>
<tr><td>排水沟</td><td>定义：是将边沟、截水沟、取土坑、边坡和路基附近积水引排至桥涵或路基以外的洼地或天然河沟。
要求：排水沟距离坡脚不宜小于 2m</td></tr>
<tr><td>跌水与急流槽</td><td>设于水沟通过陡坡地段</td></tr>
<tr><td>蒸发池</td><td>设置在气候干燥且排水困难地段；与路基边沟距离不应小于 5m，面积较大的蒸发池不小于 20m。高速公路蒸发池距离路基原则上应不小于 30m，且必须设置梳形盖板</td></tr>
</table>

续上表

<table>
<tr><td rowspan="17">排水设施</td><td>地面排水设施</td><td colspan="2">油水分离池</td><td>污水进入油水分离池前应先通过隔栅和沉沙池处理</td></tr>
<tr><td rowspan="9">地下排水设施</td><td colspan="2">明沟和排水槽</td><td>适用于当地下水位高,潜水层埋藏不深时,且必须深入到潜水层</td></tr>
<tr><td colspan="2">暗沟和暗管</td><td>设置在地面以下用以引导水流的沟渠,它本身没有渗水或汇水作用,为排除泉水或地下集中水流</td></tr>
<tr><td colspan="2">渗沟</td><td>用以降低地下水位或拦截地下水渗沟。按排水层的构造可分为填石渗沟、管式渗沟和洞式渗沟</td></tr>
<tr><td colspan="2">渗井</td><td>是一种立式地下排水设施</td></tr>
<tr><td colspan="2">隔离层</td><td>当地下水位高,路线纵面设计难以满足最小填土高度时,可在路基内设置隔离层。隔离层应设在最高地下水位之上,同时应高出边沟水位0.2m</td></tr>
<tr><td colspan="2">坡面防护</td><td>主要用以防护易于冲蚀的土质边坡和易于风化的岩石边坡;
常用的防护方式:植物防护,包括种草、铺草皮、植树等</td></tr>
<tr><td colspan="2">坡面处治</td><td>常用的坡面处治包括坡面喷护或者挂网喷射混凝土等。
黄土高边坡应按“多台阶、陡边坡、宽平台、固坡脚”的原则进行防护;膨胀土高边坡应按“缓边坡、宽平台、固坡脚”的原则进行防护</td></tr>
<tr><td colspan="2">护坡</td><td>常用的护坡包括浆砌或干砌片石护坡,一般用于不陡于1:1的土质和岩石边坡</td></tr>
<tr><td colspan="2">护面墙</td><td>适用于防护易风化或风化严重的软质岩石或较破碎岩石的挖方边坡,以及坡面易受侵蚀的土质边坡;不承受墙后的侧压力,被防护的挖方边坡不宜陡于1:0.5</td></tr>
<tr><td rowspan="7">冲刷防护</td><td rowspan="7">直接防护</td><td>植物防护</td><td>包括铺草皮、种植防水林、挂柳等,适用于容许流速为1.2~1.8m/s,水流方向与路线近乎平行,不受各种洪水主流冲刷的季节性漫水的路堤边坡防护或有浅滩地段的河岸冲刷防护</td></tr>
<tr><td>干砌片石护坡</td><td>适用于容许流速为2~4m/s,水流方向较平顺的河岸滩地边缘。不受主流冲刷的路堤边坡,应设置垫层厚度一般为0.1~0.2m</td></tr>
<tr><td>浆砌片石护坡</td><td>适用于容许流速为4~8m/s,主流冲刷及波浪作用强烈处的路堤边坡</td></tr>
<tr><td>抛石</td><td>适用于容许流速为3m/s,水流方向较平顺,无严重局部冲刷地段。已被水浸的路堤边坡及河岸,抛石厚度不应小于石块尺寸的2倍</td></tr>
<tr><td>石笼</td><td>适用于容许流速为5~6m/s,受洪水冲刷,但无滚石的地段和大石料缺少地区</td></tr>
<tr><td>浸水挡土墙</td><td>适用于容许流速为5~8m/s,峡谷急流地段,水流冲刷严重地段</td></tr>
<tr><td>混凝土预制块板</td><td>适用于容许流速为3~8m/s,水流急、冲刷严重地段及无石料地区;应设置垫层,厚度一般为0.1~0.2m</td></tr>
</table>

续上表

排水设施	冲刷防护	间接防护	丁坝（挑水坝）	坝身与水流方向成某一角度能将水流挑离河岸的结构物
			顺坝	坝身与水流方向基本平行，适用于河床断面较窄、基础地质条件较差的河岸或沿河路基防护，可调整流水曲线和改善流态
加固设施	挡土墙	普通重力式挡土墙		依靠墙身自重支撑土压力，一般多采用片块石砌筑
		衡重式挡土墙		利用衡重台上的填料和全墙重心后移来增加墙身稳定，减小墙体断面尺寸，降低工程造价
		加筋土挡土墙		是由面板、筋带和填料三部分组成，依靠填料与筋带的摩擦力来平衡面板所承受的水平土压力
		锚杆挡土墙		是由钢筋混凝土墙面和锚杆组成的支挡构造物，依靠锚固在稳定地层的锚杆所提供的拉力维持挡土墙平衡，多用于具有较完整岩石地段的路堑边坡支挡
		锚定板挡土墙		用于填方的轻型支挡结构物，由墙面系、钢拉杆、锚定板组成，依靠埋置于填料中的锚碇板所提供的抗拔力维持挡土墙的稳定，主要特点是结构轻、柔性大
		钢筋混凝土悬臂式与扶壁式挡土墙		依靠墙身自重和底板上填料及车辆荷载的重量维持挡墙稳定，也是一种轻型支挡结构物，适用于石料缺乏及地基承载力较低的填方地段。 悬臂式墙高一般不大于6m，当墙高大于4m时，宜在臂前设置加劲肋
	护肩及砌石			陡山坡上的半挖半填路基，填方边坡不易填筑时，可采用砌石；护肩和砌石一般设于石方路段或距生产石料地点较近处
	垒石、填石、石垛			适用于山区公路在生产石料及石方开挖地段
	边坡锚固			常用的边坡锚固措施包括预应力锚杆（索）和非预应力锚杆。边坡浅层锚固、松动岩块的锚固以及设计锚固力较小的边坡，一般采用非预应力锚杆；对于深层锚固、设计锚固力较大的边坡，多采用预应力锚杆
特殊路基处理	滑坡地段路基			滑坡防治设计应根据滑坡稳定性评价结果和保护对象要求，因地制宜地采取截排水、削方减载、填土反压与支挡加固相结合的综合防治措施
	崩塌地段路基			防治措施包括：清除坡面危石；修筑明洞、棚洞等遮挡建筑物；坡面加固，如坡面喷浆、抹面、砌石铺盖等；危岩支顶；拦截防御；调整水流
	泥石流地段路基			防治措施：水土保持、跨越、排导、滞流与拦截
	岩溶地区路基			岩溶地区路基设计：①路线方向不宜与岩层构造线方向平行，应与之斜交或者垂直通过（因暗河多平行于岩层构造线发育）；②应尽量避开河流附近或较大断层破碎带，不能绕避时，宜垂直或斜交通过。 防治措施：回填、跨越、注浆加固等方式，应设置完善的排水措施
	软土地段路基			软土路基加固措施主要有浅层处理、排水固结、粒料桩、加固土桩、水泥粉煤灰碎石桩（CFG桩）、刚性桩复合地基、强夯与强夯置换法等

续上表

特殊路基处理	湿陷性黄土地段路基	常用的处理措施包括:换填垫层、冲击碾压、表面重夯、强夯、挤密法、桩基础等
	膨胀土地段路基	设计应遵循"缓坡率、宽平台、固坡脚"的原则
	盐渍土地段路基	盐渍土路基处理应根据地基盐胀率和湿陷性等指标,采取换填砂砾、换填非盐胀土并提高路基高度、冲击压实、浸水预溶、地基置换、强夯、砾(碎)石桩、设置隔断层等

例题解析

1. 路基防护根据防护的目的或重点不同一般可分为(　　)。

A. 石笼防护和网格防护　　B. 坡面防护和冲刷防护

C. 封面防护和护面墙　　D. 植物防护和工程防护

答案:B

【解析】 本题为2019年考题。路基防护根据防护的目的或重点不同,一般可分为坡面防护和冲刷防护。

2. 为汇集和排除路面、路肩及边坡的流水,在路堑两侧设置的纵向水沟是(　　)。

A. 边沟　　B. 排水沟　　C. 截水沟　　D. 渗沟

答案:A

【解析】 本题为2012年考题。边沟是在路基两侧设置的纵向水沟,用以汇集和排除路面、路肩及边坡的流水。

3. 属于冲刷防护的是(　　)。

A. 挡土墙　　B. 抛石防护　　C. 植物防护　　D. 坡面处治

答案:B

【解析】 本题为2012年考题。沿河公路路基直接受到水流侵害,冲刷防护就是为了防止水流危害岸坡,保证路基稳固而设置的。冲刷防护主要有两种形式:一种是加固岸坡的直接防护;另一种是采用导流构造物以改变水流性质的间接防护。前者有砌石防护、抛石防护和石笼防护;后者有丁坝和顺坝两种。

4. 截水沟长度一般不宜超过500m,其平、纵转角处应设曲线连接,其沟底纵坡应不小于(　　)。

A. 0.30%　　B. 0.35%　　C. 0.50%　　D. 1.00%

答案:A

【解析】 本题为2013年考题。截水沟长度一般不宜超过500m,超过500m时应设置出水口并将水引入河沟,平、纵转角处应设曲线连接,沟底纵坡应不小于0.30%。

5. 以下几种支挡构造物,对地基承载力要求相对较高的构造物是(　　)。

A. 衡重式挡土墙　　B. 锚定板式挡土墙

C. 扶壁式挡土墙　　　　　　　　　　D. 钢筋混凝土悬臂式挡土墙

答案:A

【解析】 本题为2014年考题。钢筋混凝土悬臂式挡土墙、扶壁式挡土墙依靠墙身自重和底板上填料及车辆荷载的重量来维持挡墙稳定,也是一种轻型支挡结构物,适用于石料缺乏及地基承载力较低的填方地段。排除选项C和D。

锚定板挡土墙是一种适用于填方的轻型支挡结构物,故对地基承载力要求不高。排除选项B。衡重式挡土墙利用衡重台上的填料和全墙重心后移来增加墙身稳定,减小墙体断面尺寸。衡重式挡墙墙面坡度较陡,下墙墙背又为仰斜,故可降低墙高,减少基础开挖工程量,避免过多扰动山体的稳定。衡重式挡土墙基地面积较小,对地基承载力要求较高,应设置在较坚实的地基上。故选A。

6. 下列关于路基排水设施表述正确的是(　　)。

A. 无铺砌的边沟其开挖工程量包含在路基挖方中

B. 急流槽较长时应分段修筑,每段长5~10m,段间接头应采用防水材料填缝,要求密实无孔隙

C. 当路基挖方上侧山坡汇水面积较大时,应于挖方坡顶5m以外设置截水沟

D. 利用取土坑作蒸发池时,其土方作业费用按土方开挖的有关规定予以计量与支付

答案:ABC

【解析】 本题为2014年考题。蒸发池的计量与支付的规定:利用取土坑作蒸发池时,对蒸发池的技术要求应在取土坑设计时一并考虑,不计算蒸发池。非利用取土坑的蒸发池,其土方作业费用按土方开挖的有关规定计算。故D错误。

7. 普通重力式挡土墙依靠墙身自重支撑土压力。其断面形式简单,施工方便,可就地取材,适用性极强,在公路工程中应用最为广泛。以下关于普通重力式挡土墙描述正确的是(　　)。

A. 一般采用片块石砌筑,在缺乏石料地区有时也用混凝土修建

B. 应有排水设施,以疏干墙后土体

C. 为避免地基不均匀沉陷引起墙体开裂,应在地质条件变化处设置伸缩缝

D. 为防止圬工硬化收缩及温度变化产生裂缝,应设置沉降缝

答案:AB

【解析】 本题为2014年考题。普通重力式挡土墙依靠墙身自重支撑土压力,一般多采用片块石砌筑,在缺乏石料地区有时也用混凝土修建。

重力式挡土墙应有排水设施,以疏干墙后土体,避免墙后积水形成静水压力,减少寒冷地区回填土的冻胀压力,消除黏性土填料浸水后的膨胀压力。为避免地基不均匀沉陷引起墙体开裂,应在地质条件变化处设置沉降缝;为防止圬工硬化收缩及温度变化产生裂缝,应设置伸缩缝。沉降缝和伸缩缝可合并设置,一般墙长10~15m设置一道。

8. 当路基挖方上侧山坡汇水面积较大时,应于挖方坡顶(　　)以外置设截水沟。

A. 4m　　　　B. 5m　　　　C. 5.5m　　　　D. 6m

答案:B

【解析】 本题为2015年考题。当路基挖方上侧山坡汇水面积较大时,应于挖方坡顶5m

以外设置截水沟。

9. 路基边坡及河岸冲刷防护中,水流方向与路线近乎平行,不受各种洪水主流冲刷的季节性浸水的路堤边坡防护,应采用的防护措施是(　　)。

A. 浆砌片石护坡　　B. 植物防护

C. 抛石　　D. 浸水挡土墙

答案:B

【解析】 本题为2015年考题。植物防护包括铺草皮、种植防水林、挂柳等,适用于水流方向与路线近乎平行,不受各种洪水主流冲刷的季节性浸水的路堤边坡防护或有浅滩地段的河岸冲刷防护;浆砌片石护坡适用于主流冲刷及波浪作用强烈处的路堤边坡;浸水挡土墙适用于峡谷急流地段,水流冲刷严重地段;抛石适用于水流方向较平顺,无严重局部冲刷地段,已被水浸的路堤边坡及河岸,抛石厚度不应小于石块尺寸的2倍。

10. 路基设计中,当地下水位高,路线纵面设计难于满足最小填土高度时,可在路基内设置隔离层。隔离层应设在最高地下水位之上,同时应高出边沟水位(　　)。

A. 0.2m　　B. 0.25m　　C. 0.3m　　D. 0.4m

答案:A

【解析】 本题为2015年考题。当地下水位高,路线纵面设计难于满足最小填土高度时,可在路基内设置隔离层。隔离层由透水材料或不透水材料筑成。隔离层应设在最高地下水位之上,同时应高出边沟水位0.2m;隔离层至路基边缘的高度视公路等级而定,一般为0.45~0.70m。

11. 地下排水设施中,渗沟按排水层的构造形式,可分为(　　)。

A. 盲沟式渗沟　　B. 管式渗沟

C. 洞式渗沟　　D. 接堆式渗沟

答案:ABC

【解析】 本题为2015年考题。渗沟按排水层的构造形式,可分为盲沟式渗沟、管式渗沟、洞式渗沟三类。

本节习题

Ⅰ. 单项选择题

1. 路基强度不足,会引起路基(　　)。

A. 整体稳定性　　B. 刚度

C. 变形　　D. 水温稳定性

2. 下列工程中,不属于路基工程的分项工程的是(　　)。

A. 路基土石方工程　　B. 急流槽

C. 砌体挡土墙　　D. 导流工程

3. 下列说法错误的是(　　)。

A. 路基的强度和稳定性是保证路面强度和稳定性的先决条件

B. 路堤是指高于原地面的填方路基,其作用是支承路面体

C. 路堑是指低于原地面由开挖所形成的路基

D. 路基在地面水和地下水作用下,其刚度将会显著降低

4. 路床以下 0.7m 厚度范围内的填方部分是( )。

A. 上路堤 B. 下路床 C. 下路堤 D. 路堤

5. 下列排水设施中属于地表排水设施的是( )。

A. 边沟 B. 盲沟 C. 暗沟 D. 渗井

6. 天沟指的是( )。

A. 边沟 B. 排水沟 C. 截水沟 D. 暗沟

7. ( )可以用来将取土坑、边坡和路基附近积水引排至桥涵或路基以外的洼地或天然河沟。

A. 边沟 B. 排水沟 C. 截水沟 D. 暗沟

8. 下列排水设施中,( )设置在地面以下以引导水流的沟渠,本身没有渗水或汇水的作用。

A. 边沟 B. 渗沟 C. 渗井 D. 暗沟

9. ( )不承受侧墙压力。

A. 重力式挡土墙 B. 护面墙 C. 桩板墙 D. 加筋挡土墙

10. 对于平曲线半径≤( )m 时,平曲线路段的行车道部分和路基都应予加宽。

A. 100 B. 200 C. 150 D. 250

11. 下列挖方路基典型断面中,( )适用于边坡为均质的岩土,且路基开挖不深的路段。

A. 直线形边坡断面 B. 折线形边坡断面

C. 挡土墙断面 D. 台阶形断面

12. 公路工程定额中的普通土与土木工程十六级分类中的( )类土对应。

A. Ⅰ B. Ⅱ C. Ⅲ D. Ⅳ

13. 下列防护类型中,( )适用于容许流速为 2~4m/s,水流方向较平顺的河岸滩地边缘,不受主流冲刷的路堤边坡。

A. 干砌片石护坡 B. 浆砌片石护坡

C. 植物防护 D. 抛石

14. 钢筋混凝土挡土墙墙高一般不大于 6m,当墙高大于( )m 时,宜在臂前设置加劲肋。

A. 3 B. 4 C. 5 D. 6

15. 用以汇集和排除路面、路肩及边坡的流水,设置于路基两侧的水沟,称( )。

A. 排水沟 B. 截水沟 C. 边沟 D. 纵向水沟

16. 公路沿河路基,必须采取措施防止冲刷,其间接防护措施有( )。

A. 护面墙 B. 喷射混凝土 C. 石笼防护 D. 顺坝

17. 支挡构造物用以防止路基变形或支挡路基本身,以保证路基稳定性。常用的支挡构造物有( )。

A. 石笼 B. 石垛 C. 护面墙 D. 喷射混凝土封面

18. 公路工程中,依靠墙身自重支撑土压力的支挡构造物是( )。

A. 石笼
B. 护面墙
C. 重力式挡土墙
D. 喷射混凝土封面

19. 利用台上的填料使重心后移增加墙身稳定,减小墙体断面尺寸的支挡构造物称( )。

A. 重力式挡土墙
B. 衡重式挡土墙
C. 加筋土挡土墙
D. 锚杆挡土墙

20. 公路路基防护与加固工程,按其作用不同可以分为( )。

A. 坡面防护、沿河路基防护和支挡构造物三大类
B. 植物防护、坡面处治、护坡、护面墙四大类
C. 草皮防护、砌石防护、砌预制块防护、现浇混凝土防护四大类
D. 植物防护、坡面处治、护坡、护面墙、挡土墙五大类

21. 护面墙与挡土墙的最大区别是( )。

A. 前者承受土侧压力,后者不承受
B. 前者是防护,后者是加固
C. 前者不承受土侧压力,后者承受
D. 前者是加固,后者是防护

22. 下列属于公路路基坡面防护的是( )。

A. 抛石防护
B. 石笼防护
C. 植物防护、坡面处治、护坡及护面墙
D. 挡土墙

Ⅱ. 多项选择题

1. 路基的基本要求包括( )。

A. 整体稳定性
B. 刚度
C. 强度
D. 水温稳定性

2. 路基横断面包括( )基本形式。

A. 路堤
B. 路堑
C. 半填半挖
D. 不填不挖

3. 路基修建后,改变了原地面的天然平衡状态,当地质不良时,修建路基可能加剧原地面的不平衡状态,从而发生( )等病害,造成路基损害。

A. 沉陷 B. 滑坍 C. 崩塌 D. 滑落

4. 路基防护一般可分为( )。

A. 坡面防护
B. 冲刷防护
C. 直接防护
D. 间接防护

5. 下列防护措施中,( )属于冲刷防护中的直接防护。

A. 砌石防护
B. 抛石防护
C. 石笼防护
D. 丁坝

6. 下列关于车道说法正确的是( )。

A. 加速车道是为了保证驶入干道的车辆在进入干道之前,能够安全加速以保证汇流所需的距离而设置的变速车道

B. 爬坡车道是指在长的上坡路上为高速行驶的载货车辆不影响其他车辆正常行驶而考虑的补充措施

C. 高速公路和一级公路的特长桥梁、隧道,必须设置紧急停车带

D. 当四级公路采用单车道路基时,为错车而在适当距离内设置错车道

7. 填方路基应优先选用天然级配较好的(　　)等粗粒土作为填料。

A. 漂石土　　B. 卵石土　　C. 砾类土　　D. 砂类土

8. 下列病害中,(　　)是路基病害。

A. 冲刷　　B. 翻浆　　C. 冻胀　　D. 唧泥

9. (　　)是一种轻型支挡构造物,适用于石料缺乏及地基承载力较低的填方地段。

A. 加筋土挡土墙　　B. 钢筋混凝土悬臂式挡土墙

C. 锚杆挡土墙　　D. 钢筋混凝土扶壁式挡土墙

10. 渗沟设置在地面以下,用以(　　)。

A. 排除路基边坡雨水　　B. 降低地下水位

C. 渗入路堤的雨水　　D. 拦截地下水

11. 公路路基边坡坡面防护,可采用(　　)。

A. 铺草皮　　B. 水泥砂浆抹面

C. 喷射混凝土封面　　D. 锚杆喷浆

12. 公路工程对边坡进行支挡和加固的主要方法有(　　)。

A. 重力式挡土墙　　B. 锚杆加固

C. 喷射混凝土　　D. 抗滑桩

13. 公路土质路堑边坡,应根据(　　)等确定。

A. 公路等级　　B. 边坡高度

C. 土的密实程度、成因及生成年代　　D. 地下水和地面水的情况

14. 下列(　　)是影响公路岩石路堑边坡稳定性的因素。

A. 岩性、岩体结构　　B. 水和风化的作用

C. 公路行车速度　　D. 地形地貌

15. 公路路基的地下排水设施一般有(　　)。

A. 暗沟　　B. 暗管　　C. 明沟　　D. 排水沟

16. 公路路基的坡面防护主要是根据(　　)采取相应防护措施。

A. 土质和岩性　　B. 水文地质条件和坡度

C. 边坡高度及当地材料情况　　D. 公路的等级

17. 公路边坡植物坡面防护的方式有(　　)。

A. 植树　　B. 种草　　C. 铺草皮　　D. 种植灌木丛

18. 处于较陡山坡上的公路半挖半填路基,或距生产石料地点较近之处的支挡构造物,宜采用(　　)。

A. 干砌垒石　　B. 填石　　C. 护肩　　D. 砌石

19. 下列说法正确的是(　　)。

A. 防护工程应按照"安全稳定、植物防护为主、圬工防护为辅"的原则实施

B. 山区公路在生产石料及石方开挖地段,应因地制宜地设置垒石、填石、石垛等支挡构造物

C. 高度小于20m的石质边坡,防护时宜选用被动柔性防护形式;高度大于20m的石质边坡,防护时宜选用主动柔性防护形式

D. 黄土高边坡应按“多台阶、陡边坡、宽平台、固坡脚”的原则进行防护

20. 膨胀土高边坡应按(　　)的原则进行防护,其综合坡率应满足稳定性要求。

A. 缓边坡　　B. 陡边坡　　C. 宽平台　　D. 固坡脚

本节习题答案及解析

Ⅰ. 单项选择题

1. 答案:C

【解析】 为保证路基在外力及自重作用下,不致产生超过容许范围的变形,要求路基应具有足够的强度。故选C。

2. 答案:A

【解析】 由教材表3.2.1中可以得出,路基土石方工程为分部工程,选项BCD都是分项工程,故选A。

路基工程各分部工程所含分项工程　　教材表3.2.1

分部工程	分项工程
路基土石方工程	土方路基、填石路基、软土地基处治、土工合成材料处治层
排水工程	管节预制、混凝土排水管施工、检查(雨水井)砌筑、土沟、浆砌水沟、盲沟、跌水、急流槽、水簸箕、排水泵站沉井、沉淀池等
防护支挡工程	砌体挡土墙、墙背填土、边坡锚固支护、土钉支护、砌体坡面防护、石笼防护、导流工程等
大型挡土墙、组合挡土墙	钢筋加工及安装、砌体挡土墙、悬臂式挡土墙、扶壁式挡土墙、锚杆、锚定板和加筋挡土墙、墙背填土等

3. 答案:D

【解析】 路基在地面水和地下水作用下,其强度将会显著降低。

4. 答案:A

【解析】 路堤在结构上分为上路堤和下路堤,上路堤是指路床以下0.7m范围内的填方部分,下路堤是指上路堤以下的填方部分。路床分上路床和下路床,上路床是指路面底面以下0.3m范围内的部分,下路床是指路面底面以下0.3~0.8m范围内的部分。

5. 答案:A

【解析】 路基工程排水设施分为两类,分别是地表排水设施和地下排水设施,其中地表排水设施主要有路堑和路堤边沟、截水沟、急流槽、排水沟等类型。地下排水设施主要有盲沟、暗沟、渗沟、渗井、仰式排水斜孔等。

6. 答案:C

【解析】 截水沟(又称天沟)是设置在挖方路基边坡坡顶以外或山坡填方路基上侧适当位置的截水设施,用以汇集并排除路基边坡上侧的地表径流。

7. 答案:B

【解析】 排水沟的作用是将边沟、截水沟、取土坑、边坡和路基附近积水引排至桥涵或路基以外的洼地或天然河沟。

8. 答案:D

【解析】 边沟属于地面排水设施,设置在地面以上路基两侧,故选项 A 错误;渗沟、渗井属于地下排水设施,设置在地面以下,单具有渗水和汇水的功能,故选项 B 和 C 排除。

9. 答案:B

【解析】 护面墙是一种浆砌片(块)石的坡面覆盖层,适用于防护易风化或风化严重的软质岩石或较破碎岩石的挖方边坡以及坡面易受侵蚀的土质边坡。护面墙除自重力外不承受墙后的侧压力,故被防护的挖方边坡不宜陡于1:0.5,并应符合极限稳定边坡的要求。

10. 答案:D

【解析】 对于平曲线半径≤250m 时,平曲线路段的行车道部分和路基都应予加宽。

11. 答案:A

【解析】 直线形边坡断面适用于边坡为均质的岩土,且路基开挖不深的路段。

折线形边坡断面适用于上部分边坡为土质覆盖层,下部分边坡为岩石的路段。

挡土墙(或矮墙、护面墙)断面适用于当路基挖方为软弱土质、易风化岩层时,需要采取挡土墙或护面墙等支挡措施,以确保坡面稳定。

台阶形断面适用于边坡由多层土质组成且边坡较高的路段。边坡平台设为 2% ~4% 向内侧倾斜的排水坡度,平台宽度不小于 2m,平台排水沟可做成斜口形或矩形断面。

12. 答案:C

【解析】 公路工程定额土石分类与十六级分类对应关系见教材表 3.2.4。

公路土、石分类对照 教材表 3.2.4

公路工程定额分类	松土	普通土	硬土	软石	次坚石	坚石
十六级分类	Ⅰ ~ Ⅱ	Ⅲ	Ⅳ	Ⅴ ~ Ⅵ	Ⅶ ~ Ⅸ	Ⅹ ~ ⅩⅥ

13. 答案:A

【解析】 从路基边坡及河岸冲刷防护工程表 3.2.5 中可以得出选项 A 正确。

路基边坡及河岸冲刷防护工程 教材表 3.2.5

防护类型	结构形式	适用条件		注意事项
		容许流速(m/s)	水文地形条件	
植物防护	铺草皮	1.2 ~ 1.8	水流方向与路线近乎平行,不受各种洪水主流冲刷的季节性漫水的路堤边坡防护	
	种植防水林、挂柳		有浅滩地段的河岸冲刷防护	

续上表

防护类型	结构形式	适用条件		注意事项
		容许流速(m/s)	水文地形条件	
干砌片石护坡	单层干砌厚一般为0.25~0.35m; 双层干砌厚上层为0.25~0.35m; 双层干砌厚下层为0.15~0.25m	2~4	水流方向较平顺的河岸滩地边缘。不受主流冲刷的路堤边坡	应设置垫层。厚度一般为0.1~0.2m
浆砌片石护坡	厚0.25~0.4m; 厚0.3~0.6m	4~6 4~8	主流冲刷及波浪作用强烈处的路堤边坡	有冻胀变形的边坡上,应设置垫层
抛石	石块尺寸根据流速波浪大小计算,一般0.3~0.5m	3	水流方向较平顺,无严重局部冲刷地段。已被水浸的路堤边坡及河岸	抛石厚度不应小于石块尺寸的2倍
石笼	镀锌铁丝编织成箱形或圆形,笼内填石块	5~6	受洪水冲刷,但无滚石的地段和大石料缺少地区	
浸水挡土墙	浆砌片(块)石或混凝土	5~8	峡谷急流地段,水流冲刷严重地段	基础应埋在冲刷线以下1m,冰冻线以下0.25m。基础前应设冲刷防护措施,墙身设泄水孔
混凝土预制块板	平面尺寸一般为0.3~0.5m²,厚度为0.06~0.25m。在受波浪作用严重的地方,平面尺寸可用2.0~3.0m²,厚度可用0.5m	3~12	水流急、冲刷严重地段及无石料地区	应设置垫层,厚度一般为0.1~0.2m

14. 答案:B

【解析】 悬臂式墙高一般不大于6m,当墙高大于4m时,宜在臂前设置加劲肋。

15. 答案:C

【解析】 边沟是在路基两侧设置的纵向水沟,用以汇集和排除路面、路肩及边坡的流水。

16. 答案:D

【解析】 选项A和B属于坡面防护,选项C属于冲刷防护中的直接防护,选项D属于冲刷防护中的间接防护,故选项D是正确的。

17. 答案:B

【解析】 选项A属于冲刷防护,选项B属于支挡结构,选项C和D属于坡面防护。

18. 答案:C

【解析】 选项A、B、D属于防护工程,选项C属于支挡构造物,且依靠自重支承土压力。

19. 答案:B

【解析】 衡重式挡土墙利用衡重台上的填料和全墙重心后移来增加墙身稳定,减小墙体断面尺寸。衡重式挡墙墙面坡度较陡,下墙墙背又为仰斜,故可降低墙高,减少基础开挖工程量,避免过多扰动山体的稳定。

20. 答案:A

【解析】 路基防护与加固工程,按其作用不同,可以分为坡面防护、沿河路基防护和支挡构造物等。一般把防止冲刷和风化,主要起隔离作用的措施称为防护工程;把防止路基或山体因重力作用而坍滑,主要起支承作用的支挡结构物称为加固工程。

21. 答案:C

【解析】 护面墙不承受侧压力,属于防护工程;挡土墙承受侧压力,属于加固工程。故选C。

22. 答案:C

【解析】 选项A和B属于冲刷防护,选项D属于加固工程,故选C。

Ⅱ. 多项选择题

1. 答案:ACD

【解析】 路基应满足下列基本要求:具有足够的整体稳定性、具有足够的强度、具有足够的水温稳定性。

2. 答案:ABC

【解析】 路基横断面一般有路堤、路堑、半填半挖路基三种基本形式。

3. 答案:ABC

【解析】 路基修建后,改变了原地面的天然平衡状态,当地质不良时,修建路基可能加剧原地面的不平衡状态,从而发生沉陷、滑坍、崩塌等病害,造成路基损害。

4. 答案:AB

【解析】 路基防护一般可分为坡面防护和冲刷防护两类。

5. 答案:ABC

【解析】 冲刷防护主要有两种形式:一种是加固岸坡的直接防护;另一种是采用导流构造物以改变水流性质的间接防护。前者有砌石防护、抛石防护和石笼防护;后者有丁坝和顺坝两种。

6. 答案:AD

【解析】 爬坡车道是指在长的上坡路上为低速行驶的载货车辆不影响其他车辆正常行驶而考虑的补充措施。故选项B错误。

高速公路和一级公路的特长桥梁、隧道,可根据需要设置紧急停车带,不是必须设置,故选项C错误。

7. 答案:CD

【解析】 填方路基应优先选用天然级配较好的砾类土、砂类土等粗粒土作为填料。根据公路土的分类,漂石土和卵石土属于巨粒土。

8. 答案:ABC

【解析】 路基病害包括沉陷、冲刷、坍塌、冻胀、翻浆;沥青路面病害有松散、剥落、龟裂;水泥混凝土路面病害有唧泥、错台、断裂等。

9. 答案:BD

【解析】 钢筋混凝土悬臂式、扶壁式挡土墙依靠墙身自重和底板上填料及车辆荷载的重量维持挡墙稳定,也是一种轻型支挡构造物,适用于石料缺乏及地基承载力较低的填方地段。

10. 答案:BD

【解析】 渗沟是一种常用的地下排水沟渠,用以降低地下水位或拦截地下水。渗沟按排水层的构造可分为填石渗沟、管式渗沟和洞式渗沟。

11. 答案:ABC

【解析】 锚杆喷浆承受土压力,属于支挡构造物。

12. 答案:ABD

【解析】 喷射混凝土属于边坡防护措施,故选项C错误。

13. 答案:BCD

【解析】 土质路堑边坡适用于边坡为均质的土层、且路基开挖不深的路段。其边坡是根据边坡高度、土的密实程度、地下水和地面水的情况、土的成因及生成年代等因素来确定。

14. 答案:ABD

【解析】 影响岩石路堑边坡稳定的因素有岩石性质、岩体结构、水的作用、风化作用、地震、地应力、地形地貌及人为因素等。故排除选项C。

15. 答案:ABC

【解析】 排水沟属于地表水排水设施。

16. 答案:ABC

【解析】 坡面防护主要是用以防护易于冲蚀的土质边坡和易于风化的岩石边坡,应根据边坡的土质、岩性、水文地质条件、坡度、高度及当地材料,采取相应防护措施。

17. 答案:ABC

【解析】 植物防护包括种草、铺草皮、植树,不包括种植灌木丛。

18. 答案:CD

【解析】 陡山坡上的半填半挖路基,填方边坡不易填筑时可以采用护肩和砌石支挡结构,一般设于石方路段或距生产石料地点较近之处。

19. 答案:ABD

【解析】 高度小于20m的石质边坡,防护时宜选用主动柔性防护形式;高度大于20m的石质边坡,防护时宜选用被动柔性防护形式。故选项C错误。

20. 答案:ACD

【解析】 膨胀土高边坡应按“缓边坡、宽平台、固坡脚”的原则进行防护,其综合坡率应满足稳定性要求。

(三)路面工程的分类、组成及构造

路面工程的分类、组成及构造知识点

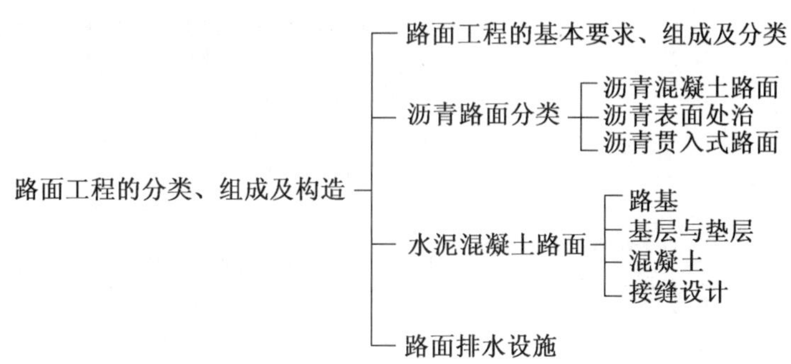

知识点集成

知识点5:路面工程的基本要求、组成及分类

要求	足够的承载能力、稳定性、平整度、抗滑性、耐久性		
组成	路面结构	面层	直接与行车和大气接触的表面层,承受较大的行车荷载的垂直力、水平力和冲击力的作用,同时还接受降水的侵蚀和气温变化的影响
		基层	设置在面层之下,起主要承重作用的层次。 基层包括无机结合料稳定类、粒料类、沥青结合料类、水泥混凝土类型等
	功能层	防冻层	季节性冻土地区路面厚度不满足防冻要求时,应增设防冻层。宜采用粗砂、砂砾、碎石等粒料材料
		粒料路基改善层	地下水位高、排水不良路段,有裂隙水、泉水等水文条件岩石挖方路段,基层和底基层为非粒料类材料时,可在基层或底基层与路床间设置粒料层
		封层、黏土、透层	为能够使路面各结构层之间黏结紧密和满足施工需要,提高路面结构的整体性,在各结构层之间采取了透层、封层、黏层等自治措施
	中央分隔带	设置在高速公路、一级公路双向车道中间;设计速度为120km/h时宽度为3m,其余为2m;中央分隔带开口一般以2km设置一处,开口长度一般为50m	
	路肩	硬路肩和土路肩	
	路面排水	路面表面排水	漫流排水方式、集中排水方式。 包括路肩沟、超高路段排水中沟、集水井、横向排水管等
		中央分隔带排水	包括渗沟、渗水管、集水井、横向排水管等
		路面结构内部排水	包括排水性基层、排水性土工织物中间层、开级配透水性沥青混凝土表层、路肩边缘排水等
		桥面铺装体系排水	—

续上表

组成	路缘石	按形状分	立缘石、平缘石
		按材料分	水泥混凝土路缘石、天然石材路缘石
分类	按面层材料分类	沥青路面	如沥青混凝土路面、沥青贯入式路面、沥青表面处治路面等
		水泥混凝土路面	如普通混凝土路面、钢筋混凝土路面、连续配筋混凝土路面、预应力混凝土路面、钢纤维混凝土路面和碾压混凝土路面等
		碎、砾石路面	如泥(灰)结碎石路面、级配碎石路面、级配砾石路面及天然砂砾路面、粒料改善土路面等
	按基层材料分类	沥青结合料类基层沥青路面(柔性基层沥青路面)	该类沥青路面适用于各种交通荷载等级公路; 该类路面的总体结构刚度较小,弯沉变形较刚性基层沥青路面大
		水泥混凝土基层沥青路面(刚性基层沥青路面)	该类沥青路面适用于重及以上交通荷载等级公路。刚性基层沥青路面是指用水泥混凝土做基层,沥青混凝土作面层的路面结构
		无机结合料稳定类基层沥青路面(半刚性基层沥青路面)	是指用水泥、石灰、粉煤灰等无机结合料稳定类材料(常称半刚性材料)作为基层、底基层的沥青路面; 该类沥青路面适用于各种交通荷载等级公路
		粒料类基层沥青路面	包括级配碎石、级配砾石、未筛分碎石、天然砾石、填隙碎石等基层的沥青路面

知识点6:沥青路面分类

沥青表面处治	适用于三级及三级以下公路的面层
	主要是起保护作用,计算路面厚度时,不作为单独受力结构层
	路面按嵌挤原则修筑而成,厚度小于3cm,可采用拌和法和层铺法,普遍采用的是层铺法
沥青贯入式路面	适用于三级及三级以下公路的面层,也可作为沥青路面的联结层;其厚度通常为4~8cm,但乳化沥青贯入式不宜超过5cm
	是一种嵌挤式路面,其强度和稳定性,主要取决于矿料的嵌挤作用
	具有强度高、稳定性好、施工简便和不易开裂等优点;缺点是强度不够均匀
	是一种多孔结构,应在其下部做下封层
热拌沥青混凝土路面	热拌沥青混凝土适用于各级公路的面层;施工应采用机械化连续施工
	热拌沥青混凝土路面的强度是按密实原则构成,黏结力是强度主要构成因素
	热拌沥青混凝土路面的沥青面层的集料最大粒径宜从上至下逐渐增大,中粒式及细粒式用于上层,粗粒式只能用于中下层;砂粒式仅适用于通行非机动车及行人的路面

知识点7:水泥混凝土路面

<table>
<tr><td rowspan="2">路基</td><td>要求</td><td colspan="2">密实、稳定、均质</td></tr>
<tr><td>影响因素</td><td colspan="2">水是影响路基强度和稳定性最重要的因素</td></tr>
<tr><td rowspan="6">基层</td><td>要求</td><td colspan="2">强度和稳定性</td></tr>
<tr><td rowspan="2">材料</td><td>特重和重交通</td><td>水泥稳定碎石、水泥稳定砂砾、水硬性工业废渣稳定类、沥青混合料等</td></tr>
<tr><td>中等和轻交通</td><td>除上述外,还可以采用石灰土、泥灰结碎石等</td></tr>
<tr><td rowspan="3">宽度</td><td>小型机具或轨道式摊铺机施工</td><td>应比混凝土面板每侧宽出30cm</td></tr>
<tr><td>轨模式摊铺机施工</td><td>每侧宽出50cm</td></tr>
<tr><td>滑模式摊铺机施工</td><td>每侧宽出65cm</td></tr>
<tr><td rowspan="3">混凝土面板</td><td>要求</td><td colspan="2">面板一般采用矩形、纵向和横向接缝应垂直相交,其纵缝两侧的横缝不得互相错位</td></tr>
<tr><td>尺寸</td><td colspan="2">纵向缩缝间距(板宽)最大不超过4.5m;横向缩缝间距(板长)一般采用4~6m,最大不超过6m;板宽与板长之比不宜超过1:1.3,平面尺寸不宜大于25m²</td></tr>
<tr><td>厚度</td><td colspan="2">一般采用等厚,最小厚度为18cm</td></tr>
<tr><td rowspan="8">接缝设计</td><td rowspan="2">纵缝</td><td>纵向缩缝</td><td>一次铺筑宽度大于4.5m时,应增设纵向缩缝。纵向缩缝采用假缝,并应设置拉杆(螺纹钢筋)</td></tr>
<tr><td>纵向施工缝</td><td>一次铺筑宽度小于路面宽度时,应设置纵向施工缝。纵向施工缝采用平缝(属于真缝),并应设置拉杆</td></tr>
<tr><td rowspan="3">横缝</td><td>横向缩缝</td><td>采用假缝;在特重交通的公路上,横向缩缝宜加设传力杆;其他各级交通的公路上,在临近胀缝或路面自由端部的3条缩缝内,均宜加设传力杆</td></tr>
<tr><td>胀缝</td><td>在临近桥梁或其他固定构筑物处、与柔性路面相接处、板厚改变处、隧道口、小半径平曲线和凹形竖曲线纵坡变换处,均应设置胀缝、滑动传力杆</td></tr>
<tr><td>横向施工缝</td><td>中断浇筑时,设置横向施工缝,其位置宜设在胀缝或缩缝处</td></tr>
<tr><td rowspan="2">拉杆与传力杆</td><td>拉杆</td><td>采用螺纹钢筋</td></tr>
<tr><td>传力杆</td><td>采用光圆钢筋;其长度的一半再加5cm,应涂以沥青或加塑料套。胀缝处的传力杆,尚应在涂沥青一端加一套子,内留3cm的空隙,填以纱头或泡沫塑料。套子端宜在相邻板中交错布置</td></tr>
<tr><td>补强钢筋</td><td colspan="2">混凝土面板纵、横向自由边边缘下的基础,当有可能产生较大的塑性变形时,宜在板边缘加设补强钢筋,角隅处加设发针形钢筋或钢筋网</td></tr>
</table>

知识点8:路面排水设施

分类	开级配透水性沥青混凝土表层	其排水效率远比表面径流好;消除了路面水膜,减少水漂和喷雾并缓解镜面反射,还能降低噪声
	排水性土工织物中间层	—
	透水性基层	—
	路面边缘排水系统	—
	中央分隔带排水	主要是排除中央分隔带范围内的表面渗水

例题解析

1. 为改善土基的温度与湿度状况而设置的结构层是(　　)。

A. 面层　　B. 基层　　C. 垫层　　D. 连接层

答案:C

【解析】 本题为2012年考题。面层是直接承受车辆荷载和自然因素影响的层次;基层是主要承重层;垫层是设置在基层与土基之间的结构层,起排水、隔水、防冻、防污等作用。连接层不是路面结构层,故选C。

2. 水泥混凝土横向接缝的传力杆应采用(　　)。

A. 螺纹钢筋　　B. 光圆钢筋

C. 高强钢筋　　D. 预应力钢筋

答案:B

【解析】 本题为2012年考题。水泥混凝土横向接缝的传力杆应采用光圆钢筋。

3. 水泥混凝土路面采用滑模式摊铺机施工时,基层宽度应比混凝土面板每侧宽出(　　)。

A. 30cm　　B. 50cm　　C. 40cm　　D. 65cm

答案:D

【解析】 本题为2012年考题。基层宽度应比混凝土面板每侧宽出30cm(采用小型机具或轨道式摊铺机施工)或50cm(采用轨模式摊铺机施工)或65cm(采用滑模式摊铺机施工)。

4. 中央分隔带排水系统主要由(　　)组成。

A. 明沟　　B. 渗沟

C. 渗沟内的集水管　　D. 横向排水管

答案:BCD

【解析】 本题为2013年考题。中央分隔带排水:包括渗沟、渗水管、集水井、横向排水管等,渗沟内的集水管又称渗水管,因此选项C也正确。

5. (　　)的强度和耐久性最好。

A. 沥青表面处治路面　　B. 沥青混凝土路面

C. 沥青碎石路面　　D. 沥青贯入式路面

答案:B

【解析】 本题为2014年考题。沥青混凝土路面强度是按密实原则形成,黏聚力大、空隙率小、强度大、耐久性好,适用于各级公路。沥青表面处治路面、沥青碎石路、沥青贯入式路面仅适用于三级公路和四级公路。

6. 适用各级公路基层的材料有(　　)。

A. 水泥稳定类材料　　B. 石灰粉煤灰稳定类材料

C. 水泥稳定细粒土　　D. 石灰、粉煤灰稳定细粒土

答案:AB

【解析】 本题为2014年考题。无机结合稳定土只能做高速公路、一级公路的底基层,不能做基层,故排除C和D。

7. 每日施工结束,或浇筑混凝土过程中因故中断浇筑时,必须设置(　　)。

A. 横向缩缝　　B. 胀缝

C. 纵向施工缝　　D. 横向施工缝

答案:D

【解析】 本题为2014年考题。一次铺筑宽度小于路面宽度时,应设置纵向施工缝;每日施工结束或浇筑混凝土过程中因故中断浇筑时,应设置横向施工缝。

8. 普通水泥混凝土路面最大板长不宜大于(　　)。

A. 6m　　B. 4.5m　　C. 5m　　D. 8m

答案:A

【解析】 本题为2014年考题。横向缩缝间距(即板长)应根据当地气候条件、板厚和实践经验确定,一般采用4~6m,最大不得超过6m,且板宽与板长之比不宜超过1:1.3,平面尺寸不宜大于25m^2。

9. 一般路段中央分隔带排水系统的主要作用是(　　)。

A. 排除路面结构内的积水

B. 排除路面结构中渗流到路面边缘的水

C. 排除中央分隔带范围内的表面渗水

D. 以上都不是

答案:C

【解析】 本题为2015年考题。一般路段中央分隔带排水:一般路段的中央分隔带,其排水系统的主要作用是排除中央分隔带范围内的表面渗水。

10. 路基基层是路面结构中的承重部分,可选用(　　)等材料。

A. 沥青混合料　　B. 无机结合稳定集料

C. 泥土　　D. 贫混凝土

答案:ABD

【解析】 本题为2015年考题。泥土不可用作基层材料。

11. 路面排水设施主要由(　　)组成。

A. 路面表面排水　　B. 中央分隔带排水

C. 路面结构内部排水　　D. 桥面铺装体系排水

答案:ABCD

【解析】 本题为2015年考题。当前,在高等级公路建设中,为使渗入路面的表面水降至

最低程度,以及迅速地排除进入路面结构内的水分,所采用的路面排水设施主要由以下4个部分组成:

(1)路面表面排水:漫流排水方式、集中排水方式,包括路肩沟、超高路段排水中沟、集水井、横向排水管等。

(2)中央分隔带排水:包括渗沟、渗水管、集水井、横向排水管等。

(3)路面结构内部排水:包括排水性基层、排水性土工织物中间层、开级配透水性沥青混凝土表层、路肩边缘排水等。

(4)桥面铺装体系排水。

12. 下列关于沥青混凝土路面和混凝土路面的适用范围,说法正确的是(　　)。

A. 碎砾石路面适用于四级公路

B. 沥青贯入式路面适用于三级公路、四级公路

C. 沥青表面处治适用于一级公路、二级公路

D. 水泥混凝土路面适用于高速公路、一级公路、二级公路、三级公路,四级公路

答案:ABD

【解析】　本题为2019年考题。热拌沥青混凝土可用作于各级公路的面层。沥青表面处治路面适用于三级及三级以下的公路面层。沥青贯入式路面适用于三级及三级以下的公路面层,也可作为沥青路面的联结层。冷拌沥青混合料适用于三级及三级以下的公路面层、二级公路的罩面施工以及各级公路沥青路面的基层或整平层。

本节习题

Ⅰ.单项选择题

1. (　　)不是路面基本要求。

A. 足够的承载力　　B. 足够的刚度

C. 足够的平整度　　D. 足够的抗滑性

2. 路面的稳定性是指路面保持其本身结构(　　)的性能。

A. 强度　　B. 刚度　　C. 平整度　　D. 硬度

3. (　　)是直接承受车轮荷载反复作用和自然因素影响的结构层。

A. 面层　　B. 黏层　　C. 基层　　D. 垫层

4. 沥青路面的(　　)应根据使用要求设置抗滑耐磨、密实稳定的沥青层。

A. 面层　　B. 封层　　C. 基层　　D. 黏层

5. (　　)是起主要承重作用的层次。

A. 面层　　B. 封层　　C. 基层　　D. 垫层

6. (　　)是设置在基层与土基之间的结构层,起排水、隔水、防冻、防污等作用。

A. 垫层　　B. 下封层　　C. 底基层　　D. 透层

7. 为保障高速公路、一级公路高速行车安全,在双向车道中间设置中央分隔带,其宽度根据设计速度确定,设计速度为100km/h时宽度为(　　)m。

A. 2　　B. 2.5　　C. 3　　D. 3.5

8. 中央分隔带开口一般以 2km 设置一处,开口长度一般为(　　)m。

A. 100　　B. 150　　C. 50　　D. 200

9. 土路肩一般情况用(　　)填筑。

A. 粉土　　B. 砂类土　　C. 黏土　　D. 砾类土

10. 水泥稳定碎石是(　　)材料。

A. 刚性　　B. 半刚性　　C. 柔性　　D. 半柔性

11. 下列不是沥青路面优点的是(　　)。

A. 行车舒适　　B. 噪声低

C. 施工期长　　D. 养护维修简单

12. (　　)适用于三级及三级以下公路的面层,也可作为沥青路面的联结层。

A. 热拌沥青混凝土　　B. 沥青表面处治

C. 沥青贯入式路面　　D. 冷拌沥青混合料

13. 水泥混凝土路面设计以(　　)的单轴-双轮组荷载作为标准轴载。

A. 100kN　　B. 150kN　　C. 200kN　　D. 250kN

14. 下列关于水泥混凝土路面说法错误的是(　　)。

A. 其设计的主要内容包括结构组合设计、板的平面尺寸和接缝构造设计、板厚的确定和配筋、水泥混凝土混合料组成设计等

B. 水泥混凝土路面下的路基必须密实、稳定和均质

C. 基层应具有足够的强度和稳定性

D. 岩石路基上铺筑水泥混凝土面板时,应根据需要设置整平层,其厚度一般为 4 ~ 10cm

15. 新建公路的水泥混凝土路面基层的最小厚度一般为(　　)cm。

A. 10　　B. 15　　C. 20　　D. 25

16. 采用轨模式摊铺机施工时,基层宽度应比混凝土面板每侧宽出(　　)cm。

A. 30　　B. 50　　C. 65　　D. 75

17. 下列关于水泥混凝土面板说法错误的是(　　)。

A. 普通混凝土面板一般采用矩形、纵向和横向接缝应垂直相交,其纵缝两侧的横缝不得互相错位

B. 纵向缩缝间距(即板宽)可按路面宽度和每个车道宽度而定,其最大间距不得大于 5m

C. 横向缩缝间距(即板长)应根据当地气候条件、板厚和实践经验确定,一般采用 4 ~ 6m,最大不得超过 6m

D. 板宽与板长之比不宜超过 1:1.3,平面尺寸不宜大于 $25m^2$

18. 水泥混凝土路面的接缝按其作用与功能可划分为(　　)。

A. 横缝、纵缝　　B. 横缝、纵缝、缩缝、胀缝

C. 缩缝、胀缝、施工缝　　D. 横缝、纵缝、施工缝

19. 水泥混凝土路面一次铺筑宽度大于(　　)m 时,应增设纵向缩缝。

A. 5.5　　B. 5.0　　C. 4.5　　D. 4.0

20. 横向缩缝采用(　　)。

A. 假缝　B. 真缝　C. 平缝　D. 企口缝

21. 在临近桥梁或其他固定构筑物处、与柔性路面相接处、板厚改变处、隧道口、小半径平曲线和凹形竖曲线纵坡变换处,均应设置(　　)。

A. 胀缝　B. 缩缝　C. 施工缝　D. 沉降缝

22. 胀缝应采用(　　)。

A. 传力杆、光圆钢筋　B. 拉杆、光圆钢筋

C. 传力杆、螺纹钢筋　D. 拉杆、螺纹钢筋

23. 下列关于补强钢筋说法正确的是(　　)。

A. 混凝土面板纵、横向自由边边缘下的基础,当有可能产生较大的塑性变形时,宜在角隅处加设补强钢筋,板边缘加设发针形钢筋或钢筋网

B. 混凝土面板边缘部分的补强,一般选用 2 根直径为 12 ~ 16mm 的螺纹钢筋,布置在板的上部

C. 混凝土板的角隅补强,可选用 2 根直径为 12 ~ 16mm 的螺纹钢筋,布置在板的下部

D. 钢筋保护层厚度应不小于 5cm

Ⅱ. 多项选择题

1. 路面稳定性通常分为(　　)。

A. 水稳定性、干稳定性　B. 大气稳定性

C. 温度稳定性　D. 耐久性

2. 路面结构的基本形式一般由(　　)组成。

A. 面层　B. 封层　C. 基层　D. 垫层

3. 面层可由(　　)组成。

A. 一层　B. 二层　C. 三层　D. 四层

4. 路面工程的功能层包括(　　)。

A. 封层　B. 黏层　C. 透层　D. 垫层

5. 高速公路、一级公路的基层应采用(　　)以及级配碎砾石等材料铺筑。

A. 水泥稳定粒料　B. 石灰粉煤灰(二灰)稳定粒料

C. 水泥稳定土　D. 沥青混合料

6. 下列(　　)需设置垫层。

A. 地下水位高,排水不良的路段　B. 排水较好的土质路堑

C. 季节性冰冻地区的潮湿路段　D. 基层或底基层可能受污染路段

7. 中央分隔带下部需要设置排水设施及通信管道,外露部分需要(　　)。

A. 绿化　B. 设置防眩　C. 防撞设施　D. 排水设施

8. 路面表面排水方式包括(　　)等。

A. 路肩沟　B. 超高路段排水中沟

C. 集水井、横向排水管　D. 渗水管

9. 中央分隔带排水方式包括(　　)。

A. 渗沟和渗水管 B. 集水井和横向排水管

C. 明沟和暗沟 D. 渗沟和暗沟

10. 路缘石设置在(   )两侧。

A. 中间分隔带 B. 两侧分隔带

C. 路侧带 D. 路侧带

11. 下列路面中,属于铺装路面的是(   )。

A. 沥青混凝土路面 B. 水泥混凝土路面

C. 沥青碎石路面 D. 沥青表面处治路面

12. 沥青表面处治路面适用于(   )及其以下公路面层。

A. 一级 B. 二级 C. 三级 D. 四级

13. 沥青混凝土路面的破坏取决于荷载作用下所产生的(   )。

A. 极限垂直变形 B. 弯拉应力

C. 弯沉变形 D. 疲劳弯拉应力

14. 刚性路面的特点是(   )。

A. 弯沉变形大 B. 弯沉变形小

C. 抗拉强度大 D. 抗拉强度小

15. 沥青路面按照(   ),可分为热拌沥青混合料路面、冷拌沥青混合料路面、沥青贯入式路面、沥青表面处治等。

A. 材料组成 B. 材料结构 C. 施工工艺 D. 力学特性

16. 沥青面层类型应与(   )相适应。

A. 公路等级 B. 使用要求 C. 交通等级 D. 设计速度

17. 下列说法正确的是(   )。

A. 沥青路面应具有坚实、平整、抗滑、耐久的品质

B. 改性沥青可采用现场加工或采购成品

C. 沥青混合料中细集料可采用天然砂、机制砂、石屑及矿粉

D. 沥青混合料中的矿粉宜采用石灰岩或岩浆岩中的强基性岩石等憎水性石料经磨细得到

18. 下列关于沥青混合料分类方式说法错误的是(   )。

A. 按级配组成及结构可分为连续级配、间断级配混合料

B. 按矿料材料组成及空隙率大小可分为密级配、半开级配、开级配混合料。

C. 按最大粒径的大小可分为特粗式、粗粒式、中粒式、细粒式、砂粒式沥青混合料

D. 按制造工艺可分为热拌沥青混合料、冷拌沥青混合料和再生沥青混合料等

19. 下列关于沥青表面处治路面说法错误的是(   )。

A. 沥青表面处治是用沥青裹覆矿料,铺筑厚度小于4cm的一种薄层路面面层

B. 沥青表面处治其主要作用是保护下层路面结构层

C. 计算路面厚度时,不作为单独受力结构层

D. 沥青表面处治路面可采用拌和法或层铺法施工,比较普遍采用的是拌和法

20. 下列关于沥青路面说法正确的是(   )。

A. 贯入式路面的强度和稳定性主要由矿料的相互嵌挤和锁结作用而形成,属于嵌挤式一类路面

B. 黏结力是热拌沥青混凝土强度构成的重要因素,而骨架的摩阻力和嵌挤作用仅占次要地位

C. 热拌热铺沥青混合料路面应采用机械加人工联合施工

D. 乳化沥青碎石混合料路面单层式只宜在少雨干燥地区上使用

21. 下列(　　)应在沥青面层铺筑上面层。

A. 沥青面层的空隙较大,透水严重

B. 需加铺磨耗层改善抗滑性能的旧沥青路面

C. 位于多雨地区且沥青面层空隙率较大,渗水严重

D. 在铺筑基层后,不能及时铺筑沥青面层,且需开放交通

本节习题答案及解析

Ⅰ. 单项选择题

1. 答案:B

【解析】 路面的基本要求:具有足够的强度、具有足够的稳定性、具有足够的平整度、具有足够的抗滑性、具有尽可能低的扬尘性、具有足够的防水性。

2. 答案:A

【解析】 路面的稳定性是指路面保持其本身结构强度的性能。

3. 答案:A

【解析】 面层是直接承受车轮荷载反复作用和自然因素影响的结构层。

4. 答案:A

【解析】 沥青路面的面层应根据使用要求设置抗滑耐磨、密实稳定的沥青层。

5. 答案:C

【解析】 基层是设置在面层之下,并与面层一起将车轮荷载的反复作用传到底基层、垫层、土基,起主要承重作用的层次。

6. 答案:A

【解析】 垫层是设置在基层与土基之间的结构层,起排水、隔水、防冻、防污等作用。

7. 答案:A

【解析】 为保障高速公路、一级公路高速行车安全,在双向车道中间设置中央分隔带,其宽度根据设计速度确定,设计速度为120km/h时宽度为3m,其余为2m。

8. 答案:C

【解析】 中央分隔带开口一般以2km设置一处,开口长度一般为50m。

9. 答案:C

【解析】 土路肩是为保障行车安全而设置的位于在硬路肩边缘至路肩边缘,具有一定宽度的带状结构部分。一般情况用黏土填筑,安全设施的波形护栏立柱打入或埋置,以及路表排水的路肩沟设置在土路肩范围内。

10. 答案:B

【解析】 水泥、石灰、粉煤灰等无机结合料稳定类材料,常称为半刚性材料。水泥稳定碎石属于无机结合稳定材料,是半刚性材料。

11. 答案:C

【解析】 沥青路面具有行车舒适、噪声低、施工期短、养护维修简便等优点。

12. 答案:C

【解析】 热拌沥青混凝土可用作各级公路的面层。沥青表面处治路面适用于三级及三级以下的公路面层。沥青贯入式路面适用于三级及三级以下的公路面层,也可作为沥青路面的联结层。冷拌沥青混合料适用于三级及三级以下的公路沥青面层、二级公路的罩面施工以及各级公路沥青路面的基层或整平层。

13. 答案:A

【解析】 水泥混凝土路面设计以 100kN 的单轴-双轮组荷载作为标准轴载。

14. 答案:D

【解析】 岩石路基上铺筑水泥混凝土面板时,应根据需要设置整平层,其厚度一般为 6～10cm。故 D 错误。

15. 答案:B

【解析】 新建公路的水泥混凝土路面基层的最小厚度一般为 15cm。

16. 答案:B

【解析】 基层宽度应比混凝土面板每侧宽出 30cm(采用小型机具或轨道式摊铺机施工)或 50cm(采用轨模式摊铺机施工)或 65cm(采用滑模式摊铺机施工)。

17. 答案:B

【解析】 普通混凝土面板一般采用矩形、纵向和横向接缝应垂直相交,其纵缝两侧的横缝不得互相错位。纵向缩缝间距(即板宽)可按路面宽度和每个车道宽度而定,其最大间距不得大于 4.5m。横向缩缝间距(即板长)应根据当地气候条件、板厚和实践经验确定,一般采用 4～6m,最大不得超过 6m,且板宽与板长之比不宜超过 1:1.3,平面尺寸不宜大于 $25m^2$。

18. 答案:C

【解析】 水泥混凝土路面的接缝按其作用与功能可划分为缩缝、胀缝、施工缝。

19. 答案:C

【解析】 水泥混凝土路面一次铺筑宽度大于 4.5m 时,应增设纵向缩缝。

20. 答案:A

【解析】 横向缩缝采用假缝。

21. 答案:A

【解析】 在临近桥梁或其他固定构筑物处、与柔性路面相接处、板厚改变处、隧道口、小半径平曲线和凹形竖曲线纵坡变换处,均应设置胀缝。

22. 答案:A

【解析】 胀缝应采用滑动传力杆,传力杆应采用光圆钢筋。故选 A。

23. 答案:D

【解析】 混凝土面板纵、横向自由边边缘下的基础,当有可能产生较大的塑性变形时,宜在板边缘加设补强钢筋,角隅处加设发针形钢筋或钢筋网。

混凝土面板边缘部分的补强,一般选用2根直径为12~16mm的螺纹钢筋,布置在板的下部,距底板一般为板厚的1/4,并应不小于5cm,间距一般为10cm,钢筋两端应向上弯起。钢筋保护层最小厚度应不小于5cm。

混凝土板的角隅补强,可选用2根直径为12~16mm的螺纹钢筋,布置在板的上部,距板顶应不小于5cm,距板边一般为10cm。板角小于90°时,亦可采用双层直径为6mm的钢筋网补强,布置在板的上、下部,距板顶和板底5~10cm为宜。

钢筋保护层厚度应不小于5cm。

Ⅱ.多项选择题

1.答案:ACD

【解析】 路面稳定性通常分为:水稳定性、干稳定性、温度稳定性和耐久性。

2.答案:ACD

【解析】 路面结构的基本形式一般由面层、基层(底基层)与垫层组成。

3.答案:ABC

【解析】 面层是直接承受车轮荷载反复作用和自然因素影响的结构层,可由1~3层组成。沥青路面的表面层应根据使用要求设置抗滑耐磨、密实稳定的沥青层;中面层、下面层应根据公路等级、沥青层厚度、气候条件等选择适当的沥青结构层。

4.答案:ABC

【解析】 路面工程作为单位工程,按照一定的长度可划分为多个"分部工程",包括路面结构(垫层、基层、面层)、结构层处治措施(封层、透层、黏层)、中央分隔带、路面排水、路缘石、路肩等分项工程。

5.答案:ABD

【解析】 对高速公路、一级公路基层,应采用水泥稳定粒料、石灰粉煤灰(二灰)稳定粒料、沥青混合料以及级配碎砾石等材料铺筑,水泥稳定土不可以应用于高等级路面的基层,但是可用于高等级路面的底基层。

6.答案:ACD

【解析】 垫层是设置在基层与土基之间的结构层,起排水、隔水、防冻、防污等作用。

选项A中路段排水不良,需设排水垫层;选项C有可能发生冻胀,需设防冻垫层;选项D中基层可能受到污染,需设防污垫层。

7.答案:ABC

【解析】 中央分隔带下部需要设置排水设施及通信管道,外露部分需要绿化和设置防眩、防撞设施。

8.答案:ABC

【解析】 路面表面排水分为漫流排水方式、集中排水方式,包括路肩沟、超高路段排水中沟、集水井、横向排水管等。

9.答案:AB

【解析】 中央分隔带排水方式包括渗沟、渗水管、集水井、横向排水管等。

10. **答案**:ABD

【解析】　路缘石是设置在中间分隔带、两侧分隔带及路侧带两侧。

11. **答案**:AB

【解析】　一般将路面等级分为铺装路面、简易铺装路面和砂石路面,沥青混凝土路面和水泥混凝土路面等称为铺装路面,沥青碎石、沥青贯入式、沥青表面处治路面等称为简易铺装路面,碎、砾石路面等计入未铺装路面。

12. **答案**:CD

【解析】　路面面层类型的选用应符合教材表3.3.1规定。

路面面层类型及适用范围　　教材表3.3.1

面层类型	适用范围
沥青混凝土路面	高速公路、一级公路、二级公路、三级公路、四级公路
水泥混凝土路面	高速公路、一级公路、二级公路、三级公路、四级公路
沥青贯入式、沥青碎石、沥青表面处治路面	三级公路、四级公路
碎、砾石路面	四级公路

13. **答案**:AB

【解析】　柔性路面的力学特点是:在行车荷载作用下的弯沉变形较大,路面结构本身抗弯拉强度小,在重复荷载作用下产生累积残余变形。路面的破坏取决于荷载作用下所产生的极限垂直变形和弯拉应力。目前我国的公路路面,绝大多数均属柔性路面,如沥青混凝土路面。

14. **答案**:BC

【解析】　柔性路面的力学特点是:在行车荷载作用下的弯沉变形较大,路面结构本身抗弯拉强度小,在重复荷载作用下产生累积残余变形。路面的破坏取决于荷载作用下所产生的极限垂直变形和弯拉应力。

刚性路面的特点是:在行车荷载作用下产生板体作用,其抗弯拉强度和弹性模量较其他各种路面材料要大得多,故呈现出较大的刚性。刚性路面在荷载作用下的弯沉变形极小,路面的破坏取决于荷载作用下所产生的疲劳弯拉应力。

15. **答案**:AC

【解析】　沥青路面按照材料组成及施工工艺,可分为热拌沥青混合料路面、冷拌沥青混合料路面、沥青贯入式路面、沥青表面处治等。

16. **答案**:ABC

【解析】　沥青面层类型应与公路等级、使用要求、交通等级相适应。

17. **答案**:ABD

【解析】　矿粉属于填料,不属于细集料,故选项C错误。

18. **答案**:ABC

【解析】　按材料组成及结构可分为连续级配、间断级配混合料。按矿料级配组成及空隙率大小可分为密级配(空隙率3%~6%)、半开级配(空隙率6%~12%)、开级配混合料(排水式、空隙率18%以上)。按公称最大粒径的大小可分为特粗式(公称最大粒径等于或大于

31.5mm)、粗粒式(公称最大粒径26.5mm)、中粒式(公称最大粒径16或19mm)、细粒式(公称最大粒径9.5或13.2mm)、砂粒式(公称最大粒径小于9.5mm)沥青混合料。按制造工艺可分为热拌沥青混合料、冷拌沥青混合料和再生沥青混合料等。

19.答案:AD

【解析】 沥青表面处治是用沥青裹覆矿料,铺筑厚度小于3cm的一种薄层路面面层,故选项A错误;沥青表面处治路面可采用拌和法或层铺法施工,采用比较普遍的是层铺法。故选项D错误。

20.答案:AB

【解析】 热拌热铺沥青混合料路面应采用机械化连续施工,以确保路面铺筑质量。故C错误。乳化沥青碎石混合料路面单层式只宜在少雨干燥地区或半刚性基层上使用,故D错误。

21.答案:AB

【解析】 符合下列情况之一时,应在沥青面层上铺筑上封层:

(1)沥青面层的空隙较大,透水严重;

(2)有裂缝或已修的旧沥青路面;

(3)需加铺磨耗层改善抗滑性能的旧沥青路面;

(4)需铺筑磨耗层或保护层的新建沥青路面。

符合下列情况之一时,应在沥青面层下铺筑下封层:

(1)位于多雨地区且沥青面层空隙率较大,渗水严重;

(2)在铺筑基层后,不能及时铺筑沥青面层,且需开放交通。

(四)隧道工程的分类、组成及构造

隧道工程的分类、组成及构造知识点

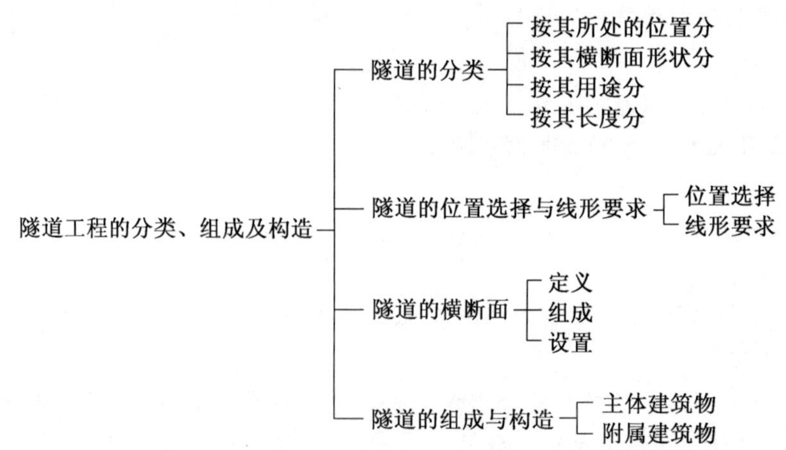

知识点集成

知识点 9:隧道的分类表

按其所处的位置分	山岭隧道、水下隧道(河底和海底)以及城市隧道
按其横断面形状分	分为圆形、椭圆形、马蹄形、连拱形等
按其用途分	分为交通隧道(包括公路隧道、铁路隧道、城市地铁、人行隧道等)和运输隧道(包括输水隧道、输气隧道、输液隧道等)
按其长度分	特长隧道($L>3000$m)、长隧道(3000m$\geq L>$1000m)、中隧道(1000m$\geq L>$500m)、短隧道($L\leq$500m)

知识点 10:隧道的位置选择与线形要求

位置选择	应选择在稳定的地层中,尽量避免穿越地质不良地段
线形要求	隧道内的纵坡一般大于0.3%,以利排泄雨水,但不应大于3%,独立的明洞和短于50m的隧道可不受此限制。纵坡的形式一般可设置为单坡,地下水发育的隧道及特长和长隧道可设计为人字坡。隧道内纵坡变更处应设置竖曲线

知识点 11:隧道的横断面

定义	是指隧道的净空断面,即衬砌内轮廓线所包围的空间,也称为内轮廓限界
组成	包括隧道建筑限界,以及照明、通风等所需的空间断面积
设置	建筑限界高度,高速公路、一级公路、二级公路为5.0m,三级公路、四级公路为4.5m
	高速公路、一级公路的隧道应设计为上、下分离的独立双洞

知识点 12:隧道的组成与构造

<table>
<tr><td rowspan="8">主体建筑物</td><td rowspan="5">洞口</td><td>组成</td><td colspan="2">隧道洞门、边仰坡支挡、洞口排水设施和洞口管沟等</td></tr>
<tr><td>位置选择</td><td colspan="2">隧道洞口位置的选择也可最终确定隧道位置的平纵横断面</td></tr>
<tr><td>洞门作用</td><td colspan="2">洞门起着保护洞口,保证边坡和仰坡稳定,美化和诱导作用</td></tr>
<tr><td rowspan="2">洞门分类</td><td>端墙式洞门</td><td>端墙式、翼墙式、台阶式、柱式洞门等</td></tr>
<tr><td>明洞式洞门</td><td>直削式、削竹式、倒削竹式、喇叭口式、棚洞式和框架式洞门等</td></tr>
<tr><td rowspan="3">洞身</td><td colspan="3">洞身是隧道工程的主要组成部分,按其所处地形、地质条件及施工方法的不同,分为暗洞洞身、明洞洞身和棚洞洞身</td></tr>
<tr><td rowspan="2">隧道洞身</td><td colspan="2">由暗挖的岩土空间经衬砌而成。
衬砌是随洞内壁承受围岩压力的镶护结构,其作用是支护隧道、防止岩石碎落、风化、保证净空、防水排水</td></tr>
<tr><td colspan="2">隧道衬砌按功能分为承载衬砌、构造衬砌和装饰衬砌。承载衬砌的作用是承受围岩压力,一般由拱顶、边墙和仰拱(无仰拱时做铺底)组成。构造衬砌是在围岩压力很小,但为了防止岩石局部松动塌落和防止岩石风化而建造的衬砌。其无须进行受力计算。装饰衬砌系在山体岩石整体性很好,为防止表面岩石风化而做的衬砌</td></tr>
</table>

续上表

<table>
<tr><td rowspan="7">主体
建筑物</td><td rowspan="7">洞身</td><td>隧道洞身</td><td colspan="3">隧道衬砌按组成可分为喷锚衬砌、整体式衬砌和复合式衬砌。复合式衬砌是由内外两层衬砌组合而成,第一层成为初期支护(一般为喷锚衬砌),第二次为二次衬砌(一般是整体式衬砌)。在高速公路、一级公路、二级公路中的隧道衬砌应采用复合式衬砌</td></tr>
<tr><td rowspan="4">明洞洞身</td><td colspan="3">明洞是指采用明挖方法施工的隧道</td></tr>
<tr><td>适用条件</td><td colspan="2">1. 洞顶覆盖层薄,不宜大开挖修建路堑而又难于采用暗挖法修建隧道的地段;
2. 路基或隧道口受不良地质危害、难以整治的地段;
3. 道路两侧有受影响的重要建(构)筑物,路堑开挖会危及建(构)筑物安全,或将来交通运营噪声和烟尘对建(构)筑物使用者造成严重影响的地段;
4. 公路、铁路、沟渠和其他人工构造物等跨越道路时,可采用明洞结构代替道路上方跨线桥、过渡水槽等</td></tr>
<tr><td rowspan="2">分类</td><td>拱形明洞</td><td>特点:整体性好,可承受较大的垂直与水平压力</td></tr>
<tr><td>箱形明洞</td><td>适用:净高、建筑高度受到限制或地基软弱的地段</td></tr>
<tr><td rowspan="2">棚洞洞身</td><td colspan="3">棚洞是指修建在公路上的“棚盖”,一侧靠山,一侧临空</td></tr>
<tr><td>主要作用</td><td colspan="2">1. 防止山坡风化碎落、少量塌方和落石危害行车安全;
2. 保护环境、减少边坡对山体植被的破坏;
3. 防止雪崩、溜雪、积雪和风吹雪堆积路面,阻塞交通,危害行车安全</td></tr>
<tr><td rowspan="3">辅助通道
建筑</td><td colspan="2">横通道及平行通道</td><td colspan="3">1. 对于上下行分离式独立双洞隧道,上、下隧道之间设人行横通道和车行横通道;
2. 单洞双向行车的特长隧道宜设置平行通道</td></tr>
<tr><td colspan="2">辅助通道</td><td colspan="3">包括竖井、斜井、平行导坑、横导坑、风道及泄水洞等</td></tr>
<tr><td colspan="2">附属建筑</td><td colspan="3">包括变电所、配电房、水泵房和隧道管理用房等</td></tr>
<tr><td rowspan="6">附属
建筑物</td><td colspan="2">防水排水系统</td><td colspan="3">施工原则:“防、排、截、堵相结合,因地制宜,综合治理”</td></tr>
<tr><td colspan="2">通风设施</td><td colspan="3">隧道通风方式有机械通风和自然通风两种。机械通风又包括纵向通风、横向通风、半横向通风、组合通风四种。机械通风中最主要的设备就是风机,主要有轴流风机和射流风机</td></tr>
<tr><td colspan="2">照明设施</td><td colspan="3">长度超过200m的高速公路,一级公路的隧道,应设置照明设施。隧道照明光源目前多采用光效高、显色性高的LED隧道灯</td></tr>
<tr><td colspan="2">供电设施</td><td colspan="3">一般采用三相四线供电,供电系统宜采用380/220V交流电和中性接地变压器</td></tr>
<tr><td colspan="2">洞内交通安全
工程设施</td><td colspan="3">主要包括交通安全设施、交通监控设施、紧急呼叫设施、火灾探测报警设施、消防设施与通道、中央控制管理系统、接地与防雷设施、线缆及相关设施等</td></tr>
<tr><td colspan="2">隧道救援及
消防设施</td><td colspan="3">双洞分离的公路隧道,应根据《公路隧道设计规范 第一册 土建工程》(JTG 3370.1—2018)的规定设置人行横通道、车行横通道。车行横通道设置防火卷帘;人行横通道两端设置防火门</td></tr>
</table>

例题解析

1. 某隧道进口端墙里程为 K10 + 300，出口端墙里程为 K13 + 600，按隧道长度划分，该隧道属于（ ）。

A. 长大隧道　B. 特长隧道　C. 超长隧道　D. 较长隧道

答案：B

【解析】 本题为 2012 年考题。根据里程可以得出隧道长 3300m，根据隧道分类：特长隧道（$L > 3000$m）、长隧道（3000m ≥ L > 1000m）、中隧道（1000m ≥ L > 500m）、短隧道（L ≤ 500m）。

2. 隧道的主体建筑物包括（ ）。

A. 洞身和照明、通风　B. 洞身和运营管理设施

C. 洞口和洞身　D. 洞身和防水排水设施

答案：C

【解析】 本题为 2012 年考题。隧道主体建筑物包括洞口和洞身。

3. 公路隧道划分中，若隧道长度为 1000m，属于（ ）。

A. 特长隧道　B. 长隧道　C. 中隧道　D. 短隧道

答案：C

【解析】 本题为 2013 年考题。根据隧道分类：特长隧道（$L > 3000$m）、长隧道（3000m ≥ L > 1000m）、中隧道（1000m ≥ L > 500m）、短隧道（L ≤ 500m），得出 1000m 的隧道是中隧道。

4. 隧道内的纵坡设计时，其规定为（ ）。

A. 一般大于 0.03%，但不应大于 4.0%

B. 一般大于 0.03%，但不应大于 3.0%

C. 一般大于 0.03%，但不应大于 2.0%

D. 一般大小于 0.3%

答案：B

【解析】 本题为 2013 年考题。隧道内的纵坡一般大于 0.3%，以利排泄雨水，但不应大于 3.0%，独立的明洞和短于 50m 的隧道可不受此限制。

5. 某隧道长 3000m，属于（ ）。

A. 特长隧道　B. 长隧道　C. 中隧道　D. 短隧道

答案：B

【解析】 本题为 2014 年考题。根据隧道分类：特长隧道（$L > 3000$m）、长隧道（3000m ≥ L > 1000m）、中隧道（1000m ≥ L > 500m）、短隧道（L ≤ 500m）。3000m 的隧道是长隧道。

6. 隧道内纵坡一般大于 0.3%，以利于排水，但不应大于（ ）。独立的明洞和短于 50m 的隧道不受此限制。

A. 3%　B. 5%　C. 4%　D. 6%

答案：A

【解析】 本题为 2014 年考题。隧道内的纵坡一般大于 0.3%，以利排泄雨水，但不应大于 3.0%，独立的明洞和短于 50m 的隧道可不受此限制。

7. 隧道按其所处位置不同可分为(　　)。

A. 公路隧道　　B. 铁路隧道　　C. 山岭隧道　　D. 城市隧道

答案:CD

【解析】 本题为2014年考题。隧道按其所处的位置不同可分为山岭隧道、水下隧道(河底和海底)以及城市隧道。

8. 隧道内的纵坡一般大于(　　),以利于排泄雨水,但不应大于3.0%。独立的明洞和短于50m的隧道可不受此限制。

A. 0.1%　　B. 0.2%　　C. 0.3%　　D. 0.5%

答案:C

【解析】 本题为2015年考题。隧道内的纵坡一般大于0.3%,以利排泄雨水,但不应大于3.0%,独立的明洞和短于50m的隧道可不受此限制。

9. 隧道在通过不良的地质和特殊围岩时,如软弱和膨胀性围岩的隧道,应采用(　　)衬砌结构。

A. 直墙带铺底　　B. 曲墙带仰拱的混凝土或钢筋混凝土

C. 复合式　　D. 模筑混凝土

答案:B

【解析】 本题为2015年考题。一般通过不良的地质和特殊围岩的隧道衬砌,如软弱和膨胀性围岩的隧道,应采用曲墙带仰拱的混凝土或钢筋混凝土衬砌结构,必要时还应设置钢拱支撑混凝土衬砌结构。

10. 隧道洞口包括(　　)

A. 明洞　　B. 洞门　　C. 洞口排水设施　　D. 边仰坡支挡

答案:BCD

【解析】 本题为2019年考题,洞口工程是隧道出入口部位的建筑物,包括隧道洞门,边仰坡支挡、洞口排水设施和洞口管沟等。

11. 为了增加工作面,缩短工期,加快施工进度,可以设置的辅助坑道有竖井,斜井和(　　)。

A. 正井和反井　　B. 正洞斜交和正洞平行

C. 横洞和平行导坑　　D. 泄水洞和通风孔

答案:C

【解析】 本题为2019年考题,在隧道建设中,为运营通风、防灾救援或增加工作面、改善施工通风与排水条件等,可适当增设辅助通道。辅助坑道主要包括竖井、斜井、平行导坑、横导坑、风道及泄水洞等。

本节习题

Ⅰ. 单项选择题

1. 隧道按其所处的位置不同可分为(　　)。

A. 山岭隧道　　B. 连拱形　　C. 公路隧道　　D. 铁路隧道

2. 某公路隧道长度为1500m,应为(　　)。

A. 特长隧道　　B. 长隧道　　C. 中隧道　　D. 短隧道

3. 公路隧道长度,是指(　　)。

A. 进出口洞门端墙之间的水平距离

B. 两端路面路线中线的距离

C. 进出口洞门端墙与路面之间的水平距离

D. 两端端墙面与路面的交线同路线中线交点间的距离

4. 隧道洞口仰坡坡脚至洞门墙背的水平距离(　　)。

A. 不应小于 1.0m　　B. 不应小于 1.5m

C. 应大于 3.0m　　D. 应大于 3.5m

5. 隧道在Ⅴ～Ⅵ级围岩时,为防止表面岩石风化而做的衬砌,称为(　　)。

A. 构造衬砌　　B. 承载衬砌

C. 复合式衬砌　　D. 装饰衬砌

6. 在两相对的边墙基础之间设置的曲线形水平支撑结构,称为(　　)。

A. 铺底　　B. 仰拱　　C. 水沟　　D. 路面

7. 公路隧道按其长度的不同可分为(　　)。

A. 一类　　B. 二类　　C. 三类　　D. 四类

8. 隧道洞门端墙与仰坡之间水沟的沟底至衬砌拱顶外缘的高度(　　)m。

A. 不应小于 0.5　　B. 不应小于 1.0

C. 不应小于 1.5　　D. 不应小于 2.0

9. 隧道洞门墙顶应高出仰坡坡脚(　　)。

A. 0.5m 以上　　B. 1.0m 以上　　C. 1.5m 以上　　D. 2.0m 以上

10. 承受围岩压力,需进行荷载计算,一般都做成整体式衬砌,此衬砌称为(　　)。

A. 构造衬砌　　B. 承载衬砌　　C. 复合式衬砌　　D. 装饰衬砌

11. 对于傍山线路靠河的一侧,其纵坡向外下坡,出口有河槽或谷地便于排水和堆渣,可设置(　　)。

A. 横洞　　B. 竖井　　C. 斜井　　D. 平行导坑

12. 对于隧道覆盖层较薄,或虽厚但在适宜处旁侧有低洼地形时,可设置(　　)。

A. 横导坑　　B. 竖井　　C. 斜井　　D. 平行导坑

13. 各级公路上的短隧道,其线形及其与公路的衔接应(　　)。

A. 符合隧道的位置走向　　B. 符合路线布设的规定

C. 路隧综合考虑确定　　D. 由施工条件确定

14. 公路隧道内的纵坡,一般(　　)。

A. 大于 0.2%,但不应大于 2.0%　　B. 大于 0.3%,但不应大于 2.0%

C. 大于 0.3%,但不应大于 3.0%　　D. 大于 0.4%,但不应大于 4.0%

15. 公路的隧道应设计为上、下分离的独立双洞,是(　　)。

A. 高速公路、一级公路　　B. 二级公路

C. 三级公路　　D. 四级公路

16. 隧道复合式衬砌的第二次衬砌,一般采用(　　)。

A. 喷射混凝土　　B. 锚杆、钢筋网混凝土
C. 钢筋混凝土　　D. 现浇混凝土

17. 公路隧道的防水排水系统应采取的措施是(　　)。
A. 主要是防、堵两项　　B. 主要是防、排、堵三项
C. 主要是防、排、堵、截四项　　D. 主要是防、排、堵、截、引五项

18. 公路隧道的横断面设计,当不设置检修道或人行道时,应设不小于(　　)cm 的余宽。
A. 20　　B. 25　　C. 30　　D. 35

19. 公路隧道的围岩分级,分为(　　)。
A. Ⅲ级　　B. Ⅳ级　　C. Ⅴ级　　D. Ⅵ级

20. 按《公路工程技术标准》(JTG B01—2014)中的隧道分类标准,特长隧道指长度 L 为(　　)。
A. $L \geqslant 3000$m　　B. $L > 3000$m　　C. $L \geqslant 2500$m　　D. $L > 2500$m

21. 按《公路隧道设计规范　第一册　土建工程》(JTG 3370.1—2018)规定,隧道长度大于(　　)时,必须设置照明。
A. 50m　　B. 100m　　C. 150m　　D. 200m

22. 公路隧道的横断面,主要是指隧道的(　　)。
A. 净空断面与衬砌断面之和　　B. 施工开挖断面
C. 设计开挖断面　　D. 净空断面

23. 高速公路、一级公路隧道建筑限界高度为(　　)m。
A. 4.0　　B. 4.5　　C. 5.0　　D. 5.5

24. 设置仰拱的隧道,路面下应采用(　　)密实回填。
A. 天然砂砾　　B. 粗砂
C. 浆砌片石或贫混凝土　　D. 稳定土

Ⅱ. 多项选择题

1. 隧道按其所处的位置不同,可分为(　　)。
A. 山岭隧道　　B. 水下隧道　　C. 公路隧道　　D. 城市地铁

2. 隧道洞门墙的基础必须置于稳固的地基上,应根据实际需要设置(　　)。
A. 防水层　　B. 伸缩缝　　C. 沉降缝　　D. 泄水孔

3. 隧道衬砌按组成可分为(　　)。
A. 承载衬砌　　B. 构造衬砌
C. 整体式衬砌　　D. 复合式衬砌

4. 当公路隧道位置处于下列(　　)情况时,一般都设置明洞。
A. 行人或牲畜通过公路山边上方时
B. 洞顶覆盖层薄,不宜大开挖修建路堑而又难于采用暗挖法修建隧道的地段
C. 可能受到塌方、落石或泥石流威胁的洞口或路堑
D. 铁路、公路、水渠和其他人工构造物必须在拟建公路的上方通过,又不宜采用隧道或立交桥或涵渠跨越的地点

5. 公路明洞的结构形式有(　　)。
A. 拱形明洞　B. 箱形明洞　C. 曲墙形明洞　D. 直墙形明洞
6. 隧道洞门正面端墙是洞门的主要组成部分,其作用是(　　)。
A. 承受山体的纵向推力　B. 支撑仰坡
C. 缩短隧道长度　D. 支撑管棚
7. 隧道承载衬砌常用的材料有(　　)。
A. 混凝土　B. 钢筋混凝土　C. 锚喷混凝土　D. 浆砌片石
8. 关于公路隧道照明,以下说法正确的是(　　)。
A. 为了保证车辆的正常行驶和交通安全,隧道应设电光照明
B. 对于交通量较小且长度小于 200m 的短隧道,可以不设照明设施
C. 对于交通量较小和行人密度不大的隧道,可以不设白天照明设施
D. 长度超过 200m 的高速公路,一级公路、二级公路的隧道,应设置照明设施
9. 公路隧道内保持良好的通风是行车安全的必要条件,其通风方式有(　　)。
A. 机械通风　B. 自然通风
C. 人力通风　D. 空气压缩机通风
10. 公路隧道的内轮廓限界包括(　　)。
A. 隧道通风所需的空间断面积　B. 隧道建筑限界
C. 隧道照明所需的空间断面积　D. 隧道衬砌所需的空间断面积
11. 隧道洞门侧面翼墙的作用有(　　)。
A. 加强端墙抵抗山体纵向推力
B. 减少端墙的厚度
C. 增加洞门美观
D. 减小洞口、明堑的开挖坡度,从而减少土石方数量
12. 隧道洞门墙应根据实际需要设置(　　)。
A. 伸缩缝　B. 变形缝　C. 沉降缝　D. 泄水孔

本节习题答案及解析

Ⅰ. 单项选择题

1. **答案:**A

【解析】　隧道按其所处的位置不同,可分为山岭隧道、水下隧道(河底和海底)以及城市隧道等。

2. **答案:**B

【解析】　某公路隧道长度 1500m,应为长隧道。

3. **答案:**D

【解析】　公路隧道长度是指进出口洞门端墙之间的水平距离,即两端端墙面与路面的交线同路线中线交点间的距离。

4. **答案:**B

【解析】 洞口仰坡坡脚至洞门墙背的水平距离不应小于1.5m。

5. 答案:D

【解析】 装饰衬砌是在山体岩石整体性很好,且在Ⅳ级围岩(Ⅰ~Ⅲ级围岩)以上时,为防止表面岩石风化而做的衬砌。

6. 答案:B

【解析】 所谓仰拱,是指在两相对的边墙基础之间设置的曲线形水平支撑结构。

7. 答案:D

【解析】 公路隧道按其长度的不同,可分为特长隧道、长隧道、中隧道、短隧道四类。

8. 答案:B

【解析】 洞门端墙与仰坡之间水沟的沟底至衬砌拱顶外缘的高度不应小于1.0m。

9. 答案:A

【解析】 洞门墙顶应高出仰坡坡脚0.5m以上。

10. 答案:B

【解析】 承载衬砌的作用是承受围岩压力,一般由拱顶、边墙和仰拱(无仰拱时做铺底)组成。承载衬砌需进行荷载计算和衬砌设计,一般都做成整体式,常用的材料有混凝土、钢筋混凝土或浆砌片石。

11. 答案:A

【解析】 横导坑多用于傍山线路靠河的一侧,其纵坡向外下坡,出口有河槽或谷地便于排水和堆渣,且有利于正洞的施工通风。

12. 答案:C

【解析】 斜井适用于隧道覆盖层较薄,或虽厚但在适宜处旁侧有低洼地形时。

13. 答案:B

【解析】 高速公路、一级公路上的隧道和二级公路、三级公路、四级公路上的短隧道,其线形及其与公路的衔接应符合路线布设的规定。

14. 答案:C

【解析】 隧道内的纵坡一般大于0.3%,以利排泄雨水,但不应大于3.0%,独立的明洞和短于50m的隧道可不受此限制。

15. 答案:A

【解析】 高速公路、一级公路的隧道应设计为上、下分离的独立双洞。

16. 答案:D

【解析】 复合衬砌中的二次衬砌,大都采用现浇混凝土。

17. 答案:C

【解析】 隧道的防水排水要求拱部不滴水,边墙不漏水,路面不冒水、不积水,设备箱洞处不渗水,冻害地区隧道衬砌背后不积水、排水沟不冻结。为达到上述要求,应采取防、截、排、堵综合治理,形成防水排水系统。该系统包括洞顶防水排水、洞门排水、洞内排水和洞内防水4个方面。

18. 答案:B

【解析】 当设置检修道或人行道时,不设余宽;当不设置检修道或人行道时,应设不小于25cm的余宽。

19. **答案**:D

【解析】 《公路隧道设计规范 第一册 土建工程》(JTG 3370.1—2018)规定,公路隧道的围岩分级,分为Ⅵ级。

20. **答案**:B

【解析】 按《公路工程技术标准》(JTG B01—2014)中的隧道分类标准,特长隧道指长度$L>3000$m。

21. **答案**:B

【解析】 按《公路隧道设计规范 第一册 土建工程》(JTG 3370.1—2018)规定,隧道长度大于200m时,必须设置照明。

22. **答案**:D

【解析】 公路隧道的横断面,主要是指隧道的净空断面,即衬砌内轮廓线所包围的空间,也称为内轮廓限界。

23. **答案**:C

【解析】 建筑限界高度,高速公路、一级公路、二级公路为5.0m,三级公路、四级公路为4.5m。

24. **答案**:C

【解析】 设置仰拱的隧道,路面下应采用浆砌片石或贫混凝土密实回填。

Ⅱ.多项选择题

1. **答案**:AB

【解析】 隧道按其所处的位置不同可分为山岭隧道、水下隧道(河底和海底)以及城市隧道等。

2. **答案**:BCD

【解析】 洞门墙应根据实际需要设置伸缩缝、沉降缝和泄水孔。

3. **答案**:CD

【解析】 隧道衬砌按组成可分为整体式衬砌和复合式衬砌。

4. **答案**:BCD

【解析】 当隧道位置处于下列情况时,一般都设置明洞:

(1)洞顶覆盖层薄,不宜大开挖修建路堑而又难于采用暗挖法修建隧道的地段。

(2)可能受到塌方、落石或泥石流威胁的洞口或路堑。

(3)铁路、公路、水渠和其他人工构造物必须在拟建公路的上方通过,又不宜采用隧道或立交桥或涵渠跨越的地点。

5. **答案**:AB

【解析】 明洞的结构形式有拱形明洞和箱形明洞两种。

6. **答案**:AB

【解析】 洞门正面端墙是洞门的主要组成部分,其作用是承受山体的纵向推力、支撑仰坡。

7. **答案**:ABD

【解析】 承载衬砌需进行荷载计算和衬砌设计,一般都做成整体式,常用的材料有混凝土、钢筋混凝土或浆砌片石。

8. 答案:ABD

【解析】 为了保证车辆的正常行驶和交通安全,隧道应设光电照明,隧道的照明要考虑洞内有合理的光过渡。尤其是白天,要避免“黑洞”效应,使之由亮到暗(洞外到洞内)或由暗到亮(洞内到洞外)有很好的适应过程。对于能通视、交通量较小和行人密度不大的短隧道,可以不设白天照明设施。但长度超过200m的高速公路,一级公路、二级公路的隧道,则仍应设置白天照明设施。

9. 答案:AB

【解析】 公路隧道的通风方式有机械通风和自然通风两种。

10. 答案:ABC

【解析】 公路隧道的横断面,主要是指隧道的净空断面,即衬砌内轮廓线所包围的空间,也称为内轮廓限界。它包括隧道建筑限界,以及照明、通风等所需的空间断面积。

11. 答案:ABD

【解析】 侧面翼墙的作用有两种,一是加强端墙抵抗山体纵向推力从而减少端墙的厚度;二是可减小洞口、明堑的开挖坡度,从而减少土石方数量。

12. 答案:ACD

【解析】 洞门墙应根据实际需要设置伸缩缝、沉降缝和泄水孔。

(五)桥涵工程的组成、分类及构造

桥涵工程的组成、分类及构造知识点

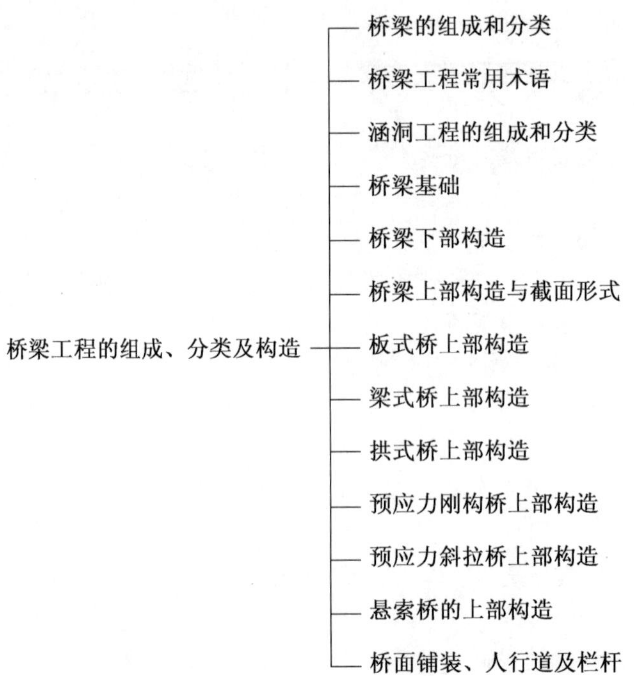

知识点集成

知识点 13：桥梁的组成

上部构造	桥梁的上部构造即桥跨结构，由于桥梁有梁式、拱式、斜拉、悬吊等不同的基本结构体系，故其承重结构的组成各不相同
	承重结构主要指梁、拱圈、斜拉桥的拉锁、悬索桥的主缆及吊索、墩台等
下部构造及基础	桥梁的下部工程包括桥台和桥墩或索塔，它是支撑桥跨结构并将恒载和车辆等活载传至基础的建筑物
	桥台形式：重力式桥台和轻型桥台，轻型桥台有柱式、框架式、肋形埋置式等
	基础是将桥梁墩、台所承受的各种荷载传递到地基上的结构物，是确保桥梁安全使用的关键部位
	基础形式：扩大基础(明挖基础)、桩基础、沉井基础等
支座系统	支座是承重结构与墩、台的支承处所设置的传力装置
	常用的支座形式：切线式(又称为弧形)和辊轴钢支座、板式和钢盆式橡胶支座、四氟板式橡胶组合支座等 1. 切线式钢支座适用于跨径不大于 20m 和支承反力不超过 600kN 的梁桥。 2. 辊轴钢支座适用于较大跨径的梁桥。 3. 板式橡胶支座一般适用于中小跨径的桥梁。 4. 钢盆式橡胶支座适用于大跨径的桥梁
附属工程	主要包括：桥面铺装、伸缩缝、人行道、防撞护栏及栏杆、排水设施、桥头搭板、锥坡、为了保持桥位处河道稳定的护岸、导流堤等调治水流的构造物等。 此外位于地震区的桥梁还设有防震装置，斜拉桥吊索牵索上设有防风动谐振的附加装置、活动桥设有机械装置，流冰河上的桥设有破冰装置等

知识点 14：桥梁的分类

<table>
<tr><td rowspan="4">按建设规模大小</td><td colspan="2">桥涵分类</td><td>特大桥</td><td>大桥</td><td>中桥</td><td>小桥</td><td>涵洞</td></tr>
<tr><td colspan="2">多孔跨径总长 L(m)</td><td>$L > 1000$</td><td>$100 \leq L \leq 1000$</td><td>$30 < L < 100$</td><td>$8 \leq L \leq 30$</td><td>—</td></tr>
<tr><td colspan="2">单孔跨径 L_k(m)</td><td>$L_k > 150$</td><td>$40 \leq L_k \leq 150$</td><td>$20 \leq L_k < 40$</td><td>$5 \leq L_k < 20$</td><td>$L_k < 5$</td></tr>
<tr><td colspan="7">注：单孔跨径系指标准跨径而言</td></tr>
<tr><td rowspan="5">按桥梁结构类型</td><td rowspan="2">梁式桥</td><td>受力特点</td><td colspan="5">在竖向荷载作用下无水平反力；梁是主要承重构件和受弯构件</td></tr>
<tr><td>分类</td><td colspan="5">按其受力特点可分为简支梁、连续梁和悬臂梁。
按构造形式而言，则有矩形板、空心板、T 形梁、工形梁、箱形梁、桁架梁等；其中 T 形梁和工形梁又称为肋形梁</td></tr>
<tr><td>拱式桥</td><td>受力特点</td><td colspan="5">在竖向荷载作用下，拱的支承处会产生水平推力，拱圈或拱肋是主要承重结构，属于受压构件</td></tr>
<tr><td rowspan="2">刚构桥</td><td>受力特点</td><td colspan="5">主要承重结构是梁或板和立柱或竖墙整体在一起的钢架结构。在竖向荷载作用下，梁部主要受弯，而在柱脚处也具有水平反力，其受力状态介于梁桥和拱桥之间</td></tr>
<tr><td>缺点</td><td colspan="5">施工比较困难，且梁柱刚结处容易开裂</td></tr>
</table>

续上表

按桥梁结构类型	悬索桥(吊桥)	主要承重结构由桥塔和悬挂在塔上的缆索及吊索、加劲梁和锚碇结构组成。主缆是主要承重结构,但其仅承受拉力,是目前单跨接近2km的唯一桥型
	斜拉桥(斜张桥)	是将主梁用许多拉索直接拉在桥塔上的一种桥梁,是由承压的塔、受拉的索和成弯的梁体组合起来的一种结构体系
	斜拉-悬索协作体系桥	在传统的斜拉桥和悬索桥基础上发展起来的一种相对较新的具有超大跨越能力的组合结构桥型,该体系融合了斜拉桥和悬索桥各自的优点
按用途	有公路桥、铁路桥、公路铁路两用桥、城市桥、渡水桥(渡槽)、人行天桥,以及其他专用桥梁(如通过管道、电缆)等	
按主要承重结构所用的建筑材料	有圬工桥(包括砖、石、混凝土桥)、钢筋混凝土桥、预应力混凝土桥、钢桥和木桥等	
按跨越障碍物的性质	有跨河桥、跨线桥(立体交叉)和高架桥	
按上部结构行车道所处的位置	有上承式、下承式和中承式三种	

知识点15:桥梁工程常用术语

设计洪水位	1. 在进行桥涵设计时,按照一定设计洪水频率所计算得到的水位。 2. 高速公路和一级公路中的特大桥以300年一遇的最大洪水位作为设计洪水位	
计算跨径(l)	设支座的桥梁	指桥跨结构在相邻两个支座中心之间的水平距离
	不设支座的桥梁	指上下部结构相交面中心间的水平距离
净跨径(l_0)	设支座的桥梁	指相邻两墩台身顶内缘之间的水平距离
	不设支座的桥梁	指上下部结构相交处内缘间的水平距离
总跨径	净跨径之和	
标准跨径	梁式桥、板式桥涵	以两个桥(涵)墩中线之间的距离或桥(涵)墩中线与台背前缘之间的距离为准
	拱式桥涵、箱涵、圆管涵	以净跨径为准
桥梁全长(总长度)	有桥台	指两岸桥台的侧墙或八字墙尾端之间的距离
	无桥台	指桥面系行车道的长度
桥梁多孔跨径总长	梁式、板式桥涵	指多孔标准跨径之和
	拱式桥	以两岸桥台内起拱线之间的水平距离为准
	其他形式桥梁	桥面系的行车道长度
桥梁净空	桥面净空	桥面的宽度和桥上的净空高度
	桥下净空	设计洪水位至上部结构最下缘之间的净空高度
建筑高度	指桥梁的结构高度,即行车道路面的高程至上部结构最下缘之间的距离	
矢跨比	指拱顶下缘至起拱线之间的垂直距离与标准跨径之比	

续上表

设计荷载	永久作用:如结构自重、预加应力、土的自重和侧压力等。 可变作用:如汽车、人群、风荷载、温度作用、流水压力、支座摩阻力等。 偶然作用:船舶撞击作用、汽车撞击作用等。 地震力作用

知识点16:涵洞工程的组成及分类

组成	洞身	圆形、拱形、箱形	
	洞口建筑	一字式、八字式	
	基础	整体式、非整体式	
	附属工程	锥形护坡、河床铺砌、路基边坡铺砌、人工水道	
分类	按涵洞中线与路线中线的关系	正交涵洞、斜交涵洞	
	按涵洞洞身截面形状	圆管涵、盖板涵、拱涵、箱涵	
	按涵洞洞顶填土情况	明涵	洞顶不填土,适用于低路堤或浅沟渠
		暗涵	顶填土厚度大于50cm,适用于高路堤和深沟渠
	按建筑材料	砖涵、石涵、混凝土涵、钢筋混凝土涵和其他材料(木、陶瓷、瓦管、缸瓦管、石灰三合土篾管、石灰三合土拱、铸铁管、波纹管)涵等	
	按涵洞水利特性	无压力式:入口水流深度小于涵洞高度,并在涵洞全长范围内水面都不触及洞顶,具有自由水面。公路上大多数涵洞属于此类。 半压力式:入口水深大于洞口高度,水仅在进水口处充满洞口,而在涵洞全长范围内的其余部分都具有自由水面。通常在涵洞尺寸受路基高度或其他因素限制时采用。 压力式:入口水深大于洞口高度,在涵洞全长范围内都充满水流,无自由水面。此类涵洞仅在深沟高路堤或容许壅水但不危害农田时采用	

知识点17:桥梁基础

扩大基础	适用	扩大基础将荷载通过逐步扩大的基础直接传到土质较好的天然地基或经人工处理的地基上。它的尺寸按地基承载力和所承受荷载决定,基础埋置深度与基础宽度相比很小,属于浅基础范畴,施工常采用明挖法,因此又称为明挖基础
	特点	1. 其埋置深度较浅。 2. 要开挖基坑
桩基础	特点	承载力高、稳定性好、沉降量小而均匀,耗材少,施工简便等
	组成	若干根桩、承台(若桩身外露在地面上较高时,在桩间应加设横系梁)
	作用	将承台以上结构物传来的外力通过承台,由桩传到较深的地基持力层中,承台将各桩连成一整体共同承受荷载
	适用情况	1. 采用浅基础或人工地基在技术上、经济上不合理时。 2. 采用浅基础施工困难或不能保证基础安全时。 3. 当地基计算沉降过大或结构物对不均匀沉降敏感时。 4. 当施工水位或地下水位较高时。 5. 采用桩基础可增加结构物的抗震能力时

续上表

桩基础	分类	按桩的受力条件	1. 支承桩和摩擦桩。 2. 竖直桩和斜桩。 3. 桩墩
		按施工方法	钻(挖)孔灌注桩、沉入桩
		按承台位置	高桩承台基础和低桩承台基础
		按材料	木桩、钢桩、钢筋混凝土桩
		工程量应按桩的设计直径和长度作为计量支付依据	
沉井基础	特点	优点:埋置深度大、整体性强、稳定性好,能承受较大的垂直荷载和水平荷载,而且施工设备简单,工艺不复杂。 缺点:工期长,易发生流沙现象,造成沉井倾斜,沉井下沉过程中遇到大孤石、树干或岩石表面倾斜较大等,均会给施工带来一定的困难	
	类型	按所用的材料	混凝土、钢筋混凝土、砖石和钢壳沉井
		按沉井的平面形状	圆形、矩形、正方形和圆端形
		按沉井的立面形状	柱形、阶梯形和倾斜式
	构造	由井壁、刃脚、隔墙、封底、填心和顶盖板等几部分组成	
地下连续墙基础	特点	1. 刚度大、强度高,变形小。 2. 对地基无扰动,基础与地基的密着性好,墙壁的摩阻力比沉井井壁大。 3. 施工所占用空间较小,对周围地基及现有建筑物的影响小,可近距离施工,特别适宜于在建筑群中施工。 4. 施工时振动小、噪声低,无须降低地下水位,浇筑混凝土无须模板和养护,故可使费用降低	
	分类	按槽孔形式	壁板式、桩排式和组合式
		按墙体材料	钢筋混凝土、素混凝土、塑性混凝土(由黏土、水泥和级配砂石所合成的一种低强度混凝土)和黏土
		按挖槽方式	抓斗、冲击钻和回旋钻
组合基础	常用的有双壁钢围堰钻孔灌注桩基础、钢壳沉井加管柱(钻孔桩)基础、浮运承台与管柱、井柱、钻孔桩基础,以及地下连续墙加箱形基础等		

知识点18:桥梁下部构造

设计要求	足够的强度、刚度、稳定性、地基的承载能力及基础底面与地基土之间的摩阻力		
实体式墩、台	重力式墩、台	墩、台帽及拱座	1. 墩、台顶端的传力部分,起着承托上部构造的作用。 2. 在同一桥墩上,当支承相邻两孔桥跨结构的支座高度或建筑高度不相同时,常在桥墩上设置支承垫石来调整
		墩、台身	常用的重力式桥台有U形桥台和八字形桥台两种结构形式
	轻型墩、台	适用条件	只适宜用于跨径不大于13m的梁(板)式上部构造
		分类	按照翼墙的不同形式分为八字形轻型桥台、一字墙轻型桥台和耳墙式轻型桥台

续上表

<table>
<tr><td>柱式
墩、台</td><td colspan="2">属于轻型墩台,有圆柱式和方柱式两种。应用最多的是独柱、双柱和三柱三种形式</td></tr>
<tr><td rowspan="5">埋置式
桥台</td><td colspan="2">台身完全埋置在路堤填土中,只露出台帽部分在外,属于轻型墩台。一般适用于桥头为浅滩或边坡冲刷较小的河道修建桥梁的桥台或岸墩</td></tr>
<tr><td>肋形埋置式桥台</td><td>适用跨径 40m 以内的梁桥</td></tr>
<tr><td>框架式埋置式桥台</td><td>适用于跨径 20m 以内的梁板式桥及台身高度在 10m 以下的桥台</td></tr>
<tr><td>后倾式埋置式桥台</td><td>适用于 10m 以上高度的桥台,实质上是一种实体重力式桥台</td></tr>
<tr><td>双柱式埋置式桥台</td><td>适用于各种土壤的地基</td></tr>
<tr><td rowspan="3">U 形桥台</td><td colspan="2">属于重力式桥台,由前墙和两个侧墙构成为一个 U 字形,大都采用天然石料砌筑</td></tr>
<tr><td colspan="2">特点:U 形桥台主要依靠自身的质量和台内填土的质量来维持其稳定,其结构简单、施工方便,有利于就地取材,是广泛使用的一种桥台形式,但由于自重较大,因此对地基要求较高</td></tr>
<tr><td colspan="2">桥台两侧锥坡的平面形状为 1/4 的椭圆</td></tr>
<tr><td>空心墩</td><td colspan="2">自重介于实体重力式和轻型桥墩之间,多用于 50 ~ 150m 的高墩</td></tr>
<tr><td>Y 形墩
和薄壁墩</td><td colspan="2">是一种轻型桥墩,其结构形式经济合理,外形轻盈美观,常在高等级公路桥梁建设中使用</td></tr>
<tr><td>索塔</td><td colspan="2">是悬索桥和斜拉桥的主要支承结构。
斜腿门式索塔,是双平面索常用的形式,而且它适用于较高的索塔。
施工时应采用提升模架,并设置施工电梯</td></tr>
</table>

知识点 19:桥梁上部构造

<table>
<tr><td>梁板式桥
上部构造</td><td colspan="2">由主梁(称为承重结构)、桥面铺装(包括泄水管、伸缩缝)、人行道或安全带,栏杆扶手或防撞护栏,以及支座组成</td></tr>
<tr><td rowspan="2">拱式桥
上部构造</td><td>实腹式</td><td>由主拱圈、护拱、侧墙、拱上填料、人行道或安全带及桥面铺装组成</td></tr>
<tr><td>空腹式</td><td>主拱圈,腹拱、侧墙及拱上填料人行道或安全带及桥面铺装组成</td></tr>
<tr><td>梁板式桥的
截面形式</td><td colspan="2">矩形板、空心板、肋形梁(包括 T 形梁、工形梁)、箱形梁、组合箱梁和桁架梁</td></tr>
<tr><td>拱式桥的
截面形式</td><td colspan="2">板拱、薄壳拱、肋拱、双曲拱、箱形拱、桁架桥和刚架拱</td></tr>
</table>

知识点 20:板式桥上部构造

<table>
<tr><td rowspan="4">板式桥
上部构造</td><td rowspan="4">矩形板</td><td>整体式(就地浇筑)</td><td>适用:跨径小于 8m 的桥梁。
特点:整体性好、横向刚度大</td></tr>
<tr><td>装配式</td><td>施工:一般采用起重机安装</td></tr>
<tr><td colspan="2">悬臂桥的悬臂端可以直接伸到路堤上,不用设置桥台</td></tr>
<tr><td colspan="2">连续板桥较简支板桥而言,具有伸缩缝少、车辆行驶平稳等特点</td></tr>
</table>

续上表

<table>
<tr><td rowspan="2">板式桥
上部构造</td><td rowspan="2">空心板</td><td>特点:截面构造简单,施工方便,建筑高度小,自重轻,节约材料</td></tr>
<tr><td>钢筋混凝土空心板的跨径为 10 ~ 13m,其板厚为 40 ~ 80cm。
预应力混凝土空心板的跨径范围在 10 ~ 20m,厚度为 50 ~ 100cm</td></tr>
<tr><td></td><td colspan="2">空心板桥梁的墩、台帽要设置支座,一般采用板式橡胶支座,每块板要设置四块</td></tr>
</table>

知识点 21:梁式桥上部构造

<table>
<tr><td rowspan="5">T 形梁
与工形梁</td><td colspan="2">统称为肋形梁,主梁由梁肋、横隔梁(横隔板)、行车道板(T 梁为翼板)组成</td></tr>
<tr><td>T 形梁</td><td>跨径在 20m 及以下的 T 梁,一般采用钢筋混凝土结构,跨径在 25 ~ 50m 的 T 梁则用预应力混凝土结构。
装配式钢筋混凝土 T 形梁的优点为:施工工艺简单,整体性好,有各种标准图设计。有利于采用定型模板,实行工厂化预制生产,节约模板等费用</td></tr>
<tr><td>工形梁</td><td>工形梁,既是一种肋形梁又是一种组合式梁,它适用于跨径 30m 以内的钢筋混凝土和预应力混凝土的简支梁桥,受力状况不如 T 梁,目前很少使用</td></tr>
<tr><td>施工图
预算
要求</td><td>计费要列入:
1. 修建预制场地。
2. 修建大型预制构件的平面底座,其数量应以预制梁肋的根数与施工期限为依据计算确定。要求尽可能多次周转使用,以节约工程费用。
3. 预制场内还应计列起吊的龙门架和运输轨道</td></tr>
<tr><td>架设方法</td><td>一般常用的是采用导梁、跨墩门架,较多的是用架桥机进行安装</td></tr>
<tr><td rowspan="3">箱梁</td><td>组成</td><td>底板、腹板(梁肋)和顶板(包括翼板)</td></tr>
<tr><td>特点</td><td>1. 横向刚度和抗扭刚度特别大,在偏心的活载作用下各梁肋的受力比较均匀。
2. 截面挖空率高,材料用量少,结构简单,施工方便</td></tr>
<tr><td>适用</td><td>较大跨径的悬臂梁桥(T 形刚构)和连续梁桥,还易于做成与曲线、斜交等复杂线形相适应的桥型结构</td></tr>
<tr><td>预应力
连续梁</td><td colspan="2">预应力连续梁跨越能力大,常用的施工方法有顶推法、悬臂法、预制吊装(先简支后连续)及支架现浇等</td></tr>
</table>

知识点 22:拱式桥的上部构造

<table>
<tr><td>特点</td><td colspan="2">自重较大,水平推力也大,相应增加了墩、台和基础的圬工数量,对地基的条件要求高,而且一般采用拱盔、支架来施工。故机械化程度低,耗用劳动力多,施工周期长,施工工序较多,相应地增加了施工难度</td></tr>
<tr><td rowspan="5">分类
及构造要求</td><td>按主拱圈的截面
形式分类</td><td>板拱(包括石拱、钢筋混凝土薄壳拱)、肋拱、双曲拱、箱形拱、桁架拱和刚架拱</td></tr>
<tr><td>按照拱上结构
形式分类</td><td>实腹式拱桥、空腹式拱桥</td></tr>
<tr><td>按结构受力分类</td><td>无铰拱、两铰拱、三铰拱桥</td></tr>
<tr><td>按材料分类</td><td>圬工拱桥、钢筋混凝土拱桥、钢拱桥、钢管混凝土拱桥</td></tr>
<tr><td>适用性</td><td>实腹式拱桥:适用于跨径 20m 以下的小型石拱桥。
空腹式拱桥:适用于大、中跨径的拱桥。
二铰拱桥:地基条件差而不宜修建无铰拱桥时。
三铰拱桥:适用于软土不良地基</td></tr>
</table>

续上表

<table>
<tr><td rowspan="3">板拱桥</td><td>特点</td><td>结构简单,施工方便,有利于就地取材</td></tr>
<tr><td>拱上填料</td><td>宜采用透水性较好的土、碎砾石或其他轻质材料(如炉渣、石灰、黏土等混合料)</td></tr>
<tr><td>常用拱架</td><td>土牛拱、木拱架、钢拱架</td></tr>
<tr><td>肋拱桥</td><td colspan="2">拱肋的横截面较小,节省材料,减轻了拱体的质量,减少了拱上建筑、墩台及基础的工程数量,有效降低了工程造价,节约投资。适用于较大跨径的拱桥</td></tr>
<tr><td>双曲拱桥</td><td colspan="2">容易产生各种裂缝,目前禁止使用;主要特点是将主拱圈"化整为零"的一种组装施工方法</td></tr>
<tr><td>箱形拱桥</td><td colspan="2">宜用于50m以上的大跨径拱桥;横向整体性强,稳定性好,抗扭刚度大。采用无支架缆索吊装施工</td></tr>
<tr><td>桁架拱桥</td><td colspan="2">桁架拱由桁拱片、横向联系和桥面板三部分组成,桁拱片是桁架拱桥的主要承重结构,由下弦杆、上弦杆、腹杆(包竖杆和斜杆)和拱顶实腹段所组成;桁架拱适宜用于50m以下跨径的桥梁</td></tr>
<tr><td>刚架拱桥</td><td colspan="2">具有水平推力的拱式结构,适宜用于50m以内跨径的桥梁</td></tr>
<tr><td>钢管混凝土拱桥</td><td colspan="2">是我国近年来公路桥梁建筑发展的新技术,具有自重轻、强度大、抗变形能力强的优点;钢管混凝土结构的应用,使拱桥的跨越能力得到提高,同时使拱桥更加轻巧,表现力也更强,更加美观。目前,已建成的钢管混凝土拱桥的最大跨径为575m(广西平南三桥),钢管混凝土劲性骨架拱桥的最大跨径为420m</td></tr>
</table>

知识点23:预应力刚构桥的上部构造

<table>
<tr><td>定义</td><td colspan="2">刚构桥又称刚架桥,是由梁式桥跨结构与墩台(支柱或板墙)刚性连接而形成整体的结构体系</td></tr>
<tr><td>分类</td><td colspan="2">按其静力结构体系可分为单跨和多跨,支柱做成斜柱式时称为斜腿刚构</td></tr>
<tr><td>特点</td><td colspan="2">不设支座</td></tr>
<tr><td rowspan="2">多跨刚构</td><td>连续式</td><td>连续刚构是墩、梁固结的连续结构,由于固结的桥墩能提供部分固端弯矩,从而使跨中弯矩减小,因而可以达到较大的跨径</td></tr>
<tr><td>非连续式</td><td>在主梁跨中设铰或悬挂简支梁,通常称为T形刚构桥或简称为"T构"</td></tr>
<tr><td>施工方法</td><td colspan="2">悬臂法施工</td></tr>
</table>

知识点24:预应力斜拉桥的上部构造

<table>
<tr><td>组成</td><td colspan="4">由索塔、斜索和主梁三部分组成</td></tr>
<tr><td>特点</td><td colspan="4">跨越能力大,自重较轻,钢材和混凝土用量较节省,但造价比较高</td></tr>
<tr><td rowspan="9">斜拉索</td><td colspan="4">作用:主要承重结构</td></tr>
<tr><td colspan="4">材料:高强钢丝或钢绞线</td></tr>
<tr><td rowspan="7">分类</td><td rowspan="3">按立面形状</td><td>辐射形斜拉索</td><td>斜拉索倾角大,平均接近45°,钢索用量省。但锚固难度大,对索塔受力也不利。在实际中较少采用</td></tr>
<tr><td>竖琴形斜拉索</td><td>拉索倾角相同,连接构造易于处理,锚具垫座的制作与安装方便,对索塔的受力也比较有利。但因斜拉索倾角小,不能像辐射形斜拉索那样发挥较好的工作效率,致钢索用量相对较多</td></tr>
<tr><td>扇形斜拉索</td><td>特点是介于辐射形和竖琴形斜拉索的两者之间,兼有上述两种形式的优点。近年来在公路斜拉桥的建设中大多采用这种斜拉索布置形式</td></tr>
<tr><td>防护</td><td colspan="2">现多用带热挤聚乙烯防护套的成品索</td></tr>
<tr><td rowspan="2">按横截面</td><td colspan="2">双面索</td></tr>
<tr><td colspan="2">单面索</td></tr>
</table>

续上表

<table>
<tr><td rowspan="5">主梁</td><td colspan="3">一般采用π形截面和箱形截面结构,一般采用C50混凝土</td></tr>
<tr><td rowspan="4">按其索塔、斜拉索和主梁三者的不同结合方法</td><td>漂浮体系</td><td>特点:塔墩固结,塔处主梁不设竖向支座,其他墩设不约束纵向移动支座的结构体系。
技术要求:横向不能任其随意摆动,必须施加一定的横向约束</td></tr>
<tr><td>支承体系</td><td>特点:斜拉桥全长范围内的墩上均设支座的结构体系。
技术要求:需要加强支承区梁段的截面</td></tr>
<tr><td>塔梁固结体系</td><td>特点:相当于在梁的顶面用斜拉索加强的一根连续梁。
技术要求:需要在墩塔处设置较大吨位的支座</td></tr>
<tr><td>刚构体系</td><td>特点:是将桥墩、索塔与主梁三者固结在一起,从而形成在跨度内具有弹性支承的一个刚构体系。
技术要求:需要将其附近梁段的截面予以加大</td></tr>
</table>

知识点25:悬索桥的上部构造

<table>
<tr><td>特点</td><td colspan="3">1. 悬索桥又称吊桥,悬索是主要承重结构。
2. 跨越能力较大,也是目前能超过千米跨径的桥型。
3. 用料最省的桥型。
4. 具有合理的受力形式,悬索受拉,无弯曲和疲劳而引起的应力折减,可以采用高强度钢丝制成</td></tr>
<tr><td>组成</td><td colspan="3">一般由索塔、主缆索、锚碇、吊索、索夹、加劲梁及索鞍等主要部分组成</td></tr>
<tr><td rowspan="4">主缆索</td><td colspan="3">1. 主要承重结构。
2. 钢缆多采用直径5mm的高强度镀锌钢丝组成</td></tr>
<tr><td rowspan="3">分类</td><td>钢丝绳钢缆</td><td>—</td></tr>
<tr><td>钢绞线钢缆</td><td>—</td></tr>
<tr><td>平行钢丝束钢缆</td><td>弹性模量高,空隙率低,抗锈蚀性能好,大跨度悬索桥的主缆索均采用此类钢缆</td></tr>
<tr><td rowspan="4">锚碇</td><td>作用</td><td colspan="2">是主缆索的锚固构造,将主缆索中的拉力传至基础</td></tr>
<tr><td>组成</td><td colspan="2">主要由锚碇基础、锚块、主索的锚碇架及固定装置和遮棚组成</td></tr>
<tr><td>重力式</td><td colspan="2">特点:依靠其巨大的自重来承担主缆索的垂直分力,而水平分力则由锚碇与地基之间的摩阻力或嵌固阻力承担。
适用于:锚固地基处无岩层可利用时</td></tr>
<tr><td>隧道式</td><td colspan="2">特点:将主缆索中拉力直接传递给周围的基岩。
适用于:锚碇处有坚实基岩的地质条件</td></tr>
<tr><td rowspan="3">加劲梁</td><td>作用</td><td colspan="2">直接承受车辆、行人及其他荷载</td></tr>
<tr><td>技术要求</td><td colspan="2">因是承受风荷载和其他横向水平力的主要构件,应考虑其结构的动力稳定特性,防止其发生过大挠曲变形和扭曲变形</td></tr>
<tr><td>应用</td><td colspan="2">1. 大跨度悬索桥的加劲梁均为钢结构。
2. 通常采用桁架梁和箱形梁。
3. 预应力混凝土加劲梁仅适用于跨径在500m以下的悬索桥,大多采用箱形梁</td></tr>
</table>

续上表

<table>
<tr><td rowspan="5">吊索</td><td>作用</td><td colspan="2">吊索也称吊杆，是将加劲梁等恒载和桥面活载传递到主缆索的主要构件</td></tr>
<tr><td colspan="2">吊索与主缆索的联结</td><td>鞍挂式、销接式</td></tr>
<tr><td rowspan="2">吊索
与加劲梁
联结</td><td>锚头承压式</td><td>是将吊索的锚头通过承压板与加劲梁的锚箱连接</td></tr>
<tr><td>销接式</td><td>是将带有耳板的吊索锚头与固定在加劲梁上的吊耳通过销钉联结</td></tr>
<tr><td>间距</td><td colspan="2">由桥面系材料的经济性确定，跨径在 80 ~ 200m，范围内多为 5 ~ 8m，桥跨径增大，吊索间距也相应增大</td></tr>
<tr><td rowspan="4">索夹</td><td>作用</td><td colspan="2">紧箍主缆索股并连接主缆索与吊索（如有）的构件，主要承受吊索的拉力</td></tr>
<tr><td>按作用分类</td><td colspan="2">有吊索索夹：既对主缆进行紧固，又通过吊索承受桥面荷载。
无吊索索夹：仅对主缆进行紧固</td></tr>
<tr><td>按结构
形式分</td><td colspan="2">销接式：可以分成上下两半，也可以分成左右两半。
骑跨式：为上下两半</td></tr>
<tr><td>按成型
方式分</td><td colspan="2">铸造结构、焊接结构、铸焊结构</td></tr>
<tr><td rowspan="3">索鞍</td><td>作用</td><td colspan="2">支承主缆索的重要构件，保证主缆索平顺转折，将主缆索中的拉力在索鞍处分解为垂直力和不平衡水平力，并均匀地传至塔顶或锚碇的支架处</td></tr>
<tr><td>塔顶索鞍</td><td colspan="2">塔顶索鞍（也称主索鞍）设置在索塔顶部，将主缆索荷载传至塔上</td></tr>
<tr><td>锚固索鞍</td><td colspan="2">锚固索鞍（亦称散索鞍）设置在锚碇支架处，主要作用是改变主缆索的方向，把主缆索的钢丝束股在水平及垂直方向分散开来，并将其引入各自的锚固位置</td></tr>
</table>

知识点 26：桥面铺装、人行道及栏杆

<table>
<tr><td rowspan="2">桥面铺装</td><td colspan="2">1. 桥面铺装设计可包括桥面板处理、防排水、铺装结构层、路缘带和伸缩缝接触部位的填缝设计等，分混凝土桥面铺装和钢桥面铺装。
2. 水泥混凝土桥面板宜进行铣刨或抛丸打毛处理，根据设计需要决定是否设置混凝土调平层，调平层混凝土强度等级应与梁体一致，并与桥面板结合紧密。
3. 目前桥面横坡的形成通常通过主梁预制或现浇时已形成，故通过设三角垫层的必要性已不足。
4. 水泥混凝土桥面防水层材料应具有足够的黏结强度、防水能力、抗施工损伤能力和耐久性，可采用热沥青，涂膜等。
5. 高速公路、一级公路水泥混凝土桥面沥青混合料铺装层厚度不宜小于 70mm，常规设计 80 ~ 100mm，宜采用两层或两层以上的结构，沥青混合料铺装上层厚度不宜小于 30mm。二级及二级以下公路水泥混凝土桥面沥青混合料铺装层厚度不宜小于 50mm。
6. 钢桥面铺装设计应与正交异性钢桥面板结构整体考虑。
7. 钢桥面铺装结构应简单、有效，可由防腐层、防水黏结层、沥青混凝土铺装层等组成，总厚度不宜超过 80mm</td></tr>
<tr><td>排水要求</td><td>横向：设置 1.5% ~3% 的横坡。
纵向：当纵坡大于 2%，桥长大于 50m，宜每隔 12 ~ 15m 设置一个泄水管。
当纵坡小于 2%，则宜每隔 6 ~ 8m 设置一个泄水管</td></tr>
</table>

续上表

桥面铺装	伸缩缝	梳形钢板伸缩缝	它适用于变形量达20~40cm的桥梁
		镀锌铁皮沥青麻絮伸缩缝	它适用于变形量在20~40mm的低等级公路的中、小跨径桥梁及人行道上
		橡胶条伸缩缝	具有构造简单、伸缩性好、防水防尘、安装方便、价格低廉等优点，伸缩量为30~50mm，一般用于低等级公路中的中、小桥梁
		异形钢单缝式伸缩装置	伸缩体完全由橡胶密封带组成的伸缩装置。由单缝钢和橡胶密封带组成的单缝式伸缩装置，适用于伸缩量不大于60mm的公路桥梁工程。由边钢梁和橡胶密封带组成的单缝式伸缩装置，适用于伸缩量不大于80mm的公路桥梁工程
		模数式伸缩装置	其单缝伸缩量为0~80mm，位移量可根据桥梁实际需要随意组合，最大可达1200mm
		弹性体材料填充式伸缩缝	它是由高黏弹塑性材料和碎石结合而成的一种伸缩体，适用于变形量在50mm以内的中、小跨径桥梁工程
人行道	设计要求	位于城镇附近和行人较多的桥梁，一般均应设置人行道，其宽度一般为0.75m或1m，当大于1m时按0.5m的倍数增加。当不设人行道时，则应设置宽度不小于0.25m的安全带，一般采用C20混凝土	
	组成	人行道一般都采用装配式结构，它包括人行道块件、人行道板、缘石等	
栏杆	护栏和栏杆设置应遵循的原则	1.各等级公路桥梁必须设置路侧护栏。 2.高速公路、作为次要干线的一级公路桥梁必须设置中央分隔带护栏，作为主要集散的一级公路桥梁应设置中央分隔带护栏。 3.设计速度小于或等于60km/h的公路桥梁设置人行道(自行车道)时，可通过路缘石将人行道(自行车道)和车行道进行分离；设计速度大于60km/h的公路桥梁设置人行道(自行车道)时，应通过桥梁护栏将人行道(自行车道)与车行道进行隔离	
	位于桥梁人行道的栏杆构造应遵循的规定	1.从人行道顶面起，人行道栏杆的最小高度应为110cm。 2.栏杆构件间的最大净间距不得大于14cm，且不宜采用横线调栏杆。采用金属网状栏杆时，网状开口不应大于5cm。 3.栏杆结构设计必须安全可靠，栏杆底座应设置锚筋。 4.人行道栏杆构造之间的连接应采用能有效避免人员伤害且不易拆卸的方式。 5.兼具桥梁护栏与人行道栏杆功能的组合式护栏应同时满足人行道栏杆和桥梁护栏的构造要求	

例题解析

1.梁式桥的桥梁净跨径是指(　　)。

A.相邻两个支座中心水平距离

B.相邻两个桥墩(台)身顶内缘之间的水平距离

C.相邻桥墩中线之间的距离

D.两岸桥台中线之间距离

答案:B

【解析】 本题为2012年考题。设支座的桥涵为相邻两墩台身顶内缘之间的水平距离。不设支座的桥涵为上下部结构相交处内缘间的水平距离。

2. 适用于拱桥的重力式桥台由( )组成。

A. 台身、台帽、侧墙或八字墙、台背排水

B. 台身、盖梁、耳背墙

C. 台身、拱座、侧墙或八字墙、台背排水

D. 台身、盖梁、耳背墙、锥坡

答案:C

【解析】 本题为2012年考题。拱桥重力式桥台由台身、拱座、侧墙或八字墙及台背排水等所组成。

3. 某涵洞表示为2 -3 ×1.5,其中的“2”表示( )。

A. 跨径为2m B. 台高为2m C. 孔数为2孔 D. 基础为2m

答案:C

【解析】 本题为2012年考题。涵洞的建设规模以孔数、跨径、台高的形式来表示。

4. 对于简支梁桥,其净跨径、标准跨径、计算跨径之间的关系是( )。

A. 净跨径 < 标准跨径 < 计算跨径 B. 净跨径 < 计算跨径 < 标准跨径

C. 计算跨径 < 标准跨径 < 净跨径 D. 标准跨径 < 净跨径 < 计算跨径

答案:B

【解析】 本题为2012年考题。

计算跨径:设支座的桥梁桥跨结构在相邻两个支座中心之间的水平距离。

净跨径:设支座的桥梁相邻两墩台身顶内缘之间的水平距离。

标准跨径:梁式桥、板式桥涵以两个桥(涵)墩中线之间的距离或桥(涵)墩中线与台背前缘之间的距离为准。

5. 预应力斜拉桥拉索在立面上的设置形式有( )。

A. 辐射形 B. 混合形 C. 扇形 D. 竖琴形

答案:ACD

【解析】 本题为2012年考题。预应力斜拉桥拉索在立面上的设置形式有辐射形斜拉索、竖琴形斜拉索、扇形斜拉索。

6. 在桥梁工程中,与其他基础形式相比,抗水平作用能力及竖直支承力均较大的基础形式是( )。

A. 桩基础 B. 沉井基础 C. 管柱基础 D. 地下连续墙

答案:B

【解析】 本题为2013年考题。桩基础的特点:耗材少,施工简便。沉井基础的特点:埋置深度大、整体性强、稳定性好,能承受较大的垂直荷载和水平荷载,而且施工设备简单,工艺不复杂,工期长,但易发生流沙现象,造成沉井倾斜,沉井下沉过程中遇到大孤石、树干或岩石表面倾斜较大等,均会给施工带来一定的困难。地下连续墙的特点:①刚度大、强度高,变形小;②对地基无扰动,基础与地基的密着性好,墙壁的摩阻力比沉井井壁大;③施工所占用空间

较小,对周围地基及现有建筑物的影响小,可近距离施工,特别适宜于在建筑群中施工;④施工时振动小、噪声低,无须降低地下水位,浇筑混凝土无须模板和养护,故可使费用降低。

7. 桥梁总跨径为多孔桥梁中各孔( )的总和。

A. 净跨径　B. 计算跨径　C. 基础跨径　D. 标准跨径

答案:A

【解析】 本题为2013年考题。总跨径:各孔净跨径之和。

8. 明涵与暗涵的区别是以( )为依据。

A. 洞中有光还是无光　B. 洞口形式

C. 洞身形式　D. 洞顶填土情况

答案:D

【解析】 本题为2014、2015年考题。根据涵洞洞顶填土情况的不同,可分为明涵和暗涵。明涵洞顶不填土,适用于低路堤或浅沟渠;洞顶填土厚度大于50cm的称为暗涵,适用于高路堤和深沟渠。

9. 不属于桥梁下部构造的是( )。

A. 锥坡　B. 桥墩　C. 台帽　D. 耳背墙

答案:A

【解析】 本题为2014年考题。下部构造包括桥墩和桥台,台帽、耳背墙属于桥台的组成部分,故选A。

10. 悬索桥的主要承重构件是( )。

A. 加劲梁　B. 吊索　C. 锚碇　D. 主缆索

答案:D

【解析】 本题为2015年考题。主缆索是悬索桥的主要承重构件。

11. 在涵洞设计时,涵洞洞底的纵坡不宜大于( )。

A. 10%　B. 8%　C. 3%　D. 5%

答案:D

【解析】 本题为2015年考题。根据《公路圬工桥涵设计规范》(JTG D61—2005)的规定,涵洞洞底的纵坡不宜大于5%。

12.《公路工程技术标准》(JTG B01—2014)以桥涵的长度和跨径大小作为划分依据,桥涵分为特大桥、大桥、中桥、小桥和涵洞五类。某桥梁长度为1000m,其应属于( )。

A. 特大桥　B. 大桥　C. 中桥　D. 小桥

答案:B

【解析】 本题为2015年考题。《公路工程技术标准》(JTG B01—2014)规定的划分标准,见教材表3.5.2。

桥梁涵洞按跨径分类　教材表3.5.2

桥涵分类	特大桥	大桥	中桥	小桥	涵洞
多孔跨径总长 L(m)	$L>1000$	$100\leq L\leq 1000$	$30<L<100$	$8\leq L\leq 30$	—
单孔跨径 L_k(m)	$L_k>150$	$40\leq L_k\leq 150$	$20\leq L_k<40$	$5\leq L_k<20$	$L_k<5$

13. 斜拉桥主要由(　　)组成。

A. 次梁　　B. 主梁　　C. 钢索　　D. 索塔　E. 斜拉索

答案: BDE

【解析】 本题为 2019 年考题,斜拉桥是将主梁用许多拉索直接拉在桥塔上的一种桥梁,是有承压的塔、受拉的索和承弯的梁体组合起来的一种结构体系。主要由索塔、主梁、斜拉索组成。

本节习题

Ⅰ. 单项选择题

1. 桥梁是在路线中断时跨越障碍的承载结构,其承重结构主要指(　　),斜拉桥的拉锁、悬索桥的主缆及吊索、墩台等。

A. 桥台　　B. 桥墩　　C. 梁或拱圈　　D. 桥面系

2. 承重结构与墩、台的支承处所设置的传力装置,称为(　　)。

A. 铰　　B. 盖梁　　C. 支座　　D. 墩台帽

3. 中小跨径的桥梁通常采用的支座有(　　)。

A. 钢盆式橡胶支座　　B. 辊轴钢支座

C. 钢筋混凝土支座　　D. 板式橡胶支座

4. 辊轴钢支座适用于较大跨径的桥梁,支座的垫板可采用铸钢,铰轴和滚轴可采用锻钢,滚轴的直径一般在(　　)mm 以上。

A. 50　　B. 75　　C. 90　　D. 100

5. 支撑桥跨结构并将恒载和车辆等活载传至基础的建筑物,称为(　　)。

A. 桥台　　B. 台帽　　C. 支座　　D. 盖梁

6. 将桥梁墩、台所承受的各种荷载传递到地基上的结构物,称为(　　)。

A. 系梁　　B. 基础　　C. 铺底　　D. 地下连续墙

7.《公路工程技术标准》(JTG B01—2014)对桥涵的划分标准是以桥涵的长度和跨径的大小进行划分,桥梁标准跨径为 5×20m 属于(　　)。

A. 特大桥　　B. 大桥　　C. 中桥　　D. 小桥

8. 在竖向荷载作用下无水平反力的桥梁,称为(　　)。

A. 组合体系桥　　B. 刚构桥　　C. 拱式桥　　D. 梁式桥

9. 根据现行《公路桥涵设计通用规范》(JTG D60)的规定,高速公路和一级公路中的特大桥,设计洪水位应为(　　)一遇。

A. 25 年　　B. 50 年　　C. 100 年　　D. 300 年

10. 根据现行《公路桥涵设计通用规范》(JTG D60)的规定,桥跨结构在相邻两个支座中心之间的水平距离,称为(　　)。

A. 计算跨径　　B. 净跨径　　C. 总跨径　　D. 标准跨径

11. 有桥台的桥梁为两岸桥台的侧墙或八字墙尾端之间的距离,无桥台的桥梁则为桥面系行车道的长度,称为(　　)。

A. 桥梁全长　　B. 多孔跨径总长
C. 总跨径　　D. 计算跨径总长

12. 梁式、板式桥涵为多孔标准跨径之和,拱式桥以两岸桥台内起拱线之间的水平距离为准;其他形式的桥梁为桥面系的行车道长度,称为(　　)。

A. 桥梁全长　　B. 多孔跨径总长
C. 总跨径　　D. 计算跨径总长

13. 高速公路、一级公路和二级公路,桥上的净空高度是(　　)。

A. 4.0m　　B. 4.5m　　C. 5.0m　　D. 5.5m

14. 公路桥梁桥下净空,是指(　　)。

A. 施工水位至上部结构最下缘之间的净空高度
B. 壅水水位至上部结构最下缘之间的净空高度
C. 设计洪水位至上部结构最下缘之间的净空高度
D. 通航水位至上部结构最下缘之间的净空高度

15. 行车道路面的高程至上部结构最下缘之间的距离,指(　　)。

A. 桥梁的建筑高度　　B. 桥梁高度
C. 桥梁的限界　　D. 桥梁的净空高度

16. 根据涵洞洞顶填土情况的不同,可分为明涵和暗涵。明涵洞顶不填土,适用于低路堤或浅沟渠;洞顶填土厚度大于(　　)cm 的称为暗涵,适用于高路堤和深沟渠。

A. 50　　B. 60　　C. 80　　D. 100

17. 涵洞的建设规模以孔数、跨径、台高的形式来表示,其长度则以路基横断面方向的水平距离作为计算依据。如 2 - 1.0 ×1.2 其中的 2 表示(　　)。

A. 跨径 2m　　B. 台高 2m　　C. 双孔　　D. 涵长 2m

18. 对于跨径在 10m 以内的梁桥,其上部构造宜选用(　　)。

A. T 形梁　　B. 工形梁　　C. 箱梁　　D. 板梁

19. 当地基承载力不足,且各土层的摩阻力较大,基岩埋藏较深时,则选用(　　)。

A. 天然地基上的浅基础　　B. 摩擦桩
C. 支承桩　　D. 人工挖孔桩

20. 公路整体式钢筋混凝土板,适用于跨径(　　)的桥梁。

A. <13m　　B. <10m　　C. <8m　　D. <6m

21. 公路预应力混凝土空心板,一般采用(　　)混凝土。

A. C25　　B. C30　　C. C40　　D. C50

22. 先张法预制空心板时,在立模和浇筑混凝土之前,张拉预应力钢绞线或高强钢丝,待混凝土达到了(　　)时,逐渐将预应力筋放松。

A. 设计强度　　B. 设计强度的 90%
C. 设计强度的 80%　　D. 设计强度的 70%

23. 在编制公路施工图预算中,其钢绞线等预应力筋的张拉工作长度,一般可按(　　)计算确定预应力筋的消耗数量。

A. 板的设计长度　　B. 板的设计长度另加 0.75m

C. 板的设计长度另加 1.5m　　　　D. 板的设计长度另加 2.0m

24. 公路钢筋混凝土悬臂板桥一般做成双悬臂式结构,中间跨径一般为(　　)。

A. 6 ~ 8m　　B. 8 ~ 10m　　C. 10 ~ 12m　　D. 12 ~ 14m

25. 公路钢筋混凝土悬臂板桥,两端伸出的悬臂长度约为中间跨径的(　　)。

A. 0.3 倍　　B. 0.4 倍　　C. 0.5 倍　　D. 0.6 倍

26. 预应力空心板封头混凝土的强度等级,不宜低于(　　)。

A. 构件本身混凝土强度等级

B. 构件本身混凝土强度等级的 90%

C. 构件本身混凝土强度等级的 80%

D. 构件本身混凝土强度等级的 70%

27. 箱梁有单箱、多箱和组合箱梁等多种形式。一般设计为等截面的 C40 钢筋混凝土和 C50 预应力混凝土结构,其梁的高度常为跨径的(　　)。

A. 1/20 ~ 1/16　　B. 1/19 ~ 1/17　　C. 1/18 ~ 1/16　　D. 1/17 ~ 1/15

28. 在较宽阔的河谷上修建连续梁时,通常采用(　　)一联的多联结构形式。

A. 2 ~ 3 孔　　B. 2 ~ 5 孔　　C. 4 ~ 7 孔　　D. 5 ~ 8 孔

29. 公路实腹式的拱桥,一般适用于跨径(　　)。

A. 20m 以下　　B. 25m 以下　　C. 30m 以下　　D. 35m 以下

30. 公路大跨径空腹式拱桥的伸缩缝一般设置在(　　)。

A. 在墩(台)两拱脚起拱线的上方

B. 在紧靠墩(台)的一孔做成的三铰拱的拱铰上方

C. 在紧靠跨中两铰拱的铰上方

D. 在任意两铰拱的铰上方

31. 修建预应力连续刚构桥上部构造时,一般采用的施工方法是(　　)。

A. 悬臂法　　B. 顶推　　C. 缆索吊装　　D. 支架现浇

32. 关于拱式桥,说法有误的是(　　)。

A. 由于水平推力的作用,使拱的弯矩与同跨径的梁板桥的弯矩相比就要小得多

B. 采用抗压性能较好而抗拉性能较差的天然石料和混凝土修建

C. 其缺点是自重较大,水平推力也大

D. 其优点是承载能力大,跨越能力大,施工简单

33. 关于箱形拱桥,说法有误的是(　　)。

A. 箱形拱圈预制,采用无支架缆索吊装施工,通常根据跨径大小,分为三段、五段及七段

B. 箱形拱以采用闭合箱形为宜,故在实际中多采用闭合箱形

C. 箱形拱横向整体性强,稳定性好

D. 箱形拱抗扭刚度大

34. 关于钢管混凝土拱桥,说法有误的是(　　)。

A. 钢管的套箍作用大大提高了混凝土的塑性性能,使得混凝土,特别是高强度混凝土脆性的弱点得到克服

B. 钢管混凝土拱桥,具有自重轻、强度大、抗变形能力强的优点

C. 内填型钢管混凝土使得混凝土的径向变形受到钢管的约束而处于三向受力状态,承载能力大大提高

D. 钢管混凝土是钢管与混凝土的组合材料,由于材料性质不同,因而发展有限

35. 关于预应力刚构桥,说法有误的是(   )。

A. 连续刚构是墩、梁固结的连续结构

B. 由于固结的桥墩能提供部分固端弯矩,从而使跨中弯矩减小,因而可以达到较大的跨径

C. 修建预应力刚构桥时,无论是现浇还是预制安装,都采用悬臂的施工方法

D. 预应力刚构桥现浇同预应力连续梁桥的施工方法基本上是不相同的

36. 预应力斜拉桥梁的高度,一般只有跨径的(   )。

A. 1/50 ~ 1/20　B. 1/70 ~ 1/30　C. 1/80 ~ 1/40　D. 1/100 ~ 1/40

37. 斜拉桥的主梁,其外缘做成尖嘴形,主要是为(   )。

A. 美观　B. 减少风的阻力

C. 利于斜拉索的锚固　D. 增加桥面宽度

38. 预应力斜拉桥,将桥墩、索塔与主梁三者固结在一起,属于(   )。

A. 悬浮体系　B. 支承体系

C. 塔梁固结体系　D. 刚构体系

39. 目前世界上跨径最大的桥型是(   )。

A. 悬索桥　B. 钢箱梁斜拉桥

C. 预应力刚构桥　D. 预应力连续梁桥

40. 恒载与活载之比最小的桥型是(   )。

A. 钢箱梁斜拉桥　B. 悬索桥

C. 预应力刚构桥　D. 预应力连续梁桥

41. 目前,大跨度悬索桥的主缆索均采用(   )。

A. 钢丝绳钢缆　B. 钢绞线钢缆

C. 直径 5mm 的高强度镀锌钢丝　D. 不镀锌平行钢丝束钢缆

42. 关于悬索桥的锚碇,说法有误的是(   )。

A. 重力式锚碇,适用于锚碇处有坚实基岩的地质条件

B. 锚碇主要由锚碇基础、锚块、主索的锚碇架及固定装置和遮棚组成

C. 锚碇是主缆索的锚固构造

D. 主缆索中的拉力通过锚碇传至基础

43. 关于悬索桥的吊索,说法有误的是(   )。

A. 吊索是将加劲梁等恒载和桥面活载传递到主缆索的主要构件

B. 吊索可布置成垂直形式的直吊索或倾斜形式的斜吊索

C. 吊索与加劲梁联结是将带有耳板的吊索锚头与固定在加劲梁上的吊耳通过销钉连接

D. 吊索上端通过索夹将吊索的锚头锚固在主缆索上相连

44. 关于悬索桥索鞍的主要作用,说法有误的是(　　)。

A. 为主缆索的穿索提供支撑

B. 索鞍是支承主缆索的重要构件,其作用是保证主缆索平顺转折

C. 将主缆索中的拉力在索鞍处分解为垂直力和不平衡水平力

D. 将主缆索中的拉力在索鞍处均匀地传至塔顶或锚碇的支架处

45. 公路桥面应沿横桥向设置(　　)的横坡。

A. 1% ~2%　　B. 1% ~2.5%　　C. 1.5% ~3%　　D. 2% ~4%

46. 大跨径公路桥梁,要求伸缩量大于100mm的伸缩装置,宜采用(　　)。

A. 异形钢单缝式伸缩装置　　B. 镀锌铁皮沥青麻絮伸缩缝

C. 模数式伸缩装置　　D. 梳形钢板伸缩缝

47. 位于城镇附近和行人较多的桥梁,一般均应设置人行道,其宽度一般为0.75m或1m,当大于1m时按(　　)m的倍数增加。

A. 0.25　　B. 0.5　　C. 0.75　　D. 1.0

48. 目前,我国公路桥梁建设中较为广泛使用的桥墩结构形式,为(　　)。

A. 双叉形墩　　B. 四叉形墩　　C. X形墩　　D. 重力式墩

49. 主要采用天然石料或片石混凝土砌筑,不需要耗用钢筋,靠自身的质量来平衡外力而保持其稳定的桥墩,称为(　　)。

A. 轻型桥墩　　B. 重力式墩　　C. X形墩　　D. 双柱式墩

50. 公路桥梁需要设置制动墩的桥形为(　　)。

A. 单孔拱桥　　B. 简支梁桥　　C. 多孔拱桥　　D. 连续梁桥

51. 公路实体式轻型桥台(块石砌筑)适宜用于(　　)。

A. 跨径不大于13m的拱桥

B. 跨径为20m以内的梁桥

C. 跨径不大于13m的板式上部构造

D. 刚架拱桥

52. 公路U形桥台是一种实体重力式桥台,它由前墙和两个侧墙构成一个U字形,侧墙尾墙应有(　　)的长度插入路堤内。

A. 不小于30cm　　B. 不小于50cm

C. 不小于75cm　　D. 不小于90cm

53. 公路混凝土或钢筋混凝土空心桥墩目前多用于(　　)。

A. 高度40m以内的桥墩　　B. 50~150m高墩

C. 连续刚构的桥墩　　D. 拱桥桥墩

54. 关于索塔,说法有误的是(　　)。

A. 索塔主要承受轴力

B. 独柱形的索塔,外形轻巧美观,结构简单,是吊桥和斜拉桥常用的结构形式

C. 斜腿门式索塔,是单面斜拉索常用的形式

D. 索塔一般都比较高,施工时应采用提升模架,并设置施工电梯

55. 当简支梁桥天然地基土质较好,不受冰冻、冲刷影响时,宜选用(　　)。

A. 桩基础　　B. 扩大基础　　C. 沉井基础　　D. 组合基础

56. 天然地基上的浅基础开挖基坑，基坑的大小应满足基础施工作业的要求，一般基底应比设计的平面尺寸(　　)。

A. 相等　　B. 各边增宽 20 ~ 40cm

C. 各边增宽 50 ~ 100cm　　D. 各边增宽 100 ~ 150cm

57. 刚构桥的多跨墩、梁固结的结构，通常称为(　　)。

A. T 形刚构桥　　B. 斜腿刚构

C. 连续刚构　　D. 门式刚构

58. 桥梁全长的计算规定是，有桥台的桥梁为(　　)。

A. 各桥孔标准跨径之和

B. 两岸桥台前墙之间的距离

C. 两岸桥台的侧墙或八字墙尾端之间的距离

D. 桥面系行车道的长度

59. 桥涵工程主要有(　　)部分组成。

A. 三　　B. 四　　C. 五　　D. 六

60. 梁式桥多孔跨径总长是桥梁中各孔(　　)的总和。

A. 净跨径　　B. 计算跨径　　C. 理论跨径　　D. 标准跨径

61. 矩形板上部构造是小跨径公路桥梁最常用的钢筋混凝土梁，有整体式和装配式两种结构，整体式适用于小于(　　)跨径的桥梁。

A. 6m　　B. 8m　　C. 10m　　D. 13m

62 预应力连续梁可以做成等跨和不等跨，对于大跨径的预应力连续梁桥其截面形式一般都采用(　　)截面。

A. T 形　　B. 工形　　C. 矩形　　D. 箱形

63. 行车道路面的高程至上部结构最下缘之间的距离称为(　　)。

A. 桥梁建筑高度　　B. 桥梁高度

C. 桥下净空高度　　D. 桥梁通航高度

64. 设计洪水位至上部结构最下缘之间的净空高度，是为保证洪水、流冰排泄无阻和符合河流通航净空要求所规定的一个重要设计参数是(　　)。

A. 桥梁建筑高度　　B. 桥梁高度

C. 桥下净空高度　　D. 桥梁通航高度

65. 埋置式桥台是一种(　　)桥台。

A. 重力式　　B. 轻型　　C. 组合式　　D. 孔腹式

66. 拱桥的重力式桥台由(　　)组成。

A. 台身、台帽、侧墙或八字墙、台背排水

B. 台身、盖梁和耳背墙

C. 台身、拱座、侧墙或八字墙、台背排水

D. 台身、盖梁、耳背墙和锥坡

67. 梁板桥的柱式、框架式桥台由(　　)组成。

A. 台身、台帽、侧墙或八字墙、台背排水
B. 台身、盖梁和耳背墙
C. 台身、拱座、侧墙或八字墙、台背排水
D. 台身、盖梁、耳背墙和锥坡

68. 当地基计算沉降过大或结构物对不均匀沉降敏感时,可采用(　　)基础。
A. 沉井　B. 桩　C. 管柱　D. 刚性

Ⅱ. 多项选择题

1. 梁式桥支座的作用,是(　　)。
A. 传递上部结构的支承反力
B. 支承上部结构抗弯抗扭
C. 保证结构在活载、温度变化下自由变形
D. 保证结构在混凝土收缩和徐变等因素作用下的自由变形

2. 桥梁的下部结构包括(　　)。
A. 桥台　B. 桥墩　C. 承台　D. 索塔

3. 桥梁的附属工程主要包括(　　)等。
A. 桥面铺装　B. 支座　C. 锥坡　D. 调治构造物

4. 现行《公路桥涵设计通用规范》(JTG D60)规定,以净跨径为标准跨径的桥涵有(　　)。
A. 盖板涵　B. 箱涵　C. 圆管涵　D. 拱式桥涵

5. 涵洞水利特性的不同,可分为(　　)。
A. 倒虹吸式　B. 压力式　C. 半压力式　D. 无压力式

6. 涵洞由(　　)组成。
A. 洞身　B. 洞口建筑　C. 基础　D. 附属工程

7. 涵洞的附属工程包括(　　)等。
A. 锥形护坡　B. 河床铺砌
C. 路基边坡铺砌　D. 人工水道

8. 根据涵洞洞身截面形状的不同,可分为(　　)等。
A. 圆管涵　B. 盖板涵　C. 拱涵　D. 箱涵

9. 在桥梁工程中,通常采用的基础有(　　)。
A. 扩大基础　B. 桩基础
C. 砂砾垫层基础　D. 沉井基础

10. 公路桥梁实腹式拱桥拱上建筑包括(　　)。
A. 主拱圈　B. 护拱　C. 侧墙　D. 拱背填料

11. 公路桥梁梁板式桥的上部构造截面形式有(　　)。
A. 矩形板　B. 梯形板　C. 肋形梁　D. 箱形梁

12. 公路空心板桥上部构造的建筑材料有(　　)。
A. 混凝土　B. 钢筋混凝土

C. 预应力混凝土　　D. 钢材

13. 公路T形梁主梁由(　　)组成。

A. 梁肋　　B. 横隔板　　C. 伸缩缝　　D. 翼板

14. 公路梁桥的箱梁具有(　　)。

A. 有足够的能承受正、负弯矩的混凝土受压区

B. 横向刚度和抗扭刚度特别大

C. 适用于中、小跨径的简支梁桥

D. 易于做成与曲线、斜交等复杂线形相适应的桥型结构

15. 公路拱桥中常用的拱架,有(　　)。

A. 土牛拱　　B. 石拱架　　C. 木拱架　　D. 钢拱架

16. 公路刚构桥有多种形式,较多采用的有(　　)。

A. T形刚构桥　　B. 刚构连续组合梁桥

C. 连续刚构　　D. 简支刚构

17. 斜拉桥是一种造型美观的组合体系结构,由(　　)组成。

A. 锚碇　　B. 索塔　　C. 斜索　　D. 主梁

18. 斜拉桥的斜拉索在立面上的设置形状,有(　　)。

A. 辐射形　　B. 竖琴形　　C. 三角形　　D. 扇形

19. 现代悬索桥通常采用的锚碇形式有(　　)。

A. 码头桩式锚碇　　B. 重力式锚碇

C. 隧道式锚碇　　D. 铸铁式锚碇

20. 大跨度悬索桥的加劲梁均为钢结构,通常采用(　　)。

A. 工形钢梁　　B. 槽形钢梁　　C. 桁架梁　　D. 箱形梁

21. 适用于伸缩量不大于80mm的公路桥梁,异形钢单缝式伸缩装置,由(　　)组成。

A. 单缝钢　　B. 边钢梁

C. 橡胶密封带　　D. 钢横梁

22. 公路桥梁的人行道一般都采用装配式结构,它包括(　　)。

A. 人行道块件　　B. 人行道板

C. 防撞护栏　　D. 缘石

23. 公路桥梁桥墩,常用的结构形式有(　　)。

A. 实体式墩　　B. 埋置式墩　　C. 空心墩　　D. Y形墩

24. 建造公路桥梁实体式桥台的主要材料是(　　)。

A. 浆砌块片石　　B. 片石混凝土

C. 混凝土　　D. 钢结构

25. 公路桥梁的轻型桥台有(　　)形。

A. 八字　　B. 一字　　C. U　　D. 耳墙式

26. 桥梁桩基础,按受力条件可分为(　　)。

A. 竖直桩　　B. 斜桩　　C. 摩擦桩　　D. 支承桩

27. 公路桥梁按上部结构行车道位置分有(　　)。

A. 上承式桥　　B. 下承式桥　　C. 中承式桥　　D. 浮桥

28. 公路拱桥施工的木拱架,包括(　　)工程内容。

A. 拱盔　　B. 木支架　　C. 木楔　　D. 支架基座

29. 下列关于天然地基上的浅基础的特点说法正确的有(　　)。

A. 天然地基上的浅基础要开挖基坑,基坑的大小应满足基础施工作业的要求,一般基底应比设计平面尺寸各边增宽 50~100cm,并以此作为计算开挖基坑数量的依据,不能作为编制工程造价的依据

B. 天然地基上的浅基础要开挖基坑,基坑的大小应满足基础施工作业的要求,一般基底应比设计平面尺寸各边增宽 50~100cm,并以此作为计算开挖基坑数量和编制工程造价的依据

C. 渗水土质的基坑坑底的开挖尺寸,还应考虑设置排水沟河集水井的宽度。因此增加的数量可以作为编制桥梁工程挖基的计价依据

D. 渗水土质的基坑坑底的开挖尺寸,还应考虑设置排水沟河集水井的宽度。因此增加的数量不可以作为编制桥梁工程挖基的计价依据

本节习题答案及解析

Ⅰ. 单项选择题

1. 答案:C

【解析】 承重结构主要指梁、拱圈,斜拉桥的拉锁、悬索桥的主缆及吊索、墩台等。它是在路线中断时跨越障碍的承载结构。

2. 答案:C

【解析】 承重结构与墩、台的支承处所设置的传力装置,称为支座。

3. 答案:D

【解析】 板式橡胶支座一般适用于中小跨径的桥梁。

4. 答案:A

【解析】 辊轴钢支座适用于较大跨径的桥梁,支座的垫板可采用铸钢,铰轴和滚轴可采用锻钢,滚轴的直径一般在 75mm 以上。

5. 答案:A

【解析】 桥梁的下部工程包括桥台和桥墩或索塔,它是支撑桥跨结构并将恒载和车辆等活载传至基础的建筑物。

6. 答案:B

【解析】 基础是将桥梁墩、台所承受的各种荷载传递到地基上的结构物,是确保桥梁安全使用的关键部位。

7. 答案:B

【解析】 5×20m 标准跨径,多孔跨径总长为 100m,应为大桥。

8. 答案:D

【解析】 梁式桥是一种在竖向荷载作用下无水平反力的结构,其主要承重构件是梁。

9. **答案**:D

【解析】 高速公路和一级公路中的特大桥是以300年一遇的最大洪水位作为设计洪水位,其目的是充分考虑桥位上游村镇和农田的安全,使其不受壅水淹没的危害。

10. **答案**:A

【解析】 设支座的桥涵指桥跨结构在相邻两个支座中心之间的水平距离,称为计算跨径。

11. **答案**:A

【解析】 有桥台的桥梁为两岸桥台的侧墙或八字墙尾端之间的距离;无桥台的桥梁则为桥面系行车道的长度,称桥梁全长。

12. **答案**:B

【解析】 梁式、板式桥涵为多孔标准跨径之和;拱式桥以两岸桥台内起拱线之间的水平距离为准;其他形式的桥梁为桥面系的行车道长度,称多孔跨径总长。

13. **答案**:C

【解析】 高速公路、一级公路和二级公路,桥上的净空高度是5.0m。

14. **答案**:C

【解析】 桥下净空,即设计洪水位至上部结构最下缘之间的净空高度,是为保证洪水、流冰排泄无阻和符合河流通航净空要求所规定的一个重要设计参数。

15. **答案**:A

【解析】 桥梁行车道路面的高程至上部结构最下缘之间的距离,称为桥梁的建筑高度。

16. **答案**:A

【解析】 根据涵洞洞顶填土情况的不同,可分为明涵和暗涵。明涵洞顶不填土,适用于低路堤或浅沟渠;洞顶填土厚度大于50cm的称为暗涵,适用于高路堤和深沟渠。

17. **答案**:C

【解析】 涵洞的建设规模以孔数、跨径、台高的形式来表示,其长度则以路基横断面方向的水平距离作为计算依据。如2-1.0×1.2其中的2表示双孔。

18. **答案**:D

【解析】 目前,我国公路跨径10m以内的梁桥,基本上都是板梁。

19. **答案**:B

【解析】 当地基承载力不足,而各土层的摩阻力和桩尖土的承载力能够承受由桩传来的上部荷载时,则选用摩擦桩。

20. **答案**:B

【解析】 矩形板是公路小跨径钢筋混凝土桥中最常用的桥型之一,有整体式和装配式两种结构,前者是就地浇筑而成,适用于跨径小于10m的桥梁。

21. **答案**:C

【解析】 预应力混凝土空心板的跨径范围在10~20m之间,厚度为50~100cm,一般采用C40混凝土。

22. **答案**:D

【解析】 先张法预制空心板时,要修建张拉台座,在立模和浇筑混凝土之前,张拉预应力钢绞线、高强钢丝、钢筋等混凝土达到了规定的强度（不得低于设计强度的70%）时，逐渐将预应力筋放松，并将其张拉的工作长度切割掉。

23. **答案**：C

【解析】 在编制施工图预算中，一般应计列张拉台座的费用，其钢绞线等预应力筋的张拉工作长度，一般可按板的设计长度另加1.5m计算确定预应力筋的消耗数量。

24. **答案**：B

【解析】 悬臂板桥一般做成双悬臂式结构，中间跨径为8～10m，两端伸出的悬臂长度约为中间跨径的0.3倍，板在跨中的厚度约为跨径的1/18～1/14，在支点处的板厚要比跨中的加大30%～40%。悬臂端可以直接伸到路堤上，不用设置桥台。

25. **答案**：A

【解析】 悬臂板桥一般做成双悬臂式结构，中间跨径为8～10m，两端伸出的悬臂长度约为中间跨径的0.3倍，板在跨中的厚度约为跨径的1/18～1/14，在支点处的板厚要比跨中的加大30%～40%。悬臂端可以直接伸到路堤上，不用设置桥台。

26. **答案**：C

【解析】 后张法的预应力空心板封头混凝土的强度等级不宜低于构件本身混凝土强度等级的80%，亦不宜低于C30混凝土。

27. **答案**：A

【解析】 箱梁有单箱、多箱和组合箱梁等多种形式。一般设计为等截面的40号钢筋混凝土和预应力混凝土结构，其梁的高度常为跨径的1/16～1/20，它具有截面挖空率高、材料用量少，结构简单，施工方便等优点。

28. **答案**：B

【解析】 在较宽阔的河谷上修建连续梁时，通常采用2～5孔一联的多联结构形式。

29. **答案**：A

【解析】 实腹式的拱上建筑包括侧墙、拱座、护拱、防水层、拱背填料等工程内容，一般适用于跨径20m以下的小型石拱桥。

30. **答案**：B

【解析】 空腹式拱桥则在紧靠墩（台）的一孔做成的三铰拱的拱铰上方设置伸缩缝。

31. **答案**：A

【解析】 修建预应力刚构桥时，无论是现浇还是预制安装，都采用悬臂施工方法。

32. **答案**：D

【解析】 由于水平推力的作用，使拱的弯矩与同跨径的梁板桥的弯矩相比就要小得多，使承重结构的拱圈主要承受压力。因此，采用抗压性能较好而抗拉性能较差的天然石料和混凝土修建。其缺点是自重较大，水平推力也大，相应增加了墩、台和基础的圬工数量，对地基的条件要求高，而且一般采用拱盔、支架来施工。故机械化程度低，耗用劳动力多，施工周期长，施工工序较多，相应地增加了施工难度。

33. **答案**：B

【解析】 在施工可能的情况下，箱形拱以采用闭合箱形为宜。但开口箱不仅构件单元质量轻，有利于安装，而且预制工作比闭口箱也要方便，故在实际中多采用开口箱形。一般是在开口箱体安装好后,再安砌盖板(顶板),然后现浇接缝和整体化混凝土,使之连成整体,最后形成闭合箱形,故横向整体性强,稳定性好,抗扭刚度也大。箱形拱圈及其他肋拱通常根据跨径大小,分为三段、五段及七段等更多段预制,无支架的缆索吊装施工。

34. **答案**:D

【解析】 钢管混凝土拱桥是我国近年来公路桥梁建筑发展的新技术,具有自重轻、强度大、抗变形能力强的优点。在结构受力方面,随着轴向力 N 的增大,内填型钢管混凝土使得混凝土的径向变形受到钢管的约束而处于三向受力状态,承载能力大大提高。同时,钢管的套箍作用大大提高了混凝土的塑性性能,使得混凝土,特别是高强度混凝土脆性的弱点得到克服。另一方面,混凝土填于钢管之内,增强了钢管管壁的稳定性,刚度也远大于钢结构,使其整体稳定性也有了极大的提高。因此,钢管混凝土材料应用于以受压为主的构件中,较之钢结构和混凝土结构有着极大的优越性。

35. **答案**:D

【解析】 连续刚构是墩、梁固结的连续结构,由于固结的桥墩能提供部分固端弯矩,从而使跨中弯矩减小,因而可以达到较大的跨径。有时为了适应特殊的水文地质条件或地形条件,也可以将连续梁桥与连续刚构桥结合起来,成为所谓刚构-连续组合梁桥。其做法通常是在一联连续梁的中部数孔采用墩梁固结的刚构,边部数孔为设置支座的连续梁结构。修建预应力刚构桥时,无论是现浇还是预制安装,都采用悬臂的施工方法。预应力刚构桥的预制安装或现浇同预应力连续梁桥的施工方法基本上是相同的。

36. **答案**:D

【解析】 斜拉桥是一种造型美观的组合体系结构,由索塔、斜索和主梁三部分组成,主梁就像小跨度的多孔弹性支承的连续梁一样承受着全部荷载。因此,不仅可以增大跨越的能力,而且梁的高度也可以大大减小,一般只有跨径的1/100至1/40。

37. **答案**:B

【解析】 半封闭箱形截面结构。两箱之间设有横隔板,其外缘做成尖嘴形,主要是为减少风的阻力,两侧局部加固,以利于斜拉索的锚固。

38. **答案**:D

【解析】 刚构体系。是将桥墩、索塔与主梁三者固结在一起,从而形成了在跨度内具有弹性支承的一个刚构体系。

39. **答案**:A

【解析】 悬索桥的跨越能力是目前所有桥梁体系中最大的,也是目前能超过千米跨径的桥型。

40. **答案**:B

【解析】 悬索桥采用高强钢材作为主要承重结构,所以与其他桥型相比,其恒载与活载之比最小,因此在一般情况下,悬索桥是一种用料最省的桥型。

41. **答案**:C

【解析】 现代悬索桥的主缆索多采用直径5mm的高强度镀锌钢丝组成。

42. **答案**:A

【解析】 锚碇是主缆索的锚固构造。主缆索中的拉力通过锚碇传至基础。重力式锚碇依靠其巨大的自重来承担主缆索的垂直分力,而水平分力则由锚碇与地基之间的摩阻力或嵌固阻力承担。隧道式锚碇则是将主缆索中拉力直接传递给周围的基岩。隧道式锚碇适用于锚碇处有坚实基岩的地质条件。当锚固地基处无岩层可利用时,均采用重力式锚碇。锚碇主要由锚碇基础、锚块、主索的锚碇架及固定装置和遮棚组成。

43. **答案**:D

【解析】 吊索也称吊杆,是将加劲梁等恒载和桥面活载传递到主缆索的主要构件。吊索可布置成垂直形式的直吊索或倾斜形式的斜吊索,其上端通过索夹与主缆索相连,下端与加劲梁连接。吊索与主缆索的连接方式有两种:鞍挂式和销接式。吊索与加劲梁连接也有两种方式:锚头承压式和销接式。锚头承压式是将吊索的锚头通过承压板与加劲梁的锚箱连接。销接式连接是将带有耳板的吊索锚头与固定在加劲梁上的吊耳通过销钉连接。

44. **答案**:A

【解析】 索鞍是支承主缆索的重要构件,其作用是保证主缆索平顺转折;将主缆索中的拉力在索鞍处分解为垂直力和不平衡水平力,并均匀地传至塔顶或锚碇的支架处。

45. **答案**:C

【解析】 为了迅速排除桥面雨水,桥面铺装要根据桥面铺装不同类型沿横桥向设置1.5% ~3%的横坡。

46. **答案**:C

【解析】 在大位移量情况下能承受车辆荷载的各种类型模数式伸缩装置系列,可根据要求的伸缩量,随意增加中梁钢和密封橡胶条(带),加工组装成各种伸缩量的系列产品。其单缝伸缩量为0~80mm,位移量可根据桥梁实际需要随意组合,最大可达1200mm。

47. **答案**:B

【解析】 位于城镇附近和行人较多的桥梁,一般均应设置人行道,其宽度一般为0.75m或1m,当大于1m时按0.5m的倍数增加。

48. **答案**:D

【解析】 四种桥墩相比,重力式墩应用较广泛。

49. **答案**:B

【解析】 重力式墩、台的主要特点是靠自身的质量来平衡外力而保持其稳定。因此,墩、台身比较厚实,圬工体积相应较大,主要采用天然石料或片石混凝土砌筑,不需要耗用钢筋,是比较经济的。

50. **答案**:C

【解析】 单向推力墩是指在它的一侧的桥孔因某种原因遭到毁坏时,能承受住单向水平推力,以保证其另一侧的桥孔不致因此而倒塌,故又称为制动墩。因此,多孔拱桥可设置制动墩。

51. **答案**:C

【解析】 实体式轻型墩、台是相对于重力式墩、台而言的,其主要特点是力求体积轻巧,自重较小,它借助结构物的整体刚度和材料的强度来承受外力,从而可大量节省圬工材料,减轻地基的负担,为在软土地基上修建桥梁开辟了经济可行的途径。但它只适用于跨径不大于13m的梁(板)式上部构造。

52. 答案:C

【解析】 U 形桥台是一种实体重力式桥台,它由前墙和两个侧墙构成为一个 U 字形,大都采用天然石料砌筑。侧墙尾墙应有不小于 75cm 的长度插入路堤内,以保证与路堤有良好的衔接。

53. 答案:B

【解析】 用混凝土或钢筋混凝土将墩身内部做成空腔结构,故称为空心墩,其自重较实体式桥墩要轻,介于实体重力式和轻型桥墩之间,由于工艺要求高,低于 40m 的,一般仍用实心,目前多用于 50 ~ 150m 高墩。

54. 答案:C

【解析】 索塔主要承受轴力,除塔底铰支的辐射式斜索布置形式外,也承受弯矩。独柱形的索塔,外形轻巧美观,结构简单,是吊桥和斜拉桥常用的结构形式。而纵向和横向都呈独柱形的索塔,则仅限于单面斜拉索的桥梁,当需要加强侧向抗风刚度时,可以配合采用倒 Y 形式。斜腿门式索塔,是双平面索常用的形式,而且它适用于较高的索塔。门式索塔一般用于设置竖直双平面索的场合,钢索吊桥则通常都是采用这种索塔的结构形式。

55. 答案:B

【解析】 在这种情况下,扩大基础最经济适用。

56. 答案:C

【解析】 开挖基坑,基坑的大小应满足基础施工作业的要求,一般基底应比设计的平面尺寸各边增宽 50 ~ 100cm。

57. 答案:C

【解析】 连续刚构是墩、梁固结的连续结构。

58. 答案:C

【解析】 桥梁全长,有桥台的桥梁为两岸桥台的侧墙或八字墙尾端之间的距离;无桥台的桥梁则为桥面系行车道的长度。

59. 答案:B

【解析】 桥涵主要由上部构造、下部构造及基础、支座系统和附属工程等四大部分组成。

60. 答案:D

【解析】 梁式、板式桥涵为多孔标准跨径之和。

61. 答案:C

【解析】 矩形板是公路小跨径钢筋混凝土桥中最常用的桥型之一,有整体式和装配式两种结构,前者是就地浇筑而成,只适用于跨径小于 10m 的桥梁。

62. 答案:D

【解析】 预应力连续梁,可以做成等跨和不等跨、等高和不等高的结构形式。其截面形式,除了中等跨径的梁桥采用 T 形或工形截面外,对大跨径的连续梁桥和采用顶推法或悬臂法施工的连续梁桥,都采用箱形截面。

63. 答案:B

【解析】 建筑高度值为桥梁的结构高度,即行车道路面的高程至上部结构最下缘之间的距离,它对降低路基平均填土高度有极其重要的影响。

64. 答案:C

【解析】　桥下净空,即设计洪水位至上部结构最下缘之间的净空高度,是为保证洪水、流冰排泄无阻和符合河流通航净空要求所规定的一个重要设计参数。

65. 答案:B

【解析】　埋置式桥台是一种轻型桥台。

66. 答案:C

【解析】　拱桥的重力式桥台由台身、拱座、侧墙或八字墙、台背排水组成。

67. 答案:B

【解析】　梁板桥的桩式、框架式桥台由台身、盖梁和耳背墙组成。

68. 答案:B

【解析】　当地基计算沉降过大或结构物对不均匀沉降敏感时,采用桩基础穿过松软土层,将荷载传到较坚实土层,减少结构沉降并使沉降较均匀。

Ⅱ. 多项选择题

1. 答案:ACD

【解析】　梁式桥的支座,起着十分重要的作用。它不仅要传递上部结构的支承反力,而且要保证结构在活载、温度变化、混凝土收缩和徐变等因素作用下的自由变形和桥梁的正常运营。

2. 答案:ABD

【解析】　桥梁的下部工程包括桥台和桥墩或索塔。

3. 答案:ACD

【解析】　桥梁的附属工程主要包括桥面铺装、伸缩缝、人行道、防撞护栏及栏杆、排水设施、桥头搭板、锥坡、为了保持桥位处河道稳定的护岸、导流堤等调治水流的构造物等。

4. 答案:BCD

【解析】　标准跨径,拱式桥涵、箱涵、圆管涵则以净跨径为准。

5. 答案:BCD

【解析】　按涵洞水力特性的不同,可分为无压力式、半压力式、压力式涵等。

6. 答案:ABCD

【解析】　涵洞由洞身、洞口建筑、基础、附属工程组成。

7. 答案:ABCD

【解析】　涵洞的附属工程包括锥形护坡、河床铺砌、路基边坡铺砌、人工水道等。

8. 答案:ABCD

【解析】　根据涵洞洞身截面形状的不同,可分为圆管涵、盖板涵、拱涵、箱涵等。

9. 答案:ABD

【解析】　在桥梁工程中,通常采用的基础有扩大基础、桩基础、沉井基础等。

10. 答案:BCD

【解析】　实腹式的拱上建筑包括侧墙、拱座、护拱、防水层、拱背填料等工程内容。

11. 答案:ACD

【解析】 公路桥梁梁板式桥的上部构造截面形式有矩形板、肋形梁、箱形梁。

12. 答案:BC

【解析】 公路空心板桥上部构造的建筑材料有钢筋混凝土和预应力混凝土。

13. 答案:ABD

【解析】 T形梁和工形梁统称为肋形梁,主梁由梁肋、横隔梁(横隔板)、行车道板(T梁为翼板)组成。

14. 答案:ABD

【解析】 箱梁的底部由于有扩展的底板。因此,它提供了有足够的能承受正、负弯矩的混凝土受压区。箱梁的另一个特点,是它的横向刚度和抗扭刚度特别大,在偏心的活载作用下各梁肋的受力比较均匀。所以箱梁适用于较大跨径的悬臂梁桥(T形刚构)和连续梁桥,还易于做成与曲线、斜交等复杂线形相适应的桥型结构。

15. 答案:ACD

【解析】 拱桥中常用的拱架,有土牛拱、木拱架和钢拱架三种。

16. 答案:ABC

【解析】 在公路桥梁中属于刚架结构体系采用较多的桥型有T形刚构桥、连续刚构桥及刚构-连续组合梁桥等。

17. 答案:BCD

【解析】 斜拉桥是一种造型美观的组合体系结构,由索塔、斜索和主梁三部分组成。

18. 答案:ABD

【解析】 斜拉索在立面上的设置形状,有辐射形、竖琴形和扇形等三种形式。

19. 答案:BC

【解析】 锚碇是主缆索的锚固构造,通常采用的锚碇有两种形式:重力式和隧道式。

20. 答案:CD

【解析】 大跨度悬索桥的加劲梁均为钢结构,通常采用桁架梁和箱形梁。

21. 答案:BC

【解析】 由边钢梁和橡胶密封带组成的单缝式伸缩装置,适用于伸缩量不大于80mm的公路桥梁工程。

22. 答案:ABD

【解析】 人行道一般都采用装配式结构,它包括人行道块件、人行道板、缘石等。

23. 答案:ACD

【解析】 常用的墩台结构形式有实体式墩、台,柱式墩、台,埋置式桥台,空心墩,Y形墩和薄壁墩。

24. 答案:ABC

【解析】 实体式墩、台有重力式墩、台和轻型墩、台两种,通常用天然石料、片石混凝土、混凝土和钢筋混凝土等建筑材料修建。

25. 答案:ABD

【解析】 轻型桥台按照翼墙的不同形式,有八字形轻型桥台、一字墙轻型桥台和耳墙式轻型桥台三种。

26. **答案**:CD

【解析】 桩穿过较松软土层,桩底支承在岩层或硬土层等实际非压缩性土层时,完全依靠桩底土层抗力支承垂直荷载,这种桩称为柱桩或支承桩;桩穿过并支承在各种压缩性土层中,主要依靠桩侧土的摩阻力支承垂直荷载,这种桩称为摩擦桩。

27. **答案**:ABC

【解析】 按上部结构行车道的位置分有:上承式、下承式和中承式三种。

28. **答案**:ABD

【解析】 木拱架,包括拱盔、支架和支架基座三部分工程内容。

29. **答案**: BD

【解析】 天然地基上的浅基础要开挖基坑,基坑的大小应满足基础施工作业的要求,一般基底应比设计平面尺寸各边增宽50~100cm,并以此作为计算开挖基坑数量和编制工程造价的依据。渗水土质的基坑坑底的开挖尺寸,还应考虑设置排水沟河集水井的宽度。但因此增加的数量不得作为编制桥梁工程挖基的计价依据,因为概预算定额中已综合了这些作业的用工。

(六)交叉工程的组成、分类及构造

交叉工程的组成、分类及构造知识点

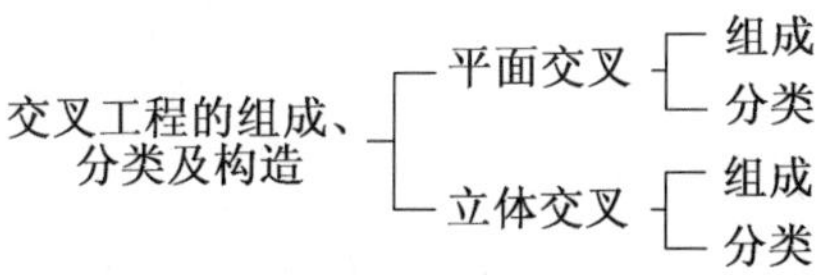

- 交叉工程的组成、分类及构造
  - 平面交叉
    - 组成
    - 分类
  - 立体交叉
    - 组成
    - 分类

知识点集成

知识点27:平面交叉

<table>
<tr><td>组成</td><td colspan="3">路基、路面、排水防护、特殊路基处理及交安工程,部分还需设置涵洞</td></tr>
<tr><td rowspan="7">分类</td><td>十字形</td><td colspan="2">使用:最广泛。
特点:具有形式简单、交通组织方便,外形整洁、行车视线好等特点</td></tr>
<tr><td>T字形</td><td colspan="2">适用:1. 主要道路与次要道路的交叉。
2. 一条尽头式的路与另一条路的搭接</td></tr>
<tr><td rowspan="2">X形</td><td>设计要求</td><td>交叉角应大于45°</td></tr>
<tr><td>交叉口小的危害</td><td>1. 导致行车视距不良,对交通安全和交通组织不利。
2. 增加交叉面积,从而会增加通行时间而降低通行能力</td></tr>
<tr><td>Y形</td><td colspan="2">通常用于道路的合流及分流处</td></tr>
<tr><td>错位</td><td colspan="2">相邻两个T形或Y形相隔很近,形成错位</td></tr>
<tr><td>环形</td><td colspan="2">是用中心岛组织车辆按逆时针方向绕中心岛单向行驶的一种交叉形式</td></tr>
</table>

知识点28:立体交叉

<table>
<tr><td rowspan="8">组成</td><td>跨线构造物</td><td colspan="4">指设于地面以上的跨线桥(上跨式)或设于地面以下的地道或隧道(下穿式)</td></tr>
<tr><td>正线</td><td colspan="4">是组成立体交叉的主体,指相交道路的直行车行道</td></tr>
<tr><td>匝道</td><td colspan="4">是供上、下相交道路转弯车辆行驶的连接道</td></tr>
<tr><td>出口与入口</td><td colspan="4">由正线驶出进入匝道的道口为出口,由匝道驶入正线的道口为入口</td></tr>
<tr><td>变速车道</td><td colspan="4">变速车道分减速车道和加速车道两种,出口端为减速车道,入口端为加速车道</td></tr>
<tr><td>辅助车道</td><td colspan="4">在正线的分、合流附近,为使匝道与高速公路车道数平衡和保持正线的基本车道数而在正线外侧增设的附加车道</td></tr>
<tr><td>绿化地带</td><td colspan="4">一般采用以美化环境的绿化栽植,也可布设管渠、照明杆柱等设施</td></tr>
<tr><td colspan="5">除以上主要组成部分外,也包括立体交叉范围内的排水系统、照明设备以及交通工程设施等。对于收费立体交叉,也包括收费站、收费广场和服务设施等</td></tr>
<tr><td rowspan="10">分类</td><td rowspan="2">按相交道路的路越方式分类</td><td>上跨式</td><td colspan="3">特点:施工方便,造价较低,与地下管线干扰小,排水易处理;但占地较大,跨线桥影响视线和周围景观,引道较长或纵坡较大,不利于非机动车辆的行驶</td></tr>
<tr><td>下穿式</td><td colspan="3">特点:占地较少,下穿构造物对视线和周围景观影响小,但施工时对地下管线干扰较大,排水困难,施工期较长,造价较高,养护和管理费用大</td></tr>
<tr><td rowspan="8">按立体交叉的交通功能分类</td><td rowspan="4">分离式立体交叉</td><td colspan="3">分离式立体交叉是仅设跨线构造物,一座跨线桥或通道,使相交道路在空间上分离,上、下道之间无匝道连接的交叉形式</td></tr>
<tr><td>特点</td><td colspan="2">结构简单,占地少,造价低,但相交道路的车流不能转弯互通行驶</td></tr>
<tr><td>适用</td><td colspan="2">高速公路或城市快速路与铁路或次要道路之间的交叉</td></tr>
<tr><td>通道</td><td colspan="2">具有通行能力的涵洞。
公路穿越运营铁路、高速公路路基时,一般采用箱涵顶进法,这种施工工艺保证上方安全通车、不需要中断原有交通</td></tr>
<tr><td rowspan="4">互通式立体交叉</td><td colspan="3">不仅设跨线构造物使相交道路在空间上分离,而且上、下道之间有匝道连接,以供转弯车辆行驶的交叉形式</td></tr>
<tr><td>特点</td><td colspan="2">各方向行车干扰小,行车安全、迅速、通行能力大;但立体交叉结构复杂,构造物多,占地大,造价高</td></tr>
<tr><td rowspan="2">分类</td><td>枢纽互通式立体交叉</td><td>一般为高速公路与高速公路之间的交叉,其匝道无收费站等设施</td></tr>
<tr><td>一般互通式立体交叉</td><td>除枢纽互通式立体交叉之外的其他互通式立体交叉</td></tr>
</table>

续上表

<table>
<tr><td rowspan="7">分类</td><td rowspan="3">按立体交叉的交通功能分类</td><td rowspan="3">互通式立体交叉</td><td rowspan="3">按照交叉处车流轨迹线的交错方式和几何形状的不同</td><td>部分互通式</td><td>特点:至少有一个平面冲突点的交叉。
代表形式:菱形立体交叉、部分苜蓿叶式立体交叉等</td></tr>
<tr><td>完全互通式</td><td>特点:相交道路的车流轨迹线全部在空间分离的交叉形式。
适用于:高速道路之间或高速道路与其他交通量大的高等级道路相交。
代表形式:有喇叭形、苜蓿叶形、Y 形、半定向型、涡轮形、组合式等</td></tr>
<tr><td>环形立体交叉</td><td>特点:共用匝道,且有交织段的交叉。
适用:多用于城市道路立体交叉,五路及其以上的多路交叉更为适宜</td></tr>
<tr><td>按几何形状分类</td><td colspan="4">T 形立体交叉、Y 形立体交叉、十字形立体交叉</td></tr>
<tr><td>按交会道路的条数分类</td><td colspan="4">三路立体交叉、四路立体交叉、多路立体交叉</td></tr>
<tr><td>按层数分类</td><td colspan="4">双层式立体交叉、三层式立体交叉、多层式立体交叉</td></tr>
<tr><td>按用途分类</td><td colspan="4">公路立体交叉、城市道路立体交叉、铁路立体交叉、人行立体交叉</td></tr>
</table>

例题解析

1. 互通式立体交叉的基本形式根据交叉处车流轨迹线的交叉方式和几何形状的不同,又可分为(　　)。

A. 部分互通式,弯曲互通式和环形立体交叉三种

B. 部分互通式,完全互通式和环形立体交叉三种

C. 部分互通式,弯曲互通式和定向式立体交叉三种

D. 部分互通式,完全互通式和组合式立体交叉三种

答案:B

【解析】 本题为 2019 年考题,互通式立体交叉的基本形式根据交叉处车流轨迹线的交叉方式和几何形状的不同,又可分为部分互通式、完全互通式和环形立体交叉。

本节习题

Ⅰ. 单项选择题

1. 国外的交通事故统计资料分析,(　　)左右的交通事故发生在交叉口或附近。

A. 60%　　B. 50%　　C. 70%　　D. 80%

2. 常见的平面几何交叉口形式中(　　)使用最广泛,具有形式简单、交通组织方便,外形整洁、行车视线好等特点。

A. 十字形　　B. T 字形　　C. X 形　　D. Y 形

3.(　　)是立体交叉的重要组成部分,是供上、下相交道路转弯车辆行驶的连接道。

A.辅助车道　　B.匝道

C.集散车道　　D.变速车道

4.(　　)是组成立体交叉的主体,指相交道路的直行车行道,主要包括连接跨线构造物两端到地坪高程的引道和立体交叉范围内引道以外的直行路段。

A.主线　　B.次线　　C.正线　　D.场线

Ⅱ.多项选择题

1.立体交叉按其交通功能划分为(　　)。

A.分离式立体交叉　　B.上跨式立体交叉

C.互通式立体交叉　　D.下穿式立体交叉

2.下列关于立体交叉说法正确的是(　　)。

A.下穿式立体交叉施工方便,造价较低,排水易处理,占地较大

B.上跨式立体交叉占地较少,排水困难,施工期较长,造价较高

C.互通式立体交叉结构复杂,构造物多,占地大,造价高

D.分离式立体交叉结构简单,占地少,造价低

3.互通式立体交叉的基本形式根据交叉处车流轨迹线的交叉方式和几何形状的不同,又可分为(　　)。

A.部分互通式　　B.完全互通式

C.互通式立体交叉　　D.环形立体交叉

4.按层数分类立体交叉可分为(　　)等。

A.双层式立体交叉　　B.三层式立体交叉

C.多层式立体交叉　　D.四层立体交叉

5.环形立体交叉的中心岛可采用(　　)或其他形状。

A.圆形　　B.椭圆　　C.多边形　　D.三角形

本节习题答案及解析

Ⅰ.单项选择题

1.答案:A

【解析】 国外的交通事故统计资料分析,60%左右的交通事故发生在交叉口或附近。

2.答案:A

【解析】 十字形:是常见的交叉口形式,两条道路以90°正交,使用最广泛。具有形式简单、交通组织方便,外形整洁、行车视线好等特点。

3.答案:B

【解析】 匝道是立体交叉的重要组成部分,是供上、下相交道路转弯车辆行驶的连接道。

4.答案:C

【解析】 正线是组成立体交叉的主体,指相交道路的直行车行道,主要包括连接跨线构造

物两端到地坪高程的引道和立体交叉范围内引道以外的直行路段。正线可分为主线和次线。

Ⅱ.多项选择题

1.答案:AC

【解析】 立体交叉按其交通功能划分为分离式立体交叉和互通式立体交叉两大类。

2.答案:CD

【解析】 立体交叉按相交道路的跨越方式分为上跨式和下穿式两类。上跨式是用跨线桥从相交道路的上方跨过的交叉形式。这种立体交叉主线采用高出地面的跨线桥,施工方便,造价较低,与地下管线干扰小,排水易处理;但占地较大,跨线桥影响视线和周围景观,引道较长或纵坡较大,不利于非机动车辆的行驶。下穿式是利用地道或隧道从相交道路的下方穿过的交叉形式。这种立体交叉主线采用低于地面的地道或隧道,占地较少,易处理,下穿构造物对实现和周围景观影响小;但施工时对地下管线干扰较大,排水困难,施工期较长,造价较高,养护和管理费用大。

3.答案:ABD

【解析】 互通式立体交叉的基本形式根据交叉处车流轨迹线的交叉方式和几何形状的不同,又可分为部分互通式、完全互通式和环形立体交叉三种。

4.答案:ABC

【解析】 按层数分类:分为双层式立体交叉、三层式立体交叉、多层式立体交叉等。

5.答案:AB

【解析】 布设时,应让主线直通,中心岛可采用圆形、椭圆形或其他形状。

(七)交通工程及沿线设施的组成及构造

交通工程及沿线设施的组成及构造知识点

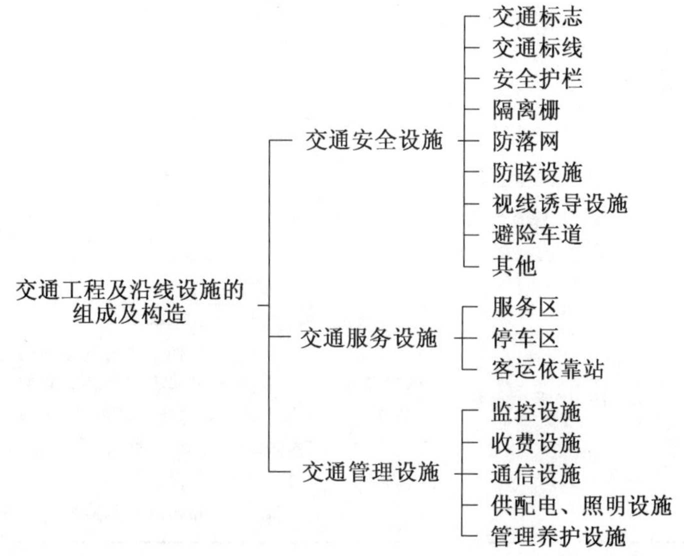

知识点集成

知识点29:交通安全设施

<table>
<tr><td rowspan="10">交通标志</td><td>三要素</td><td colspan="3">颜色、形状和图符</td></tr>
<tr><td rowspan="8">按其作用分</td><td>警告标志</td><td colspan="2">标志牌的形状为等边三角形,颜色为黑边框、黄底和黑色图案</td></tr>
<tr><td>禁令标志</td><td colspan="2">标志牌的形状为圆形,颜色为白底、红圈红斜杠和黑色图案</td></tr>
<tr><td>指示标志</td><td colspan="2">标志牌的形状为圆形、矩形和正方形,颜色为蓝底、白色图案</td></tr>
<tr><td>指路标志</td><td colspan="2">颜色一般为蓝底、白字和白色图案。高速公路指路标志为绿底白字</td></tr>
<tr><td>旅游区标志</td><td colspan="2">颜色一般为棕色底白色字符</td></tr>
<tr><td>告示标</td><td colspan="2">—</td></tr>
<tr><td>辅助标志</td><td colspan="2">其形状为矩形,颜色为白底、黑边框和黑字;不单独设立</td></tr>
<tr><td>作业区标志</td><td colspan="2">—</td></tr>
<tr><td>设置</td><td colspan="3">1. 一般应设在公路右侧,标志板内缘距路肩边缘的距离不得小于25cm。
2. 在同一点需要设置两种以上的标志时,可以合并安装在一根立柱上,但最多不应超过四种</td></tr>
<tr><td rowspan="6">交通标线</td><td>形式</td><td colspan="3">虚实线、间断线和箭头指示</td></tr>
<tr><td>颜色</td><td colspan="3">白色、黄色、蓝色和橙色</td></tr>
<tr><td>分类</td><td colspan="3">按功能可分为指示标线、禁止标线和警告标线三类</td></tr>
<tr><td>指示标线</td><td colspan="3">如行车道中线、车道分界线、路缘线、人行道横线、距离确认线</td></tr>
<tr><td>禁止标线</td><td colspan="3">如禁止超车线、禁止变换车道线、禁止路边停车线、停车线、停车让行线、减速让行线、非机动车禁驶区标线、导流线、网状线、专用车道线和禁止掉头线</td></tr>
<tr><td>警告标线</td><td colspan="3">如车行道宽度渐变段标线、路面障碍物标线和铁路平交道口标线、减速标线、减速车道线等</td></tr>
<tr><td rowspan="4">安全护栏</td><td>作用</td><td colspan="3">1. 防止失控车辆越出路外或穿越中央分隔带。
2. 防止车辆从护栏板下钻出,或将护栏板冲断。
3. 使失控车辆回归到正常行驶方向。
4. 发生碰撞时,对乘客的损伤程度最小</td></tr>
<tr><td rowspan="3">分类</td><td>按护栏构造形式分类</td><td colspan="2">半刚性护栏、刚性护栏、柔性护栏。其中半刚性护栏是公路中应用最广泛的一类</td></tr>
<tr><td>按设置位置分类</td><td colspan="2">路侧护栏、中央分隔带护栏、桥梁护栏、防撞垫等</td></tr>
<tr><td>按结构形式分类</td><td>钢筋混凝土防撞护栏</td><td>材料:钢筋混凝土。
形状:墙式结构。
特点:当失控车辆与它碰撞时,在瞬间移动荷载的作用下,护栏基本上不会移动和变形,而碰撞过程中的能量主要是依靠汽车沿护栏坡面爬高和转向来吸收,使失控车辆恢复到正常的行驶方向,从而减少碰撞车辆的损失和保护车上乘员的安全。
适用:公路工程路基挡墙段和桥梁段应用较多</td></tr>
</table>

续上表

<table>
<tr><td rowspan="12">安全护栏</td><td rowspan="3">分类</td><td rowspan="3">按材料和用途分类</td><td>波形钢板护栏</td><td>材质:波纹状钢板。
特点:利用土基、立柱、波形梁的变形来吸收失控车辆的碰撞能量,并使其改变方向,恢复到正常的行驶方向,避免越出路外或穿越中央分隔带闯入对面行车道。
适用:公路工程路基段应用广泛</td></tr>
<tr><td>缆索护栏</td><td>材质:钢丝绳。
特点:是一种以数根施加初张力的钢丝绳固定于立柱上所组成,具有较大缓冲能力的韧性护栏结构,主要依靠缆索的拉应力来抵抗车辆的碰撞从而吸收碰撞能量。
适用:一般公路及高速公路事故严重程度较低的路段</td></tr>
<tr><td>桥梁护栏</td><td>材质:用钢材、铝合金或钢筋混凝土。
特点:设置于桥梁上具有防撞功能的护栏结构,桥梁护栏不仅要有足够的高度阻挡车辆通过,也应阻止车辆向护栏方向轻翻或下穿,同时护栏高度还应给道路使用者心理安全感</td></tr>
<tr><td>目的</td><td colspan="3">在于防止人、畜进入或穿越公路,防止非法侵占公路用地</td></tr>
<tr><td>组成</td><td colspan="3">立柱、斜撑、金属网、连接件和基础</td></tr>
<tr><td rowspan="2">分类</td><td>金属网</td><td colspan="2">钢板网、刺铁丝和编织网</td></tr>
<tr><td>立柱</td><td colspan="2">钢管、型钢和钢筋混凝土</td></tr>
<tr><td rowspan="2">隔离网与立柱连接方法</td><td>挂在立柱的挂钩上</td><td colspan="2">适用于连续布设的金属网和刺铁丝等隔离设施</td></tr>
<tr><td>固定在框架上</td><td colspan="2">框架与立柱通过螺栓进行连接</td></tr>
<tr><td rowspan="3">结构设计参数</td><td>结构高度</td><td colspan="2">主要以成人高度为参考标准,其取值范围为 1.50 ~ 1.80m。</td></tr>
<tr><td>稳定性</td><td colspan="2">主要考虑风力,同时也考虑人、畜的破坏作用</td></tr>
<tr><td>网孔尺寸</td><td colspan="2">考虑因素:不利于人和小动物攀越;在小型动物出没较多的路段,可设置变孔的刺钢丝网;结构整体和网面的强度;与公路沿线景观的协调性;性价比</td></tr>
<tr><td rowspan="3">防落网</td><td>防落物网</td><td>设置范围</td><td colspan="2">下穿铁路、公路等被保护区的宽度(当上跨构造物与公路斜交时取斜交宽度)并各向路外延长 10 ~ 20m</td></tr>
<tr><td rowspan="2">防落石网</td><td>设置位置</td><td colspan="2">缓坡平台或紧邻公路的坡脚宽缓场地附近</td></tr>
<tr><td>设置因素</td><td colspan="2">地形条件、地质条件、危岩分布范围、落石运动轨迹及与公路工程的相互关系</td></tr>
<tr><td rowspan="4">防眩设施</td><td>形式</td><td colspan="3">防眩板、防眩网、植树防眩</td></tr>
<tr><td>高度</td><td colspan="3">一般为 1.6m,高度不宜超过 2m,板与板之间的间距为 50 ~ 100cm</td></tr>
<tr><td>设置</td><td colspan="3">应注意其连续性:
1. 在平曲线半径较小的弯道上设置时,应验算其是否对停车视距有影响。
2. 在凸形竖曲线上设置时应避免防眩设施的下缘漏光。
3. 在凹形竖曲线上设置时,则应适当增加防眩设施的高度</td></tr>
<tr><td>植物</td><td colspan="3">适用于:中央分隔带较宽时</td></tr>
</table>

续上表

<table>
<tr><td rowspan="3">视线诱导设施</td><td>轮廓标</td><td colspan="2">特点:全线连续,设置间隔直线段一般为5m。
分类:
1. 埋置于土中的轮廓标,由三角形柱体、反射器和混凝土基础等组成。
2. 附着于各类构筑物上的轮廓标,由反射器、支架和连接件组成</td></tr>
<tr><td>合流诱导标</td><td colspan="2">组成:反射器、底板、立柱、连接件和混凝土基础。
颜色:高速公路的底板为绿色,其他公路为蓝色,诱导标的符号为白色</td></tr>
<tr><td>线形诱导标</td><td colspan="2">设置位置:在急弯或视距不良地段。
作用:指示道路改变方向或警告驾驶员改变行驶方向。
底板尺寸:
1. 当计算行车速度大于100km/h时,底板的尺寸为60cm×80cm。
2. 当计算行车速度在100km/h以下时,底板的尺寸为22cm×40cm。
颜色:
1. 指示性:白底蓝图(高速公路为白底绿图)。
2. 警告性:白底红图</td></tr>
<tr><td rowspan="2">避险车道</td><td>组成</td><td colspan="2">引道、制动床、救援车道及辅助设施(路侧护栏、防撞设施、施救锚栓、呼救电话、照明)</td></tr>
<tr><td>要求</td><td colspan="2">应设置完备的排水系统:
1. 制动床基底表面应设置横坡、横向排水管和纵向排水沟。
2. 基底和制动床集料之间应铺装土工布或块石路面</td></tr>
<tr><td rowspan="12">其他</td><td rowspan="2">防风栅</td><td>作用</td><td>减少横风对行驶车辆稳定性和操控性的不利影响</td></tr>
<tr><td>设置</td><td>1. 设计速度≥80km/h且常年风力大于七级的路段。
2. 设计速度<80km/h且常年风力大于八级的路段。
3. 存在瞬时风速大于规定值的隧道洞口、垭口、大桥</td></tr>
<tr><td rowspan="2">防雪栅</td><td>作用</td><td>1. 减少风吹雪导致的路面积雪。
2. 减轻能见度下降</td></tr>
<tr><td>设置</td><td>1. 设置在公路迎风一侧。
2. 当地形开阔,积雪量过大,风力很大时,可设置多排防雪栅。
3. 在风吹雪量较大且持续时间长、风向变化不大的路段,可设置固定式防雪栅。
4. 在风向多变、风力大、雪量多的路段,可采用移动式防雪栅</td></tr>
<tr><td rowspan="2">积雪标杆</td><td>作用</td><td>为减小因路面积雪导致的公路边缘轮廓不清晰问题</td></tr>
<tr><td>设置</td><td>在降雪量较大、持续时间长且积雪覆盖车行道的公路路段土路肩上</td></tr>
<tr><td rowspan="2">限高架</td><td>作用</td><td>保护桥梁、隧道结构及附属设施不被超高车辆撞击破坏</td></tr>
<tr><td>设置</td><td>1. 公路上跨桥梁或隧道内净空高度小于4.5m时可设置防撞限高架。
2. 上跨桥梁或隧道内净空高度小于2.5m时宜设置防撞限高架</td></tr>
<tr><td rowspan="2">减速丘</td><td>作用</td><td>降低车辆行驶速度</td></tr>
<tr><td>设置</td><td>三级公路、四级公路进入城镇、村庄的路段或者三级公路、四级公路与干线公路平交,设置于驶入平面交叉的支路上</td></tr>
<tr><td rowspan="2">凸面镜</td><td>作用</td><td>加强视距不足弯道处的警示作用</td></tr>
<tr><td>设置</td><td>在会车视距不足的小半径弯道外侧,宜与视线诱导设施配合使用</td></tr>
</table>

知识点 30:交通服务设施

服务区	高速公路	应设置停车场、加油站、车辆维修站、公共厕所、室内外休息区、餐饮、商品零售点等设施
	一级、二级干线公路	宜设置停车场、加油站、公共厕所、室外休息点等设施,有条件时可设置餐饮、商品零售点、车辆加水等设施
停车区	应设置停车场、公共厕所、室外休息区等设施	
客运停靠站	应设置车辆停靠和乘客候车设施,可与服务区结合设置	

知识点 31:交通管理设施

监控设施	功能	信息采集功能	包括: 1. 交通流信息。 2. 气象信息。 3. 道路环境信息。 4. 异常事件信息
		信息分析处理功能	包括: 1. 对交通运行状态正常与否的判断。 2. 交通异常事件严重程度的确认。 3. 交通异常状态的预测。 4. 对已经发生或可能发生的异常事件处置方案的确定
		控制与信息提供功能	包括: 1. 为在公路上行驶着的驾驶人员提供道路状况信息。 2. 对行驶车辆发出限制、劝诱、建议性指令。 3. 为交通事故和其他异常事件的处理部门提供处置指令。 4. 向信息媒体或社会提供更广泛应用的公路交通信息
	分类	按所辖路段分	主线控制、隧道控制、匝道控制、通道控制、综合控制
	组成	信息采集	—
收费设施	组成	土建工程	ETC 门架和收费站龙门架、收费岛岛体、路面铺装、防撞安全设施、设备基础、防排水设施、预埋管道
		机电工程设施	计算机系统、电子设备、软件系统、供电系统、通信网络系统、照明系统等
	功能	计算机系统	数据的输入、处理、存储、传输等
		收费视频监视系统	1. 实时监视收费车道、收费亭等工作情况。 2. 实时监视收费广场交通状况,便于收费时的交通管理。 3. 实时监视收费车道通过车辆的类型、通行券的发放、收回、收费员操作过程及收费过程,并进行有效监督。 4. 选择与控制功能。 5. 视频图像监视功能。 6. 具有对视频图像进行录像、检索、回放功能。 7. 与监控系统结合,具有视频图像配置及管理功能。 8. 与监控系统结合,具有多级联网视频监控功能
		内部对讲系统	1. 为收费站与收费亭间提供直接语音通道。 2. 对讲主机可群呼、单呼等。 3. 收费站监控员可对每个收费亭进行监听

续上表

收费设施	功能	安全报警系统	收费员在遇到人身、金钱安全威胁等紧急情况下向收费站监控室发出报警信息,请求救援帮助
		电源系统	由供电系统和应急供电系统组成,保证收费设备的每天24小时不间断正常运行
		计重系统	—
		车牌自动识别装置	1. 防止车辆中途换卡逃避道路通行费。 2. 防止通行卡流失。 3. 防止收费员利用车种或降档车型进行营私舞弊。 4. 自动放行。 5. 稽查黑名单。 6. 车辆管理统计。 7. 辅助车型分类
通信设施	特点	1. 建筑在公路两侧,沿公路呈线状分布。通信站设置在收费站或管理所的所在地。 2. 公路的管理体制一般采取分级管理、集中控制调度,高速公路通信网的网络结构为树形结构。 3. 各机构之间需进行话音、数据、图像等各类信息的传输和交换	
	建设要求	1. 建设应该在交通专用通信网规划的统一指导下进行。 2. 在通信系统建设时应贯彻信道优于终端设备的原则。 3. 符合交通专用通信网自建、自管、自用的原则。 4. 在经济条件许可的前提下,设备选型应优先考虑先进性和可靠性且要便于扩容	
	组成及功能	主干线传输、业务电话、指令电话、紧急电话、数据传输、图像传输、广播、通信电源	
供配电、照明设施	道路照明是防止夜间交通事故最为有效的手段之一。 公路管理系统一般利用公共社会供电电网,在公路沿线设置变电所、箱变站,同时根据负荷等级需求,设置储备的自发电源,以便一旦发现断电事故,仍能保证公路的正常运营		
	基本要求	1. 车行道的亮度水平(照度标准)适宜。 2. 亮度均匀,路面不出现光斑。 3. 控制眩光,主要避免光源的直接眩光、反射眩光及光幕反射,控制眩光对车辆驾驶员和行人的影响。 4. 良好的视觉诱导性,根据路面状况进行适当的设置,使车辆驾驶员和行人能获得前方道路方向、轮廓等信息。 5. 良好的光源光色及显色性,提高车辆驾驶员和行人识别道路障碍物能力。 6. 节约电能,合理选用照明光源、设计照度分布及照明控制系统。 7. 便于维护管理,满足标准的前提下减少灯具数量。 8. 与道路景观协调,灯具造型、灯杆造型、涂装等应美观协调	
管理养护设施	省管理中心	组成:收费中心、监控中心、通信中心。 负责:省(自治区、直辖市)高速公路的管理与养护,收集监控、收费、运行信息并反馈决策信息,应具备从行政、技术和信息等方面对省(自治区、直辖市)路网和任一路段进行实时监视、调度、管理和控制的能力。 分布:设在省(自治区、直辖市)会城市,每省一处	

续上表

管理养护设施	区域(路段)管理分中心	组成:收费分中心、监控分中心、通信分中心。 负责:所辖区域或路段的管理工作,应具备收集、分析所辖区域或路段管理各部门有关资料与数据,随时掌握公路状况和交通情况,实现对公路运行和信息的监视和控制的能力。 分布:宜靠近所辖路段或区域设置
	管理站	组成:路段监控站、通信站、收费站、隧道管理站、特大桥管理站。 负责:所辖范围内交通安全、收费、监控、通信等设备的业务管理和保养维护,应具备收集、分析、整理公路运行和信息,并按时逐级上报的能力。 分布:宜靠近所辖路段或区域设置
	养护工区	负责:所辖路段的保养与维护,应具备收集、分析所辖路段公路各设施的相关资料、数据,掌握公路运用状况,并按时逐级上报的能力。 分布:宜靠近所辖路段或区域设置

1. 公路工程监控的主要内容不包括(　　)。

A. 道路状况　　B. 气象状况　　C. 交通违法行为　D. 交通事故告警

答案:C

【解析】 本题为2019年考题,监控设施硬件设备包括信息采集设施、控制设施、监视设施、情报设施、传输设施、显示设施以及控制中心等。其中信息采集功能主要包括视频信息、交通信息、气象信息、交通异常事件信息等。

2. 交通安全设施中的视线诱导设施主要包括线形诱导标、轮廓标和(　　)。

A. 指示标志　　B. 限速标志

C. 禁令标志　　D. 分流、合流标志

答案:D

【解析】 本题为2012年考题。视线诱导设施按功能可分为:轮廓标,分流、合流诱导标,指示性或警告性线形诱导标三类。

3. 下列(　　)属于公路建设项目的安全设施。

A. 服务区　　B. 交通信号灯

C. 路面标线　　D. 监控系统

答案:C

【解析】 本题为2014年考题。公路安全设施主要包括:交通标志、交通标线、护栏和栏杆、视线诱导设施、隔离栅、防落网、防眩设施、避险车道和其他交通安全设施,其他交通安全设施有防风栅、防雪栅、积雪标杆、限高架、减速丘、凸面镜等设施。

4. 以下不属于高速公路监控系统功能的是(　　)。

A. 信息采集　　B. 信息的分析处理　C. 信息提供　　D. 信息传输

答案:D

【解析】 本题为2015年考题。根据公路监控系统的设置宗旨,它应当具备以下三方面功能:第一,信息采集,即实时地采集变化着的道路交通状态,包括交通信息、气象信息、交通异常事件信息等;第二,信息的分析处理功能,包括对交通运行状态正常与否的判断、交通异常事件严重程度的确认、交通异常状态的预测,对已经发生或可能发生的异常事件处置方案的确定等;第三,信息提供功能,包括为在公路上行驶着的驾驶人员提供道路状况信息,对行驶车辆发出限制、劝诱、建议性指令,为交通事故和其他异常事件的处理部门提供处置指令,向媒体或社会提供更广泛应用的公路交通信息。

5. 道路交通标志是用图形符号、颜色、文字向交通参与者传递特定信息,用以管制、警告及引导交通的安全设施。按标志牌的立柱形式,分为(　　)。

A. 单柱　　B. 双柱　　C. 门架　　D. 矩形

答案:ABC

【解析】 本题为2015年考题。标志牌的立柱形式,有单、双柱、悬臂、门架和附着等不同形式。

本节习题

Ⅰ. 单项选择题

1. 以下属于道路交通标志的是(　　)。

A. 轮廓标　　B. 合流诱导标

C. 指示标志　　D. 线形诱导标

2. 标志牌的形状为等边三角形,颜色为黑边框、黄底和黑色图案是(　　)。

A. 警告标志　　B. 指示标志　　C. 禁令标志　　D. 辅助标志

3. 百米桩属于(　　)标志。

A. 指示　　B. 指路　　C. 辅助　　D. 管理

4. 悬臂式标志指标志安装在单柱上,并将标志设置在车行道上方的方式。安装高度应满足建筑限界的规定。高速公路的净空高度必须在(　　)。

A. 4.0m 以上　　B. 4.5m 以上　　C. 5m 以上　　D. 5.5m 以上

5. 标画于路面上的各种线条、箭头、文字、立面标记、突起路标和轮廓标等构成,引导驾驶员视线,管制驾驶员驾车行为的重要设施是(　　)。

A. 线形诱导标　　B. 分流、合流诱导标

C. 交通标线　　D. 交通标志

6. 安全护栏是公路的重要交通安全设施,以下说法错误的是(　　)。

A. 安全护栏可起警示作用

B. 安全护栏可防止失控车辆越出路外

C. 安全护栏可防止车辆穿越中央分隔带闯入对面行车道

D. 高速公路在高填路堤、悬崖、急弯的外侧等路段必须设置柱式护栏

7. 高速公路的隔离设施属于(　　)。

A. 养护设施　　B. 安全设施　　C. 限界设施　　D. 美观设施

8. 隔离栅的高度主要以成人高度为参考标准,其取值范围在(　　)。

A. 1.5～1.7m　　B. 1.6～1.8m　　C. 1.5～1.8m　　D. 1.6～1.9m

9. 防眩设施的高度，一般为(　　)m，高度不宜超过(　　)m，板与板之间的间距为50～100cm。

A. 1.5，2　　B. 1.6，2　　C. 1.7，2.5　　D. 1.8，2.5

10. 以指示道路线形轮廓为主要目标的一种视线诱导设施是(　　)。

A. 轮廓标　　B. 合流诱导标
C. 分流诱导标　　D. 线形诱导标

11. 设置在急弯或视距不良地段的一种视线诱导设施是(　　)。

A. 轮廓标　　B. 合流诱导标　　C. 分流诱导标　　D. 线形诱导标

12. 交通监控系统不包括(　　)。

A. 信息采集　　B. 信息提供　　C. 信息处理　　D. 电子收费

13. 交通监控信息采集系统主要是(　　)。

A. 将交通运行状态或控制指令告知驾驶人员
B. 将实时信息的分析处理
C. 采集信息的设备和装备
D. 指令的决策发布

14. 关于高速公路照明设施设计的基本要求，下列说法有误的是(　　)。

A. 车行道的亮度水平(照度标准)适宜
B. 亮度均匀，路面不出现光斑
C. 控制眩光，主要避免光源的直接眩光、反射眩光及光幕反射
D. 凡隧道地段必须设置照明

15. 以下不属于交通工程设施的是(　　)。

A. 交通标线　　B. 道路防滑工程
C. 道路休息设施　　D. 照明设施

16. (　　)不单独设立。

A. 告示标志　　B. 辅助标志　　C. 指路标志　　D. 禁令标志

17. 宜设在省会城市，每省一处的是(　　)。

A. 省管理中心　　B. 区域(路段)管理分中心
C. 管理站　　D. 养护工区

Ⅱ. 多项选择题

1. 交通工程设施是根据交通工程学的原理和方法为使道路(　　)而设置的系统、设施和给人或车配备的装备。

A. 通行能力最大　　B. 经济效益最高
C. 交通事故最少　　D. 控制行人进入

2. 公路交通安全设施主要包括(　　)。

A. 隔离设施　　B. 防眩设施　　C. 监控系统　　D. 视线诱导

3. 高速公路视线诱导设施按功能可分为(　　)。

A. 轮廓标　　B. 道口标柱　　C. 突起路标　　D. 示警桩

4. 高速公路和一级公路上的隔离栅,是为了(　　)。

A. 保证行车和行人安全　　B. 防止人、畜进入或穿越公路

C. 避免杂物掉入路上造成交通事故　　D. 防止非法侵占公路用地

5. 高速公路监控系统包括(　　)。

A. 电子收费系统　　B. 信息采集系统

C. 控制与信息提供系统　　D. 信息处理系统

6. 高速公路通信系统的特点有(　　)。

A. 高速公路的各级管理机构及沿线设施一般均建在公路两侧,沿公路呈线状分布

B. 高速公路的管理体制一般采取分级管理、集中控制调度

C. 高速公路通信系统以移动通信为主

D. 在高速公路管理处、服务区、收费站等机构之间需进行语音、数据等信息的传输和交换

7. 管理养护设施根据公路业务养护需求可设置(　　)。

A. 养护工区　　B. 管理中心

C. 管理站(所)　　D. 道班房

8. 交通工程及沿线设施包括(　　)。

A. 交通安全设施　　B. 服务设施

C. 管理设施　　D. 环境保护

9. 道路交通标志是用(　　),向交通参与者传递特定信息,用于管理交通的设施。

A. 灯光　　B. 图形符号　　C. 颜色　　D. 文字

10. 交通标志三要素包括(　　)。

A. 形状　　B. 图符　　C. 颜色　　D. 文字

11. 路面交通标线按功能分为(　　)。

A. 指示标线　　B. 指路标线　　C. 禁止标线　　D. 警告标线

12. 省管理中心宜设置(　　),负责全省(自治区、直辖市)高速公路的管理与养护,收集监控、收费、运行信息并反馈决策信息,应具备从行政、技术和信息等方面对全省(自治区、直辖市)路网和任一路段进行实时监视、调度、管理和控制的能力。

A. 收费中心　　B. 信号中心　　C. 监控中心　　D. 通信中心

本节习题答案及解析

Ⅰ. 单项选择题

1. **答案**:C

【解析】 交通标志有主标志和辅助标志两大类。主标志按其作用,可分为:指示标志、指路标志、警告标志和禁令标志、旅游区标志、其他标志灯。辅助标志为附设在主标志下起辅助说明作用的标志,可用于表示车辆种类、表示时间、表示区域或距离、表示禁令和警告的理由等。

2. 答案:A

【解析】 警告标志标志牌的形状为等边三角形,颜色为黑边框、黄底和黑色图案。

3. 答案:B

【解析】 指路标志。为道路使用者提供去往目的地所经过的道路、沿途相关城镇、重要公共设施、服务设施、地点、距离和行车方向。有里程牌、百米桩、公路界牌、指路牌、地名牌、立交行车示意牌、高速公路和一级公路中途出入口和服务区标志等。

4. 答案:C

【解析】 悬臂式标志指标志安装在单柱上,并将标志设置在车行道上方的方式。安装高度应满足建筑限界的规定。一般道路,标志下缘到路面的净空高度必须4.5m以上,高速公路的净空高度必须在5m以上。

5. 答案:C

【解析】 道路交通标线是交通安全设施的重要组成部分,由标画于路面上的各种线条、箭头、文字、立面标记、突起路标和轮廓标等构成,是引导驾驶员视线,管制驾驶员驾车行为的重要设施。

6. 答案:D

【解析】 安全护栏是公路的重要交通安全设施,其作用一是起警示作用,二是防止失控车辆越出路外或穿越中央分隔带闯入对面行车道,以保护路边和中央分隔带内的构造物及其他设施,并使失控车辆平滑改变方向,防止危及其他车辆,保障人身安全,使事故损失减至最低程度。

7. 答案:B

【解析】 设置隔离栅的目的在于防止人、畜进入或穿越公路,防止非法侵占公路用地。

8. 答案:C

【解析】 隔离栅的高度主要以成人高度为参考标准,其取值范围在1.5~1.8m。

9. 答案:B

【解析】 防眩设施的高度,一般为1.6m,高度不宜超过2m,板与板之间的间距为50~100cm。

10. 答案:A

【解析】 轮廓标是以指示道路线形轮廓为主要目标的一种视线诱导设施。

11. 答案:D

【解析】 线形诱导标是设置在急弯或视距不良地段,用以指示道路改变方向或警告驾驶员改变行驶方向的一种设施。

12. 答案:D

【解析】 监控系统包括信息采集系统、控制与信息提供系统和信息处理系统三大部分。

13. 答案:C

【解析】 信息采集系统是公路上设置的用来采集信息的设备和装备。

14. 答案:D

【解析】 照明设计的基本要求为:①车行道的亮度水平(照度标准)适宜;②亮度均匀,路面不出现光斑;③控制眩光,主要避免光源的直接眩光、反射眩光及光幕反射;④良好的视觉诱导性;⑤良好的光源光色及显色性;⑥节约电能;⑦便于维护管理;⑧与道路景观协调。

15. **答案**:B

【解析】 道路防滑属于路面工程,不是交通工程设施。

16. **答案**:B

【解析】 辅助标志是附设在指标、警告和禁令标志牌的下面,起辅助说明作用的标志,不单独设立。

17. **答案**:A

【解析】 管理中心宜设在省会城市,每省一处。

Ⅱ.多项选择题

1. **答案**:ABC

【解析】 交通工程设施是根据交通工程学的原理和方法为使道路通行能力最大、经济效益最高、交通事故最少、公害程度低而设置的系统、设施和给人或车配备的装备。

2. **答案**:ABD

【解析】 交通安全设施主要包括:交通标志、交通标线(含突起路标)、护栏和栏杆、视线诱导设施、隔离栅、防落网、防眩设施、避险车道和其他交通安全设施。

3. **答案**:ABD

【解析】 视线诱导设施按功能可分为:轮廓标、合流诱导标、线形诱导标、隧道轮廓标、示警桩、示警墩、道口标柱等。

4. **答案**:BD

【解析】 高速公路和一级公路进行隔离封闭的人工构造物,统称为隔离栅。其目的在于防止人、畜进入或穿越公路,防止非法侵占公路用地。

5. **答案**:BCD

【解析】 监控系统包括信息采集系统、控制与信息提供系统和信息处理系统。

6. **答案**:ABD

【解析】 高速公路通信系统以有线通信为主,并采用移动通信等多种通信手段的综合通信系统。

7. **答案**:AD

【解析】 养护设施应根据公路养护业务需求设置养护工区和道班房。高速公路宜设置养护工区,其他等级公路宜设置道班房。

8. **答案**:ABC

【解析】 交通工程及沿线设施包括交通安全设施、服务设施和管理设施三种。

9. **答案**:BCD

【解析】 道路交通标志是用图形符号、颜色和文字,向交通参与者传递特定信息,用于管理交通的设施。

10. **答案**:ABC

【解析】 标志的三要素包括颜色、形状和图符。

11. **答案**:ACD

【解析】 路面标线按功能可分为指示标线、禁止标线和警告标线三类。

12. 答案:ACD

【解析】 省管理中心宜设置收费中心、监控中心、通信中心,负责省(自治区、直辖市)高速公路的管理与养护,收集监控、收费、运行信息并反馈决策信息,应具备从行政、技术和信息等方面对省(自治区、直辖市)路网和任一路段进行实时监视、调度、管理和控制的能力。

(八)绿化工程及环境保护

绿化工程及环境保护知识点

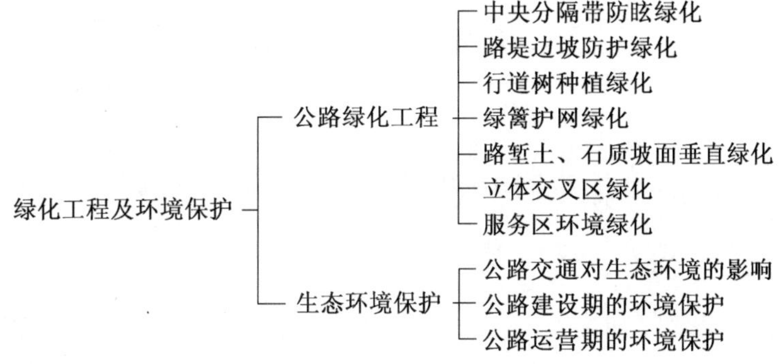

知识点集成

知识点32:公路绿化工程

<table>
<tr><td rowspan="4">中央分隔带防眩绿化</td><td>要求</td><td colspan="2">四季常青、低矮缓生,株高在1.2~1.5m之间,抗旱、抗寒冷、抗病虫、抗污染、耐贫瘠、耐粗放管理</td></tr>
<tr><td rowspan="2">种植方式</td><td>全遮光绿篱式</td><td>全封闭、不透光、防眩好,但绿化投资大、通透性差,影响路容路貌</td></tr>
<tr><td>半遮光散栽式</td><td>通透性好、绿化投资较小、绿化形式灵活、防眩技术要求严格</td></tr>
<tr><td>株距</td><td colspan="2">在车辆高速行驶的线形环境下,依据车灯光的扩散角、行车速度和人的动视觉三者之间的关系来确定</td></tr>
<tr><td rowspan="2">路堤边坡防护绿化</td><td rowspan="2">绿化方式</td><td colspan="2">一种是用硬质材料(混凝土、石料)砌成圆窗形网格,空格中种草,这种方式可大大减少雨水对边坡的冲刷,增强固坡能力,但投资较大,常用于坡度较陡的路段</td></tr>
<tr><td colspan="2">另一种是对边坡全栽植物,不做硬化处理,常用于普通路段或坡度小、路基低的路段</td></tr>
</table>

续上表

行道树种植绿化	栽植位置	在路堤下方(边坡脚下)金属护网内侧
	要求	高路堤路段栽植高大乔木,低路堤路段栽植中小乔木或大灌木
绿篱护网绿化	在金属护网0.5~1m处,采取多栽植有刺灌木,形成封闭性绿篱的形式,作为高速公路的第二道防护网	
路堑土、石质坡面垂直绿化	采取机械喷播绿化和人工沟、穴绿化	
立体交叉区绿化	可参照城市立交区绿化的做法	
服务区环境绿化	按园林景观进行绿化	

知识点33:生态环境保护

公路交通对生态环境的影响	1.公路建设占用、损坏自然资源,从而破坏生态环境。 2.排放污染物污染环境,造成生态环境破坏	
公路建设期的环境保护	环境评价	目的: 1.从环保角度出发评价公路选线的合理性。 2.提出必要的环保措施。 3.预测项目的环境影响程度和范围
	环境工程设计	水土保持、空气污染、光污染、噪声污染、污水污染及固体废弃物污染
公路运营期的环境保护	运营期对环境的影响	路基可能发生的崩塌、水毁,危险品运输可能发生的泄漏、汽车营运产生的汽车尾气和噪声污染以及公路附属服务设施产生的固体废弃物和污水
	环境保护内容	1.继续落实项目环境保护计划和环境监测计划。 2.做好环境保护设施的维护。 3.根据环境监测结果和沿线居民的环境投诉适时调整环境保护措施的实施方案

例题解析

1.中央分隔带防眩树种植时要采取(　　)方式。

A.全遮光绿篱式和半遮光散栽式　　B.半遮光绿篱式和半遮光散栽式

C.全遮光绿篱式和全遮光散栽式　　D.半遮光绿篱式和全遮光散栽式

答案:A

【解析】 本题为2019年考题,中央分隔带防眩树种植时要采取全遮光绿篱式和半遮光散栽式两种方式

2.路堑坡面垂直绿化目前国内外常使用的方式是(　　)。

A.挂网喷播绿化　　B.自动灌溉绿化

C.墙面贴植绿化　　D.机械喷播绿化

答案:D

【解析】 本题为2019年考题,路堑的坡度一般较大,绿化难度大,国内外目前主要采取

机械喷播绿化和人工沟、挖穴绿化。

3. 环境绿化上,按园林景观进行绿化的是(　　)。

A. 高速公路分车绿带　　B. 边坡防护绿带

C. 服务区、收费站的绿化　　D. 简单立体交叉绿化

答案:C

【解析】 本题为2015年考题。高速公路分车绿带、边坡防护绿带、防护林带等的绿化是营造行驶动态的观赏景观,而服务区、收费站的绿化是营造停车后静态的观赏景观,并且这部分大多为块状绿地,所以只能按园林景观进行绿化。

4. 下列属于公路施工期对环境影响的项目有(　　)。

A. 光污染、水土流失　　B. 空气污染、噪声污染

C. 水污染、土壤污染　　D. 放射性污染

答案:AB

【解析】 本题为2015年考题。公路施工期环境保护除水土保持外,涉及环境污染的项目较多,一般包括空气污染、光污染、噪声污染、污水污染及固体废弃物污染等。

5. 防眩树株距是在车辆高速行驶的线形环境下,依据(　　)之间的关系来确定。

A. 车灯光的扩散角　　B. 行车速度

C. 人的动视觉　　D. 通行能力

答案:ABC

【解析】 本题为2015年考题。防眩树株距是在车辆高速行驶的线形环境下,依据车灯光的扩散角、行车速度和人的动视觉三者之间的关系来确定。

本节习题

Ⅰ. 单项选择题

1. 高速公路路基边坡绿化主要作用是(　　)。

A. 防止冲刷,保土保水　　B. 观赏景观

C. 隔噪声　　D. 防风沙

2. 高速公路行道树种植绿化主要作用是(　　)。

A. 防止冲刷　　B. 防眩

C. 隔噪声、隔粉尘、隔臭气、防风沙　　D. 形成封闭性绿篱

3. 公路在运营阶段对环境的影响,主要是指(　　)。

A. 路基排水容易造成水土流失　　B. 建筑废渣的污染

C. 车辆拥堵　　D. 汽车排出的废气

4. 公路在建设期对环境的影响,主要是指(　　)。

A. 施工对树木的砍伐

B. 噪声污染、污水污染及固体废弃物污染等

C. 汽车的振动

D. 交通事故破坏

5. 中央分隔带防眩绿化树,要四季常青、低矮缓生,株高范围为(　　)。

A. 0.8 ~ 1.2m　　B. 1.0 ~ 1.3m　　C. 1.2 ~ 1.5m　　D. 1.3 ~ 1.6m

6. 绿篱护网在金属护网(　　)处,采取多栽植有刺灌木,形成封闭性绿篱的形式。

A. 0.5 ~ 0.8m　　B. 0.6 ~ 0.8m　　C. 0.5 ~ 1.0m　　D. 0.6 ~ 1.0m

Ⅱ. 多项选择题

1. 公路项目的环境保护可以分为(　　)的环境保护。

A. 公路勘测设计期　　B. 公路建设期

C. 公路质量保质期　　D. 公路运营期

2. 公路施工期环境污染包括(　　)。

A. 污水污染　　B. 空气污染

C. 光污染　　D. 化学物污染

3. 公路在运营期,其对环境的影响主要在于(　　)。

A. 路基可能发生的崩塌、水毁　　B. 路面可能发生的裂缝破坏

C. 交通拥堵及交通事故污染　　D. 固体废弃物污染

4. 中央分隔带防眩树株距是在车辆高速行驶的线形环境下,依据(　　)之间的关系来确定。

A. 车灯光的扩散速度　　B. 行车速度

C. 人的动视觉　　D. 车灯光的扩散角

本节习题答案及解析

Ⅰ. 单项选择题

1. **答案**:A

【解析】 高速公路路基一般都比普通公路路基高,形成的边坡绿化面积较大,这对稳定路基,保障安全、防止冲刷、保土保水具有重要保障。

2. **答案**:C

【解析】 行道树株距与外部环境景观协调一致,一般路段有景观特色,特殊路段有隔噪声、隔粉尘、隔臭气、防风沙、防泥石流等作用。

3. **答案**:D

【解析】 公路在运营期,其对环境的影响主要在于路基可能发生的崩塌、水毁,危险品运输可能发生的泄漏,汽车营运产生的汽车尾气和噪声污染以及公路附属服务设施产生的固体废弃物和污水。

4. **答案**:B

【解析】 公路施工期环境保护除水土保持外,涉及环境污染的项目较多,一般包括空气污染、光污染、噪声污染、污水污染及固体废弃物污染等。

5. **答案**:C

【解析】 防眩树要四季常青、低矮缓生,株高范围为1.2 ~ 1.5m,抗逆性强(抗旱、抗寒

冷、抗病虫、抗污染、耐贫瘠),耐粗放管理。

6. **答案**:C

【解析】 绿篱护网在金属护网0.5~1m处,采取多栽植有刺灌木,形成封闭性绿篱的形式。

Ⅱ. 多项选择题

1. **答案**:BD

【解析】 公路项目的环境保护可以分为公路建设期的环境保护和公路运营期的环境保护。

2. **答案**:ABC

【解析】 公路施工期环境保护除水土保持外,涉及环境污染的项目较多,一般包括空气污染、光污染、噪声污染、污水污染及固体废弃物污染等。

3. **答案**:AD

【解析】 公路在运营期对环境的影响主要在于路基可能发生的崩塌、水毁,危险品运输可能发生的泄漏,汽车营运产生的汽车尾气和噪声污染以及公路附属服务设施产生的固体废弃物和污水。

4. **答案**:BCD

【解析】 中央分隔带防眩树株距是在车辆高速行驶的线形环境下,依据车灯光的扩散角、行车速度和人的动视觉三者的关系来确定。

第四章 工程材料与工程机械

一、考纲要求

1. 工程主要材料的分类。
2. 主要材料的特性及标准。
3. 常用施工机械适用范围。

二、本章知识架构

- 工程材料与工程机械
  - 工程主要材料
    - 工程主要材料的分类
      - 按材料来源分
      - 按材料在设计和施工生产过程中所起的作用分
    - 主要材料的特性及标准
      - 钢材
        - 钢材的分类
        - 钢材的力学性能
        - 常用钢材标准
      - 水泥
      - 沥青
      - 砂石
      - 混凝土
  - 常用施工机械适用范围
    - 土石方机械
    - 路面工程机械
      - 稳定土拌和机及厂拌设备
      - 沥青乳化机及乳化设备
      - 石屑撒布机
      - 液态沥青运输车
      - 沥青洒布机械
      - 沥青混合料拌和设备
      - 沥青混合料摊铺设备
      - 水泥混凝土摊铺机
    - 混凝土及灰浆机械
      - 混凝土搅拌机
      - 水泥混凝土搅拌站
      - 散装水泥车
      - 混凝土搅拌运输车
      - 混凝土输送泵及混凝土输送泵车
      - 预应力拉伸机及张拉设备

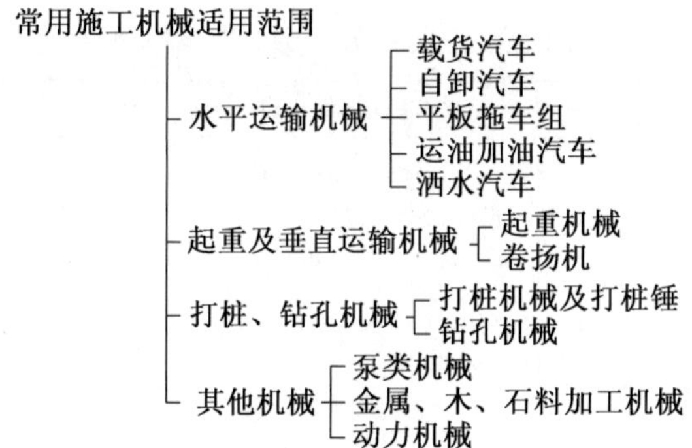

三、知识点与题型详解

(一)工程主要材料的分类、特性及标准

工程主要材料的分类、特性及标准知识点

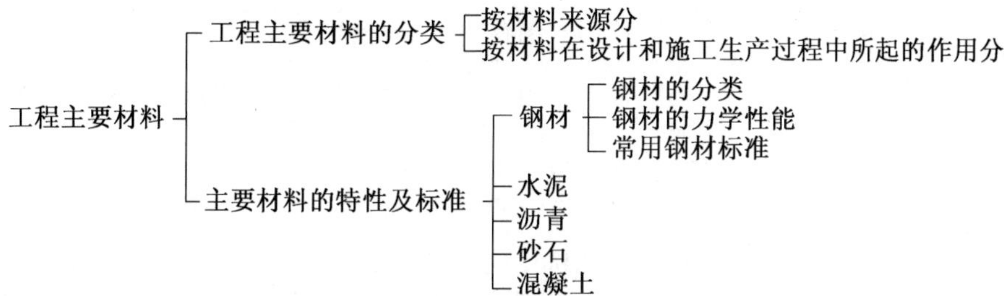

知识点集成

知识点1:工程主要材料的分类

按材料来源分	外购材料	承包人在市场上采购的材料,如钢材、水泥、化工材料、五金、燃料、沥青、木材等
	自采加工材料	由承包人自行组织人员进行采集加工的砂、石、黏土等
按材料在设计和施工生产过程中所起的作用分	主要材料	指公路基本建设工程中使用的构成产品或工程实体的各种量大或昂贵的材料,如钢材、水泥、石油沥青、石灰、砂子、石料等
	次要材料	相对于主要材料而言,用量较少的各种材料,如电焊条、铁钉、铁丝等
	周转性材料	可以反复多次周转使用的材料,如模板、脚手架、支架、拱盔、钢轨、钢丝绳以及配套的附件等
	辅助材料	不构成公路基本建设工程的实体,如油燃料、氧气、脱模剂、减水剂及机械的各种零配件等

知识点 2:钢材分类、性能及标准

钢材分类	按冶炼方法分	平炉钢、氧气转炉钢和电炉钢
	按脱氧程度分	1. 镇静钢及特殊镇静钢(脱氧充分)。 2. 沸腾钢(脱氧不充分)。 3. 半镇静钢(介于脱氧充分和脱氧不充分之间)
	按化学成分分	1. 碳素钢(含碳量小于 0.25% 的为低碳钢、0.25% ~ 0.60% 的为中碳钢、大于 0.60% 的为高碳钢)。 2. 合金钢(合金元素总含量小于 5% 的为低合金钢、5% ~ 10% 的为中合金钢、大于 10% 的为高合金钢)
	按用途分	结构钢、工具钢和特殊钢(如不锈钢、耐热钢、耐酸钢等)
	按形状分	板材、管材、线材、型材等
钢材的力学性能	抗拉性能	1. 表征抗拉性能的主要技术指标有:屈服点(σ_s)、抗拉强度(σ_b)、伸长率(δ)。 2. 屈强比 σ_s/σ_b 越小,结构安全性就越高。 3. 伸长率 δ 表征了钢材的塑性变形能力,对同一种钢材,$\delta_5 > \delta_{10}$
	冲击韧性	脆性临界温度越低,低温冲击韧性越好
	抗疲劳性	材料在交变应力作用下,在规定的周期基数内不发生断裂的最大应力
钢材的工艺性能	冷弯性能	揭示内部组织均匀度、内应力和含杂质程度
	可焊性能	反映焊缝处性质与母材性质的一致程度
常用钢材标准	热轧钢筋	1. 热轧光圆钢筋(HPB):强度较低,塑性好,伸长率高,易弯折成型,容易焊接。 2. 普通热轧带肋钢筋(HRB):强度较高,塑性和可焊性均较好,用于大、中型钢筋混凝土结构的主筋。 3. 细晶粒热轧钢筋(HRBF):高强度钢筋
	冷轧钢筋、预应力混凝土用热处理钢筋	1. 冷轧带肋钢筋。 2. 预应力混凝土用热处理钢筋(RB150):高强、高韧性和高握固力;与混凝土黏结性能好,应力松弛率低,施工方便
	冷拉低碳钢筋和冷拔低碳钢丝	1. 冷拉钢筋是用热轧钢筋进行冷拉而制得。 2. 冷拔低碳钢丝按力学性能分为甲、乙两级。甲级钢丝主要用于小型预应力构件;乙级钢丝一般用于焊接或绑扎骨架、网片或箍筋
	预应力钢丝、刻痕钢丝和钢绞线	具有强度高、塑性好,使用时不需接头等优点,适用于大荷载、大跨度及曲线配筋的预应力混凝土结构

知识点 3:水泥技术指标

重度	1. 概念:水泥在自然状态下单位体积的质量。 2. 分类:松散状态下的重度和紧密状态下的重度两种
细度	1. 概念:表示水泥颗粒的粗细程度。 2. 影响:水泥的细度直接影响水泥的活性和强度
凝结时间	1. 分类:初凝时间(水泥从加水拌和起到水泥浆失去塑性所需的时间);终凝时间(水泥从加水拌和起到水泥浆完全失去塑性开始产生强度所需的时间)。 2. 特点:初凝时间不宜过短,终凝时间不宜过长(硅酸盐水泥的初凝时间不得早于 45min,终凝时间不得迟于 6.5h;其他水泥初凝时间不得早于 45min,终凝时间不得迟于 10h)

续上表

安定性	1. 概念:水泥在硬化过程中,体积变化的均匀性。 2. 影响:会产生膨胀性裂纹或翘曲变形。 3. 测定方法:试饼法(观察水泥净浆试饼沸煮后的外形变化);雷氏法(测定水泥净浆在雷氏夹中沸煮后膨胀值)。当试饼法与雷氏法有争议时以雷氏法为准
强度	1. 概念:指胶砂的强度,而不是净浆的强度。 2. 特点:水泥强度的等级按规定龄期的抗压强度和抗折强度来划分。 3. 法定计量单位:兆帕(MPa)
水化热	1. 概念:水泥加水后,发生水化作用逐渐凝结硬化放出的热量。 2. 影响:对大体积混凝土工程不利

知识点4:沥青技术指标

沥青品种	道路石油沥青、改性沥青、乳化沥青、煤沥青、液化石油沥青
沥青性能	1. 黏滞性; 2. 低温性能; 3. 感温性; 4. 耐久性; 5. 黏附性; 6. 黏弹性; 7. 安全性
沥青应用	公路路面常用石油沥青、煤沥青、乳化沥青和改性沥青

知识点5:砂石相关知识要点

碎石	来源	一般采用花岗岩、砂岩、石英岩、玄武岩等,经人工或机械破碎而成
	颗粒形状	碎石最好的颗粒形状是接近正方形的小立方体石块,片状或针形者都不宜用以拌制高强度混凝土
	最大粒径(cm)	1. 路面:1.5、2.5、3.5、5、6、7、8。 2. 桥梁等结构物:2、4、6、8
	物理指标	1. 表观密度:2.5~2.7g/cm^3。 2. 处于气干状态时的堆密度:1400~1500kg/m^3。 3. 堆积状态下的空隙率:45%
砂	来源	砂(即通常所指的普通砂)系指自然山砂、河砂、海砂
	用途	作为细集料,与胶凝材料(包括水泥、石灰等)配制成砂浆或混凝土使用
	按细度模数分	1. 粗砂:M_x 为3.1~3.7。 2. 中砂:M_x 为2.3~3.0。 3. 细砂:M_x 为1.6~2.2。 4. 特细砂:M_x 为0.7~1.5
	物理指标	1. 密度:2.6~2.7g/cm^3。 2. 干燥状态下的堆密度:1500kg/m^3。 3. 处于干燥状态下的空隙率:35%~45%
	区分概念	1. 天然砂:从砂坑开采的未经加工(过筛)而运至施工现场的砂,含有少量的泥土、石子、杂质和水分。 2. 天然净砂:指将天然砂过筛后,筛掉石子、杂质含量的砂。 3. 净干砂:指将天然净砂经过烘干后的砂

续上表

砂	质量要求	1. 颗粒坚硬洁净。 2. 黏土、泥灰、粉末等含量不得超过3%。 3. 云母含量不得超过2%。 4. 轻物质含量不得超过1%。 5. 三氧化硫(SO_3)含量不得超过1%

知识点6:混凝土性质

混凝土和易性	定义		新拌水泥混凝土能够形成质量均匀、密实、稳定的混凝土的性能
	内涵	流动性(稠度)	1. 指新拌水泥混凝土在自重或机械振捣作用下,易于产生流动并能均匀密实填满模板的性质。 2. 反映混凝土拌合物的稀稠程度。 3. 流动性好,操作方便,容易成型和振捣密实
		可塑性(黏聚性)	指新拌水泥混凝土内部材料之间有一定的黏聚力,在自重和一定的外力作用下,而不会产生层间脆性断裂,能保持整体完整和稳定的性质
		稳定性(饱水性)	指新拌水泥混凝土在施工过程中,能保持各组成材料间的相互联系和相对稳定的性能
		易密性	指新拌水泥混凝土在浇捣过程中,易于形成稳定密实的结构,而不会留下空隙和缺陷
混凝土凝结时间	凝结的主要原因		水泥的水化反应
	影响因素		1. 气温。 2. 水泥品种。 3. 混凝土等级强度。 4. 水灰比:水灰比越大,凝结时间越长。 5. 坍落度。 6. 外加剂。 7. 养护环境
	测定方法		贯入阻力法
混凝土的力学性质	立方体抗压强度		根据标准制作边长为150mm的立方体试件,在标准条件(温度20℃±2℃,相对湿度95%以上)下,养护到28d龄期,测得的抗压强度值为混凝土立方体试件抗压强度,以f_{cn}表示
	立方体抗压强度标准值		用标准试验方法测定的抗压强度总体分布中的一个值,强度低于该值的百分率不超过5%(即具有95%保证率的抗压强度4),以N/mm^2即MPa计。以$f_{cu,k}$表示
	强度等级		1. 混凝土强度等级是根据立方体抗压强度标准值来确定的。 2. 表示方法:符号"C"和"立方体抗压强度标准值"。 3. 强度等级划分:C7.5、C10、C15、C20、C25、C30、C35、C40、C45、C50、C55和C60等12个
	轴心抗压强度		采用混凝土的轴心抗压强度f_{cp}作为依据
	劈裂抗拉强度		抗拉强度为抗压强度的1/20~1/10,且强度越高,比值越小

续上表

<table>
<tr><td rowspan="7">混凝土的耐久性</td><td colspan="2">定义</td><td>在使用条件下，抵抗各种破坏作用而长期保持强度和外观完整性的能力</td></tr>
<tr><td rowspan="6">内涵</td><td>抗渗性</td><td>1. 定义：抵抗水、油等液体在压力作用下渗透的性能。
2. 影响因素：密实度、内部孔隙的大小、构造等。
3. 抗渗等级：S4、S5、S8、S10、S12 共 5 个等级</td></tr>
<tr><td>抗冻性</td><td>1. 定义：在水饱和状态下，经受多次冻融循环作用，能保持强度和外观完整性的能力。
2. 表示方法：以抗冻等级表示，龄期 28d 的试块在吸水饱和后，承受反复冻融循环，以抗压强度下降不超过 25%，而且质量损失不超过 5% 时所能承受的最大冻融循环次数来确定。
3. 抗冻等级：D10、D15、D25、D50、D100、D150、D200、D250 和 D300 等 9 个等级</td></tr>
<tr><td>抗侵蚀性</td><td>1. 定义：抵抗软水、硫酸盐、镁盐、碳酸、一般酸与强碱侵蚀的能力。
2. 影响因素：水泥的品种、混凝土的密实程度、孔隙特征</td></tr>
<tr><td>抗碳化（中性化）</td><td>1. 定义：二氧化碳与水泥石中的氢氧化钙作用，生成碳酸钙和水。
2. 影响：对混凝土的化学性能和物理力学性能有明显的影响（碱度、强度和收缩）</td></tr>
<tr><td>碱-集料反应（简称 AAR）</td><td>1. 定义：混凝土内水泥中的碱性氧化物（此处专指氧化钠和氧化钾）含量较高时，它会与集料中所含的活性二氧化硅发生化学反应，并在集料表面生成一层复杂的碱-硅酸凝胶，这种凝胶吸水后，会产生很大的体积膨胀（约增大 3 倍以上），从而导致混凝土胀裂。
2. 影响：引起混凝土开裂后，加剧冻融、钢筋锈蚀、化学腐蚀等因素对混凝土的破坏作用</td></tr>
<tr><td colspan="2">（续）</td><td></td></tr>
<tr><td rowspan="6">混凝土外加剂</td><td colspan="2">减水剂</td><td>保持混凝土稠度不变的条件下，具有减水增强作用的外加剂，是一种表面活性剂</td></tr>
<tr><td colspan="2">早强剂</td><td>1. 提高混凝土早期强度，并对后期强度无显著影响的外加剂。
2. 多用于抢修工程和混凝土的冬季施工</td></tr>
<tr><td colspan="2">引气剂</td><td>减少拌合物的泌水离析，改善和易性，提高抗渗性、抗冻性和耐久性</td></tr>
<tr><td colspan="2">膨胀剂</td><td>1. 使混凝土产生膨胀，主要用于补偿混凝土收缩，常与减水剂一起配制地脚螺栓灌浆料，设备安装时的坐浆材料及混凝土接头等。
2. 用于防水工程，防止大体积混凝土的收缩裂缝。
3. 用于预应力混凝土，调整掺量以控制膨胀值</td></tr>
<tr><td colspan="2">速凝剂</td><td>主要用于冬季滑模施工及喷射混凝土等需要速凝的混凝土工程</td></tr>
<tr><td colspan="2">缓凝剂</td><td>1. 延缓混凝土凝结时间，并对后期强度发展无不利影响的外加剂。
2. 主要用于大体积混凝土、炎热条件下施工的混凝土或长距离运输的混凝土和某些在施工操作上需要保持较长处理混凝土时间的项目</td></tr>
</table>

知识点 7：混凝土的配合比设计

<table>
<tr><td>基本要求</td><td>1. 满足结构物设计的强度等级要求。
2. 满足混凝土施工的和易性要求。
3. 满足结构物混凝土所处环境耐久性要求。
4. 满足经济性要求</td></tr>
</table>

续上表

设计步骤	初步配合比计算	根据混凝土的性能要求,针对具体原材料试验数据,根据标准给出的公式、经验图表,初步确定各材料的关系
	基准配合比设计	按照设计混凝土所用原材料进行小批量的试拌,通过和易性的调整进行必要的校正
	试验室配合比设计	主要是满足强度、耐久性、经济性的要求,一般要采用三组以上的配合比进行试验,通过实测强度、耐久性后,选择强度、耐久性满足要求而 W/C 较大的一组配合比作为试验室配合比
	施工配合比换算	由于工地堆放的砂、石含水情况常有变化,所以在施工过程中应经常测定砂、石含水率,并按含水率变化情况做必要的修正
设计要点	确定混凝土配制强度	$$f_{cu,o} \geqslant f_{cu,k} + 1.645\sigma$$ 式中:$f_{cu,o}$——混凝土配制强度(MPa); $f_{cu,k}$——混凝土立方体抗压强度标准值(MPa); σ——混凝土强度标准差(MPa)
	确定水灰比	当混凝土强度等级小于C60时,混凝土水灰比按下式计算: $$\frac{W}{C}=\frac{a_a \cdot f_{ce}}{f_{cu,0}+a_a \cdot a_b \cdot f_{ce}}$$ 式中:a_a、a_b——回归系数; f_{ce}——水泥28d抗压强度实测值(MPa)
	确定用水量 m_{w0}	根据水灰比的不同情况查表或现场试验或计算确定
设计要点	水泥用量 m_{c0}	根据混凝土用水量及水灰比计算水泥用量后,再根据耐久性要求最终确定水泥用量
	砂率 β_s 的确定	根据坍落度的不同查表确定或试验确定混凝土的砂率值
	粗集料 m_{go} 及细集料 m_{co} 用量的确定	粗集料 m_{go} 及细集料 m_{co} 用量通过采用质量法或体积法计算确定
基准配合比设计		根据初步配合比按规定试拌一定量混凝土,先测定混凝土坍落度,同时观察黏聚性和保水性。如不符合要求,按下列原则进行调整: 1.当坍落度小于设计要求时,可在保持水灰比不变的情况下,增加用水量和相应的水泥用量(即增加水泥浆)。 2.当坍落度大于设计要求时,可在保持砂率不变的情况下,增加砂、石用量(相当于减少水泥浆用量)。 3.当黏聚性和保水性不良时(通常是砂率不足),可适当增加砂用量,即增大砂率。 4.拌合物显得砂浆量过多时,可单独加入适量石子,即降低砂率
试验室配合比设计		在和易性满足要求的基准配合比的基础上,保持用水量不变,水灰比分别增加和减少0.05后再配制两组混凝土试件,砂率可分别增加和减少1%。对水灰比不变、增加0.05、减少0.05三组配合比的混凝土已成型强度试件,标养28d后测抗压强度。当对混凝土耐久性有要求时,则可制作相应试件,综合确定既能满足强度又能满足耐久性,且水泥用量最少的配合比作为试验室配合比
施工配合比设计		计算公式和有关参数表格中的数值以干燥状态集料(系指含水率小于0.5%的细集料或含水率小于0.2%的粗集料)为基准。但现场施工所用砂、石料常含有一定的水分,因此,需对配合比进行修正

知识点8:砂浆

<table>
<tr><td rowspan="2">砂浆分类</td><td>按组成材料分类</td><td>1. 石灰砂浆;
2. 水泥砂浆;
3. 混合砂浆</td></tr>
<tr><td>按用途分类</td><td>1. 砌筑砂浆;
2. 抹面砂浆</td></tr>
<tr><td>砂浆性能</td><td colspan="2">1. 流动性;2. 保水性</td></tr>
</table>

知识点9:沥青混凝土

<table>
<tr><td rowspan="4">沥青混凝土分类</td><td>按混合料最大颗粒尺寸不同分类</td><td>1. 粗粒(35 ~ 40mm 以下);
2. 中粒(20 ~ 25mm 以下);
3. 细粒(10 ~ 15mm 以下);
4. 砂粒(5 ~ 7mm 以下)</td></tr>
<tr><td>按矿料级配组成及空隙率大小分类</td><td>1. 密级配(空隙率 3% ~ 6%);
2. 半开级配(空隙率 6% ~ 12%);
3. 开级配(排水式,空隙率 18% 以上)</td></tr>
<tr><td>按矿料组成不同分类</td><td>1. 密实-悬浮结构(如 AC-I);
2. 骨架-空隙结构(如 OGFC);
3. 密实-骨架结构(如 SMA)</td></tr>
<tr><td>按制造工艺分类</td><td>1. 热拌沥青混合料;
2. 冷拌沥青混合料;
3. 再生沥青混合料</td></tr>
<tr><td>沥青混凝土性能</td><td colspan="2">1. 高温稳定性;
2. 低温抗裂性;
3. 水稳定性;
4. 耐疲劳性</td></tr>
<tr><td>影响沥青混凝土强度的主要因素</td><td colspan="2">1. 沥青与矿料相互作用;
2. 沥青材料本身黏结力;
3. 沥青用量和矿料比;
4. 温度</td></tr>
</table>

例题解析

1. 下列(　　)属于公路工程建设中的“主要材料”。

A. 钢材、水泥、减水剂、电焊条、砂、石料　B. 钢材、水泥、电焊条、钢轨、砂、石料

C. 钢材、水泥、石油沥青、石灰、砂、石料　D. 钢材、水泥、模板、石灰、砂、钢轨

答案:C

【解析】 本题是2014年考题,考查的是工程主要材料的分类。按材料在设计和施工生产过程中所起的作用可分为主要材料、次要材料、周转性材料和辅助材料四种。主要材料包括钢材、水泥、石油沥青、石灰、砂、石料等;次要材料包括电焊条、铁钉、铁丝等;周转性材料包括模板、脚手架、支架、拱盔、钢轨、钢丝绳以及配套的附件等;辅助材料包括油燃料、氧气、脱模剂、减水剂及机械的各种零配件等。

2. 对于钢材的塑性变形及伸长率,以下说法正确的是(　　)。

A. 塑性变形在标距内分布是均匀的

B. 伸长率的大小与标距长度有关

C. 离颈缩部位越远变形越大

D. 同一种钢材,δ_5 应小于 δ_{10}

答案:B

【解析】 本题是2017年考题,考查的是有关钢材的性能。伸长率 δ 表征了钢材的塑性变形能力,伸长率的大小与标距长度有关。塑性变形在标距内的分布是不均匀的,颈缩处的伸长较大,离颈缩部位越远变形越小。因此,原标距与试件的直径之比越大,颈缩处伸长值在整个伸长值中的比重越小,计算伸长率愈小。常用 $L_0/d_0=5$ 及 $L_0/d_0=10$ 两种试件,相应 δ 分别记作 δ_5 与 δ_{10},对同一种钢材,$\delta_5>\delta_{10}$。

3. 建筑材料中,钢材最重要的性能是(　　)。

A. 冷弯性　B. 抗拉性　C. 可塑性　D. 抗疲劳性

答案:B

【解析】 本题是2015年考题,考查的是钢材的力学性能。抗拉性能是钢材最重要的性能。

4. 评定水泥混凝土的抗压强度,应以标准养护到(　　)龄期的试件、在标准试验条件下测得的极限抗压强度为准,该试件为边长(　　)的立方体。

A. 14d　100mm　B. 28d　150mm

C. 14d　150mm　D. 28d　100mm

答案:B

【解析】 本题是2014年考题,考查的是有关混凝土立方体抗压强度的概念。按照现行《混凝土物理力学性能试验方法标准》(GB/T 50081),制作边长为150mm的立方体试件,在标准条件(温度20℃±3℃,相对湿度90%以上)下,养护到28d龄期,测得的抗压强度值为混凝土立方体试件抗压强度(简称"立方抗压强度"),以 f_{cn} 表示。

5. 碎石的颗粒形状对混凝土的质量影响甚为重要,最好的颗粒形状是接近(　　)的小立方体石块。

A. 正方形　B. 长方形　C. 片状　D. 针形

答案:A

【解析】 本题是2013年考题,考查的是碎石的颗粒形状对混凝土质量的影响,最好的颗粒形状是接近正方形的小立方体石块,片状或针形者都不宜用以拌制高强度等级混凝土。

6. 通常要求普通硅酸盐水泥的初凝时间和终凝时间(　　)。

A. >45min 和 >10h　　B. >45min 和 <10h

C. <45min 和 <10h　　D. <45min 和 >10h

答案:B

【解析】 本题是 2016 年考题,考查水泥的凝结时间。普通硅酸盐水泥初凝时间不得早于 45min,终凝时间不得迟于 10h。

7. 沥青按其产源可分为地沥青与(　　)。

A. 天然沥青　B. 石油沥青　C. 焦油沥青　D. 乳化沥青

答案:C

【解析】 本题是 2012 年考题,考查沥青分类的知识点。沥青按其产源可分为地沥青和焦油沥青两大类。

8. 在混凝土配合比设计中,施工要求的坍落度主要用以确定混凝土的(　　)。

A. 和易性　B. 水灰比　C. 用水量　D. 早期强度

答案:A

【解析】 本题是 2012 考题,考查的是混凝土配合比设计的相关知识点。初步配合比是根据经验公式和经验图表估算而得,因此不一定符合实际情况,必须通过试拌调整。当不符合设计要求时,需通过调整使和易性满足施工要求。根据初步配合比按规定试拌一定量混凝土,先测定混凝土坍落度,同时观察黏聚性和保水性,如不符合要求再进行调整。

9. 下列(　　)材料属于外购材料。

A. 玻璃、石子　　B. 砂、砖

C. 石材、瓦　　D. 钢材、水泥、化工材料、五金

答案:D

【解析】 本题是 2019 考题,考查的是材料来源的相关知识点。外购材料指承包人在市场上购买的材料。

本节习题

Ⅰ. 单项选择题

1. 要求合格的硅酸盐水泥终凝时间不迟于 6.5h,是为了(　　)。

A. 满足早期强度要求　　B. 保证体积安定性

C. 确保养护时间　　D. 保证水化反应充分

2. 混凝土的整体均匀性主要取决于混凝土拌合物的(　　)。

A. 抗渗性　B. 流动性　C. 保水性　D. 黏聚性

3. 以下材料不属于外购材料的是(　　)。

A. 铁钉　B. 原木　C. 碎石　D. 水泥

4. 抗拉性能是钢材最重要的性能,在一定范围内,屈强比(　　)表明钢材在超过屈服点工作时可靠性高。

A. 大　B. 小　C. 不变　D. 变化

5. 水泥凝结时间在建设工程中十分重要,初凝时间(　　),终凝时间(　　)。

A. 不宜过短　不宜过长　　B. 不宜过长　不宜过短

C. 不限定　也不限定　　D. 15min 之内　1h 之内

6. 以下材料属于自采材料的是(　　)。

A. 原木　　B. 草袋　　C. 毛竹　　D. 碎石

7. 以下材料属于次要材料的是(　　)。

A. 石灰　　B. 钉子　　C. 水泥　　D. 中(粗)砂

8. 混凝土抵抗(　　)的性质称为抗渗性。

A. 雨水渗透　　B. 酸性水渗透

C. 碱性水渗透　　D. 压力水渗透

9. 钢材的屈服极限是取(　　)。

A. 上屈服点

B. 下屈服点

C. 上、下屈服点之间偏向下屈服点

D. 上、下屈服点之平均值

10. 钢材冷弯性能是指钢材在(　　)承受弯曲变形的能力。

A. 冷冻情况下　　B. 低温情况下

C. 常温情况下　　D. 冲击荷载下

11. 钢材的冲击韧性(　　)而降低。

A. 随温度的下降　　B. 随温度的升高

C. 冲击力增大　　D. 冲击力减小

12. 公路工程对砂的质量要求中,黏土、泥灰、粉末等含量不得超过(　　)。

A. 1%　　B. 2%　　C. 3%　　D. 4%

13. 钢材按化学成分,其含碳量(　　)为低碳钢。

A. 小于 0.25%　　B. 等于 0.25%

C. 0.25% ~0.60%　　D. 等于 0.60%

14. 石油原油提炼出汽油等之后的残渣,经过加工而得的副产品叫(　　)。

A. 石油沥青　　B. 煤沥青　　C. 改性沥青　　D. 乳化沥青

15. 以下关于工程材料的叙述,错误的是(　　)。

A. 预应力钢绞线一般用于大跨度、重荷载的混凝土结构

B. 中砂的细度模数为 2.3 ~3.0

C. 水泥强度是指净浆的强度,其等级按规定龄期的抗压强度和抗折强度来划分

D. 乳化沥青的缺点是路面成型时间长,稳定性差

16. 混凝土强度等级系指 150mm 标准立方体试件,在温度(　　)℃、相对湿度大于 95% 的潮湿环境下,养护 28d 经抗压强度试验所得极限抗压强度。

A. 20 ±1　　B. 20 ±2　　C. 20 ±3　　D. 20 ±5

17. 野外混凝土施工时,粗、细集料,水泥和水的质量应以(　　)。

A. 设计配合比计　　B. 施工配合比计

C. 体积配合比计　　D. 经验配合比计

18. 对于大体积混凝土的外加剂，一般应使用(　　)。

A. 速凝剂　　B. 膨胀剂　　C. 引气剂　　D. 缓凝剂

19. 对硬钢，以(　　)作为屈服强度。

A. 上屈服点　　B. 下屈服点

C. 以产生 0.2% 残余变形时的应力 $\sigma_{0.2}$　　D. 上、下屈服点的平均值

20. 对合金元素总含量(　　)的为低合金钢。

A. 小于 3%　　B. 小于 5%　　C. 5% ~10%　　D. 大于 10%

21. 以下关于工程材料的叙述，错误的是(　　)。

A. 混凝土的抗拉强度只有抗压强度的 1/20 ~1/10

B. 公路工程对砂的质量要求中，三氧化硫(SO_3)含量不得超过 2%

C. "C30"即表示立方体抗压强度标准值 $f_{cu,k}$ = 30MPa 的混凝土

D. 混凝土抗冻性一般以抗冻等级表示，一共有 9 个等级

22. 混凝土外加剂中，引气剂的主要作用在于(　　)。

A. 调节混凝土的凝结时间　　B. 提高混凝土早期强度

C. 缩短混凝土的终凝时间　　D. 提高混凝土的抗冻性

Ⅱ. 多项选择题

1. 能增加混凝土和易性，同时减少施工难度的混凝土外加剂有(　　)。

A. 膨胀剂　　B. 减水剂

C. 早强剂　　D. 引气剂

2. 公路工程材料按其来源分为(　　)。

A. 外购材料　　B. 地方性材料

C. 自采加工材料　　D. 利用隧道出碴加工材料

3. 公路工程材料按其在设计和施工生产过程中所起的作用分为(　　)。

A. 主要材料　　B. 次要材料

C. 辅助材料　　D. 利用隧道出渣加工材料

4. 钢材按化学成分，可分为(　　)。

A. 合金钢　　B. 镇静钢

C. 碳素钢　　D. 沸腾钢

5. 钢材的力学性能中，表征抗拉性能的主要技术指标有(　　)。

A. 屈服点　　B. 抗拉强度

C. 伸长率　　D. 疲劳强度

6. 影响钢材冲击韧性的重要因素是(　　)。

A. 钢材的冶炼方法　　B. 钢材内部晶体组织状态

C. 环境温度　　D. 内在缺陷

7. 水泥安定性不良会导致构件(制品)产生(　　)。

A. 收缩性裂纹　　B. 膨胀性裂纹

C. 大量的水化热　　D. 翘曲变形

8. 速凝剂主要用于(　　)。

A. 混凝土冬季滑模施工　　B. 梁桥铰缝混凝土施工

C. 喷射混凝土　　D. 水下混凝土施工

9. 膨胀剂主要用于(　　)。

A. 地脚螺栓灌浆料　　B. 桥面混凝土施工

C. 水下混凝土施工　　D. 混凝土接头施工

10. 乳化沥青的主要优点是不需要加热可直接用于施工,可用于(　　)。

A. 铺筑封层　　B. 浇洒透层

C. 表层处治　　D. 贯入式路面

11. 改性沥青是指掺加了橡胶、树脂类高分子聚合物等改性剂,或对沥青轻度氧化加工改善其性能等措施,增强其(　　)。

A. 防水性能　　B. 在高温下稳定性

C. 耐疲劳性　　D. 低温抗裂性

12. 以下关于工程材料的叙述,错误的是(　　)。

A. 试验室配合比设计指一般要采用三组以上的配合比进行试验,最后选择水灰比较小的一组配合比。

B. 混凝土的抗侵蚀性与所用水泥的品种、混凝土的密实程度和孔隙特征有关

C. 沸腾钢是属于脱氧充分的钢材

D. 伸长率是指试件在拉断后,其标距部分所增加的长度与原标距长度的百分比

13. 以下关于工程材料的叙述,正确的是(　　)。

A. 水泥的水化热是指水泥加水后,发生水化作用逐渐凝结硬化放出的热量,其对大体积混凝土工程是有利的

B. 焦油沥青因为有机物的不同,可分为煤沥青和页岩沥青等

C. 若试件按规定条件弯曲,且弯曲处的外表无裂痕、裂缝或起层,即认为冷弯性能合格

D. 热轧光圆钢筋强度较低,但具有塑性好,伸长率高等优点,可用作中、小型钢筋混凝土结构的主要受力钢筋

14. 以下关于工程材料的叙述,正确的是(　　)。

A. 混凝土拌合物的凝结时间通常是用贯入阻力法进行测定的

B. 水泥的细度直接影响水泥的活性和强度

C. 净干砂系指将天然砂过筛后,筛掉石子、杂质含量的砂

D. 热拌沥青混合料路面的表面层不宜采用煤沥青

15. 预应力混凝土结构构件中,可使用的钢材包括(　　)。

A. 热处理钢筋　　B. 甲级冷拔低碳钢丝

C. 预应力钢丝　　D. 乙级冷拔低碳钢丝

16. 关于钢筋性能,说法正确的是(　　)。

A. 设计时应以抗拉强度作为钢筋强度取值的依据

B. 伸长率表征了钢材的塑形变形能力

C. 屈服比太小,反映钢材不能有效地被利用

D. 冷弯性能是钢材的重要工艺性能

17. 影响混凝土强度的主要因素有(　　)。

A. 养护的温度和湿度　　B. 集料粒径

C. 水泥强度等级　　D. 龄期

18. 以下关于混凝土立方体抗压强度的叙述,正确的是(　　)。

A. 一组试件抗压强度的最低值

B. 一组试件抗压强度的最高值

C. 一组试件抗压强度的技术平均值

D. 一组试件不低于95%保证率的强度统计值

19. 引气剂主要能改善混凝土的(　　)。

A. 凝结时间　　B. 拌合物流变性能

C. 耐久性　　D. 后期强度

本节习题答案及解析

Ⅰ. 单项选择题

1. **答案**:A

【解析】 水泥凝结时间在施工中具有重要意义。硅酸盐水泥终凝时间不迟于6.5h目的是浇筑振捣后能尽快硬化,具有强度。

2. **答案**:D

【解析】 混凝土和易性是一个综合技术指标,它包含流动性、黏聚性、保水性、易密性。其中黏聚性是指新拌水泥混凝土内部材料之间有一定的黏聚力,在自重和一定的外力作用下,而不会产生层间脆性断裂,能保持整体完整和稳定的性质。

3. **答案**:C

【解析】 外购材料:钢材、水泥、化工材料、五金、燃料、沥青、木材等,而碎石属于自采加工材料。

4. **答案**:B

【解析】 在钢材设计中,屈强比 σ_s/σ_b 有参考价值。在一定范围内,屈强比小则表明钢材在超过屈服点工作时可靠性高,较为安全。

5. **答案**:A

【解析】 水泥从加水拌和起(调成标准稠度)到水泥浆失去塑性所需的时间,称为初凝时间。水泥从加水拌和起到水泥浆完全失去塑性开始产生强度所需的时间称为终凝时间。初凝时间不宜过短,终凝时间不宜过长。

6. **答案**:D

【解析】 碎石可以施工企业自采。

7. **答案**:B

【解析】 钉子在公路工程中比砂石、水泥等使用较少,属于次要材料。

8. 答案:D

【解析】 混凝土抵抗压力水渗透的性质称为抗渗性。

9. 答案:B

【解析】 钢材抗拉试验时,拉伸进入塑性变形屈服段称屈服下限,所对应的应力为屈服强度屈服点。

10. 答案:C

【解析】 冷弯性能是指钢材在常温下承受弯曲变形的能力,它表征在恶劣变形条件下钢材的塑性,是钢材的一项重要工艺性能。

11. 答案:A

【解析】 冲击韧性是指钢材抵抗冲击荷载的能力。钢材的冲击韧性随温度的下降而降低,当温度下降到某一范围时,呈脆性断裂,这种现象称为冷脆性。

12. 答案:C

【解析】 公路工程对砂的质量要求如下:

(1)颗粒坚硬洁净;

(2)黏土、泥灰、粉末等含量不得超过3%;

(3)云母含量不得超过2%;

(4)轻物质含量不得超过1%;

(5)三氧化硫(SO_3)含量不得超过1%。

13. 答案:A

【解析】 钢材按化学成分可分为碳素钢和合金钢两类。而碳素钢按含碳量又可分为低碳钢、中碳钢、高碳钢,其中含碳量小于0.25%的为低碳钢、0.25%~0.60%的为中碳钢、大于0.60%的为高碳钢。

14. 答案:A

【解析】 石油沥青是石油原油提炼出汽油等之后的残渣,经过加工而得的副产品。

15. 答案:C

【解析】 水泥强度是指胶砂的强度,而不是净浆的强度。

16. 答案:B

【解析】 规范规定温度为20℃±2℃。

17. 答案:B

【解析】 野外混凝土施工时,粗、细集料含水率是变化的,应按施工配合比计。

18. 答案:D

【解析】 缓凝剂是指延缓混凝土凝结时间,并对后期强度发展无不利影响的外加剂,主要用于大体积混凝土、炎热条件下施工的混凝土或长距离运输的混凝土和某些在施工操作上需要保持较长处理混凝土时间的项目。

19. 答案:C

【解析】 对屈服现象不明显的钢材,例如硬钢,规定以产生0.2%残余变形时的应力$\sigma_{0.2}$作为屈服强度。

20. 答案:B

【解析】 合金元素总含量小于5%的为低合金钢、5%~10%的为中合金钢、大于10%的为高合金钢。

21. 答案:B

【解析】 对砂的质量要求中,三氧化硫(SO_3)含量不得超过1%。

22. 答案:D

【解析】 混凝土搅拌过程中加入引气剂,能引入大量分布均匀的微小气泡,阻塞有害的毛细孔通道,从而减少拌合物的泌水离析,改善和易性,提高抗渗性、抗冻性和耐久性。

Ⅱ. 多项选择题

1. 答案:BD

【解析】 减水剂可在用水量不变的情况下增大混凝土坍落度从而改善和易性。混凝土搅拌过程中加入引气剂,能引入大量分布均匀的微小气泡,阻塞有害的毛细孔通道,从而减少拌合物的泌水离析,改善和易性。而膨胀剂和早强剂对混凝土和易性无关。

2. 答案:AC

【解析】 公路工程材料按其来源分为外购材料和自采加工材料两类。

3. 答案:ABC

【解析】 公路工程材料按其在设计和施工生产过程中所起的作用分为主要材料、次要材料、辅助材料、周转性材料。

4. 答案:AC

【解析】 钢材按化学成分分为碳素钢和合金钢。

5. 答案:ABC

【解析】 钢材表征抗拉性能的主要技术指标有:屈服点、抗拉强度及伸长率。

6. 答案:BCD

【解析】 钢材的化学成分、组织状态、内在缺陷及环境温度等都是影响冲击韧性的重要因素。

7. 答案:BD

【解析】 水泥在硬化过程中,体积变化的均匀性称为水泥的安定性。安定性不良会导致构件(制品)产生膨胀性裂纹或翘曲变形,造成质量事故。

8. 答案:AC

【解析】 速凝剂主要用于冬季滑模施工及喷射混凝土等需要速凝的混凝土工程。

9. 答案:AD

【解析】 膨胀剂是指与水泥、水拌和后经水化反应生成的钙矾石、钙矾石和氢氧化钙或氢氧化钙,使混凝土产生膨胀的外加剂。主要用于补偿混凝土收缩,常与减水剂一起配制地脚螺栓灌浆料,设备安装时的坐浆材料及混凝土接头等,还可用于防水工程,防止大体积混凝土的收缩裂缝,也可用于预应力混凝土,调整掺量以控制膨胀值。

10. 答案:ACD

【解析】 乳化沥青可用于铺筑封层、表层处治、贯入式、沥青碎石、沥青混凝土等路面。

11. **答案**:BCD

【解析】 改性沥青经改性后,能增强其在高温下稳定、耐疲劳和低温抗裂性。

12. **答案**:AC

【解析】 试验室配合比设计主要是满足强度、耐久性、经济性的要求,一般要采用三组以上的配合比进行试验,通过实测强度、耐久性后,选择强度、耐久性满足要求而水灰比较大的一组配合比作为试验室配合比。按脱氧程度分:镇静钢及特殊镇静钢(脱氧充分)和沸腾钢(脱氧不充分),以及半镇静钢(介于脱氧充分和脱氧不充分之间)。

13. **答案**:BCD

【解析】 水泥加水后,发生水化作用逐渐凝结硬化放出的热量,称为水泥的水化热。对大型基础、桥墩等大体积混凝土工程,由于水化热积聚在内部不易发散,使内部温度上升到50~60℃以上,内外温差引起的应力使混凝土可能产生裂缝,因此水化热对大体积混凝土工程是不利的。

14. **答案**:ABD

【解析】 净干砂系指将天然净砂经过烘干后的砂,而将天然砂过筛后,筛掉石子、杂质含量的砂指天然净砂。

15. **答案**:ABC

【解析】 本题考查常用钢材的适用范围。热处理钢筋具有高强、高韧性和高握固力的优点,主要用于预应力混凝土桥梁结构。冷拔低碳钢丝按力学性能分为甲、乙两级,甲级钢丝主要用于小型预应力构件;乙级钢丝一般用于焊接或绑扎骨架、网片或箍筋,用于非预应力。预应力钢丝应具有强度高、柔性好、松弛率低、耐蚀等特点,适用于各种特殊要求的预应力混凝土。

16. **答案**:BCD

【解析】 钢筋设计时以屈服强度 σ_s 作为强度取值的依据而不是抗拉强度。对屈服现象不明显的钢材,规定以产生0.2%残余变形时的应力 $\sigma_{0.2}$ 作为屈服强度。其余选项正确。

17. **答案**:ACD

【解析】 影响混凝土强度的主要因素中不包括集料的粒径。

18. **答案**:ABC

【解析】 D选项是立方体抗压强度标准值的含义,标准值是用于确定混凝土强度等级的,因此D选项错误。

19. **答案**:BC

【解析】 本题考查混凝土外加剂的作用。改变混凝土流变性能的外加剂:减水剂、引气剂等;调节混凝土凝结时间和硬化性能的外加剂:缓凝剂、早强剂、速凝剂;改善混凝土耐久性的外加剂:引气剂、防水剂等。

(二)常用施工机械适用范围

常用施工机械适用范围知识点

知识点集成

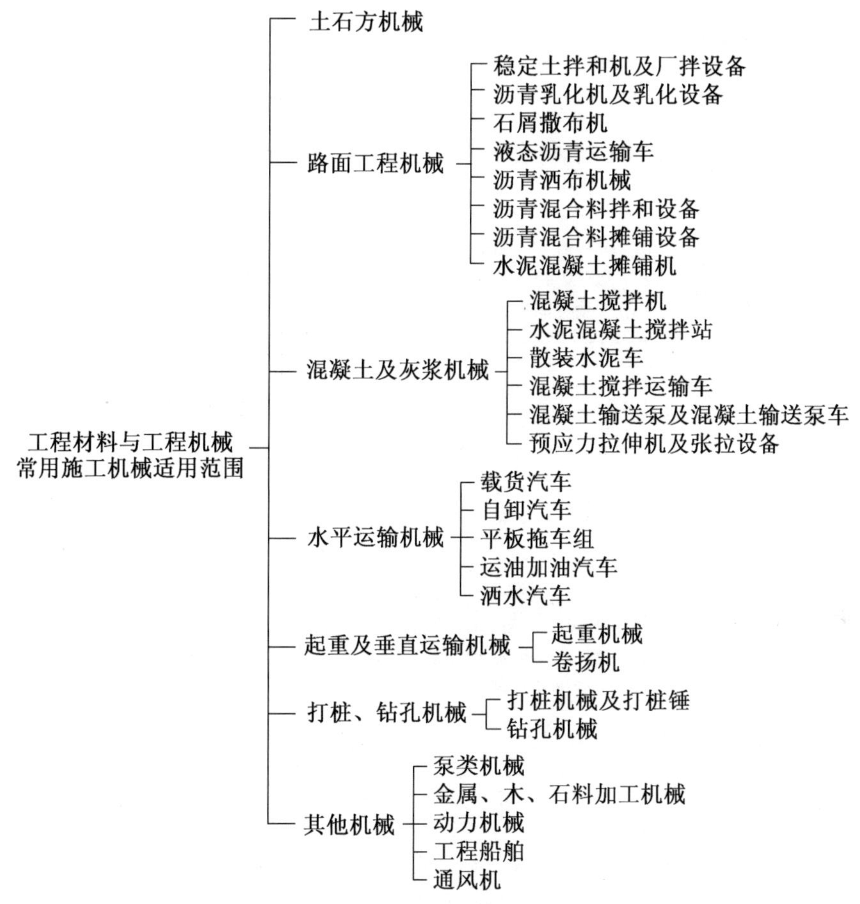

知识点10:土石方机械

推土机	特点	自行铲土运输机械,具有操作灵活、运转方便、所需工作面小等特点
	分类	1. 按行走装置的不同:履带式、轮胎式。 2. 按推土板(或称铲刀)安装方式的不同:固定式、回转式。 3. 按推土板操纵方式的不同:机械式操纵、液压式操纵。 4. 按发动机额定功率的不同:小型、中型、大型、特大型
	应用	1. 多采用大中型履带式推土机,主要进行50~100m短距离推运土方、石渣等作业。 2. 开挖填筑路基土石方、基坑开挖集渣,填筑堤坝、围堰、开挖河床、渠道、平整场地、砍伐树木、清除树根、填平壕堑和堆集砂砾石等集料作业。 3. 局部碾压,给铲运机助铲和预松土,以及牵引各种拖式土方机械等作业

续上表

推土机	作业方式	直铲作业	1.用于土壤、石渣的向前铲推和场地平整作业。 2.推运的经济运距:小型履带式推土机(50m以内)、中型推土机(50~100m,最远150m)、轮胎式推土机(50~80m,最远150m)。 3.上坡推土时采用最小经济运距,下坡推土时则采用最大经济运距。 4.在运距100m以内生产率较高,超过100m生产率将大幅度下降。在经济运距内,推土机比铲运机有着更高的生产效率
		斜铲作业	1.用于傍山铲土、单侧弃土或落方推运。 2.推土铲刀的水平回转角一般为左右各25°。作业时能一边切削土壤,一边将土壤移至一侧。 3.斜铲作业的经济运距,比直铲作业时短,生产率也低
		侧铲作业	1.用于在坡度不大的坡上铲削硬土以及掘沟作业。 2.推土铲刀可在垂直面内上下倾斜90°
		松土器的劈松作业	1.多齿松土器铲挖力较小,主要用于劈开较薄的硬土、冻土层等。 2.单齿松土器有着较大的铲挖能力。疏松硬土、冻土、劈松具有风化和有裂缝或节理发达的岩石
	生产率计算	直铲进行铲推作业	$Q=\frac{3600\times q\times K_b\times K_y}{T}$ 式中:Q——生产率(m^3/h); q——推土机推移土料的体积(m^3); K_b——时间利用系数,一般取0.8~0.85; K_y——坡度影响系数,平地时取1.0,上坡时(坡度5%~10%)取0.5~0.7,下坡时(坡度5%~15%)取1.3~2.3; T——每一工作循环所需时间(s)。 当推土机进行斜铲连续作业时,与平地机的作业方式相似,其生产率可参照平地机生产率公式进行计算
		平整场地	$Q=\frac{3600\times L\times(l\times\sin\varphi-b)\times K_b\times B}{n\times\left(\frac{L}{V}+t_n\right)}$ 式中:Q——生产率(m^3/h); L——平整地段长度(m); l——推土板长度(m); φ——推土板的水平回转度角度(°); b——两相邻平整地段的重叠部分宽度(m),一般取0.3~0.5m; K_b——时间利用系数,一般取0.8~0.85; B——推土板高度(m); n——在同一地点的重复平整次数(次); V——推土机运行速度(m/s); t_n——推土机转向时间(s)
	人员配备		两名驾驶员

续上表

<table>
<tr><td rowspan="7">铲运机</td><td colspan="2">特点</td><td>循环作业式铲土运输机械</td></tr>
<tr><td rowspan="2">按行走方式的不同</td><td>拖式</td><td>—</td></tr>
<tr><td>自行式</td><td>1. 按牵引车和动力传递方式的不同:机械式传动、液力机械式传动、电力传动、静液压传动。
2. 按工作机构操纵方式的不同:液压式铲运机(今后发展的方向)、机械操纵铲运机。
3. 按铲运机卸土方式的不同:强制卸土式、半强制卸土式、自动卸土式。
4. 按铲运机的装载方式不同:链板装载式、普通装载式</td></tr>
<tr><td colspan="2">按斗容量分</td><td>小型、中型、大型、特大型</td></tr>
<tr><td colspan="2">应用</td><td>1. 用于中距离的大规模土方转移工程,能完成铲土、装土、运土和卸土四个工序。
2. 能控制填土铺筑厚度和进行平土作业,对卸下的土壤进行局部碾压。
3. 运距短、坡度大、路面松软,宜选择拖式铲运机。如果运距较长、坡度大,宜采用双发动机驱动的自行式铲运机比较经济。路面较平坦则选用单发动机驱动的自行式铲运机较为经济。
4. 铲运机适用于中等运距(100 ~ 600m)和道路坡度不大条件下的大量土方转移工程,如果运距太短(100m 以内)采用铲运机是不经济的,而采用推土机或轮胎式装载机自装自运较为适宜,运距太长(600m 以上)则宜采用自卸汽车、机动翻斗车等较为经济</td></tr>
<tr><td colspan="2">生产率计算</td><td>$$Q = \frac{60 \times V \times K_b \times K_h}{t \times K_p}$$
式中:Q——生产率(m^3/h);
V——铲斗的几何斗容量(m^3);
K_b——时间利用系数,一般取 0.8 ~ 0.85;
K_h——土壤的充满系数;
t——铲运机每一工作循环所用的时间(min);
K_p——土壤的松散系数,干砂取 1.0 ~ 1.2,砂黏土、黏砂土取 1.2 ~ 1.4,重砂黏土、黏土取 1.2 ~ 1.3</td></tr>
<tr><td colspan="2">人员配备</td><td>两名驾驶员</td></tr>
<tr><td rowspan="2">单斗挖掘机</td><td colspan="2">特点</td><td>是用一个刚性或挠性连续铲斗,以间歇重复的循环进行工作,是一种周期作业自行式土方机械,具有挖掘能力强、通用性好、能适合不同作业要求的特点</td></tr>
<tr><td colspan="2">分类</td><td>1. 按行走装置的不同:履带式、轮胎式、汽车式。
2. 按动力装置的不同:内燃机驱动、电力驱动、复合驱动。
3. 按传动方式的不同:机械传动、液压传动、混合传动。
4. 按工作装置的不同:正铲挖掘机、反铲挖掘机、拉铲挖掘机、抓斗挖掘机</td></tr>
</table>

续上表

<table>
<tr><td rowspan="3">单斗
挖掘机</td><td>应用</td><td>1. 挖掘土料、剥除采石的覆盖层及在料场进行装载作业等，与运输车辆配合作业可获得最好的经济效果。
2. 正铲挖掘机的挖土特点是：前进向上，强制切土。挖掘力大，生产率高，可开挖停机面以上的Ⅰ～Ⅳ类土。
3. 反铲挖掘机的挖土特点是：后退向下，强制切土。挖掘力比正铲小，可开挖停机面以下Ⅰ～Ⅱ类土，深度在4m左右的基坑、基槽、管沟，也可用于地下水位较高的土方开挖。
4. 拉铲挖掘机的挖土特点是：后退向下，自重切土。其挖土深度和挖土半径均较大，可开挖停机面以下的Ⅰ～Ⅱ类土，但不如反铲挖掘机动作灵活准确。适用于开挖大型基坑及水下挖土。
5. 抓斗挖掘机的挖土特点是：直上直下，自重切土。挖掘力较小，只能开挖Ⅰ～Ⅱ类土，用于开挖窄而深的独立基坑和基槽、沉井，适用于水下挖土，是地下连续墙施工挖土的专用机械</td></tr>
<tr><td>生产率计算</td><td>$$Q = q \times n \times \frac{K_m}{K_p} \times K_b$$
式中：Q——生产率(m^3/h)；
q——铲斗的几何斗容量(m^3)；
n——工作循环次数(次/h)；
K_m——铲斗的装满系数；
K_p——土壤的松散系数；
K_b——时间利用系数，一般取0.7～0.85</td></tr>
<tr><td>人员配备</td><td>配备2人</td></tr>
<tr><td rowspan="4">装载机</td><td>分类</td><td>1. 按工作装置作业形式的不同：单斗式、挖掘装载式、斗轮式。
2. 按动臂形式的不同：全回转式、半回转式、非回转式。
3. 按本身结构特点的不同：刚性式、铰接式。
4. 按行走机构特点的不同：轮胎式、履带式</td></tr>
<tr><td>应用</td><td>1. 用于土、石方铲运，以及推土、起重等多种作业。
2. 在运距不大或运距和道路坡度经常变化的情况下，可单独采用装载机作为自铲运设备使用</td></tr>
<tr><td>生产率计算</td><td>$$Q = \frac{3600 \times T \times E_s \times K_b \times K'_h}{t \times K_p}$$
式中：Q——实际生产率(m^3/台班)；
T——每班工作时间(h)；
E_s——装载机额定斗容量(m^3)；
K_b——时间利用系数，一般取0.75～0.85；
K'_h——铲斗装满系数，装砂时取0.9～1.2，装砾石时取1～1.2，装破碎岩石时取0.7～1.0；
t——装载一斗所需循环作业时间(s)；
K_p——货物松散系数</td></tr>
<tr><td>人员配备</td><td>履带式装载机(2人)、$2m^3$及以内的轮胎式装载机(1人)、$3m^3$及以上的轮胎式装载机(2人)</td></tr>
</table>

续上表

<table>
<tr><td rowspan="6">平地机</td><td colspan="2">特点</td><td>一种装有以铲土刮刀为主,配有其他多种可换作业装置,进行土地平整和整形连续作业的筑路机械</td></tr>
<tr><td rowspan="2">按行走方式的不同</td><td>拖式(很少使用)</td><td>机动性差,操作费力</td></tr>
<tr><td>自行式(广泛使用)</td><td>1. 自行式平地机根据轮胎的数目:四轮、六轮。
2. 根据车轮驱动情况:后轮驱动、全驱动。
3. 根据车轮转向情况:前轮转向、全轮转向。
4. 根据刮刀长度或发动机功率:轻、中、重型。
5. 根据工作装置(刮刀)和行走装置的操作方式:机械操纵、液压操纵。目前自行式平地机多采用液压操纵</td></tr>
<tr><td colspan="2">应用</td><td>1. 用于修筑路基横断面,帮刷边坡,开挖边沟及路槽,平整场地等。
2. 用来在路基上拌和路面材料,摊铺材料,修整和养护土路,推土、疏松土壤、清除杂草、石块和积雪等</td></tr>
<tr><td colspan="2">生产率计算</td><td>$$Q=\frac{60\times L\times(l\times\sin\varphi-0.5)\times K_b}{n\times\left(\frac{L}{V}+t\right)}$$
式中:Q——生产率(m^3/h);
L——平整地段长度(m);
l——刮刀长度(m);
φ——刮刀的平面角度(°);
K_b——时间利用系数;
n——平整好这一段所需要行程数(次);
V——平整时的行驶速度(m/min);
t——掉头一次所需时间(min)</td></tr>
<tr><td colspan="2">人员配备</td><td>自行式平地机一般配备 2 人</td></tr>
<tr><td rowspan="3">拖拉机</td><td colspan="2">分类</td><td>1. 按行走装置不同:履带式拖拉机、轮胎式拖拉机。
2. 按照传动方式不同:机械传动,静液压传动、电力传动。
3. 按发动机的额定功率大小可分为小型(75kW)、中型(75 ~ 170kW)、大型(170 ~ 375kW)、特大型(≥375kW),公路建设中,一般多使用中型拖拉机</td></tr>
<tr><td colspan="2">应用</td><td>1. 牵引拖式土方机械,如松土机、平地机、铲运机、碾压机械等,进行土方施工作业。输出动力以对上述机械进行操纵。
2. 作为基础车与各种悬挂装置组成推土机、装载机、除荆机、拔根堆集机等工程机械。
3. 牵引挂车进行短距离运输作业。
4. 进行局部碾压作业。
5. 作为临时动力站,输出动力,驱动发电机、水泵等机械。
6. 与拖式起重机组合作为起重装卸设备</td></tr>
<tr><td colspan="2">人员配备</td><td>履带式拖拉机(2 人)、轮胎式拖拉机(1 人)</td></tr>
</table>

续上表

压路机	分类	1. 按照压实力的作用原理:静作用碾压机械、振动碾压机械、夯实机械。 2. 按照碾压轮的材料和表面形状不同,静作用碾压机械和振动碾压机械都可分为钢制光轮和钢制带羊脚碾轮两种
	应用	1. 光轮压路机分为自行式(简称压路机)和拖式(简称平碾)。压路机主要用于筑路工程,不适用于对水工建筑物如土坝、河堤、围堰等的碾压。平碾用来压实设计干重度要求较低的黏性土、高含水率黏土、砂砾料、风化料、冲积砾质土等,在大中型土方填筑工程中采用不多。 2. 羊脚压路机(简称羊脚碾)广泛用于黏性土料的分层碾压,在土坝施工中用来碾压不透水黏性土(增减配重),对于非黏性土料和高含水率黏土的压实效果不好,不宜采用。 3. 轮胎压路机(简称轮胎碾)适于压实黏性土及非黏性土,如壤土、砂壤土、砂土、砂砾料等。 4. 振动压路机(简称振动碾)可分为光轮和羊脚轮两类。光轮振动碾适宜于压实非黏性土壤(砂土、砂砾石)、碎石、块石、堆石和沥青混凝土,但对黏土和黏性较强的土壤压实效果不好;羊脚振动碾既可以压实非黏性土壤,又可以压实含水率不大的黏性土壤和细颗粒砂砾石,以及碎石与土壤的混合料。 5. 振动夯实机主要用于非黏性砂质黏土、砾石、碎石的压实;而夯实机械主要适宜于黏土、砂质黏土和灰土的夯实
	生产率计算	$$Q=\frac{3600\times(b-c)\times L\times h\times K_b}{n\times\left(\frac{L}{V}+t\right)}$$ 式中:Q——生产率(m^3/h); b——碾压带宽度(m); c——碾压带搭接宽度(m),一般取0.15~0.25m; L——碾压段长度(m); h——铺土层压实后厚度(m); K_b——时间利用系数,一般取0.8~0.9; n——碾压遍数; V——碾压机行驶速度(m/s); t——转弯掉头或换挡时间(s),转弯一般取15~20s,换挡一般取2~5s
	人员配备	光轮压路机(1人),拖式羊足碾、拖式振动碾及振动压路机(2人)
凿岩穿孔机械	特点	凿岩穿孔机械包括凿岩机、穿孔机及其辅助设备。凿岩机适用于钻凿小直径炮孔,穿孔机适用于穿凿大直径炮孔
	按照工作动力分	风动凿岩机(公路工程中常用)、液压凿岩机、电动凿岩机、内燃凿岩机

知识点11:路面工程机械

稳定土拌和机及厂拌设备	稳定土拌和机	分类	1. 按行走装置分:履带式和轮胎式两种。 2. 按工作装置在拌和机上的位置分:前置式、中置式、后置式三种。 3. 按转子的旋转方向分:正转(适用于拌和松散的稳定材料)和反转(适用于量大且又密集的稳定材料)两种。 4. 按传动方式不同分:机械式和液压式

续上表

<table>
<tr><td rowspan="3">稳定土拌和机及厂拌设备</td><td rowspan="2">稳定土拌和机</td><td colspan="2">特点</td><td>把材料在路上直接拌和的机械。更换工作装置后，还可进行铣削旧沥青路面和路基的工作</td></tr>
<tr><td colspan="2">人员配备</td><td>一般配备 2 人</td></tr>
<tr><td colspan="3">稳定土厂拌设备</td><td>把材料在固定地点拌和均匀的专用设备</td></tr>
<tr><td rowspan="5">沥青乳化机及乳化设备</td><td rowspan="2">沥青乳化机</td><td colspan="2">工作原理</td><td>将沥青破碎成微小的颗粒，稳定而均匀地分散到含有乳化剂的水溶液中，形成水包油液体的机械</td></tr>
<tr><td colspan="2">分类</td><td>根据所采用的力学作用原理不同，沥青乳化机的构造形式不同，常用的有搅拌式、胶体磨式、喷嘴式三种</td></tr>
<tr><td rowspan="3">沥青乳化设备</td><td colspan="2">内涵</td><td>完成从原料投入到产品储存这一连续作业过程中所需的成套沥青乳化机械的总称</td></tr>
<tr><td rowspan="2">根据沥青和乳化剂进入乳化机时的状态不同</td><td>开式系统</td><td>1. 特点：用节门控制流量，沥青和乳化剂靠自重流入乳化机的漏斗。
2. 优点：比较直观，工作结束后乳化机容易清洗。
3. 缺点：容易混入空气，产生气泡</td></tr>
<tr><td>闭式系统</td><td>1. 特点：不用乳化机漏斗接液，而用两个匹配好的泵直接把沥青和乳化剂水溶液经管路泵入乳化机内，靠流量斗指示流量。
2. 优点：不易混入空气，便于自动化控制，可以提高产量。
3. 缺点：清洗较麻烦</td></tr>
<tr><td rowspan="3">石屑撒布机</td><td colspan="3">定义</td><td>一种专门撒布石屑的路面基层修筑机械</td></tr>
<tr><td colspan="3">特点</td><td>主要用于均匀地撒布粒径在一定范围内的石屑，亦可用于泥结碎石路面撒布石屑</td></tr>
<tr><td colspan="3">分类</td><td>自行式、拖式和悬挂式三种，自行式常见</td></tr>
<tr><td rowspan="2">液态沥青运输车</td><td colspan="3">特点</td><td>是运输液态沥青、乳化沥青、煤焦油的专用设备。该车具有保温、加热、机械抽吸、排放、内部循环等功能</td></tr>
<tr><td colspan="3">分类</td><td>汽车式、半挂汽车列车式、拖式</td></tr>
<tr><td rowspan="2">沥青洒布机械</td><td colspan="3">分类</td><td>1. 按沥青喷洒方式：气压洒布式和泵压洒布式。
2. 按行走方式：自行式和拖式</td></tr>
<tr><td colspan="3">特点</td><td>以喷洒液态沥青为主，并具有运输能力。用于贯入法或表面处置法修筑沥青路面</td></tr>
<tr><td>沥青混合料拌和设备</td><td colspan="3">分类</td><td>1. 根据设备生产率大小：小型、中型、大型、超大型四种。
2. 根据移动性能不同：固定式、半固定式和移动式三种。
3. 根据沥青混合料的拌和方式不同：强制式和滚筒式两种</td></tr>
<tr><td rowspan="2">沥青混合料摊铺设备</td><td colspan="3">分类</td><td>1. 按行走方式不同分为履带式、轮胎式和拖式三种。
2. 按动力传动系统的不同分为机械式和液压式两种。
3. 按摊铺宽度不同分为小型、中型、大型和超大型四种。
4. 按熨平板的加热方式有电加热、丙烷气加热和燃油加热三种</td></tr>
<tr><td colspan="3">特点</td><td>将拌制好的沥青混合料均匀地摊铺在已修整和平整路面基层上的专用设备</td></tr>
</table>

续上表

水泥混凝土摊铺机	分类	按施工方法不同可分为轨道式和滑模式
	特点	将水泥混凝土均匀地摊铺在路面基层上,然后经过振实、整平等作业程序,完成水泥混凝土路面铺筑的路面机械

知识点12:混凝土及灰浆机械

混凝土搅拌机	分类	1. 按其搅拌原理:自落式(滚筒式)和强制式。 2. 按其搅拌容量可分为大型、中型、小型三种。 3. 按安装方式分为固定式和移动式。 4. 按搅拌机的原动力可分为机动和电动两种
	特点	将一定配合比的水泥、砂、石集料和水及外掺剂等拌制成混凝土的机械,能提高生产率、加快工程进度,又能减轻劳动强度和提高混凝土质量
	生产率计算	$Q = \frac{n \times V \times K_b}{1000}$ 式中:Q——生产率(m^3/h); n——搅拌机每小时出料次数; V——搅拌机出料容量(L); K_b——时间利用系数
水泥混凝土搅拌站	分类	1. 按安装方式可分为:装配式搅拌站、整体移动式搅拌站、汽车式搅拌站。 2. 按搅拌主机的不同可分为:锥形反转出料混凝土搅拌站、锥形倾翻出料混凝土搅拌站、强制漏浆式混凝土搅拌站、强制行星式混凝土搅拌站、强制单卧轴式混凝土搅拌站、强制双卧轴式混凝土搅拌站
	应用	在混凝土工程量大,浇筑强度高、施工周期长、施工地点集中的大中型工程中被广泛应用
散装水泥车	分类	1. 根据卸料方式的不同:倾卸式、机械卸料式、气压卸料式三种类型。 2. 根据装灰金属容器形式:立式罐形容器和卧式罐形容器(较常用)
	应用	专为运输散装水泥而设计制造或改装的专用汽车
混凝土搅拌运输车	分类	按行走方式不同可分为自行式和拖式两种,其中自行式又根据机构特性不同分为飞轮取力式、前端取力式、单独驱动式、前端卸料式、带皮带输送机式、带自行上料装置式、带臂架混凝土泵式、带拌筒倾翻机构式八种
	应用	适用于大中型公路工程机械化施工,在短距离时只作为运输工具使用,在运路较长时,则作为运输兼搅拌用
混凝土输送泵及混凝土输送泵车	分类	1. 混凝土输送泵分为固定式、拖式、车载式三种。 2. 混凝土输送泵车分整体式臂架混凝土泵车、半挂式臂架混凝土泵车、全挂式臂架混凝土泵车三种
	应用	1. 混凝土输送泵是输送混凝土的专用设备。 2. 混凝土泵车适用于现场狭窄和有障碍物的施工现场以及大体积混凝土结构和高层建筑物施工

续上表

混凝土输送泵及混凝土输送泵车	生产率计算	$$Q = 60 \times F \times S \times n \times a \times K_e$$ 式中：Q——生产率（m^3/h）； F——活塞断面面积（m^2）； S——活塞行程（m）； n——活塞每分钟循环次数（次/min）； a——混凝土输送泵缸体数； K_e——容积效率，一般取0.6～0.9
预应力拉伸机及张拉设备	分类	1. 预应力拉伸机按工作情况不同分为单作用、双作用和三作用三种形式。 2. 按基本构造特点则又可分为拉杆式、穿心式、锥锚式三种形式。 3. 公路工程中常用穿心式预应力拉伸机

知识点13：水平运输机械

载货汽车	分类	1. 根据载质量的大小：超轻型载货汽车、轻型载货汽车、中型载货汽车、重型载货汽车、超重型载货汽车。 2. 根据载货汽车动力装置所耗用的能源分为汽油车、柴油车、煤油车、电动车等。 3. 公路建设中多采用中型和重型载货汽车
	特点	可以将建筑材料由各个地方直接转运到使用地点，并适用于各种建筑材料
自卸汽车	分类	1. 按载质量分为轻型、中型、重型、超重型。 2. 按车厢倾卸方向：后倾卸式、侧倾卸式、三面倾卸式、底卸式。 3. 按发动机分为汽油发动机、柴油发动机、电动机
	注意事项	1. 自卸汽车的车厢容积或承载吨位与工程选用的装载机械配套。 2. 按照实际情况和经济效益，合理选择车型。 3. 根据工程量大小，工期和施工强度、运距远近等确定自卸汽车的需用量
平板拖车组	应用	1. 普通平板拖车组：运输零散的材料、货物及较大的管材，转移较长、较大筑路器材的有效设备。 2. 低平板拖车组：用于大型自行式工程机械装卸
运油加油汽车	分类	按油罐容量：小型（$<8000L$）；中型（8000～16000L）；大型（$>16000L$）。公路建设中多用小型运油加油汽车
	应用	装运煤油、汽油和柴油等油料
洒水汽车	分类	根据结构不同可分为汽车式、半挂汽车列车式和拖式三种形式。公路建设中多用汽车式洒水车
	应用	可用于道路冲洗、防尘、降温等

知识点14：起重及垂直运输机械

起重机械	分类	按其底座及行走装置可分为汽车式起重机、轮胎式起重机、履带式起重机、塔式起重机、吊管起重机、桅杆起重机、缆索起重机等
	应用	1. 轮胎式起重机：用于建筑工地的装卸和安装工作。 2. 汽车式起重机：用于公路建设工地。 3. 塔式起重机：用来吊装建筑材料，安装施工机械设备和金属构件和钢筋混凝土预制构件和进行混凝土浇筑等

续上表

卷扬机	分类	1. 按驱动方式可分为手摇式卷扬机、电动卷扬机、内燃机卷扬机、气动卷扬机。 2. 按传动装置的种类可分为摩擦传动卷扬机、齿轮传动卷扬机、蜗杆传动卷扬机、螺杆齿轮传动卷扬机以及齿轮摩擦传动卷扬机。 3. 按卷筒的数量可分为单筒卷扬机、双筒卷扬机和三筒卷扬机
	应用	电动卷扬机主要用来提升预制构件或建筑材料,以及安装机械设备等

知识点15:打桩、钻孔机械

打桩机械及打桩锤	柴油打桩机	1. 按照桩锤的动作特点和桩架的结构形式不同可分为导杆式和轨道式两种。 2. 导杆式柴油打桩机:适用于打小型木桩、板桩、钢板桩及钢筋混凝土预制桩。 3. 轨道式打桩机:适合于大面积、多桩位基础工程的施工
	蒸汽打桩机	1. 按汽锤的动作原理,可分为单作用式和双作用式两种。 2. 按桩架结构形式可分为直式、塔式、万能式、起重式和简易式多种
	振动打拔桩机	按振动锤的振动方式可分为机械振动打拔桩锤和液压振动打拔桩锤两种。公路建设中多用机械振动打拔桩机
钻孔机械		按其破碎岩石方法的不同可分为冲击钻机、回旋钻机两种

知识点16:其他机械

泵类机械	1. 泵类机械主要包括:离心泵、潜水泵、砂浆泵、砂泵等。 2. 离心泵按其叶轮的个数可分为单级泵和多级泵;按动力形式可分为机械式和电动式。 3. 潜水泵可分为干式、半干式、充油式和湿式几种类型
金属、木、石料加工机械	1. 金属加工机械是用于制作各种钢筋和钢筋骨架的机械。 2. 木工加工机械是用于加工各种木材、板材的专用机械。 3. 石料加工机械是加工破碎石料的专用机械
动力机械	1. 动力机械主要包括:柴油发电机组、变压器、空气压缩机、工业锅炉等。 2. 空气压缩机按其驱动方式可分为电动式和机动式两种。按排气量可分为大型($60 \sim 100m^3/min$)、中型($10 \sim 40m^3/min$)、小型($<10m^3/min$)三种。空气压缩机广泛应用于各种类型的凿岩机、装岩机、潜孔钻等工作中
工程船舶	1. 按航行方式分为自航式和非自航式。 2. 常用工程船舶包括:内燃拖轮、工程驳船、泥浆船、打桩船、起重船、混凝土搅拌船、抛锚船、机动艇等
通风机	1. 按气体流动方式不同分为离心式、轴流式、斜流式和横流式等。 2. 常用的通风机包括:轴流式通风机、离心式通风机、吹风机、鼓风机、喷砂除锈机和液压无气喷涂机等

Ⅰ. 单项选择题

1. 土石方机械施工,拉铲挖掘机的挖土特点是( )。

A. 前进向上,强制切土　　B. 后退向下,强制切土

C. 直上直下,自重切土　　D. 后退向下,自重切土

答案:D

【解析】 本题是2015年考题,考查挖掘机的挖土特点。挖掘机按工作装置的不同,可分为正铲挖掘机、反铲挖掘机、拉铲挖掘机、抓斗挖掘机等四种。拉铲挖掘机的挖土特点是:后退向下,自重切土;正铲挖掘机的挖土特点是:前进向上,强制切土;反铲挖掘机的挖土特点是:后退向下,强制切土;抓斗挖掘机的挖土特点是:直上直下,自重切土。

2. (　　)的挖土特点是:后退向下,自重切土。其挖土深度和挖土半径均较大,可开挖停机面以下的Ⅰ~Ⅱ类土。适用于开挖大型基坑和水下挖土。

A. 拉铲挖掘机　　B. 反铲挖掘机

C. 正铲挖掘机　　D. 抓斗挖掘机

答案:A

【解析】 本题是2014年考题,考查挖掘机的挖土特点及适用范围。

(1)正铲挖掘机挖掘力大,生产率高,可开挖停机面以上的Ⅰ~Ⅳ类土。

(2)反铲挖掘机挖掘力比正铲小,可开挖停机面以下Ⅰ~Ⅱ类土,深度在4m左右的基坑、基槽、管沟,也可用于地下水位较高的土方开挖。

(3)拉铲挖掘机挖土深度和挖土半径均较大,可开挖停机面以下的Ⅰ~Ⅱ类土,但不如反铲挖掘机动作灵活准确,适用于开挖大型基坑及水下挖土。

(4)抓斗挖掘机挖掘力较小,只能开挖Ⅰ~Ⅱ类土,用于开挖窄而深的独立基坑和基槽、沉井,适用于水下挖土,是地下连续墙施工挖土的专用机械。

3. (　　)是一种工作效率高的铲土和运输机械,可以进行铲掘、推运、整平、装载和牵引等多种作业。其优点是适应性强、作业效率高、操纵驾驶方便,是一种发展较快的循环作业机械。

A. 推土机　　B. 铲运机　　C. 挖掘机　　D. 装载机

答案:D

【解析】 本题是2014年考题,考查土石方机械的特点。装载机常用于公路工程施工中土、石方铲运,以及推土、起重等多种作业。

4. 可用于挖装、运输和卸土作业,并兼有一定压实和平整能力的机械是(　　)。

A. 推土机　　B. 铲运机　　C. 装载机　　D. 拖拉机

答案:B

【解析】 本题是2013年考题,考查土石方机械的施工特点。铲运机是一种循环作业式的铲土运输机械,主要用于中距离的大规模土方转移工程。它能综合地完成铲土、装土、运土和卸土四个工序。能控制填土铺筑厚度和进行平土作业,对卸下的土壤进行局部碾压。

5. 在土石方施工机械中主要用于中距离、大规模的土方转移工作的机械为(　　)。

A. 推土机　　B. 铲运机　　C. 装载机　　D. 平地机

答案:B

【解析】 本题是2012年考题,考查土石方机械的适用范围。铲运机适用于中等运距(100~600m)和道路坡度不大条件下的大量土方转移工程,如果运距太短(100m以内)采用铲运机是不经济的,而采用推土机或轮胎式装载机自装自运较为适宜,运距太长(600m以上)则

采用自卸汽车、机动翻斗车等较为经济。

Ⅱ.多项选择题

1.水泥混凝土路面施工中,对滑模式摊铺机施工描述正确的是( )。

A.是将各作业装置在同一机架上,使路面挤压成型

B.可实现多种功能摊铺,如路肩、路缘石

C.主要特点是不需要轨模

D.一次完成摊铺、振捣、整平等多道工序

答案:ABCD

【解析】 本题是2014年考题,考查滑模式摊铺机施工特点。滑模式摊铺机是将各作业装置装在同一机架上,通过位于模板外侧的行走装置随机移动滑动模板,就能按照要求使路面板挤压成型。并可实现多种功能的摊铺,如路肩、路缘石等。

2.下列属于土石方机械的有( )。

A.推土机 B.拖拉机 C.平地机 D.稳定土拌和机

答案:ABC

【解析】 本题是2013年考题,考查土石方机械种类。土石方机械包括推土机、铲运机、单斗挖掘机、装载机、平地机、拖拉机、压路机、凿岩穿孔机械。而稳定土拌和机是属于路面工程机械。

3.与强制式沥青混凝土拌和设备相比,滚筒式沥青混凝土拌和设备的特点有( )。

A.对空气污染大 B.热利用率低

C.混合料残余水分较多 D.混合料强度较低

答案:BCD

【解析】 本题是2012年考题,本题考查沥青混合料拌和设备的特点。滚筒式拌和设备是将集料在滚筒中烘干、加热,同时将沥青通过流量斗被送入滚筒,滚筒的旋转使其中的砂石自行跌落,被沥青裹覆,产生搅拌作用,从而按稳定的流程连续生产出热拌沥青混合料。其优点是对空气污染少,设备组成工艺简单,其缺点是集料的加热采用顺流式,热利用率低,拌制好的混合料有较多的残余水分,强度也较低。

4.按照压实力的作用原理,压路机可分为( )。

A.静作用碾压机械 B.振动碾压机械

C.夯实机械 D.拖式碾压机械

答案:ABC

【解析】 本题是2013年考题,考查压路机的分类。按照压实力的作用原理,可分为静作用碾压机械、振动碾压机械和夯实机械三类。

本节习题

Ⅰ.单项选择题

1.中型履带式推土机,主要适用于( )推土。

A. 50m 以内　　B. 50 ~ 100m　　C. 150m 以上　　D. 200m 以上

2. 自行式铲运机主要适用于(　　)。

A. 100m 以内运土　　B. 100 ~ 600m 运土

C. 600m 以上运土　　D. 铲运各种石方

3. 以下不适合平地机工作的内容是(　　)。

A. 修筑路基横断面　　B. 帮刷边坡

C. 平整场地　　D. 碾压路基

4. 推土机直铲作业最适合于(　　)。

A. 土、石方向前铲推　　B. 傍山铲土

C. 单侧弃土　　D. 掘沟作业

5. 在公路路基施工中,拖拉机不适于牵引拖式土方机械的是(　　)。

A. 松土机　　B. 平地机　　C. 铲运机　　D. 装载机

6. 光轮振动碾不适宜于压实(　　)层。

A. 碎石　　B. 堆石　　C. 黏土　　D. 沥青混凝土

7. 对于强制式沥青混合料拌和设备说法错误的是(　　)。

A. 集料的加热采用顺流式,热利用率低

B. 对空气污染大

C. 能将集料粗配,能精确称量

D. 设备庞大,安装运输量大

8. 轨道式水泥混凝土摊铺机是靠固定在路基上的轨道、模板来控制摊铺(　　)和平整度的。

A. 宽度　　B. 厚度　　C. 速度　　D. 坍落度

9. 适合于打桩又能拔桩的机械,宜选用(　　)。

A. 导杆式柴油打桩机　　B. 轨道式打桩机

C. 蒸汽打桩机　　D. 振动打桩机

10. 铲运机每一工作循环所用的时间 20min,铲斗的几何斗容量 8m^3,时间利用系数 0.8,土壤的充满系数为 0.8,土壤的松散系数为 1.2,该铲运机的生产率为(　　)m^3/h。

A. 10.8　　B. 11.8　　C. 12.8　　D. 13.8

11. 装载机的斗容量 3m^3,每班工作时间 8h,时间利用系数 0.8,铲斗装满系数为 1,货物松散系数 1.5,装载一斗所需循环作业时间 18s,该装载机的生产率为(　　)m^3/台班。

A. 2520　　B. 2560　　C. 2580　　D. 2590

12. 对于狭窄工作面的土层压实,如桥台基坑两侧的回填压实,可采用的压实机械为(　　)。

A. 轮胎压路机　　B. 光轮压路机　　C. 羊足碾　　D. 夯实机械

13. 公路打桩机中,施工噪声最小的是(　　)。

A. 导杆式柴油打桩机　　B. 轨道式打桩机

C. 蒸汽打桩机　　D. 振动打拔桩机

14. 由于公路建设工地均远离城镇,动力机械的用油主要靠运油加油汽车来运输,加油汽

车按油罐容量分为大型的是(　　)。

A. <4000L　B. <8000L　C. >16000L　D. >20000L

15. 某公路路面用水泥混凝土摊铺机施工,铺层厚度 $h=0.3\text{m}$,摊铺带宽度 $B=6\text{m}$,摊铺工作速度 $V=0.01\text{km/h}$,时间利用系数 $K_b=0.8$,其生产率 $Q=$(　　)m^3/h。

A. 16.0　B. 14.4　C. 13.8　D. 12.8

Ⅱ. 多项选择题

1. 公路工程施工机械按行走装置可分为(　　)。

A. 履带式　B. 轮胎式　C. 自行式　D. 拖式

2. 推土机的主要作业方式有(　　)。

A. 上坡推土作业　B. 下坡推土作业

C. 直铲作业　D. 斜铲作业

3. 铲运机是一种循环作业式铲土运输机械。按行走方式的不同,可分为(　　)。

A. 强制式　B. 拖式　C. 自动式　D. 自行式

4. 单斗挖掘机按行走装置的不同,可分为(　　)。

A. 履带式　B. 轮胎式　C. 汽车式　D. 坦克式

5. 单斗挖掘机按工作装置的不同,可分为(　　)。

A. 正铲挖掘机　B. 反铲挖掘机

C. 拉铲挖掘机　D. 抓斗挖掘机

6. 单斗挖掘机正铲挖掘的挖土特点是(　　)。

A. 前进向上,强制切土　B. 挖掘力大,生产率高

C. 直上直下,自重切土　D. 可开挖停机面以上的Ⅰ~Ⅳ类土

7. 装载机按工作装置作业形式的不同,可分为(　　)。

A. 单斗式　B. 回转式

C. 挖掘装载式　D. 斗轮式

8. 装载机按动臂形式的不同,可分为(　　)。

A. 全回转式　B. 半回转式　C. 非回转式　D. 刚性式

9. 自行式平地机根据车轮驱动情况有(　　)。

A. 机械操纵　B. 液压操纵　C. 后轮驱动　D. 全驱动

10. 拖拉机按行走装置不同,可分为(　　)。

A. 电力传动　B. 机械传动

C. 履带式拖拉机　D. 轮胎式拖拉机

11. 对羊脚碾而言,有(　　)的特点。

A. 较大的单位压力　B. 适合于碾压高含水率黏土

C. 压实深度大而均匀　D. 能挤碎土块

12. 光轮振动碾适宜于压实(　　)。

A. 碎石　B. 块石

C. 堆石和沥青混凝土　D. 黏性较强的土壤

本节习题答案及解析

Ⅰ.单项选择题

1. **答案**:B

【解析】 公路施工多采用大中型履带式推土机,主要进行50~100m短距离推运土方、石渣等作业。

2. **答案**:B

【解析】 公路土石方施工中如果运距较长、坡度大,宜采用双发动机驱动的自行式铲运机比较经济。路面较平坦则选用单发动机驱动的自行式铲运机较为经济。总之,铲运机适用于中等运距(100~600m)。

3. **答案**:D

【解析】 平地机主要用于修筑路基横断面,帮刷边坡,开挖边沟及路槽,平整场地等,还可用来在路基上拌和路面材料,摊铺材料,修整和养护土路,推土、疏松土壤、清除杂草、石块和积雪等。

4. **答案**:A

【解析】 推土机直铲作业是经常采用的主要作业方法,用于土壤、石渣的向前铲推和场地平整作业。

5. **答案**:D

【解析】 装载机有自己的行走机构,分为轮胎式和履带式两种,不需要拖拉机牵引。

6. **答案**:C

【解析】 光轮振动碾适宜于压实土石坝的非黏性土壤(砂土、砂砾石)、碎石、块石、堆石和沥青混凝土,但对黏土和黏性较强的土壤压实效果不好。

7. **答案**:A

【解析】 强制式沥青混合料拌是先将集料粗配、烘干、加热,然后再筛分、精确称量,最后加入矿粉和沥青,强制搅拌成沥青混合料的工艺方式,缺点是在工作过程中产生大量粉尘,造成环境污染。另外,设备的组成部分较多,结构复杂,设备庞大。

8. **答案**:B

【解析】 轨道式水泥混凝土摊铺机是靠固定在路基上的轨道、模板来控制摊铺厚度和平整度的。

9. **答案**:D

【解析】 振动打桩机也叫振动打拔桩机,可同时进行打桩和拔桩作业。

10. **答案**:C

【解析】 $Q=\dfrac{60\times V\times K_b\times K_h}{t\times K_p}=12.8(m^3/h)$

式中:Q——生产率(m^3/h);

V——铲斗的几何斗容量(m^3);

K_b——时间利用系数,一般取0.8~0.85;

K_h——土壤的充满系数,见教材表4.4.1;

t——铲运机每一工作循环所用的时间(min);

K_p——土壤的松散系数。干砂取1.0~1.2;砂黏土、黏砂土取1.2~1.4;重砂黏土、黏土取1.2~1.3。

11. **答案**:B

【解析】 $Q = \frac{3600 \times T \times E_s \times K_b \times K'_h}{t \times K_p} = 2560$(m³/台班)

式中:Q——实际生产率(m³/台班);

T——每班工作时间(h);

E_s——装载机额定斗容量(m³);

K_b——时间利用系数,一般取0.75~0.85;

K'_h——铲斗装满系数,装砂时取0.9~1.2,装砾石时取1~1.2,装破碎岩石时取0.7~1.0;

t——装载一斗所需循环作业时间(s);

K_p——货物松散系数。

12. **答案**:D

【解析】 对于狭窄工作面的压实,大型机械无法进入,只能采用夯实机械。

13. **答案**:D

【解析】 公路建设中多用机械振动打拔桩机,它具有施工速度快、使用方便、施工费用低、施工噪声小、没有其他公害污染等优点。

14. **答案**:C

【解析】 运油加油汽车按油罐容量分小型(<8000L);中型(8000~16000L);大型(>16000L)。

15. **答案**:B

【解析】

$$Q = 1000 \times h \times B \times V \times K_b = 1000 \times 0.3 \times 6 \times 0.01 \times 0.8 = 14.4(\mathrm{m^3/h})$$

式中:Q——生产率(m³/h);

h——铺层厚度(m);

B——摊铺带宽度(m);

V——摊铺工作速度(km/h);

K_b——时间利用系数(参照相关标准)。

Ⅱ.多项选择题

1. **答案**:AB

【解析】 公路工程施工机械按行走装置的不同可分为履带式和轮胎式两大类。

2. **答案**:CD

【解析】 推土机的主要作业方式有直铲作业、斜铲作业、侧铲作业和松土器的劈松作业。

3. **答案**:BD

【解析】 铲运机是一种循环作业式铲土运输机械。按行走方式的不同,可分为拖式和自行式两种。

4. **答案**:ABC

【解析】 单斗挖掘机按行走装置的不同,可分为履带式、轮胎式、汽车式三种。

5. **答案**:ABCD

【解析】 单斗挖掘机按工作装置的不同,可分为正铲挖掘机、反铲挖掘机、拉铲挖掘机、抓斗挖掘机等四种。

6. **答案**:ABD

【解析】 单斗挖掘机正铲挖掘的特点是:前进向上,强制切土。挖掘力大,生产率高,可开挖停机面以上的Ⅰ~Ⅳ类土。

7. **答案**:ACD

【解析】 装载机按工作装置作业形式的不同,可分为单斗式、挖掘装载式及斗轮式三种。

8. **答案**:ABC

【解析】 装载机按动臂形式的不同,可分为全回转式、半回转式和非回转式三种。

9. **答案**:CD

【解析】 平地机根据车轮驱动情况有后轮驱动和全驱动之分。

10. **答案**:CD

【解析】 拖拉机按行走装置不同,可分为履带式拖拉机和轮胎式拖拉机两大类。

11. **答案**:ACD

【解析】 羊脚碾有较大的单位压力(包括羊脚的挤压力),压实深度大而均匀,并能挤碎土块,广泛用于黏性土料的分层碾压。

12. **答案**:ABC

【解析】 光轮振动碾适宜于压实土石坝的非黏性土壤(砂土、砂砾石)、碎石、块石、堆石和沥青混凝土,但对黏土和黏性较强的土壤压实效果不好。

第五章 公路工程施工组织与施工技术

一、考纲要求

1. 公路工程施工组织设计。
2. 路基、路面工程施工技术。
3. 隧道工程施工技术。
4. 桥涵工程施工技术。
5. 交通工程施工技术。

二、本章知识架构

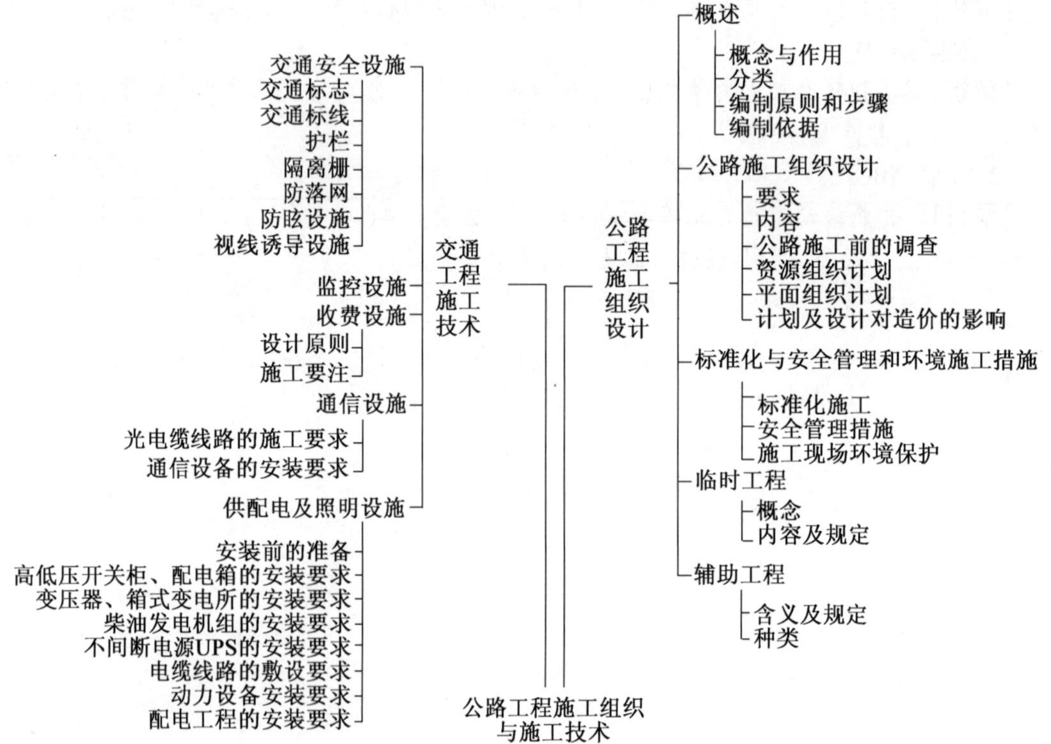

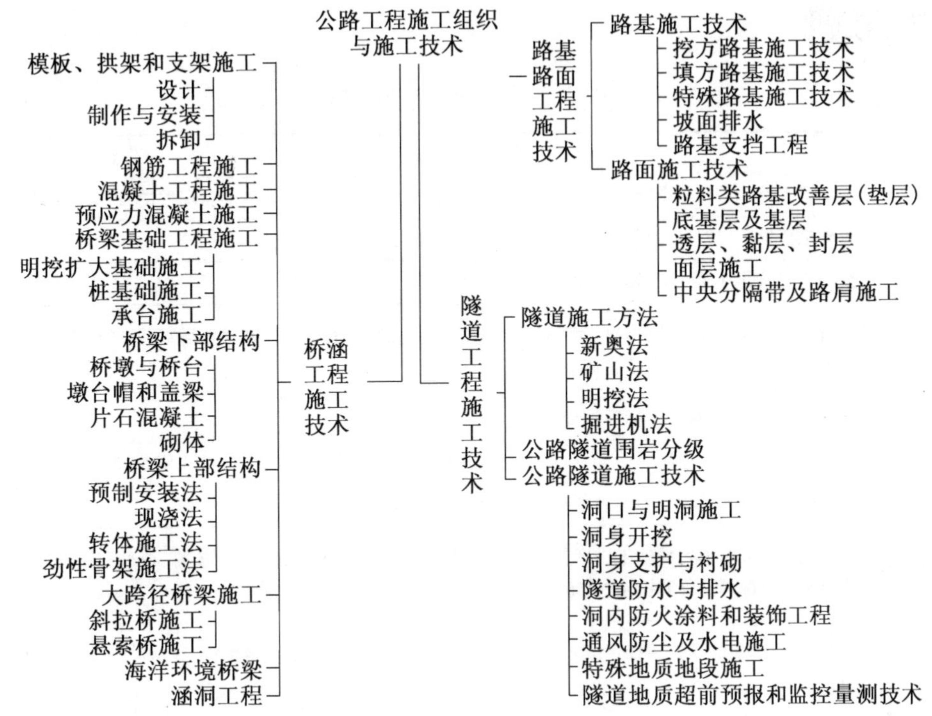

三、知识点与题型详解

(一)公路工程施工组织设计

公路工程施工组织设计知识点

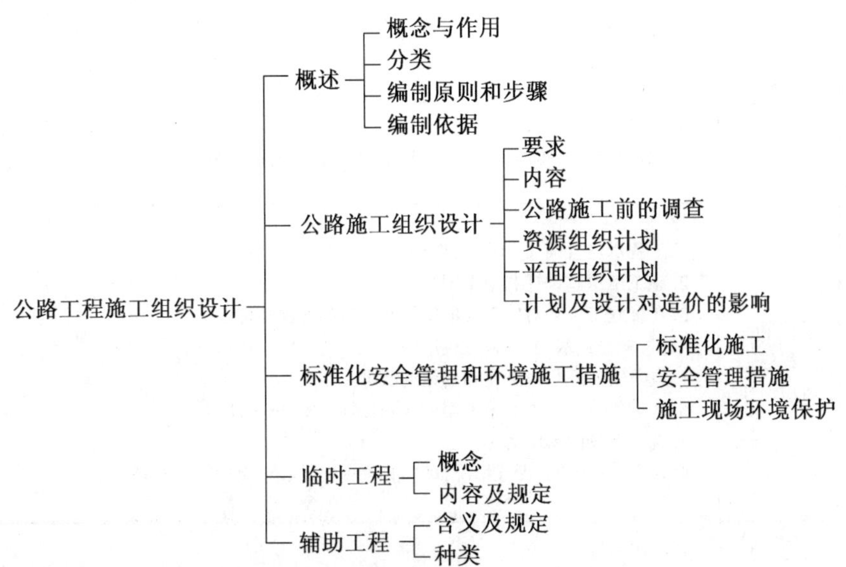

知识点集成

知识点1:施工组织设计概述

<table>
<tr><th colspan="3">公路工程施工组织设计概述</th></tr>
<tr><td>概念</td><td colspan="2">施工组织设计是指导工程投标、签订承包合同、施工准备和施工全过程的全局性的技术经济文件</td></tr>
<tr><td rowspan="3">作用</td><td colspan="2">指导工程投标与签订工程承包合同</td></tr>
<tr><td colspan="2">指导施工前的一次性准备和工程施工的全过程</td></tr>
<tr><td colspan="2">项目管理的规划性文件,提出工程施工中进度、质量、成本、安全的控制及现场管理,各项生产要素管理的目标及技术组织措施,提高综合效益</td></tr>
<tr><td rowspan="3">分类</td><td>按阶段分</td><td>标前设计,标后设计</td></tr>
<tr><td>按对象分</td><td>施工组织总设计,单项(单位)工程施工组织设计,分部工程施工组织设计</td></tr>
<tr><td colspan="2">技术复杂难度大的项目应编制主要分部工程施工组织设计</td></tr>
<tr><td>编制原则</td><td colspan="2">按计划及要求对项目的施工进度、质量、造价、安全等方面做出最优的计划安排,合理配置资源,指定节约和综合利用资源的目标和措施,规定合理的施工程序</td></tr>
<tr><td rowspan="2">编制步骤</td><td colspan="2">标前设计:学文件→做调查→编方案、选机械→编进度→绘平面图→定标价、算用量→技术组织措施→提合同方案</td></tr>
<tr><td colspan="2">标后设计:调查得编制依据→定施工部署→拟施工方案→编进度计划→编资源需求量计划及运输计划→编水、热、电计划→编施工准备工作计划→设计施工平面图→算技术经济指标</td></tr>
<tr><td rowspan="3">编制依据</td><td>标前设计</td><td>1. 招标文件和工程量清单。
2. 施工现场踏勘情况。
3. 社会、市场和技术经济调查资料。
4. 可行性研究报告、设计文件和参考资料。
5. 企业的生产经营能力</td></tr>
<tr><td>施工组织总设计</td><td>1. 计划文件。
2. 设计文件。
3. 合同文件。
4. 建设地区调查资料。
5. 标准规范、建设政策法令、类似工程建设项目的经验资料</td></tr>
<tr><td>单项单位工程施工组织设计</td><td>1. 工程承包合同、施工图的要求。
2. 施工组织总设计和施工图。
3. 年度施工计划对该工程的安排和规定的各项指标。
4. 工、料、机、水、电配备及供应情况。
5. 设备安装进场对土建和场地的要求。
6. 建设单位可提供的施工用地,临时房屋、水、电条件。
7. 施工现场的具体情况。
8. 建设用地征购、拆迁情况,国家有关规定、规范、规程及标准等</td></tr>
</table>

知识点 2:公路施工组织设计

<table>
<tr><td colspan="5">公路施工组织设计</td></tr>
<tr><td>要求</td><td colspan="4">1. 严格执行基本建设程序和施工程序。
2. 科学安排施工顺序。
3. 采用先进的施工技术和设备。
4. 应用科学的计划方法制定最合理的施工组织方案。
5. 落实季节性施工的措施,确保全年连续施工。
6. 确保工程质量和施工安全。
7. 节约基建费用,降低工程成本</td></tr>
<tr><td rowspan="4">内容</td><td>标前施工组织设计</td><td colspan="3">概略的施工条件分析,提出创造施工条件和建筑生产能力的配备计划</td></tr>
<tr><td>施工组织总设计</td><td colspan="3">对施工进行总体部署的战略性施工纲领</td></tr>
<tr><td>单项(或单位)工程施工组织设计</td><td colspan="3">是详尽的、实施性的施工计划,用以具体指导现场施工活动</td></tr>
<tr><td colspan="4">各阶段施工组织设计内容和格式要求[参见《公路工程标准施工招标文件》(2018 年版)]</td></tr>
<tr><td rowspan="2">施工前调查</td><td>勘察</td><td colspan="3">对施工现场进行勘察,对象主要是路线、桥位、大型土石方</td></tr>
<tr><td>设计资料收集</td><td colspan="3">施工单位和施工组织方式;气象资料;水文地质资料;技术经济情况;运输情况;供水、供电通信情况;生活供应与其他</td></tr>
<tr><td>资源组织计划</td><td colspan="4">1. 劳动力配置计划。
2. 主要材料计划。
3. 主要施工机具、设备计划。
4. 临时工程计划。
5. 技术组织措施计划</td></tr>
<tr><td rowspan="5">平面组织计划</td><td rowspan="5">施工平面图</td><td colspan="3">设计依据:项目平面图,施工进度计划及施工方案,材料供应计划,临时设施情况,场地、设备情况,水、电资料,设计资料</td></tr>
<tr><td colspan="3">设计原则:取决于施工现场的具体条件</td></tr>
<tr><td colspan="3">设计步骤:分析资料→确定机械布置→考虑材料堆放→布置水电线路→确定临时设施布置和尺寸→决定临时道路位置、长度、标准</td></tr>
<tr><td rowspan="2">类型</td><td colspan="2">施工总平面图</td></tr>
<tr><td colspan="2">单项工程、分部分项工程施工平面图</td></tr>
<tr><td colspan="5">施工组织计划及施工组织设计对造价的影响:
1. 施工组织计划中的施工计划决定着施工图预算,施工图预算制约着施工组织计划。
2. 工程施工原始资料的调查是编制施工组织设计的基础。
3. 施工方案、方法对工程造价的关系。
4. 材料采购运输对工程造价的影响。
5. 合理确定施工工期及进度计划,对工程质量和预算造价都有影响。
6. 抓好安全质量,减少返工费用。
7. 施工现场平面布置对预算的影响</td></tr>
</table>

知识点3:临时工程

临 时 工 程		
概念	临时工程只是起着参与永久性工程形成的作用,公路建成交付使用后,必须拆除使其恢复原状。现行概预算定额规定,临时工程有汽车便道、临时便桥、临时码头、轨道铺设、架设输电线路和人工夯打小圆木桩6项	
内容及其规定	汽车便道	1. 专供汽车运输建筑材料用或专供大型施工机械进场用的便道。 2. 双车道的路基宽度为7.0m,单车道为4.5m。 3. 预制场、拌和场及生活区内部通行的汽车便道,均不能计入汽车便道的数量内。其项目属于现场经费中的临时设施内容,修建施工现场已包括场内道路,不能再重复计算
	临时便桥	概预算定额只规定了钢便桥一种结构形式。即利用公路装配式钢梁桁节(贝雷桁架)组成
	临时码头	有重力式石砌码头和装配式浮箱码头的两种结构形式
	轨道铺设	指在进行大型混凝土构件的预制时,铺设在预制场内的轨道,预制场至桥头和桥面上应铺设的轨道,以及供龙门架行走的轨道,专供大型混凝土预制构件的出坑、运输、堆放和运至桥上安装之用
	架设输电线路	临时电力线路架设是指在公路工程施工过程中,当工程用电使用工业电源时,需要安设由高压输电线路到工地变电站之间的电力线路
	人工夯打小圆木桩	

知识点4:辅助工程

辅 助 工 程	
含义及规定	在施工过程中只起辅助性的作用,不构成主体工程的实体,通常是将其费用综合在相应的使用对象的工程造价内,除个别外,一般都不单独反映这些辅助工程的内容,亦不得作为计量支付的依据
种类	大型拌和站:有厂拌稳定土拌和站、沥青混合料拌和站、水泥混凝土搅拌站三种
	混凝土蒸汽养护设施:蒸汽养护室的建筑面积,应根据单件预制构件的大小和每次需要预制的根数来确定
	大型预制构件场
	钢桁架栈桥式码头:是指为大型预制混凝土构件装船用的一种设施,实际是属于临时工程的性质,由于它有具体的服务工程对象,故在桥梁工程定额中单独列为一个定额子目,而没有将其归类临时码头内
	先张法预应力钢筋张拉、冷拉台座
	船上混凝土搅拌台及泥浆循环系统
	施工电梯:当桥梁索塔的高度较高或当墩高超过40m时,宜选用施工电梯作为人员上下的提升设备
	塔吊
	钢结构拼装场
	大型预制场吊移工具设备的选择
	装配式混凝土桥梁的上部结构
	现浇混凝土梁式桥上部结构:定额中只有满堂式木支架,桁构式木支架、满堂式轻型钢支架的定额资料,当采用其他结构时,应编制补充定额

例题解析

1. 复杂的基础工程、大型混凝土构件预制与安装工程以及有特殊要求的工程项目，在编制单项(或单位)工程施工组织设计之后，还应编制(　　)。

A. 施工组织规划设计　　B. 施工组织总设计

C. 单位工程施工组织设计　　D. 分部工程施工组织设计

答案：D

【解析】 本题为2013年考题，考查施工组织设计分类。对于施工难度大或者施工技术复杂的工程项目，在编制单项(或单位)工程施工组织设计之后，还应编制主要分部工程的施工组织设计，用以指导各分部工程的施工。

2. 关于临时工程，以下说法正确的是(　　)。

A. 凡预制场、拌和场及生活区内部通行的汽车便道，均不能计入汽车便道工程数量内

B. 临时电力线路长度，一般按设计长度计算

C. 临时工程在公路建成交付使用时，必须予以拆除，恢复生态环境

D. 临时工程一般有专一的服务对象

答案：AC

【解析】 本题为2015年考题，临时工程只是起着参与永久性工程形成的作用，公路建成交付使用后，必须拆除使其恢复原状。它与辅助工程有相同的性质，不同点在于临时工程一般不单作专一的服务对象。现行概预算定额规定，临时工程有汽车便道、临时便桥、临时码头、轨道铺设、架设输电线路和人工夯打小圆木桩6项。

3. 关于施工组织设计，下列说法错误的是(　　)。

A. 施工组织是全局性的文件

B. 施工组织是根据工程承包组织的需要编制的技术经济文件

C. 施工组织是项目实施的依据

D. 施工组织是项目从立项到竣工结束的指导性

答案：D

【解析】 本题为2019年考题。施工组织设计是根据工程承包组织的需要编制的技术经济文件，是全局性文件，是指导从投标开始到竣工结束承包全过程的。

本节习题

Ⅰ. 单项选择题

1. (　　)是指导工程投标、签订承包合同、施工准备和施工全过程的全局性的技术经济文件。

A. 施工组织设计　B. 概算文件　C. 预算文件　D. 项目建议书

2. 施工组织设计是根据(　　)的需要编制的技术经济文件。

A. 计算工程造价　　B. 工程承包组织

C. 计算工程量　　D. 计算施工工期

3. 关于标前设计,以下叙述正确的是(　　)。

A. 标前设计追求的主要目标是提高施工效率

B. 标前设计的编制时间是签订合同之后开始的

C. 标前设计的服务范围是投标与签约

D. 标前设计是以单位工程为编制对象,用以指导单位工程准备和施工全过程

4. 以下不属于施工组织总设计的编制依据的是(　　)。

A. 招标文件和工程量清单

B. 可行性研究报告

C. 施工单位与建设单位签订的工程承包合同

D. 建设地区的调查资料,例如气象、地形、地质等资料

5. 以下关于施工组织设计要求,叙述错误的是(　　)。

A. 严格执行基本建设程序和施工顺序

B. 必须采用最先进的施工技术和设备

C. 应用科学的计划方法制定最合理的施工组织方案

D. 确保工程质量和施工安全

6. 关于增加全年连续施工日数的措施,以下叙述正确的是(　　)。

A. 把确有必要而又不因冬、雨季施工而带来技术复杂和造价提高的工程列入冬、雨季施工

B. 采用流水作业施工方法,组织连续、均衡的施工

C. 合理布置施工平面图,尽量利用当地资源

D. 按照工程施工的客观规律安排施工顺序

7. 为了做好施工组织设计,必须事先进行施工组织调查工作,收集相关资料。以下关于公路工程施工前的调查工作的叙述,错误的是(　　)。

A. 为编制设计阶段的施工组织文件所进行的施工组织调查活动是在勘察设计阶段进行的

B. 为编制施工阶段的施工组织文件所进行的施工组织调查活动是在开工前的施工准备阶段完成的

C. 收集的资料包括气象资料,水文地质资料,技术经济情况,运输情况,供水、供电、通信情况等

D. 调查工作要明确施工单位和施工组织方式,才能据此对施工过程进行空间组织和时间组织

8. 以下关于施工平面图设计的叙述,错误的是(　　)。

A. 场地布置应与施工进度、施工方法、工艺流程和机械设备相适应

B. 施工平面图设计是施工过程空间组织的具体成果

C. 施工平面图设计是在保证施工顺利的前提下,所有临时性建筑和运输线路的布置,必须便于为基本工作服务,并不得妨碍地面和地下建筑物的施工

D. 施工平面图设计中应将笨重的和大型的预制构件或材料集中设置在料场附近,方便统一管理,取用

9.（　　）是以整个工程项目为对象的施工平面布置方案。

A. 施工总平面图　　B. 单项工程施工平面图

C. 分部分项工程施工平面图　　D. 施工场地布置图

10. 以下关于公路工程施工总平面图包含内容的叙述，错误的是（　　）。

A. 原有河流、居民点、交通路线、车站码头、通信、运输点等工地附近与施工有关的建筑物

B. 施工用地范围和工程主要项目，沿线构筑物的位置

C. 临时供水、供电、供热基地及管线分布平面图

D. 地质不良地段、国家测量标志、安全设施等

11. 关于施工组织计划及施工组织设计与造价的关系，下列描述错误的是（　　）。

A. 施工组织计划是编制施工图预算的指导性技术文件

B. 施工组织计划中的施工计划决定着施工图预算

C. 在施工图预算中与施工组织计划关系最大的费用是措施费

D. 施工图预算制约着施工组织计划

12. 施工组织计划对施工图预算的影响主要是对（　　）的影响。

A. 人工费　　B. 直接费　　C. 设备购置费　　D. 材料费

13. 以下所列工程不属于临时工程内容的是（　　）。

A. 汽车便道　　B. 架设输电线路

C. 平整场地　　D. 人工夯打小圆木桩

14. 以下关于公路工程施工组织设计的叙述，说法错误的是（　　）。

A. 作为投标书的内容和合同文件的一部分，施工组织设计可以指导工程投标和签订工程承包合同

B. 施工组织设计可以指导工程施工的全过程

C. 施工组织设计提出工程施工中进度控制、质量控制、成本控制等的目标及技术组织措施，可提高综合效益

D. 对于施工难度大或者施工技术复杂的工程项目，编制单项工程施工组织设计即可

15. 关于施工组织设计的编制步骤，以下叙述正确的是（　　）。

A. 标前设计的编制步骤应为：进行调查研究，获得编制依据→确定施工部署→拟定施工方案→编制施工进度计划→编制各种资源需要量计划及运输计划→编制供水、供热、供电计划→编制施工准备工作计划→设计施工平面图→计算技术经济指标

B. 标后设计的编制步骤应为：进行调查研究，获得编制依据→确定施工部署→拟定施工方案→编制施工进度计划→编制各种资源需要量计划及运输计划→编制供水、供热、供电计划→编制施工准备工作计划→设计施工平面图→计算技术经济指标

C. 标前设计的编制步骤应为：编制施工进度计划→编制各种资源需要量计划及运输计划→进行调查研究，获得编制依据→确定施工部署→拟定施工方案→编制供水、供热、供电计划→编制施工准备工作计划→设计施工平面图→计算技术经

济指标

D. 标后设计的编制步骤应为:学习招标文件→进行调查研究→编制施工方案并选用主要施工机械→编制施工进度计划(确定开工日期、竣工日期、分期分批开工与竣工日期、总工期)→绘制施工平面图→确定标价及钢材、水泥等主要材料用量→设计保证质量和工期的技术组织措施→提出合同谈判方案,包括谈判组织、目标、准备和策略等

Ⅱ. 多项选择题

1. 根据公路施工组织设计阶段的不同,施工组织设计可以划分为(　　)。

A. 标前设计　　B. 施工组织总设计

C. 单项工程施工组织设计　　D. 标后设计

2. 以下属于标前设计和施工组织总设计共有的编制依据的是(　　)。

A. 招标文件和工程量清单　　B. 可行性研究报告

C. 设计文件　　D. 工程承包合同

3. 以下输电线路可以计入临时电力线路内的是(　　)。

A. 高压输电线路到工地变电站

B. 变电站至施工现场

C. 自发电的厂房至施工现场

D. 修建大型桥梁敷设的水下电缆

4. 施工组织设计文件内容中,属于勘测设计单位编制的施工组织设计内容是(　　)。

A. 施工方案　　B. 修正施工方案

C. 施工组织计划　　D. 实施性施工组织设计

5. 公路施工组织设计是(　　)和施工全过程的全局性的技术经济文件。

A. 指导工程投标　　B. 签订承包合同

C. 施工准备　　D. 工程结算

6. 施工组织设计是项目管理的规划性文件,用于提出工程施工中(　　)、安全控制、现场管理、各项生产要素管理的目标及技术组织措施,提高综合效益。

A. 进度控制　　B. 质量控制

C. 全过程造价控制　　D. 成本控制

7. 在公路工程设计阶段,必须编制相应的施工组织设计文件,分别是(　　)。

A. 施工方案　　B. 修正施工方案

C. 施工组织计划　　D. 施工组织设计

8. 以下属于临时工程的是(　　)。

A. 蒸汽养护室建筑　　B. 汽车便道

C. 临时便桥　　D. 预应力张拉台座

9. 以下属于临时电力线路的是(　　)。

A. 接高压线路至工地变压器之间的距离

B. 变电站接线处至工地变压器之间的距离

C. 发电机房至现场用电点的距离

D. 大型桥梁敷设水下电缆

10. 以下属于辅助工程的是(　　)。

A. 蒸汽养护室建筑　　B. 汽车便道

C. 临时便桥　　D. 预应力张拉台座

11. 当面层为(　　)时,应计入拌和设备的安拆。

A. 沥青贯入式　　B. 沥青混凝土

C. 水泥混凝土　　D. 乳化沥青碎石混合料

12. 以下属于辅助工程的是(　　)。

A. 平整场地　　B. 大型拌和站

C. 塔吊　　D. 轨道铺设

13. 在公路建设工程中,需要设置的大型拌和站有(　　)。

A. 厂拌稳定土拌和站

B. 乳化沥青碎石混合料拌和站

C. 沥青混合料拌和站

D. 水泥混凝土搅拌站

14. 以下属于公路工程施工组织设计中完成的工作是(　　)。

A. 确定合理的施工组织及施工方案

B. 科学安排施工进度计划、施工平面、施工现场的规划

C. 编制技术交底书

D. 对拟建工程项目提出科学的实施计划

本节习题答案及解析

Ⅰ. 单项选择题

1. 答案:A

【解析】 本题考查施工组织设计概念。施工组织设计是指导工程投标、签订承包合同、施工准备和施工全过程的全局性的技术经济文件。其他都不是全局性的技术经济文件。

2. 答案:B

【解析】 本题考查施工组织设计的概念和含义,施工组织设计的含义包括:

(1)施工组织设计是根据工程承包组织的需要编制的技术经济文件。它是一种管理文件,具有组织、规划(计划)和据以指挥、协调、控制的作用。

(2)施工组织设计是全局性的文件。“全局性”是指,工程对象是整体的,文件内容是全面的,发挥作用是全方位的(指管理职能的全面性)。

3. 答案:C

【解析】 本题考查施工组织设计的分类,以及标前设计和标后设计的区别。施工组织设计的分类和标前、标后设计的区别具体情况如下。

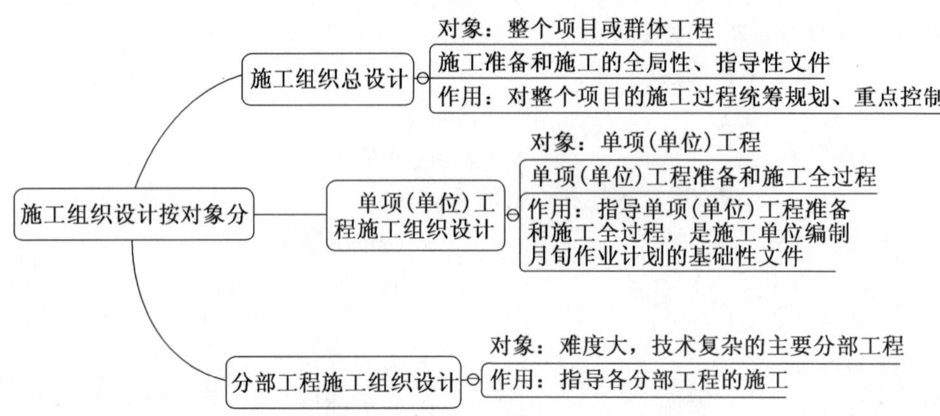

两类施工组织设计的区别

种类	服务范围	编制时间	编制者	主要特征	追求主要目标
标前设计	投标与签约	投标书编制前	经营管理层	规划性	中标和经济效益
标后设计	施工准备至验收	签约后开工前	项目管理层	作业性	施工效率和效益

4. **答案**:A

【解析】 本题考查标前设计、施工组织总设计以及单项(单位)工程施工组织设计的编制依据区分。招标文件和工程量清单是标前设计的编制依据。

5. **答案**:B

【解析】 本题考查施工组织设计要求,正确表述应为,在条件允许的情况下,尽可能采用先进的施工技术。

6. **答案**:A

【解析】 恰当地安排冬、雨季施工项目,增加全年连续施工日数,应把那些确有必要而又不因冬、雨季施工而带来技术复杂和造价提高的工程列入冬、雨季施工,全面平衡人工、材料的需用量,提高施工的均衡性。其他措施说法是对的,但不是确保连续施工的措施。

7. **答案**:D

【解析】 本题考查施工组织调查工作相关内容。在勘察阶段,如未明确施工单位,则应向建设单位调查落实施工单位,并明确是专业队伍施工或其他施工方式。对实行招标、投标的工程,在设计阶段一般不能明确施工单位,设计单位应从设计角度出发,提出最为合理的意见,作为编制概、预算的依据。

8. **答案**:D

【解析】 本题考查施工平面图规划原则。平面图规划设计应力求材料直达工地,减少二次搬运和场内的搬运距离,并将笨重的和大型的预制构件或材料设置在使用点附近,所有货物的运输量和起重量必须减至最小。

9. **答案**:A

【解析】 施工总平面图是以整个工程项目为对象的施工平面布置方案;单项工程、分部分项工程施工平面图布置有两种情况,一种是在施工总平面图的控制下进行布置;一种是以施工总平面图为依据,即基本上按照施工总平面有关内容进行布置。

10. 答案:C

【解析】 临时供水、供电、供热基地及管线分布平面图属于其他单项局部平面布置图。

11. 答案:C

【解析】 施工组织计划是初步设计阶段施工方案的具体和深化,是编制施工图预算的指导性技术文件,施工图预算的编制过程也是施工组织计划的过程。施工组织计划中的施工计划决定着施工图预算,反过来,施工图预算又制约着施工组织计划,两者是辩证统一的关系,是相辅相成的。从施工图预算的组成来分析,与施工组织计划关系最大的是建筑安装工程费。

12. 答案:B

【解析】 从施工图预算的组成来分析,与施工组织计划关系最大的是建筑安装工程费。在建筑安装工程费中,直接费又是主要的费用,它的高低基本决定了建筑安装费的高低,故施工组织计划对施工图预算的影响主要即是对直接费的影响。

13. 答案:C

【解析】 本题考查辅助工程和临时工程的内容。现行概算预算定额规定,临时工程有汽车便道、临时便桥、临时码头、轨道铺设、架设输电线路和人工夯打小圆木桩6项。平整场地属于辅助工程。

14. 答案:D

【解析】 本题主要考查施工组织设计的作用,施工组织设计的作用见下图:

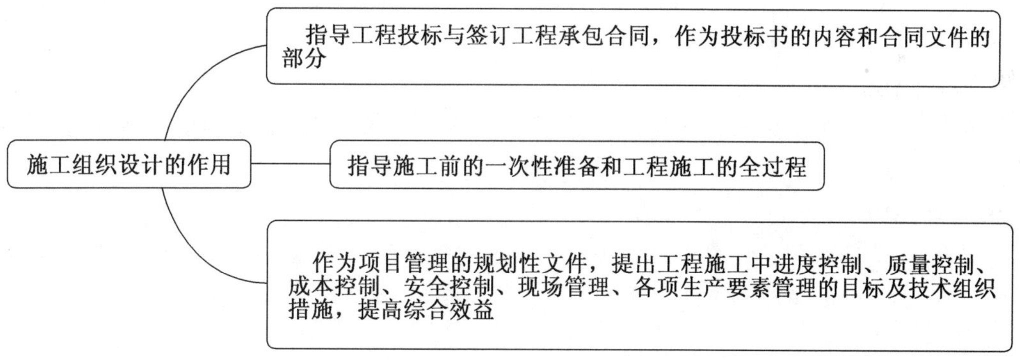

本题D选项错误。对于施工难度大或者施工技术复杂的工程项目,在编制单项(或单位)工程施工组织设计之后,还应编制主要分部工程的施工组织设计,用以指导各分部工程的施工。

15. 答案:B

【解析】 本题考查标前设计和标后设计的编制步骤,可采用排除法。标前设计是投标前编制的施工组织设计,追求主要目标为中标和经济效益,编制时间是在投标书编制前,故会进行招标文件学习;而标后设计的编制时间是签约后开工前,服务范围为施工准备至验收,故无须进行招标文件学习。由此可排除其他答案。

Ⅱ.多项选择题

1.答案:AD

【解析】 本题考查施工组织设计分类。根据公路工程施工组织设计阶段的不同,施工组织设计可以划分为两类:一类是投标前编制的施工组织设计(简称“标前设计”);另一类是签订工程承包合同后编制的施工组织设计(简称“标后设计”)。

2.答案:BC

【解析】 本题考查标前设计、施工组织总设计以及单项(单位)工程施工组织设计的编制依据区分。招标文件和工程量清单是标前设计的编制依据。工程承包合同是单项(单位)工程施工组织设计的编制依据。可行性研究报告和设计文件是标前设计和施工组织总设计都有的编制依据。

3.答案:AD

【解析】 临时电力线路架设是指在公路工程施工过程中,当工程用电使用工业电源时,需要安设由高压输电线路到工地变电站之间的电力线路。至于变电站或自发电的厂房至施工现场各个作业用电点的线路,是一种低压线路,属于现场经费中的临时设施费的范围内容,不得计入临时电力线路内。在修建大型桥梁时,由于工程用电的需要,必须敷设水下电缆,可结合建设工程的实际情况,参照电力部门的有关规定和要求确定,计入临时电力线路项目内,作为编制工程造价的依据。

4.答案:ABC

【解析】 施工方案、修正施工方案和施工组织计划由勘测设计单位负责编制,并编入相应的设计文件,按规定上报审批。

5.答案:ABC

【解析】 公路施工组织设计是指导工程投标、签订承包合同、施工准备和施工全过程的全局性的技术经济文件。

6.答案:ABD

【解析】 施工组织设计的作用是提出工程施工中进度控制、质量控制、成本控制、安全控制、现场管理、各项生产要素管理的目标及技术组织措施,提高综合效益。

7.答案:ABC

【解析】 施工方案、修正施工方案和施工组织计划由勘测设计单位负责编制,并编入相应的设计文件,按规定上报审批。

8.答案:BC

【解析】 现行概算预算定额规定,临时工程有汽车便道、临时便桥、临时码头、轨道铺设、架设输电线路和人工夯打小圆木桩6项。

9.答案:ABD

【解析】 变电站或自发电的厂房至施工现场各个作业用电点的线路,是一种低压线路,属于现场经费中的临时设施费的范围内容。

10.答案:AD

【解析】 汽车便道和临时便桥属于临时工程。

11. 答案:BC

【解析】 沥青混凝土和水泥混凝土施工时,必须配备大型拌和设备。

12. 答案:BC

【解析】 轨道铺设是临时工程。

13. 答案:ACD

【解析】 根据工程质量和任务要求,在公路建设工程中,需要设置的大型拌和站,有厂拌稳定土拌和站、沥青混合料拌和站、水泥混凝土搅拌站三种。

14. 答案:ABD

【解析】 公路工程施工组织设计是指对拟建工程项目提出科学的实施计划,从工程项目实际出发,确定合理的施工组织及施工方案,科学安排施工进度计划、施工平面、施工现场的规划,并作为编制工程造价和指导施工的依据。技术交底书不是施工组织设计工作的内容。

(二)路基、路面施工技术

路基、路面施工技术知识点

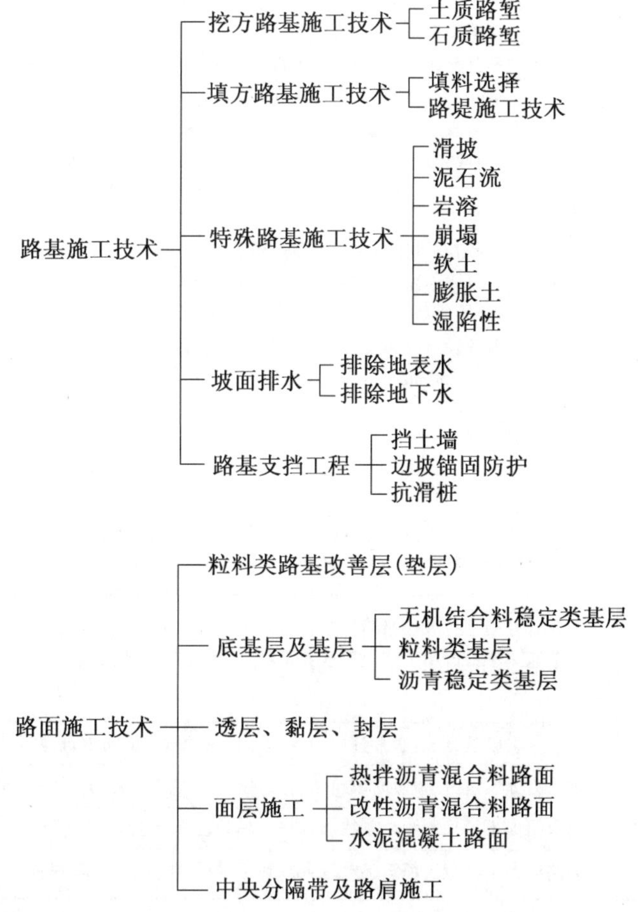

知识点5:路基施工技术

路基施工技术		
内容	路基施工技术准备、路基土石方工程、排水工程及路基防护工程施工	
挖方路基施工	土质路堑	施工要求:安全、经济的开挖;采取排水措施;分类开挖分类使用;不得乱挖超挖,严禁掏底开挖;保证边坡稳定;及时施工
		施工工艺:施工工艺流程图
		作业方法:横向挖掘法,纵向挖掘法,混合式挖掘法
	石质路堑	作业方法:钻爆开挖、直接应用机械开挖(松土法)、静态破碎
填方路基施工	路堤填料选择	路床填料:路床填料最大粒径应小于100mm,路床填料应均匀
		土质路堤填料: 1. 卵石、碎石、砾石、粗砂等透水性良好的填料,只要分层填筑、压实,可以不控制含水率;用黏性土等透水性不良的填料,应在接近最佳含水率的情况下分层填筑与压实。 2. 含草皮、生活垃圾、树根、腐殖质的土严禁作为填料。 3. 泥炭、淤泥、冻土、强膨胀土、有机质土及易溶盐超过允许含量的土不得直接作为路堤填料;需要使用时,必须采取技术措施进行处理,经检验满足设计要求后方可使用。 4. 湿黏土宜采用石灰进行改良,并经检验满足设计要求后方可使用。 5. 粉质土不宜直接填筑于路床,不得直接填筑于冰冻地区的路床及浸水部分的路堤。当采用细粒土填筑时,宜掺用石灰、水泥、粉煤灰等无机结合料进行改良。 6. 膨胀土除非表层用非膨胀土封闭,一般也不宜用作高等级公路路基填料。工业废渣可用作路基填料,但应先进行试验及检验有害物质含量,以免污染环境
		填石路堤填料: 1. 硬质、中硬岩石可作为路床、路堤填料。 2. 软质岩石可用作路堤填料,不得用于路床填料。 3. 膨胀、易溶性岩石和盐化岩石不宜直接用于路堤填筑 4. 路堤填料粒径应不大于500mm,并不宜超过层厚的2/3。路床底面以下400mm范围内,填料粒径应小于150mm
		土石路堤填料: 1. 膨胀、易溶性岩石等不宜直接用于路堤填筑,崩解性岩石和盐化岩石等不得直接用于路堤填筑。 2. 天然土石混合填料中,中硬、硬质石料的最大粒径不得大于压实层厚的2/3;石料为强风化石料或软质石料时,其CBR值应符合相关规定,石料最大粒径不得大于压实层厚
		粉煤灰可用于各级公路路堤填筑; 土工泡沫塑料可用于软土地基上路堤、桥涵与挡土墙构造物台背路堤、拓宽路堤和修复失稳路堤
	路堤施工技术	土质路堤填筑方法:水平分层填筑、纵向分层填筑、横向填筑、联合填筑
		填石路堤填筑方法:竖向填筑法、分层压实法、冲击压实法、强力夯实法
		土石路堤不得采用倾填方法,只能分层填筑,分层压实
		高路堤施工应分层填筑、分层压实;施工过程中应进行沉降观测

续上表

填方路基施工	路堤施工技术	粉煤灰路堤:粉煤灰路堤应采用水平分层填筑施工,遵循先轻厚重、先低后高的原则
		土工泡沫塑料路堤:施工基面必须保持干燥,块体应逐层错缝铺设
		泡沫轻质土路堤:应按设计高程和尺寸进行开挖、清理、整平、压实、设置排水沟或其他排水设施
路基排水工程施工	排除地表水	设置边沟、截水沟、排水沟、跌水与急流槽、蒸发池、拦水带等设施,将可能停滞在路基范围内的地面水迅速排除,防止路基范围内的地面水流入路基内
	排除地下水	设置明沟(排水沟)、暗沟(管)、渗沟、渗井、检查井等,将路基范围内的地下水位降低或拦截地下水并将其排除路基范围以外
路基支挡工程	挡土墙	重力式挡土墙:基坑开挖宜分段跳槽进行;基础施工前要清除表面的土石杂物,在砂浆强度达到75%时分层回填;墙身分层错缝砌筑;墙身泄水孔应在砌筑墙身过程中按设计施工,确保排水通畅
		钢筋混凝土悬臂式和扶壁式挡土墙:基坑开挖应从上至下分层依次进行,开挖的过程中及时排水保持干燥。基坑开挖后及时施工挡土墙,不宜长时间放置。凸榫部分应与基坑同时开挖,并与墙底板一起浇筑。采用装配法施工时,基础部分应整体一次性浇筑,并设置好预埋钢筋。基础混凝土强度达到设计强度75%后,方可安装。浇筑后养护时间宜不少于7d
		锚杆挡土墙:施工时挡土板和锚杆应逐层由下而上同步进行。挡土板之间的安装缝应均匀,缝宽小于10mm
		锚定板挡土墙:采用反开槽法施工,先填土,后挖槽就位。挖槽时锚定板宜比设计位置高30~50mm。锚定板竖向安装,且在同一高程
		加筋土挡土墙:填料采用一定级配、透水性好的砂类土或碎砾石土。拉筋应平铺在平整的土层上,单根拉筋垂直于面板,多根拉筋呈扇形铺设
	边坡锚固	1. 锚杆施工:孔深小于3m时,宜采用先注浆后插锚杆的施工工艺。 2. 预应力锚索:严禁将钢绞线及锚索直接堆放在地面或露天储存,避免受潮、受腐蚀。施工前应按设计要求进行预应力锚索的锚固性能基本试验,确定施工工艺。 3. 锚索束制作安装:制作宜在现场厂棚内制作;严禁使用有机械损伤、电弧烧伤和严重锈蚀的钢绞线;普通锚索束必须进行清污、除锈处理;锚索入孔前,必须校对锚索编号与孔号是否一致,做好标记;必须顺直地安放在钻孔中心。 4. 锚固端灌浆:放入锚索束后应及时灌浆;黏结锚索孔灌浆宜一次注满锚固段和自由段;灌浆应饱满、密实。 5. 锚索张拉:张拉设备必须按规定配套标定,标定间隔期不宜超过6个月;孔内砂浆的强度未达到设计强度的75%时,不得进行张拉;锚索张拉采用张拉力和伸长值双控,当实际伸长值大于计算伸长值的10%或小于5%时,应暂停张拉;锚索锁定后,在注浆锚固前若发现有明显的预应力松弛时,应进行补偿张拉。 6. 封孔:封孔灌浆应在锚索张拉、检测合格、锁定后进行;封孔灌浆时,进浆管必须插到底,灌浆必须饱满;封锚采用与结构或构件同强度等级的混凝土

续上表

路基支挡工程	抗滑桩	1. 开挖及支护:相邻桩不得同时开挖,应分节开挖,每节宜为0.5~1m,挖一节立即支护一节;灌注前应清除孔壁,设泄水孔;开挖应在上一节护壁混凝土终凝后进行,模板的支撑应在混凝土强度达到能保持护壁结构不变形后方可拆除;在围岩松软、破碎和有滑动的节段,应在护壁内顺滑动方向用临时横撑加强支护。 2. 灌注桩身混凝土:灌注前,应检查断面净空、清洗混凝土护壁;灌注必须连续进行。 3. 桩间支挡结构及与桩相邻的挡土、排水设施等,均应按设计要求与抗滑桩正确连接,配套完成。 4. 桩板式抗滑挡墙:桩身混凝土应达到设计强度后方可安装挡土板,边安装边回填,并做好板后排水设施;当桩间为土钉墙或喷锚支护时,桩间土体应分层开挖、分层加固;当锚固桩上部设有多排锚索(杆)时,应待上一排锚索(杆)施工完成后,才可开挖下一层的桩前土体;应严格控制墙背填土的压实度,压实时不得直接碾压锚索(杆)
特殊路基施工	滑坡地段	在滑坡边缘一定距离外的稳定地层上,修筑具有防渗功能的环形截水沟、排水沟等。当有地下水时,应设置截水沟。当采用削坡减载方案整治滑坡时,减载应自上而下,严禁超挖或乱挖,严禁爆破减载;当采用加填压脚方案整治滑坡时,只能在抗滑段加重反压,并且做好地下排水
	崩塌与岩堆地段	当危岩崩塌体小时,可采取清除、支挡、挂网喷锚、柔性防护等措施,或采取拦石墙、落石槽等拦截措施。当崩塌体大、发生频繁且距离路线近而设拦截构造物有困难时,应按设计采用明洞、棚洞等遮挡构造物,洞顶应有缓冲层
	泥石流地区	可采用桥梁形式跨越泥石流地段,需加固防护措施;采用排泄道、排导沟、明洞、涵洞、渡槽等排导功能为主的构造物进行泥石流处置;或采用永久性调治构造物,如浆砌片石构造物时,其基础的深度、强度要满足设计要求
	岩溶地区	不得堵塞与地下河连通的岩溶漏斗、冒水洞、溶洞等地下通道。对于地基下的干溶洞采取回填封闭、钢筋混凝土盖板跨越、支撑加固或结构物跨越等处理措施
	软土地基	浅层处理,垫层处理,土工合成材料,预压与超载预压,竖向排水法,粒料桩,加固土桩,水泥粉煤灰碎石桩(CFG桩),预制桩,强夯及强夯置换,软土地区提前施工,软土路基施工观测
	膨胀土	膨胀土路基施工应符合以下规定: 1. 膨胀土路基施工,应避开雨季作业,加强现场排水。 2. 膨胀土路基应分段施工,各道工序应紧密衔接,连续完成。 3. 强膨胀土不得作为路堤填料;膨胀土掺拌石灰改良后可用作路基填料,掺灰后的膨胀土不宜用在高速公路、一级公路的路床和二级特殊路基公路的上路床。 4. 高速公路、一级公路零填和挖方路段路床0.8~1.2m范围内的膨胀土应进行换填处理。二级公路、三级公路的零填和挖方路段路床0.3m范围内的膨胀土应进行换填处理。换填材料为透水性材料时,底部应设置防渗层。 5. 膨胀土路堑施工前,先施工截、排水设施;边坡施工过程中,宜采取临时防水封闭措施。边坡不得一次挖到设计线,应预留厚度300~500mm,待路堑完成时,再分段削去边坡预留部分,并立即进行加固和封闭处理。 6. 物理改良的膨胀土路基填筑厚度不得大于300mm。 7. 填筑膨胀土路堤时,应及时对路堤边坡及顶面进行防护。 8. 路基完成后应做封层,其厚度应不小于200mm,横坡不小于2%

续上表

特殊路基施工	湿陷性黄土路基处理	若地基是湿陷性黄土时，应采取措施拦截、排除地表水，还要采取防渗措施。若地基黄土具有强湿陷性或者较高压缩性，应按设计要求处理。根据特性可采取换填土、重锤夯实、强夯法、预浸法、挤密法、化学加固法等处理措施。 黄土填筑路堤： 1. 路床填料不得使用老黄土。 2. 路堤填料不得含有粒径大于 100mm 的块料。 3. 在填筑横跨沟壑的路基土方时，应做好纵横向界面的处理。 4. 黄土路堤边坡应拍实，并应及时予以防护，防止路表水冲刷。 5. 浸水路堤不得用黄土填筑。 黄土路堑施工： 1. 路堑路床土质应符合设计要求，密实度不足时，应采取措施碾压至要求的压实度。 2. 路堑施工前，应做好堑顶地表排水导流工程。 3. 路堑施工期间，开挖作业面应保持干燥。 4. 路堑施工中，如边坡地质与设计不符，可提出修改边坡坡度

知识点 6：粒料类路基改善层、底基层、基层施工

<table>
<tr><td colspan="4">粒料类路基改善层、底基层基层</td></tr>
<tr><td rowspan="2">粒料类路基改善层</td><td colspan="3">粒料类路基改善层材料可选用碎石、砂砾、煤渣、矿渣等粒料</td></tr>
<tr><td colspan="3">施工要求：
1. 应在验收合格的路基上铺筑垫层材料。
2. 在铺筑垫层前，应清除路基面，并洒水湿润。
3. 应采用批准的机械进行摊铺。
4. 摊铺后的碎石、砂砾应无明显离析现象，或采用细集料做嵌缝处理。
5. 经过整平和整型，应按试验路段所确认的压实工艺，在全宽范围内均匀地压实至重型击实最大密度的 96% 以上。
6. 一个路段碾压完成以后，应按批准的方法做密实度试验。
7. 凡压路机不能作业的地方，应采用机夯进行压实。
8. 严禁压路机在已完成的或正在碾压的路段上掉头和紧急制动。
9. 两段作业衔接处，第一段留下 5 ~ 8m 不进行碾压，第二段施工时，将前段留下未压部分与第二段一起碾压</td></tr>
<tr><td rowspan="3">底基层及基层</td><td colspan="3">1. 一般公路的基层宽度每侧宜比面层宽出 10cm，底基层每侧宜比基层宽 15cm。在多雨地区，透水性好的粒料基层，宜铺至路基全宽，以利排水。
2. 底基层可选用无机结合料稳定集料类或粒料类等。
3. 基层可选用无机结合料稳定集料类、粒料类或沥青稳定类等</td></tr>
<tr><td rowspan="2">无机结合料稳定类</td><td rowspan="2">石灰稳定土</td><td>施工内容：检查、清理下承层、洒水；拌和、运输、摊铺；整平、整形；洒水、碾压、初期养护</td></tr>
<tr><td>施工方法：路拌法或厂拌法</td></tr>
</table>

续上表

<table>
<tr><td rowspan="3">底基层及基层</td><td rowspan="3">无机结合料稳定类</td><td>石灰稳定土</td><td>施工注意事项：
1. 一般要求：施工气温应不低于5℃，并在第一次重冰冻到来之前一个月完成，不宜安排在雨季施工；100mm≤每层压实厚度≤200mm，先轻后重压路机碾压；采用集中厂拌法拌制混合料，采用摊铺机进行摊铺，或采用专用的稳定土拌和机进行路拌法施工；在铺筑上层前，应将下层的表面拉毛，并洒水湿润。
2. 现场拌和(路拌)：清扫下层表面，所备土应将超尺寸颗粒筛除，经摊铺、洒水闷料后整平，用6~8t两轮压路机碾压1~2遍，使其表面平整。此后将石灰均匀地摊铺在整平的表面上，采用稳定土拌和机拌和。拌和过程中应及时检查含水率，使其等于或略大于最佳值，同时使土和石灰充分拌和均匀，不得留有素土夹层。
3. 集中拌和(厂拌)：应根据原材料和混合料的含水率，及时调整加水量，充分拌和均匀，拌和好的混合料要尽快摊铺；运输车辆应装载均匀，速度宜缓，以减少不均匀碾压或车辙。混合料在运输中应加覆盖以防水分蒸发；摊铺时，必须采用批准的机械进行，按要求的松铺厚度，均匀地摊铺在要求的宽度上。摊铺时混合料的含水率宜高于最佳含水率1~2个百分点；施工应尽可能避免纵向接缝，如必须分两幅施工时，宜采用两台摊铺机前后相隔8~10m同步向前摊铺，一起进行碾压。纵缝必须平行于中线。
4. 压实：路拌整形合格后，摊铺机摊铺的混合料应立即按试验路段的施工工艺、压实速度和遍数进行压实，连续碾压直至符合规定的压实度为止。一个路段完成之后，应按规定做密实度检查。两个工作段的衔接处应搭接拌和，前一段拌和后，留5~8m不进行碾压，后一段施工时，将前一段未压部分一起再进行拌和，并与后一段一起碾压。
厂拌法的工作接缝，应在碾压段末端压成斜坡，接缝时将此工作缝切成垂直于路面及路中心线的横向断面，再进行下一施工段的摊铺及碾压。施工机械不宜在已压成的底基层、基层上掉头，如必须在其上进行，应采取保护措施。
5. 养护：碾压完成后，必须保湿养护；养护期应不少于7d。养护方法可采用洒水、覆盖砂或低黏性土，或采用不透水薄膜和沥青膜等；养护期内除洒水车外，不得通行车辆，采用覆盖措施的石灰稳定土层上，经批准通行的车辆，应限制车速不得超过30km/h</td></tr>
<tr><td>稳定土</td><td>要求：工地气温低于5℃时，不应进行施工，并应在重冰冻到来之前一个月结束施工。雨季施工，应特别注意天气变化，勿使水泥和混合料受雨淋。降雨时应停止施工，但已摊铺的混合料应尽快碾压密实</td></tr>
<tr><td>水泥稳定土</td><td>施工流程及注意事项：
1. 拌和与运输：拌和应采用厂拌法运输车辆应根装载均匀，及时将混合料运至现场；运输中应加覆盖，以防水分蒸发。
2. 摊铺和整形：摊铺应采用批准的机械进行，并按规定的松铺厚度，均匀地摊铺在要求的宽度上；摊铺时混合料的含水率宜高于最佳含水率0.5~1个百分点。
3. 碾压：混合料的碾压程序应按试验路段确认的方法施工；碾压过程中，水泥稳定土的表面应始终保持潮湿；严禁压路机在已完成的或正在碾压的路段上掉头或紧急制动；从加水拌和到碾压终了的延迟时间不得超过水泥初凝时间，按试验路段确定的合适的延迟时间严格施工。
混合料压实，用12~15t压路机碾压时，每层的压实厚度不应超过150mm；用18~20t压路机碾压时，每层的压实厚度不应超过200mm；每层最小压实厚度为100mm。当压实厚度超过上述规定时，应分层摊铺。
底基层分层施工时，下层碾压完后，在采用重型振动压路机碾压时，宜养护7d后铺筑上层。在铺筑上层之前，应始终保持下层表面湿润。在铺筑上层时，宜在下层表面撒少量水泥或洒少量水泥浆。底基层养护7d后，方可铺筑基层。先摊铺的一层应经过整形和压实，验收合格后，将先摊铺的一层表面拉毛后再继续摊铺上层</td></tr>
</table>

续上表

<table>
<tr><td rowspan="4">底基层
及基层</td><td rowspan="3">无机
结合料
稳定类</td><td>水泥
稳定土</td><td>4. 接缝和掉头,应按规定处理。
5. 养护:碾压完成后应立即进行养护。养护时间不应少于7d。养护方法可视具体情况采用洒水,覆土工布、草袋、砂后洒水或洒透层油或封层等。养护期间除洒水车外应封闭交通;不能封闭时,应经批准,并将车速限制在30km/h以下,严禁重型车辆通行</td></tr>
<tr><td rowspan="2">石灰
粉煤灰
稳定土</td><td>施工要求:最低施工温度应在5℃以上,并在第一次重冰冻到来之前一个月完成。雨季施工应采取防雨措施;应为现场操作人员提供防护用品</td></tr>
<tr><td>施工流程及注意事项:
1. 现场拌和(路拌)混合料及摊铺:底基层下层可采用现场拌和法。清扫下层表面;土应将超尺寸颗粒筛除,经摊铺、洒水闷料后整平,并用6~8t两轮压路机碾压1~2遍,使其表面平整。此后将石灰、粉煤灰分别按规定的用量均匀地摊铺在整平的表面上,即可进行拌和。拌和过程中应及时检查含水率,使其等于或略大于最佳含水率,充分拌和均匀。
2. 集中拌和(厂拌)混合料及摊铺:除底基层的下层可以采用路拌法施工外,其他的各个稳定土层必须用集中厂拌法拌制混合料,并应用摊铺机摊铺混合料。
厂拌的设备及布置位置应在拌和前取得批准后,方可进行设备的安装、检修、调试;运输车辆,应根据需要配置,速度宜缓,以减少不均匀碾压或车辙;路床表面摊铺前应洒水湿润;摊铺时混合料的含水率应略大于最佳含水率;混合料在运输时应覆盖;卸料时应注意卸料速度,防止离析;应及时摊铺,现场存放时间不得超过24h。
3. 压实:用12~15t三轮压路机碾压时,每层的压实厚度不应超过150mm;用18~20t三轮压路机碾压时,每层的压实厚度不应超过200mm;采用能量大的振动压路机碾压时,每层的压实厚度可以根据试验适当增加。压实厚度超过上述规定时,应分层铺筑,每层的最小压实厚度为100mm,下层宜稍厚。对于石灰土工业废渣稳定土,应采用先轻型、后重型压路机碾压。经摊铺及整型的混合料应立即在全宽范围压实,并在当日完成碾压。混合料应达到最佳含水率,再进行压实;一个路段完成之后,应做压实度试验;两工作段的衔接处应搭接拌和,前一段拌和后,留5~8m不进行碾压,后一段施工时,将前一段未压部分一起再进行拌和,并与后一段一起碾压;未经压实的混合料被雨淋后,均应清除并更换;严禁压路机在已完成的或正在碾压的路段上掉头和紧急制动。
4. 养护:必须保湿养护,不使石灰粉煤灰层表面干燥。碾压完成后应及时养护,养护期不少于7d,应始终保持表面潮湿;对于二灰稳定粗、中粒土的基层,也可用沥青乳液和沥青下封层进行养护,养护期一般为7d;分层施工时,下层施工完成后,可根据要求决定是否需要养护,再铺筑上层。养护期间应封闭交通,除洒水车外严禁其他车辆通行</td></tr>
<tr><td>粒料类
基层</td><td colspan="2">分为嵌锁型与级配型:
嵌锁型包括泥结碎石、泥灰结碎石、填隙碎石等。
级配型包括级配碎石、级配砾石、符合级配的天然砂砾,部分砾石经轧制掺配而成的级配砾、碎石等</td></tr>
</table>

续上表

<table>
<tr><td rowspan="2">底基层及基层</td><td>1. 级配碎(砾)石底基层、基层的施工要求
混合料应在料场集中拌和,在批准的路基上摊铺;根据批准的试验路段的施工工艺、施工机械进行混合料的施工;混合料应拌和均匀,含水率适当,无粗细颗粒离析;在最佳含水率时,遵循先轻后重的原则,碾压至规定的压实度。碎石层按重型击实试验法确定的压实度,底基层达到96%以上,基层达到98%以上;严禁压路机在已完成的或正在碾压的路段上掉头或紧急制动;基层未洒透层沥青或未铺封层时,禁止开放交通。
2. 填隙碎石的施工要求
可采用干法或湿法施工。单层压实厚度宜为公称最大粒径的1.5~2倍。
施工前按规定准备下承层和施工放样;填隙料应干燥,用量宜为集料质量的30%~40%;用平地机等将集料均匀摊铺在预定范围内,表面应平整,并有规定的路拱,同时摊铺路肩用料;宜采用振动压路机碾压;碾压后的固体体积率,基层不小于85%,底基层不小于83%;未洒透层沥青或未铺封层前不得开放交通</td></tr>
<tr><td>沥青稳定类基层又称柔性基层,包括热拌沥青碎石、贯入式沥青碎石、乳化沥青碎石混合料基层等。
施工要求:做好各项施工准备工作;进行热拌沥青碎石的配合比设计,即包括目标配合比设计阶段、生产配合比设计阶段、生产配合比验证阶段。配合比设计采用马歇尔试验设计方法;施工前,承包人应做200m的试验路段;试验路段验收合格后方可施工。试验段应分为试拌和试铺两个阶段。
施工工艺及要求:
1. 拌制:必须在沥青拌和场采用间歇式拌和机或连续式拌和机拌制;沥青混合料应均匀一致,无花白料,无结团成块或严重的粗细料分离;出厂的沥青混合料应逐车用地磅称重。
2. 运输:应采用较大吨位的自卸汽车运输、车厢应清扫干净。车厢侧板和底板可涂一薄层油水(柴油与水的比例可为1:3)混合料,但不得有余液积聚在车厢底部;从拌和机向运料车上放料时,应每卸一斗混合料挪动一下汽车位置,以减少粗细集料的离析;运料车应用篷布覆盖,用以保温、防雨、防污染。
3. 摊铺:铺筑前,应检查确认下层的质量;采用机械摊铺;摊铺温度应符合规范要求,并应根据沥青等级强度、黏度,气温、摊铺层厚度选用;当高速公路和一级公路施工气温低于10℃、其他等级公路施工气温低于5℃时,不宜摊铺;沥青混合料的松铺系数应根据混合料实际类型,由试铺试压方法或以往实践经验确定。松铺系数:机械摊铺1.15~1.30,人工摊铺1.20~1.45;机械摊铺的混合料,不应用人工反复修整;可用人工局部找补或更换混合料;摊铺不得中途停顿;摊铺了的沥青混合料应及时碾压。
4. 压实及成型
(1)压实后的沥青混合料应符合压实度及平整度的要求,沥青混合料的分层压实厚度不得大于10cm。
(2)应选择合理的压路机组合方式及碾压步骤,以达到最佳结果。沥青混合料压实宜采用钢筒式静态压路机与轮胎压路机或振动压路机组合的方式。压路机的数量应根据生产率决定。
(3)沥青混合料的压实应按初压、复压、终压(包括成型)三个阶段进行。压路机应以慢而均匀的速度碾压,压路机的碾压速度应符合规定。
(4)初压应在混合料摊铺后较高温度下进行,应采用轻型钢筒式压路机或关闭振动装置的振动压路机碾压两遍。压路机应从外侧向中心碾压。相邻碾压带应重叠1/3~1/2轮宽,最后碾压路中心部分,压完全幅为一遍。
(5)复压应紧接在初压后进行,复压宜采用重型的轮胎压路机,也可采用振动压路机或钢筒式压路机。碾压遍数应经试压确定,不宜少于4~6遍,达到要求的压实度,并无显著轮迹。
(6)终压应紧接在复压后进行。终压可选用双轮钢筒式压路机或关闭振动压路机碾压,不宜少于两遍,并无轮迹。路面压实成型的终了温度应符合规范要求。
5. 接缝
(1)纵向接缝部分的施工,摊铺时采用梯队作业的纵缝应采用热接缝。施工时应将已铺混合料部分留下10~20cm宽暂不碾压,作为后摊铺部分的高程基准面,再最后做跨缝碾压以消除缝迹。
(2)半幅施工不能采用热接缝时,宜加设挡板或采用切刀切齐。铺另半幅前必须将缝边缘清扫干净,并涂洒少量黏层沥青。摊铺时应重叠在已铺层上5~10cm,摊铺后用人工将摊铺在前半幅上面的混合料铲走。碾压时先在已压实路面上行走,碾压新铺层10~15cm,然后压实新铺部分,再伸过已压实路面10~15cm,充分将接缝压实紧密</td></tr>
</table>

知识点7:透层、黏层、封层施工

透层、黏层、封层	透层	为使沥青面层与基层结合良好,在基层上浇洒乳化沥青、煤沥青或液体沥青而形成的透入基层表面的薄层。沥青层必须在透层沥青完全渗透入基层后方可铺筑
		沥青路面的级配砂砾、级配碎石基层及水泥、石灰、粉煤灰等无机结合料稳定土或粒料的半刚性基层上必须浇洒透层沥青。基层上设置下封层时,也应喷洒透层沥青
		施工要求: 1. 一般要求透入深度0.5~1cm。透层沥青的用量通过试洒确定,且不宜超出规定范围。 2. 透层沥青宜紧接在基层碾压成型后表面稍干但尚未硬化的情况下喷洒。 3. 应采用沥青洒布车,在铺筑沥青层前1~2天,一次均匀洒布透层。 4. 浇洒透层沥青时,对路缘石及人工构造物应适当防护,以防污染。透层沥青洒布后应不致流淌,渗透入基层一定深度,不得在表面形成油膜,铺筑面层前,应清除多余的透层沥青堆积层。 5. 在无机结合料稳定半刚性基层上浇洒透层沥青后,宜立即撒布用量为2~3m^3/1000m^2的石屑或粗砂。半刚性基层表面宜喷洒透层沥青,在透层沥青渗透入基层后,方可开展下道工序。 6. 透层沥青洒布后应尽早铺筑面层。当采用乳化沥青作透层时,洒布后应待其充分渗透、水分蒸发后,方可铺筑沥青面层,时间不宜少于24h
	黏层	1. 沥青规格和用量,应符合规定要求,所使用的基层基质沥青标号宜与主层沥青混合料相同。黏层沥青的品种和规格,应根据下卧层的类型通过试洒确定。 2. 表面清扫干净,并保持干燥。当气温低于10℃或路面潮湿时禁止喷洒。 3. 应采用沥青洒布车均匀洒布,喷洒的黏层沥青必须呈均匀雾状,在路面全宽度内均匀分布成一薄层。 4. 黏层宜在当天洒布完成,等乳化沥青破乳、水分蒸发完后才能铺筑上层沥青混凝土。喷洒后,严禁车辆行人通过
	封层	封层可分为上封层和下封层。下封层的厚度不宜小于6mm。 1. 施工前应先清除原地面、修补坑槽、整平路面,较宽的裂缝应清理灌缝。 2. 使用层铺法沥青表面处治铺筑封层时,施工方法按层铺法表面处治工艺施工。其材料用量要求应符合有关规定。 3. 封层宜选在干燥或较热的季节施工,施工气温不得低于10℃,严禁在雨天施工,应在最高温度低于15℃到来前的半个月及雨季前结束。 4. 使用乳化沥青稀浆封层施工必须使用专用的摊铺机进行摊铺;两幅纵缝搭接宽度不宜超过80mm,横向接缝宜为对接缝。分两层摊铺时,下层摊铺后至少应开放交通24h后方可进行上层摊铺。 5. 稀浆封层铺筑后,必须待乳液破乳、水分蒸发、干燥成型后方可开放交通

知识点8:路面面层施工

面层施工	
热拌沥青混合料路面	热拌沥青混合料的配合比设计包括:目标配合比设计阶段、生产配合比设计阶段、生产配合比验证阶段
	1. 施工准备 (1)选合格材料备料,矿料应分类堆放,矿粉必须是石灰岩磨细而成且不得受潮。 (2)做好配合比设计报送监理工程师审批,对各种原材料进行符合性检验。 (3)在验收合格的基层上恢复中线(底面层施工时)在边线外侧0.3~0.5m处每隔5~10m钉边桩进行水平测量,拉好基准线,画好边线。 (4)对下承层进行清扫,底面层施工前两天在基层上洒透层沥青。在中底面层上喷洒黏层沥青。

续上表

<table>
<tr>
<td>热拌沥青混合料路面</td>
<td>(5)试验段开工前28d安装好试验仪器和设备,报请监理工程师审核。各层开工前14d在监理工程师批准的现场备齐全部机械设备进行试验段铺筑,以确定各项技术指标。
2.拌和
(1)粗、细集料应分类堆放,每个料源均应进行抽样试验,按要求的配合比配料。
(2)设置间歇式具有密封性能及除尘设备,并有检测拌和温度装置的沥青混凝土拌和站。
(3)拌和站设试验室,对沥青混凝土的原材料和沥青混合料及时进行检测。
(4)沥青的加热温度控制在150~170℃,集料的加热温度控制在160~180℃,混合料的出厂温度控制在140~165℃,混合料运至施工现场的温度控制在120~150℃。
(5)出厂的混合料须均匀一致,无白花料,无粗细料离析和结块现象,不符合要求时应废弃。
3.运输
(1)根据拌和站的产量、运距合理安排运输车辆。一般应采用较大吨位的自卸汽车,一般不小于15t。
(2)运输车的车厢内保持干净,涂防粘薄膜剂。运输车配备覆盖篷布以防雨和热量损失。
(3)已经离析或结成团块或卸料时滞留于车上的混合料,以及低于规定铺筑温度或被雨水淋湿的混合料都应废弃。
(4)运至铺筑现场的混合料,应在当天或当班完成压实。
(5)从拌和机向运料汽车上放料时,应每卸一斗混合料前、中、后挪动一下汽车位置,以减少粗细集料的离析现象。
4.摊铺
(1)铺筑沥青混合料前,应检查确认下层的质量。根据路面宽度选用1~2台具有自动调节摊铺厚度及找平装置、可加热的振动熨平板,并且运行良好的高密度沥青混凝土摊铺机进行摊铺。
(2)底、中、面层采用走线法施工,表面层采用平衡梁法施工。
(3)摊铺机均匀行驶,行走速度和拌和站产量相匹配。在摊铺过程中不准随意变换速度或中途停顿。
(4)开铺前将摊铺机的熨平板进行加热至不低于65℃。摊铺温度根据气温变化进行调节。一般正常施工控制在不低于110~130℃,不超过165℃,在摊铺过程中随时检查并做好记录。
(5)采用双机或三机梯进式施工时,相邻两机的间距控制在10~20m。两幅应有5~10cm宽度的重叠。
(6)在摊铺过程中,随时检查摊铺质量,出现离析、边角缺料等现象时人工及时补撒料,换补料;随时检查高程及摊铺厚度,并及时通知操作人员。
(7)摊铺机无法作业的地方,在监理工程师同意后采取人工摊铺施工。
5.压实
(1)压路机采用2~3台双轮双振压路机及2~3台质量不小于16t轮胎压路机组成。
(2)摊铺后应立即进行压实作业。压实分初压、复压和终压(包括成型)三个阶段,每阶段的碾压速度应符合设计要求。
初压:采用双轮双振压路机静压1~2遍,正常施工情况下,温度应不低于110℃并紧跟摊铺机进行;复压:采用轮胎压路机和双轮双振压路机振压等综合碾压4~6遍,碾压温度多控制在80~100℃;终压:采用双轮双振压路机静压1~2遍,碾压温度应不低于65℃。边角部分压路机碾压不到的位置,使用小型振动压路机碾压。
(3)碾压顺纵向由低边向高边按规定要求的碾压速度均匀进行。相邻碾压重叠宽度大于30cm。
(4)采用雾状喷水法,以保证沥青混合料碾压过程中不粘轮。
(5)压路机不得在未碾压成型或未冷却的路段上转向、制动或中途停留。不得在新铺筑的路面上停机、加水、加油,以免污染路面。
6.接缝处理
(1)梯队作业采用热接缝,施工时将已铺混合料部分留下20~30cm宽暂不碾压,作为后摊铺部分的高程基准面,后摊铺部分完成立即骑缝碾压,以消除缝迹。
(2)半幅施工不能采用热接缝时,采用人工顺直刨缝或切缝。铺另半幅前必须将边缘清扫干净,并涂洒少量黏层沥青。摊铺时应重叠在已铺层上5~10cm,摊铺后将混合料人工清走。碾压时先在已压实路面行走,碾压新铺层10~15cm,然后压实新铺部分,再伸过已压实路面10~15cm,充分将接缝压实紧密</td>
</tr>
</table>

续上表

热拌沥青混合料路面	(3)横接缝的处理方法:首先用3m直尺检查端部平整度。不符合要求时,垂直于路中线切齐清除。清理干净后在端部涂黏层沥青接着摊铺。摊铺时调整好预留高度,接缝处摊铺层施工结束后再用3m直尺检查平整度。横向接缝的碾压先用双轮双振压路机进行横压,碾压时压路机位于已压实的混合料层上伸入新铺层的宽为15cm,然后每压一遍向新铺混合料方向移动15~20cm,直至全部在新铺层上为止,再改为纵向碾压。 (4)纵向冷接缝上、下层的缝错开15cm以上,横向接缝错开1m以上。 7.检查试验 按施工技术规范要求的频率做好原材料、施工温度、矿料级配、马歇尔试验、压实度等试验要求;施工过程中随时检查摊铺厚度、平整度、宽度、横坡度、高程等。 8.开放交通 热拌热铺沥青混合料路面应待摊铺层完全自然冷却,表面温度低于50℃后方可开放交通。一般在施工完毕后第二天可开放交通
改性沥青混合料路面	1.拌和 (1)粗、细集料应严格分类堆放和供料,不同料源也应分开堆放,每个料源的材料应进行抽样试验;必须严格按批准的配合比进行配料,并应将集料充分烘干。 (2)改性沥青混合料储存时间不应超过24h;回收的粉尘不得利用,应全部废弃在指定地点进行处理,防止污染环境。 (3)沥青料拌和时间根据具体情况经试拌确定,以沥青均匀裹覆集料为度。SMA混合料的拌和时间应适当延长;应严格控制拌和温度,不得超过195℃,超过时必须废弃。 2.运输 宜采用较大吨位的运料车运输,但不得超载运输,或紧急制动、急转弯掉头使透层、封层造成损伤;每次使用前后必须清扫干净,在车厢板上涂一薄层防止沥青黏结的隔离剂或防粘剂,但不得有余液积聚在车厢底部;进入摊铺现场时,轮胎上不得粘有泥土等可能污染路面的异物;每次卸料必须倒净,如有剩余,应及时清除,防止硬结。 3.摊铺 (1)必须按图纸规定的平面、高度数据设控制导线或导梁,确保铺筑层的高度、横坡度和宽度符合设计要求。铺筑改性沥青及SMA路面时宜采用非接触式平衡梁。 (2)应做到匀速、连续摊铺。一般为2~4m/min,SMA及改性沥青混合料宜放慢至1~3m/min。 (3)摊铺过程中应随时观察摊铺机的工作状态和摊铺层的外观质量,出现异常且调节无效时,应立即停机查明原因,进行调整。 (4)摊铺过程中应跟踪检测质量,发现缺陷应"趁热"修补;修补不好的应刨除重铺。 (5)应将熨平板的振频振幅调整到能使摊铺层的压实度达85%,且以高频低幅为宜。 (6)沥青路面上面层应全幅摊铺,摊铺时应采用沥青混合料转运车。 4.压实 (1)改性沥青混合料一般应在温度降至120℃前结束碾压作业。 (2)在初压和复压过程中,宜采用同型号压路机并列呈梯队碾压。 (3)采用振动压路机碾压改性沥青混合料路面时,压路机的轮迹重叠宽度不应大于200mm;但用静载钢轮压路机碾压时,压路机轮迹重叠宽度不应小于200mm。 (4)改性沥青混合料的碾压较困难,应尽可能提高碾压温度和振动频率。如果在指定温度内还未压实,则应改用轮胎压路机碾压,不能用钢轮碾,更不能起振,防止推移破坏。 (5)碾压过程中,应密切注意压实度的变化情况,既要达到压实标准,又要防止过度碾压而破坏集料的棱角嵌挤,或出现弹簧现象。 (6)碾压时,压路机不得中途停留、转向或制动。当压路机来回交替碾压时,前后两次停留地点应相距10m以上,并应驶出压实起始线3m以外。

续上表

改性沥青混合料路面	(7)压路机不得停留在温度高于60℃的已经压过的混合料上。同时,应防止油料、润滑脂、汽油或其他杂质在压路机操作或停放期间落在路面上。 (8)不宜采用轮胎压路机碾压,以防止将沥青结合料搓揉挤压上浮。SMA路面宜采用振动压路机或钢筒式压路机碾压,振动压路机的碾压应遵循:“高温、紧跟、均速、慢压、高频、低幅、先边、后中”的原则
水泥混凝土路面	水泥混凝土面层铺筑的技术方法通常有:小型机具铺筑、滑模摊铺机铺筑、三辊轴机组铺筑、碾压混凝土等。 1. 模板及其架设与拆除 模板拆除应在混凝土抗压强度不小于8MPa时方可进行。 2. 拌和 搅拌楼的配备,应优先选配间歇式搅拌楼,也可使用连续搅拌楼;每台搅拌楼在投入生产前,必须进行标定和试拌。在标定有效期满或搅拌楼搬迁安装后,均应重新标定。 3. 运输 根据施工进度、运量、运距及路况,选配车型和车辆总数,总运力应比总拌和能力略有富余。 4. 铺筑 (1)滑模摊铺机铺筑 ①滑模摊铺的机械配备:高速公路、一级公路施工,宜选配能一次摊铺2~3个车道宽度(7.5~12.5m)的滑模摊铺机;二级及二级以下公路路面的最小摊铺宽度不得小于单车道设计宽度。硬路肩的摊铺宜选配中、小型多功能滑模摊铺机,并宜连体一次摊铺路缘石。 ②准备工作:基层、封层表面清扫干净,摊铺面层保持湿润,不积水。 ③混凝土布料:布料机与滑模摊铺机之间施工距离宜控制在5~10m。 ④摊铺:应采用自动抹平板装置进行抹面。 (2)三辊轴摊铺机施工 三辊轴整平机的主要技术参数满足施工需要,布料应与摊铺速度相适应;坍落度在10~40mm时,松铺系数为1.12~1.25,三辊轴机组铺筑作业均应符合规定;精光工序是对混凝土表面进行最后的精细修整,是混凝土路面外观质量的关键工序;纹理制作是提高水泥混凝土路面行车安全的重要措施,用纹理制作机对混凝土路面进行拉槽式压槽,使其具有一定粗糙度;混凝土达到一定强度即可拆除模板,一般在浇筑混凝土60h以后拆除。 (3)小型机具施工 ①混凝土混合料运送到达工地后应专人指挥自卸车卸在钢板上。 ②每车道路面应使用2根振捣棒,组成横向振捣棒组,沿横断面连续捣密实,不得欠振或漏振。 ③振捣棒的持续时间,应以拌合物全面振动液化,表面不再冒气泡和泛水泥浆为限,不宜过振,也不宜少于30s。振捣棒的移动间距不宜大于500mm;至模板边缘的距离不宜大于200mm。应避免碰撞模板、钢筋、传力杆和拉杆。 ④在振捣棒已完成振实的部位,可开始振动板纵横交错两遍全面提浆振实,每车道路面应配备1块振动板;振动板移位时,应重叠100~200mm,移位控制以振动板底部和边缘泛浆厚度3mm±1mm为限;缺料的部位,应辅以人工补料找平。 ⑤振动梁振实,每车道路面宜使用1根振动梁。 ⑥在模板附近,必须用方铲以扣铲法撒铺,并予振捣,使浆水捣出,以免发生空洞蜂窝。 ⑦人工摊铺混凝土拌合物的坍落度应控制在5~20mm之间,摊铺后的松散混凝土表面应略高于模板顶面,使捣实后的路面高程及厚度符合设计要求。 5. 整平饰面 6. 接缝施工 (1)纵缝施工 ①当一次铺筑宽度小于路面和硬路肩总宽度时,应设纵向施工缝,位置应避开轮迹,并重合或靠近车道线,构造可采用平缝加拉杆型。 ②当所摊铺的面板厚度≥260mm时,也可采用插拉杆的企口形纵向施工缝。采用滑模施工时,纵向施工缝的拉杆可采用摊铺机的侧向拉杆装置插入。采用固定模板施工方式时,应在振实过程中,从侧模预留孔中手工插入拉杆。

续上表

<table>
<tr><td>水泥
混凝土路面</td><td>③当一次铺筑宽度大于4.5m时,应采用假缝拉杆型纵缝,即锯切纵向缩缝,纵缝位置应按车道宽度设置,并在摊铺过程中用专用的拉杆插入装置插入拉杆。
④桥面与搭板纵缝拉杆可由横向钢筋延伸穿过接缝代替。钢纤维混凝土路面切开的假纵缝可不设拉杆,纵向施工缝应设拉杆。
⑤插入或置入的侧向拉杆应牢固,不得松动、碰撞或拔出。若发现拉杆松脱、拔出或未插入,应在横向相邻路面摊铺前,钻孔重新置入拉杆。当发现拉杆可能被拔出时,宜进行拉杆拔出力(握裹力)检验。
⑥纵缝应与路线中线平行。纵缝拉杆应采用螺纹钢筋,设在板厚中央,并应对拉杆中部100mm进行防锈处理。
(2)横缝施工
横缝从功能上可分为:横向施工缝、横向缩缝、横向胀缝;横缝从构造上分为设传力杆平缝型和设拉杆企口缝型;横缝还可分为设传力杆假缝型和不设传力杆假缝型。
①横向施工缝
每天摊铺结束或临时原因中断时,应设置横向施工缝,其位置宜与胀缝或缩缝重合,横向施工缝在缩缝处应采用设传力杆平缝型,确有困难不能重合时,横向施工缝应采用拉杆企口缝。
②横向缩缝
普通混凝土路面横向缩缝宜等间距布置,不宜采用斜缩缝和不等间距缩缝,不得不调整板长时,最大板长宜不大于6m;最小板长不宜小于板宽。在中、轻交通的混凝土路面上,横向缩缝可采用不设传力杆假缝型。在特重和重交通公路、收费广场、邻近胀缝或路面自由端的3条缩缝应采用假缝加传力杆型。缩缝传力杆的施工方法可采用前置钢筋支架法或传力杆插入装置(DBI)法。传力杆应采用光面钢筋。横向缩缝的切缝方式有全部硬切缝、软硬结合切缝和全部软切缝三种,切缝方式的选用,应由施工期间该地区路面摊铺完毕到切缝时的昼夜温差确定。
③横向胀缝
胀缝指的是在水泥混凝土路面板上设置的膨胀缝,其作用是使水泥混凝土板在温度升高时能自由伸展,应采用真缝。
普通混凝土路面的胀缝应设置胀缝补强钢筋支架、胀缝板和传力杆。钢筋混凝土和钢纤维混凝土路面可不设钢筋支架。胀缝宽20~25mm,使用沥青或塑料薄膜滑动封闭层时,胀缝板及填缝宽度宜加宽到25~30mm。传力杆一半以上长度的表面应涂防粘涂层,端部应戴活动套帽,套帽材料与尺寸应符合有关规定的要求。胀缝板应与路中心线垂直,缝壁垂直;缝隙宽度一致;缝中完全不连浆。
胀缝应采用前置钢筋支架法施工。应预先加工、安装和固定胀缝钢筋支架,并在使用手持振捣棒振实胀缝板两侧的混凝土后再摊铺。宜在混凝土未硬化时,剔除胀缝板上部的混凝土,嵌入(20~25)mm×20mm的木条,整平表面。胀缝板应连续贯通整个路面板宽度。
(3)填缝:接缝凹槽用填料剂填缝。
7.抗滑构造施工
(1)摊铺完毕或精整平表面后,宜使用钢支架拖挂1~3层叠台麻布、帆布或棉布,洒水湿润后作拉毛处理。人工修整表面时,宜使用木抹。用钢抹修整过的光面,必须再拉毛处理,以恢复细观抗滑构造。
(2)当日施工进度超过500m时,抗滑沟槽制作宜选用拉毛机械施工,没有拉毛机时,可采用人工拉槽方式。
(3)特重和重交通混凝土路面宜采用硬刻槽,凡使用圆盘、叶片式抹面机精平后的混凝土路面、钢纤维混凝土路面必须采用硬刻槽方式制作抗滑沟槽。
8.混凝土路面养护
(1)混凝土路面铺筑完成或软作抗滑构造完毕后立即开始养护。
(2)养护时间根据混凝土弯拉强度增长情况而定,不宜小于设计弯拉强度的80%,应特别注重前7d的保湿(温)养护。一般养护天数宜为14~21d,高温天不宜小于14d,低温天不宜小于21d。掺粉煤灰的混凝土路面,最短养护时间不宜少于28d,低温天应适当延长。
(3)混凝土板养护初期,严禁通行,在达到设计强度40%后,行人方可通行。面板达到设计弯拉强度后,方可开放交通。</td></tr>
</table>

续上表

水泥混凝土路面	9. 灌缝 (1)应先采用切缝机清除接缝中夹杂的砂石、凝结的泥浆等,再使用压力大于或等于0.5MPa的压力水和压缩空气彻底清除接缝中的尘土及其他污染物,确保缝壁及内部清洁、干燥。缝壁检验以擦不出灰尘为灌缝标准。 (2)常温施工式填缝料的养护期,低温天宜为24h,高温天宜为12h。加热施工时填缝料的养护期,低温天宜为2h,高温天宜为6h。在灌缝料养护期间应封闭交通。 (3)路面胀缝和桥台隔离缝等应在填缝前,凿去接缝板顶部嵌入的木条,涂胶黏剂后,嵌入胀缝专用多孔橡胶条或灌进适宜的填缝料,当胀缝的宽度不一致或有啃边、掉角等现象时,必须灌缝

知识点9:中央分隔带及路肩施工

中央分隔带施工程序	开挖	当路面基层施工完毕后,即可进行中央分隔带的开挖,先挖集水槽,后挖纵向盲沟
	防水层施工	沟槽开挖完毕并经验收符合设计要求后,即进行防水层施工,可喷涂双层防渗沥青,涂布范围应是中央分隔带范围内的路基及路面结构层。防水层也可铺设PVC防水板等
	纵向碎石盲沟铺设	1. 碎石盲沟应做到填筑充实、表面平整。 2. 反滤层可用筛选过的中砂、粗砂、砾石等渗水性材料分层填筑,目前高等级公路多采用土工布作为反滤层。 3. 碎石盲沟上铺设土工布,有利于排水并可保持盲沟长期利用。采用平搭接,搭接长度不得小于30cm
	埋设横向塑料排水管	1. 路基施工完毕后,即可进行埋设横向塑料排水管的施工。 2. 基槽开挖,沟槽应保持直线并垂直于路中心线。沟底坡度应和路面横坡一致。 3. 铺设垫层,保证垫层顶面具有规定的横坡。 4. 埋设塑料排水管
	路缘石安装	预制缘石应铺筑设在厚度不小于2cm的砂垫层上,砌筑砂浆的水泥与砂的体积比应为1:2。 路缘石的施工技术要求如下:预制缘石的质量应符合规定要求;安砌稳固,顶面平整,缝宽均匀,勾缝密实,线条直顺,曲线圆滑美观;槽底基础和后背填料必须夯打密实
路肩施工	土路肩	施工流程:备料→推平→平整→静压→切边→平整→碾压
	硬路肩	硬路肩的设计高程常见的有两种情况:一种是硬路肩与车行道连接处高程一致,横坡与沥青混合料的种类也相同时,可将硬路肩视为行车道的展宽,摊铺混合料时可与行车道一起铺筑,另一种是硬路肩的顶面高程低于相连的行车道,这种情况应先摊铺硬路肩部分,宽度应比要求的宽5cm左右

例题解析

1. 一般路基土方施工时,可优先选作填料的是(　　)。

A. 亚砂土　　B. 粉性土　　C. 黏性土　　D. 粗砂

答案:D

【解析】 本题为2017年考题,主要考查的是有关路基土方施工工艺。土质路堤的填料要求如下:

(1)卵石、碎石、砾石、粗砂等透水性良好的填料,只要分层填筑、压实,可以不控制含水率。

(2)用黏性土等透水性不良的填料,应在接近最佳含水率的情况下分层填筑与压实。

(3)含草皮、生活垃圾、树根、腐殖质的土严禁作为填料。

(4)泥炭、淤泥、冻土、强膨胀土、有机质土及易溶盐超过允许含量的土,不得直接用于填筑路基;确需使用时,必须采取技术措施进行处理,经检验满足设计要求后方可使用。

(5)液限大于50%、塑性指数大于26、含水率不适宜直接压实的细粒土,不得直接作为路堤填料;需要使用时,必须采取技术措施进行处理,经检验满足设计要求后方可使用。

(6)粉质土不宜直接填筑于路床,不得直接填筑于冰冻地区的路床及浸水部分的路堤。当采用细粒土填筑时,宜掺用石灰、水泥、粉煤灰等无机结合料进行改良。

(7)膨胀土除非表层用非膨胀土封闭,一般也不宜用作高等级公路路基填料。

工业废渣可用作路基填料,但应先进行试验及检验有害物质含量,以免污染环境。含盐量超过规定的强盐渍土和过盐渍土不能用作高等级公路路基填料。

2. 路基填土施工应特别注意(　　)。

A. 优先采用竖向填筑法　　B. 尽量采用水平分层填筑

C. 纵坡大于12%时不宜采用混合填筑　　D. 不同性质的土不能任意混填

答案:D

【解析】 本题为2015年考题,考查路基施工方法。路堤填筑方法有:

水平分层填筑:按照横断面全宽分成水平层次,逐层向上填筑,是常用方式。

纵向分层填筑:依路线纵坡方向分层,逐层向上填筑。常用于地面纵坡大于12%、用推土机从路堑取料、填筑距离较短的路堤。不易碾压密实。

横向填筑:从路基的一端或两端按横断面全高逐步推进填筑。用于填土过厚、不易压实,仅用于无法自下而上填筑的深谷、陡坡、断岩、泥沼等机械无法进场的路堤。

联合填筑:路堤下层用横向填筑,上层用水平分层填筑。适用于因地形限制或填筑堤身较高,不宜采用水平分层或横向填筑的情况。

性质不同的填料,应水平分层、分段填筑、分层压实。同一水平层路基的全宽应采用同一种填料,不得混合填筑。

3. 路基开挖宜采用通道纵挖法的是(　　)。

A. 长度较小的路堑　　B. 深度较浅的路堑

C. 两端地面纵坡较小的路堑　　D. 不宜采用机械开挖的路堑

答案:C

【解析】 本题为2015年考题,考查路堑的开挖方法。土质路堑纵向挖掘多采用机械作业,具体方法有:

(1)分层纵挖法:沿路堑全宽,以深度不大的纵向分层进行挖掘。该方法适用于较长的路堑开挖。

(2)通道纵挖法:先沿路堑纵向挖掘一通道,然后将通道向两侧拓宽以扩大工作面,并利用该通道作为运土路线及场内排水的出路。该层通道拓宽至路堑边坡后,再挖下层通道,如此向纵深开挖至路基高程。该方法适用于较长、较深、两端地面纵坡较小的路堑开挖。

(3)分段纵挖法:沿路堑纵向选择一个或几个适宜处,将较薄一侧堑壁横向挖穿,使路堑分成两段或数段,各段再纵向开挖。该方法适用于过长、弃土运距过远、一侧堑壁较薄的傍山路堑开挖。

4. 土方开挖的方法包括( )

A. 横向开挖　B. 纵向开挖

C. 自下而上开挖　D. 混合开挖

答案:ABD

【解析】 本题为2019年考题。土方开挖可根据具体情况采用横向挖掘法、纵向挖掘法或者混合挖掘法。

5. 热拌沥青混合料施工方法中表述错误的是( )。

A. 碾压分为初压、复压和终压

B. 为保证沥青混合料碾压过程中不粘轮,可采用雾状喷水法喷水碾压

C. 碾压采用同型号压路机梯队碾压

D. 碾压进行中,压路机不得中途停留、转向

答案:C

【解析】 本题为2019年考题。沥青混合料压实宜采用钢筒式静态压路机与轮胎压路机或者振动压路机组合的方式压实。

6. 下列关于预应力锚索边坡加固说法,正确的是( )

A. 严禁使用机械损伤和严重锈蚀的钢绞线

B. 严禁将钢绞线及锚索直接堆放在地面或露天储存,避免受潮、受腐蚀

C. 采用孔口注浆法,注浆压力不小于0.6~0.8MPa

D. 施工前应按设计要求进行预应力锚索的锚固性能基本试验,确定施工工艺

E. 当孔内砂浆达到设计强度的70%后,一次张拉达到设计应力

答案:ABD

【解析】 本题为2019年考题,预应力锚索:严禁使用机械损伤和严重锈蚀的钢绞线。严禁将钢绞线及锚索直接堆放在地面或露天储存,避免受潮、受腐蚀。施工前应按设计要求进行预应力锚索的锚固性能基本试验,确定施工工艺。

本节习题

Ⅰ. 单项选择题

1. 性质不同的填料,应水平分层、分段填筑,分层压实,填筑( )时,压实厚度不应小于100mm。

A. 路堤材料变化顶层　B. 路堤顶层

C. 路床底层　D. 路床顶层

2. 路堤碾压应以尽可能小的压实功能获得良好的压实效果为目的,以下说法错误的是( )。

A. 压实机具应先轻后重

B. 碾压速度宜先快后慢

C. 压实机具的运行线路一般直线段应从路边缘向路中心

D. 碾压时,相邻轮迹(轮或印)应重叠1/3左右(15~20cm)

3. 对短而不深的路堑,最适合的开挖方法是(　　)。

A. 单层横挖法　　B. 分层横挖法

C. 分层纵挖法　　D. 分段纵挖法

4. 先顺路堑方向挖通通道,然后沿横向坡面挖掘的方法称(　　)。

A. 纵挖法　　B. 通道纵挖法

C. 横挖法　　D. 混合式开挖法

5. 开挖路基石方所采用的爆破方法,炮孔直径小于 75mm,深度不超过 5m 的炮称(　　)。

A. 浅孔爆破　　B. 深孔爆破

C. 葫芦炮　　D. 猫洞炮

6. 开挖路基石方所采用的爆破方法,将集中药包直接放入直径为 0.2 ~ 0.5m、炮眼深 2 ~ 6m 的水平或略有倾斜的炮洞中进行爆破称(　　)。

A. 葫芦炮　　B. 猫洞炮　　C. 洞室炮　　D. 钢钎炮

7. 开挖路基石方所采用的爆破方法,将相邻药包或前后排药包以毫秒的时间间隔(一般 15 ~ 75ms)依次起爆称(　　)。

A. 光面爆破　　B. 预裂爆破

C. 微差爆破　　D. 深孔爆破

8. 软基处理,当表层分布有软土且其厚度小于 3m 时,宜采用的方法有(　　)。

A. 堆载预压法　　B. 爆破排淤

C. 换填法　　D. 砂垫层法

9. 如果工期不紧,可以先填一部分或全部,使地基经过一段时间固结沉降,然后再填足或铺筑路面的软基处理法为(　　)。

A. 堆载预压法　　B. 爆破排淤法

C. 换填法　　D. 砂垫层法

10. 下面材料不可用作路堤填料的是(　　)。

A. 生活垃圾　　B. 建筑垃圾　　C. 砂　　D. 卵石

11. 公路工程填方路堤的压实,当路基在直线段时,压实机械的运行路线为(　　)。

A. 应先从路基中心向两旁顺次碾压　　B. 应先从路缘向中心顺次碾压

C. 应从路缘的一边向另一边顺次碾压　　D. 没有碾压顺序要求

12. 以下软土地基处治方法中,不属于排水固结法的是(　　)。

A. 塑料排水板　　B. 真空预压法

C. 砂井处治　　D. CFG 桩法

13. 当采用不同性质的土填筑路基时,正确的填筑方式应满足(　　)要求。

A. 不同土质分层填筑,透水性差的土填筑在下面时,其表面应做成一定的两面向外横坡

B. 不同土质分层填筑,透水性差的土填筑在下面时,其表面应做成一定的两面向内横坡

C. 为保证水分蒸发和排除,路基宜被透水性差的土层封闭

D. 根据强度和稳定性的要求,安排强度差的土层在上层

14. 石方爆破中,相邻药包按一定的时间间隔依次起爆的是(　　)。

A. 浅孔爆破　　B. 深孔爆破　　C. 光面爆破　　D. 微差爆破

15. 关于土质路堑施工要求,下列叙述不正确的是(　　)。

A. 应根据地面坡度、开挖断面及出土方向等因素,结合土方调配,选用安全经济的开挖方案

B. 应采取临时排水措施,确保施工作业面不积水

C. 边沟和截水沟应从上游往下游开挖

D. 土方开挖应自上而下进行,不得乱挖超挖,严禁掏底开挖

16. 土质路堑开挖至零填、路堑路床部分后,应尽快进行路床施工,如不能及时施工宜在设计路床顶高程以上预留至少(　　)mm 厚的保护层。

A. 300　　B. 100　　C. 200　　D. 500

17. 以下软土地基处治方法中,是采用竖向增强体法原理设计的是(　　)。

A. 塑料排水板　　B. 真空预压法

C. 砂井处治　　D. 预应力管桩法

18. 从路堑的一端或两端按横断面全宽向前开挖,称为(　　)。

A. 纵向挖掘法　　B. 混合式挖掘法

C. 横向挖掘法　　D. 分段挖掘法

19. 路基施工中地基原状土的强度不符合要求,应换填,其换填深度不能小于(　　)。

A. 10cm　　B. 20cm　　C. 30cm　　D. 40cm

20. 一般弃土运距过远的傍山路堑,可采用(　　)。

A. 混合式开挖法　　B. 分层纵挖法

C. 通道纵挖法　　D. 分段纵挖法

21. 关于抛石挤淤软土处理,错误的说法是(　　)。

A. 抛填的片石不小于 30cm

B. 片石抛出水面后应用小石块填塞垫平

C. 可用于常年积水且不易抽干的地方

D. 自中线向两侧抛填,若横坡陡于 1:10 时,自低向高展开

22. 填石路堤石料最大粒径不得大于压实层厚的(　　)。

A. 1/3　　B. 1/2　　C. 2/3　　D. 3/4

23. 用粉性土填筑路基时,由于其水稳定性差,在季节性冰冻地区,冬季会引起路基聚冰,冻胀破坏,(　　)则易产生翻浆现象。

A. 春夏之交　　B. 夏季　　C. 春季　　D. 雨季

24. 下列路基开挖注意事项中,(　　)是不正确的。

A. 开挖土方严禁掏洞取土

B. 注意边坡稳定,及时支挡

C. 开挖应控制在一定超挖限度范围内

D. 开挖中,对适用的土、砂、石等材料,在经济合理的前提下,应尽量利用

25. 公路工程中排除地面水的设施是(　　)。

A. 暗沟　B. 渗沟　C. 边沟　D. 渗井

26. 挖掘短且深的路堑宜采用(　　)。

A. 单层横挖法　B. 多层横挖法

C. 分层纵挖法　D. 分段纵挖法

27. 当路堑较长且较深,两端地面纵坡较小时,宜采用(　　)。

A. 通道纵挖法　B. 多层横挖法

C. 分层纵挖法　D. 分段纵挖法

28. 当路线纵向长度和挖深都很大的路堑开挖方法宜选择(　　)。

A. 通道纵挖法　B. 多层横挖法

C. 混合式挖掘法　D. 分段纵挖法

29. 关于爆破法开挖,以下叙述错误的是(　　)。

A. 爆破前应先查明空中缆线、地下管线的位置,根据地形、地质、挖深等选择适宜的爆破方法

B. 爆破施工组织设计应按相关规定报批

C. 石方开挖可以采用洞室爆破,近边坡部分宜采用定向爆破或预裂爆破

D. 爆破时随时注意控制开挖断面,切勿超爆,适时清理整修边坡和暴露的孤石

30. 炮眼直径大于 75mm、深度 5m 以上、采用延长药包,爆破比较安全的爆破技术是(　　)。

A. 浅孔爆破　B. 深孔爆破　C. 葫芦炮　D. 猫洞炮

31. 利用爆破能将大量土石方按照指定的方向,搬移到一定的位置并堆积成路堤的爆破方法是(　　)。

A. 微差爆破　B. 预裂爆破　C. 光面爆破　D. 定向爆破

32. 以下石质路堑施工方法中,适用于施工场地开阔、大方量的软岩石方工程的是(　　)。

A. 静态破碎法　B. 松土法

C. 光面爆破法　D. 定向爆破法

33. 在设备附近、高压线下和开挖与浇筑过渡段等条件下的开挖可以采用(　　)。

A. 静态破碎法　B. 松土法

C. 钻爆开挖　D. 定向爆破法

34. 路床填料最大粒径应小于(　　)mm,路床填料应均匀。

A. 50　B. 100　C. 150　D. 200

35. 以下填料中,(　　)只要分层填筑、压实,可以不控制含水率。

A. 腐殖土　B. 黏性土　C. 粗砂　D. 泥炭

36. 路床填料的最大粒径应小于(　　)mm。

A. 50　B. 100　C. 150　D. 200

37. 土质路堤填筑时,按照横断面全宽分成水平层次,逐层向上填筑的方法是(　　)。

A. 水平分层填筑　B. 纵向分层填筑

C. 横向填筑　D. 联合填筑

38. 土质路堤填筑时,依线路纵坡方向分层,逐层向上填筑的方法是( )。

A. 水平分层填筑　　B. 纵向分层填筑

C. 横向填筑　　D. 联合填筑

39. 当地面纵坡大于12%,用推土机从路堑取料填筑距离较短的路堤时采用的填筑方法是( )。

A. 水平分层填筑　　B. 纵向分层填筑

C. 横向填筑　　D. 联合填筑

40. 当填筑填土过厚、不易压实,无法自下而上填筑的深谷、陡坡、断岩、泥沼等机械无法进场的路堤,宜采用的填筑方法是( )。

A. 水平分层填筑　　B. 纵向分层填筑

C. 横向填筑　　D. 联合填筑

41. 关于土质路堤施工的规定,以下说法错误的是( )。

A. 性质不同的填料,应水平分层、分段填筑、分层压实

B. 同一水平层路基的全宽应采用同一种填料,不得混合填筑

C. 每种填料的填筑层压实后的连续厚度不宜小于500mm

D. 对潮湿或冻融敏感性小的填料应填筑在路基下层

42. 当原地面纵坡大于12%或横坡陡于1:5时,应按设计要求挖台阶,或设置坡度向内并大于4%、宽度大于( )m的台阶。

A. 1　　B. 3　　C. 2　　D. 4

43. 关于土质路堤的压实要求,以下叙述正确的是( )。

A. 压实机械碾压时,一般以慢速效果最好,压实速度以4~6km/h为宜

B. 碾压一段终了时,可以直接掉头碾压第二遍

C. 在整个全宽的填土上压实,宜纵向分行进行,直线段由中间向两边

D. 曲线段碾压时由曲线的内侧向外侧碾压

44. 高速公路、一级公路和铺设高等级路面的其他等级公路的填石路堤应采用( )。

A. 竖向填筑法　　B. 分层压实法

C. 冲击压实法　　D. 强力夯实法

45. 关于填石路堤的施工规定,以下叙述正确的是( )。

A. 路堤施工前,不需要修筑试验路段,路床施工前,需要修筑试验段

B. 二级及二级以上公路的填石路段应采用竖向填筑法

C. 岩性相差较大的填料应分层或分段填筑

D. 可以将软质石料和硬质石料混合使用

46. 关于土石路堤填筑,以下叙述错误的是( )。

A. 土石路堤不得采用倾填方法,只能分层填筑,分层压实

B. 边坡码砌与路堤填筑宜基本同步进行

C. 土石路堤宜选用自重不小于18t的振动压路机分层填筑压实

D. 压实后透水性差异大的土石混合料材料应纵向分幅填筑

47. 以下软土地基处理方法中,不属于浅层处置的是( )。

A. 换填法　　B. 加固土桩　　C. 抛石挤淤　　D. 爆炸挤淤

48. 以下方法中不属于软土地基处理方法的是(　　)。

A. 换填法　　B. 加固土桩　　C. GFG 桩　　D. 重力压实

49. 以下关于膨胀土路基施工的叙述,说法不正确的是(　　)。

A. 膨胀土地区路基施工,应避开雨季作业,加强现场排水

B. 膨胀土地区路基应分段施工,各道工序应紧密衔接,连续完成

C. 膨胀土路基边坡按设计要求修整,并应及时进行防护施工

D. 强膨胀土经处理之后可以作为二级及二级以上公路路堤填料

50. 以下关于滑坡地段路基施工的叙述,错误的是(　　)。

A. 滑坡地段施工前,应制定应对滑坡或边坡危害的安全预案

B. 滑坡地段宜在雨季施工,好确定滑坡体裂隙位置

C. 施工时应采取措施截断流向滑坡体的地表水、地下水和临时用水

D. 滑坡体整治完成后,应及时恢复植被

51. 关于边沟的施工,以下叙述不正确的是(　　)。

A. 挖方地段和填土高度小于边沟深度的填方地段均应设置边沟

B. 土质地段的边沟纵坡大于 3% 时应采取加固措施

C. 边沟长度不宜过长,通常不超过 500m

D. 路堤靠山一侧的坡脚应设置不渗水的边沟

52. 为降低地下水或拦截地下含水层中的水流可在地面以下设置(　　)。

A. 渗井　　B. 渗沟　　C. 截水沟　　D. 边沟

53. 当路基附近的地面水或浅层地下水无法排除、影响路基稳定时,可设置(　　)。

A. 渗井　　B. 渗沟　　C. 截水沟　　D. 边沟

54. 关于挡土墙的施工,以下叙述错误的是(　　)。

A. 挡土墙施工前,应做好截、排水及防渗设施

B. 端部伸入路堤或嵌入地层部分应在墙体施工之前砌筑

C. 宜避开雨季施工

D. 与桥台、隧道洞门连接应协调施工,必要时应加临时支撑

55. 关于填石路堤的填料要求,以下说法错误的是(　　)。

A. 硬质、中硬岩石可作为路床、路堤填料

B. 软质岩石可用作路堤填料,不得用于路床填料

C. 膨胀、易溶性岩石可以直接用于路堤填筑

D. 崩解性岩石不得直接用于路堤填筑

56. 以下关于重力式挡土墙的施工要求,叙述错误的是(　　)。

A. 墙身分层错缝砌筑,砌出地面后基坑及时回填夯实并完成顶面排水及防渗设施

B. 伸缩缝与沉降缝内两侧壁应竖直、平齐,无错叠

C. 当墙身的强度达到设计强度的 100% 时,方可进行回填等工作

D. 在距墙背 0.5 ~ 1m 以内时,不宜用重型压路机碾压

57. 关于挡土墙,以下描述错误的是(　　)。

A. 锚定板挡土墙是一种适用于填方的轻型支挡结构物

B. 加筋土挡土墙一般应用于地形较为平坦且宽敞的填方或挖方路段上

C. 锚定板挡土墙的主要特点是结构轻、柔性大

D. 钢筋混凝土挡土墙墙体达到设计强度的75%以后方可进行墙背填土

58. 与一般公路的底基层相比,基层(　　)。

A. 每侧宽出10cm　　B. 每侧宽出15cm

C. 每侧宽出20cm　　D. 同宽

59. 垫层施工应在全宽范围内均匀地压实至重型击实最大密度的(　　)%以上。

A. 95　　B. 96　　C. 97　　D. 98

60. 垫层施工中,两段作业衔接处,第一段留下(　　)m不进行碾压,第二段施工时,将前段留下的未压部分与第二段一起碾压。

A. 3 ~ 5　　B. 5 ~ 8　　C. 7 ~ 9　　D. 8 ~ 10

61. 高速公路底基层施工期的日最低气温应在(　　)℃以上。

A. 0　　B. 3　　C. 5　　D. 10

62. 以下关于石灰稳定土基层施工的描述,错误的是(　　)。

A. 施工气温应不低于5℃,并在第一次重冰冻到来之前一个月完成,不宜安排在雨季施工

B. 压实厚度,每层不小于100mm,也不超过200mm,并应先轻型后重型压路机碾压

C. 施工时,应采用集中厂拌法拌制混合料,采用摊铺机进行摊铺,或采用专用的稳定土拌和机进行路拌法施工

D. 在铺筑上层前,应将下层的表面拉毛,并保持干燥

63. 基层碾压完成后应立即进行养护。养护时间不应少于(　　)d。

A. 28　　B. 7　　C. 5　　D. 10

64. 关于水泥稳定土底基层、基层的施工,以下叙述不正确的是(　　)。

A. 施工气温应不低于5℃,并在第一次重冰冻之前一个月结束施工

B. 压实厚度,每层不小于100mm,也不超过200mm,并应先重型后轻型压路机碾压

C. 施工时,应采用集中厂拌法拌制混合料,采用摊铺机进行摊铺,或采用专用的稳定土拌和机进行路拌法施工

D. 在铺筑上层前,应将下层的表面拉毛,并保持干燥

65. 关于热拌沥青稳定类基层的施工,以下叙述错误的是(　　)。

A. 当高速公路和一级公路施工气温低于10℃、其他等级公路施工气温低于5℃时,不宜摊铺

B. 沥青混合料压实宜采用振动压路机压实

C. 压实后的沥青混合料应符合压实度及平整度的要求,沥青混合料的分层压实厚度不得大于10cm

D. 沥青混合料的压实应按初压、复压、终压(包括成型)三个阶段进行

66. 为使沥青面层与基层结合良好,在基层上浇洒乳化沥青、煤沥青或液体沥青而形成的

透入基层表面的薄层是( )。

A. 透层 B. 黏层 C. 垫层 D. 封层

67. 关于透层施工,以下叙述不正确的是( )。

A. 透层沥青宜紧接在基层碾压成型后表面硬化的情况下喷洒

B. 应采用沥青洒布车,在铺筑沥青层前1~2d,一次均匀洒布透层

C. 沥青路面的级配砂砾、级配碎石基层及水泥、石灰、粉煤灰等无机结合料稳定土或粒料的半刚性基层上必须浇洒透层沥青

D. 半刚性基层表面宜喷洒透油层,在透层油渗透入基层后,方可开展下道工序

68. 关于封层施工,以下叙述不正确的是( )。

A. 封层可采用拌和法或层铺法的单层式表面处治,也可以采用乳化沥青稀浆封层

B. 上封层可根据情况选择乳化沥青稀浆封层、微表处、改性沥青集料封层、薄层磨耗层或其他适宜的材料

C. 稀浆封层铺筑后可马上开放交通

D. 封层宜选在干燥或较热的季节施工,施工气温不得低于10℃

69. 关于热拌沥青混合料路面施工,以下叙述错误的是( )。

A. 粗、细集料应分类堆放,每个料源均应进行抽样试验,按要求的配合比配料

B. 拌和站设试验室,对沥青混凝土的原材料和沥青混合料及时进行检测

C. 沥青的加热温度控制在150~170℃,集料的加热温度控制在160~180℃

D. 混合料的出厂温度控制在120~150℃,混合料运至施工现场的温度控制在140~165℃

70. 热拌热铺沥青混合料路面应待摊铺层完全自然冷却,表面温度低于( )℃后方可开放交通。

A. 35 B. 40 C. 50 D. 55

71. 关于改性沥青混合料路面,以下叙述正确的是( )。

A. 粗、细集料应严格分类堆放和供料,不同料源也应分开堆放,每个料源的材料应进行抽样试验;必须严格按批准的配合比进行配料,并应将集料充分烘干

B. 改性沥青混合料回收的粉尘能够再利用

C. 摊铺速度应根据拌和机产量,运力配置情况、摊铺宽度和厚度等条件,通过试验段确定,一般为4~6m/min

D. 如果在指定温度内还未压实,则应改用钢轮碾压

72. 采用( )铺筑水泥混凝土路面,已经成为我国在高等级公路水泥混凝土路面施工中广泛采用的工程质量最高、施工速度最快、装备最现代化的高新成熟技术。

A. 小型机具 B. 滑模摊铺机

C. 沥青摊铺机 D. 灰土摊铺机

73. 模板拆除应在混凝土抗压强度不小于( )MPa时方可进行。

A. 5 B. 6 C. 7 D. 8

74. 以下混凝土路面施工方法中,设备投入少,适合用于二级、三级、四级公路水泥混凝土路面的施工的方法是( )。

A. 小型机具 B. 滑模摊铺机

C. 三辊轴机组 D. 灰土摊铺机

75. 以下关于滑模摊铺机铺筑的叙述中,错误的是( )。

A. 高速公路、一级公路施工,宜选配能一次摊铺1个车道宽度的滑模摊铺机

B. 二级及二级以下公路路面的最小摊铺宽度不得小于单车道设计宽度

C. 硬路肩的摊铺宜选配中、小型多功能滑模摊铺机,并宜连体一次摊铺路缘石

D. 布料机与滑模摊铺机之间的施工距离宜控制在5~10m

76. 沥青混合料路面压实应按( )进行。

A. 初压、复压两个阶段 B. 初压、终压两个阶段

C. 初压、复压、终压三个阶段 D. 一次碾压成型

77. 以下关于混凝土路面接缝施工,叙述错误的是( )。

A. 当一次铺筑宽度小于路面和硬路肩总宽度时,应设横向施工缝

B. 采用滑模施工时,纵向施工缝的拉杆可采用摊铺机的侧向拉杆装置插入

C. 桥面与搭板纵缝拉杆可由横向钢筋延伸穿过接缝代替

D. 钢纤维混凝土路面切开的假纵缝可不设拉杆,纵向施工缝应设拉杆

78. 当天摊铺结束或因临时原因中断时,应设置( )。

A. 横向施工缝 B. 横向胀缝

C. 横向缩缝 D. 纵缝

79. 以下关于横缝施工,叙述错误的是( )。

A. 胀缝指的是在水泥混凝土路面板上设置的膨胀缝,其作用是使水泥混凝土板在温度升高时能自由伸展,应采用真缝

B. 普通混凝土路面横向缩缝宜等间距布置,不宜采用斜缩缝和不等间距缩缝

C. 横向施工缝应采用拉杆企口缝

D. 混凝土面板所有接缝凹槽都应按图纸规定,用填缝料填缝,填缝完成后可马上开放交通

80. 以下关于混凝土路面养护施工,叙述不正确的是( )。

A. 混凝土路面铺筑完成或施作抗滑构造完毕后立即开始养护

B. 机械摊铺的各种混凝土路面宜采用喷洒养护剂同时保湿覆盖的方式养护,也可以使用围水养护方式

C. 混凝土板养护初期,严禁人、畜、车辆通行,在达到设计强度40%后,行人方可通行

D. 面板达到设计弯拉强度后,方可开放交通

81. 关于中央分隔带的施工,以下叙述错误的是( )。

A. 当路面基层施工完毕后,即可进行中央分隔带的开挖,先挖集水槽,后挖纵向盲沟

B. 沟槽开挖完毕并经验收符合设计要求后,即进行防水层施工

C. 纵向碎石盲沟的铺设时,反滤层可用筛选过的中砂、粗砂、砾石等渗水性材料分层填筑

D. 路缘石应在路面铺设之后完成

Ⅱ.多项选择题

1.滑坡防治的工程措施主要有(　　)。

A.滑坡排水　B.力学平衡　C.改变滑带土　D.强夯置换

2.以下属于排除地表水设施的是(　　)。

A.边沟　B.截水沟　C.渗沟　D.跌水

3.以下属于排除地下水设施的是(　　)。

A.暗沟　B.明沟　C.渗沟　D.截水沟

4.渗沟是常见的地下排水沟渠,渗沟有(　　)等形式。

A.填石渗沟　B.管式渗沟　C.蒸发池　D.洞室渗沟

5.渗沟均应设置(　　)。

A.排水层　B.反滤层　C.垫层　D.封闭层

6.以下材料可用作垫层的是(　　)。

A.碎石　B.砂砾　C.水泥稳定土　D.黏土

7.以下属于路面结构层的是(　　)。

A.垫层　B.基层　C.路床　D.面层

8.以下属于无机结合料稳定类基层的是(　　)。

A.石灰稳定类　B.水泥稳定类

C.工业废渣稳定集料类　D.热拌沥青混合料

9.沥青稳定类基层又称柔性基层,以下可用作沥青稳定类基层的是(　　)。

A.热拌沥青碎石　B.贯入式沥青碎石

C.乳化沥青碎石混合料　D.改性沥青混合料

10.热拌沥青混合料的配合比设计包括(　　)。

A.目标配合比设计阶段　B.抽样试验阶段

C.生产配合比验证阶段　D.生产配合比设计阶段

11.公路的底基层、基层进行碾压时,正确的说法是(　　)。

A.用 12 ~ 15t 三轮压路机碾压时,每层压实厚度不应超过 15cm

B.压实应遵循先轻后重、先慢后快的原则

C.直线段,由两侧路肩向路中心碾压

D.平曲线段,由外侧路肩向内侧路肩进行碾压

12.公路沥青路面使用(　　)作为透层沥青。

A.改性沥青　B.乳化沥青

C.煤沥青　D.液体沥青

13.液体石油沥青适用于(　　)。

A.沥青表面处治路面　B.透层

C.黏层　D.拌制冷拌沥青混合料

14.公路路面工程必须浇洒透层沥青的是(　　)。

A.沥青路面的级配砂砾基层上

B. 沥青路面的级配碎石基层上
C. 水泥、石灰、粉煤灰无机结合料稳定土基层上
D. 垫层

15. 公路路面工程,符合下列情况之一者,应喷洒黏层沥青(　　)。
A. 双层或三层式热拌热铺沥青混合料路面的沥青层之间
B. 底基层与基层之间
C. 水泥混凝土路面、沥青稳定碎石基层或旧沥青路面层加铺筑沥青面层
D. 路缘石、雨水口、检查井等构造物与新铺沥青混合料接触的侧面

16. 公路水泥混凝土路面,混凝土面板的横缝有关说法正确的是(　　)。
A. 在特重交通的公路上,横向缩缝宜加设传力杆
B. 在邻近桥梁或其他固定构筑物处、与柔性路面相接处均应设置胀缝
C. 横向缩缝采用假缝,必须设传力杆
D. 胀缝应采用滑动传力杆,并设置支架或其他方法予以固定

17. 公路水泥混凝土路面,混凝土施工采用滑模式摊铺机时,(　　)。
A. 高速公路、一级公路宜选配一次摊铺 2 ~ 3 个车道宽度的滑模摊铺机
B. 二级及以下公路的最小摊铺宽度不得小于单车道设计宽度
C. 当坍落度在 10 ~ 50mm 时,布料松铺系数宜控制在 1.08 ~ 1.15
D. 布料机与滑模摊铺机之间施工距离宜控制在 10 ~ 20m

18. 公路基层所用无机结合料目前最常用的有(　　)。
A. 水泥　　B. 石灰　　C. 粉煤灰　　D. 沥青

本节习题答案及解析

Ⅰ. 单项选择题

1. 答案:D

【解析】 填筑路床顶最后一层时,压实厚度不应小于 100mm。

2. 答案:B

【解析】 压实工作的组织应以压实原理为依据,注意以下要点:压实机具应先轻后重,碾压速度宜先慢后快,压实机具的运行线路一般直线段应从路缘向路中心,以形成路拱。弯道设有超高坡度时,由低一侧向高一侧碾压,以便形成单向超高坡度。碾压时,相邻轮迹(轮或印)应重叠 1/3 左右(15 ~ 20cm),经常注意并检查土的含水率及压实度要求。

3. 答案:A

【解析】 当路堑深度不深时,可以一次挖到设计高程,称单层横挖法。

4. 答案:D

【解析】 混合式开挖法是将横挖法、通道纵挖法混合使用,即先顺路堑方向挖通通道,然后沿横向坡面挖掘,以增加开挖坡面。

5. 答案:A

【解析】 浅孔爆破又称钢钎炮,炮孔直径小于 75mm,深度不超过 5m。浅孔爆破操作简

便,对设计边坡外的岩体震动损害小。

6. **答案**:B

【解析】 猫洞炮是将集中药包直接放入直径为0.2~0.5m、炮眼深为2~6m的水平或略有倾斜的炮洞中进行爆破的一种炮型。

7. **答案**:C

【解析】 相邻药包或前后排药包以毫秒的时间间隔(一般15~75ms)依次起爆,称微差爆破,亦称毫秒爆破。

8. **答案**:C

【解析】 表层分布有软土且其厚度小于3m时,可采用浅层拌和、换填、抛石等方法进行处治。

9. **答案**:A

【解析】 先填土预压,待地基强度提高到一定程度后,挖去填土,再建构造物,称之为预压。预压分等载预压和超载预压,目的在于减少工后沉降,提高地基固结度。

10. **答案**:A

【解析】 泥炭、淤泥、沼泽土、冻土、有机土、含草皮土、生活垃圾、树根和含有腐朽物质的土不得用作路堤填料。

11. **答案**:B

【解析】 压实机具的运行线路一般直线段应从路缘向路中心,以形成路拱。

12. **答案**:D

【解析】 CFG桩属于竖向增强体法。

13. **答案**:A

【解析】 潮湿式冻融敏感性小的填料应填筑在路基上层,强度较小的填料应填筑在下层,在透水性差的压实层上填筑透水性较好的填料前,应在其表面设2%~4%的双向横坡,并采取相应的防水措施,不得在透水性较好的填料所填筑的路堤边坡上覆盖透水性不好的填料。

14. **答案**:D

【解析】 相邻药包或前后排药包以毫秒的时间间隔(一般15~75ms)依次起爆,称微差爆破,亦称毫秒爆破。

15. **答案**:C

【解析】 土方开挖应自上而下进行,不得乱挖超挖,严禁掏底开挖。边沟与截水沟应从下游向上游开挖,开挖后,应及时进行防渗处理。

16. **答案**:A

【解析】 土质路堑开挖至零填、路堑路床部分后,应尽快进行路床施工,如不能及时施工,宜在设计路床顶高程以上预留至少300mm厚的保护层。

17. **答案**:D

【解析】 增强体法是通过在软弱土地基中打入竖直的增强材料,如粒料桩、加固土桩、混凝土桩、CFG桩[混凝土(Cement)、粉煤灰(Fly-ash)、粒料(Grave)]等材料,与原地基土共同变形共同承载,起到增强地基的作用。

18. 答案:C

【解析】 从路堑的一端或两端按横断面全宽向前开挖,称为横挖法,适用于短而深的土质路堑。

19. 答案:C

【解析】 换填深度应不小于30cm,并应按规定要求予以分层压实。

20. 答案:D

【解析】 分段纵挖法适用于路堑较长、运距过远的情况。

21. 答案:D

【解析】 当软土地层横坡陡于1:10时,应自高侧向低侧抛投。

22. 答案:C

【解析】 填石路堤石料最大粒径不得大于压实层厚的2/3。

23. 答案:C

【解析】 用粉性土填筑路基时,春季易产生翻浆现象。

24. 答案:C

【解析】 开挖应控制超挖,但未设置限定。

25. 答案:C

【解析】 公路工程中排除地面水的设施是边沟。

26. 答案:B

【解析】 多层横挖法:从开挖路堑的一端或两端按断面分层挖到设计高程。该方法适用于挖掘深且短的路堑。

27. 答案:A

【解析】 通道纵挖法:先沿路堑纵向挖掘一条通道,然后将通道向两侧拓宽以扩大工作面,并利用该通道作为运土路线及场内排水的出路。该层通道拓宽至路堑边坡后,再挖下层通道,如此向纵深开挖至路基高程。该方法适用于较长、较深、两端地面纵坡较小的路堑开挖。

28. 答案:C

【解析】 混合式挖掘法是多层横向挖掘法和通道纵挖法混合使用的一种方法,即先沿路线纵向挖通通道,然后沿横向坡面挖掘,以增加开挖坡面。在较大的挖方地段,还可沿横向再开辟工作面。该方法适用于路线纵向长度和挖深都很大的路堑开挖。

29. 答案:C

【解析】 石方开挖严禁采用洞室爆破,近边坡部分宜采用光面爆破或预裂爆破。

30. 答案:B

【解析】 深孔爆破:炮眼直径大于75mm、深度在5m以上、采用延长药包。需要大型的潜孔凿岩机或穿孔机穿孔,配合挖运机械,可实现石方施工全面机械化,劳动生产率高,爆破比较安全,是大量石方快速施工的一个发展途径。

31. 答案:D

【解析】 定向爆破:利用爆能将大量土石方按照指定的方向,搬移到一定的位置并堆积成路堤。

32. 答案:B

【解析】 直接应用机械开挖(松土法):用带有松土器的重型推土机破碎岩石,一次破碎深度约0.6~1m,再用推土机或装载机与自卸汽车配合,将翻松的岩块搬运出去。该方法适用于施工场地开阔、大方量的软岩石方工程。

33. 答案:A

【解析】 静态破碎法:将膨胀剂放入炮孔内,利用产生的膨胀力缓慢作用于孔壁,经过数小时至24h达到300~500MPa的压力,使岩石开裂。该方法适用于在设备附近、高压线下、开挖与浇筑过渡段等特定条件下的开挖。

34. 答案:B

【解析】 路床填料最大粒径应小于100mm,路床填料应均匀。

35. 答案:C

【解析】 卵石、碎石、砾石、粗砂等透水性良好的填料,只要分层填筑、压实,可以不控制含水率;用黏性土等透水性不良的填料,应在接近最佳含水率的情况下分层填筑与压实。含草皮、生活垃圾、树根、腐殖质的土严禁作为填料。泥炭、淤泥、冻土、强膨胀土、有机质土及易溶盐超过允许含量的土,不得直接用于填筑路基;确需使用时,必须采取技术措施进行处理,经检验满足设计要求后方可使用。

36. 答案:C

【解析】 填料的最小强度和最大粒径应符合相关规定,填料的最大粒径应小于150mm。

37. 答案:A

【解析】 土质路堤填筑方法:水平分层填筑、纵向分层填筑、横向填筑、联合填筑。水平分层填筑:按照横断面全宽分成水平层次,逐层向上填筑,是常用方式。

38. 答案:B

【解析】 纵向分层填筑:依路线纵坡方向分层,逐层向上填筑。

39. 答案:B

【解析】 纵向分层填筑:依路线纵坡方向分层,逐层向上填筑。常用于地面纵坡大于12%、用推土机从路堑取料、填筑距离较短的路堤,不易碾压密实。

40. 答案:C

【解析】 横向填筑:从路基的一端或两端按横断面全高逐步推进填筑。用于填土过厚,不易压实,仅用于无法自下而上填筑的深谷、陡坡、断岩、泥沼等机械无法进场的路堤。

41. 答案:D

【解析】 对潮湿或冻融敏感性小的填料应填筑在路基上层,强度较小的填料应填筑在下层。

42. 答案:C

【解析】 当原地面纵坡大于12%或横坡陡于1:5时,应按设计要求挖台阶,或设置坡度向内并大于4%、宽度大于2m的台阶。

43. 答案:D

【解析】 压实机械碾压时,一般以慢速效果最好,除羊足碾或凸块式碾外,压实速度以

2～4km/h为宜;压实机具应先轻后重,以便能适应逐渐增长的土基强度;碾压速度宜先慢后快。碾压一段结束时,宜采取纵向退行方式机械碾压第二遍,不宜掉头,以免搓挤土。在整个全宽的填土上压实,宜纵向分行进行,直线段由两边向中间,曲线段由曲线的内侧向外侧(当曲线半径超过200m时,可以按直线段方式进行)。

44. **答案**:B

【解析】 分层压实法(碾压法):自下而上水平分层,逐层填筑,逐层压实,是普遍采用并能保证填石路堤质量的方法。高速公路、一级公路和铺设高等级路面的其他等级公路的填石路堤均应采用此方法。

45. **答案**:C

【解析】 路堤施工前,应先修筑试验路段,确定满足规定孔隙率标准的松铺厚度、压实机械型号及组合、压实速度及压实遍数、沉降差等参数;路床施工前,应先修筑试验路段,确定能达到最大压实干密度的松铺厚度、压实机械型号及组合、压实速度及压实遍数、沉降差等参数。二级及二级以上公路的填石路堤应分层填筑压实;岩性相差较大的填料应分层或分段填筑;严禁将软质石料与硬质石料混合使用。

46. **答案**:D

【解析】 压实后透水性差异大的土石混合材料,应分层或分段填筑,不宜纵向分幅填筑,如确需纵向分幅填筑,应将压实后渗水良好的土石混合材料填筑于路堤两侧。

47. **答案**:B

【解析】 浅层处治包括换填法、抛石挤淤、爆炸挤淤等,适用于表层软土厚度小于3m的浅层软弱地基处理。

48. **答案**:D

【解析】 软土是指天然含水率高、孔隙比大、透水性差、压缩性高、抗剪强度低、具有触变性、流变性显著的细粒土。重力压实不属于软土路基处理方法。

49. **答案**:D

【解析】 膨胀土路基施工应符合以下规定:

(1)膨胀土地区路基施工,应避开雨季作业,加强现场排水。

(2)膨胀土地区路基应分段施工,各道工序应紧密衔接,连续完成。路基边坡按设计要求修整,并应及时进行防护施工。

(3)膨胀土作为填料时应符合以下规定:强膨胀土不得作为路堤填料;中等膨胀土经处理后可作为填料,用于二级及二级以上公路路堤填料时,改性处理后胀缩总率应不大于0.7%;胀缩总率不超过0.7%的弱膨胀土可直接填筑。

50. **答案**:B

【解析】 滑坡地段施工前,应制定应对滑坡或边坡危害的安全预案,施工过程中应进行监测;宜在旱季施工;及时封闭滑坡体上的裂隙,在滑坡边缘一定距离外的稳定地层上,修筑一条或数条环形截水沟,截水沟应有防渗措施;施工时应采取措施截断流向滑坡体的地表水、地下水及临时用水;滑坡体未处理之前,严禁在滑坡体上增加荷载,严禁在滑坡前缘减载;滑坡整治完成后,应及时恢复植被。

51. **答案**:C

【解析】 排水沟长度不宜过长,通常不超过500m,不是边沟。

52. 答案:B

【解析】 为降低地下水或拦截地下含水层中的水流,可在地面以下设置渗沟。渗沟是常见的地下排水沟渠,可视地下水流情况纵、横向设置。

53. 答案:A

【解析】 当路基附近的地面水或浅层地下水无法排除,影响路基稳定时,可设置渗井,将地面水或地下水经渗井通过下透水层中的钻孔流入下层透水层中排除。

54. 答案:B

【解析】 端部伸入路堤或嵌入地层部分应与墙体同时砌筑。

55. 答案:C

【解析】 硬质、中硬岩石可作为路床、路堤填料;软质岩石可用作路堤填料,不得用于路床填料;膨胀、易溶性岩石不宜直接用于路堤填筑;强风化石料、崩解性岩石和盐化岩石不得直接用于路堤填筑。

56. 答案:C

【解析】 当墙身的强度达到设计强度的75%时,方可进行回填等工作。

57. 答案:B

【解析】 加筋土挡土墙一般应用于地形较为平坦且宽敞的填方路段上,在挖方路段或地形陡峭的山坡,由于不利于布置拉筋,一般不宜使用。

58. 答案:B

【解析】 一般公路的基层每侧宜比面层宽出10cm,底基层每侧宜比基层宽出15cm。

59. 答案:B

【解析】 垫层经过整平和整型,应按试验路段所确认的压实工艺,在全宽范围内均匀地压实至重型击实最大密度的96%以上。

60. 答案:B

【解析】 两段作业衔接处,第一段留下5~8m不进行碾压,第二段施工时,将前段留下的未压部分与第二段一起碾压。

61. 答案:C

【解析】 基层施工的施工气温应不低于5℃。

62. 答案:D

【解析】 在铺筑上层前,应将下层的表面拉毛,并洒水湿润。

63. 答案:B

【解析】 碾压完成后应立即进行养护。养护时间不应少于7d。养护方法可视具体情况采用洒水、覆土工布、草袋、砂后洒水或洒透层油或封层等。养护期间除洒水车外应封闭交通;不能封闭时,应经批准,并将车速限制在30km/h以下,严禁重型车辆通行。

64. 答案:B

【解析】 应采用先轻型、后重型压路机碾压。

65. 答案:B

【解析】 沥青混合料压实宜采用钢筒式静态压路机与轮胎压路机或振动压路机组合的

方式。

66. 答案:A

【解析】　为使沥青面层与基层结合良好,在基层上浇洒乳化沥青、煤沥青或液体沥青而形成的透入基层表面的薄层是透层。

67. 答案:A

【解析】　透层沥青宜紧接在基层碾压成型后表面稍干但尚未硬化的情况下喷洒。

68. 答案:C

【解析】　稀浆封层铺筑后,必须待乳液破乳、水分蒸发、干燥成型后方可开放交通。

69. 答案:D

【解析】　沥青的加热温度控制在150~170℃,集料的加热温度控制在160~180℃,混合料的出厂温度控制在140~165℃,混合料运至施工现场的温度控制在120~150℃。

70. 答案:C

【解析】　热拌热铺沥青混合料路面应待摊铺层完全自然冷却,表面温度低于50℃后方可开放交通。一般在施工完毕后第二天可开放交通。

71. 答案:A

【解析】　改性沥青混合料储存时间不应超过24h;回收的粉尘不得利用,应全部废弃在指定地点进行处理,防止污染环境。摊铺速度应根据拌和机产量、运力配置情况、摊铺宽度和厚度等条件,通过试验段确定。一般为2~4m/min,SMA及改性沥青混合料宜放慢至1~3m/min。如果在指定温度内还未压实,则应改用轮胎压路机碾压,不能用钢轮碾压,更不能起振,防止推移破坏。

72. 答案:B

【解析】　采用滑模摊铺机来铺筑水泥混凝土路面,经过多年推广应用,已经成为我国在高等级公路水泥混凝土路面施工中广泛采用的工程质量最高、施工速度最快、装备最现代化的高新成熟技术。

73. 答案:D

【解析】　模板拆除应在混凝土抗压强度不小于8MPa时进行。

74. 答案:C

【解析】　三辊轴机组施工工艺的机械化程度适中,设备投入少,技术容易掌握,不少地方在使用。三辊轴机组比较适用于二级、三级、四级公路及县乡公路水泥混凝土路面的施工。

75. 答案:A

【解析】　高速公路、一级公路施工,宜选配能一次摊铺2~3个车道宽度(7.5~12.5m)的滑模摊铺机。

76. 答案:C

【解析】　沥青混合料路面压实应按初压、复压、终压三个阶段进行。

77. 答案:A

【解析】　当一次铺筑宽度小于路面和硬路肩总宽度时,应设纵向施工缝。

78. 答案:A

【解析】 每天摊铺结束或临时原因中断时,应设置横向施工缝,其位置宜与胀缝或缩缝重合,横向施工缝在缩缝处应采用平缝型传力杆,确有困难不能重合时,横向施工缝应采用拉杆企口缝。

79. 答案:D

【解析】 开放交通前,填缝料应有充分的时间硬结。

80. 答案:B

【解析】 在雨天或养护用水充足的情况下,也可采用覆盖保湿膜、土工毡、土工布、麻袋、草袋、草帘等洒水湿养护方式,不宜使用围水养护方式。

81. 答案:D

【解析】 路缘石应在路面铺设之前完成。

Ⅱ. 多项选择题

1. 答案:ABC

【解析】 滑坡防治的工程措施主要有滑坡排水、力学平衡和改变滑带土三类。

2. 答案:ABD

【解析】 排除地表水一般可采用边沟、截水沟、排水沟、跌水与急流槽、蒸发池、拦水带等设施,将可能停滞在路基范围内的地面水迅速排除,防止路基范围内的地面水流入路基内。

3. 答案:ABC

【解析】 排除地下水一般可采用明沟(排水沟)、暗沟(管)、渗沟、渗井、检查井等设施,将路基范围内的地下水位降低或拦截地下水并将其排除在路基范围以外。

4. 答案:ABD

【解析】 渗沟有填石渗沟、管式渗沟和洞式渗沟,三种渗沟均应设置排水层(或管、洞)、反滤层和封闭层。

5. 答案:ABD

【解析】 渗沟有填石渗沟、管式渗沟和洞式渗沟,三种渗沟均应设置排水层(或管、洞)、反滤层和封闭层。

6. 答案:ABC

【解析】 垫层材料可选用碎石、砂砾、煤渣、矿渣等粒料以及水泥稳定土、石灰稳定土等。

7. 答案:ABD

【解析】 路面结构层自下而上依次为垫层、底基层、基层、面层(下、中、上)。

8. 答案:ABC

【解析】 无机结合料稳定类主要可分为石灰稳定类、水泥稳定类、石灰工业废渣稳定集料类等。

9. 答案:ABC

【解析】 沥青稳定类基层又称柔性基层,包括热拌沥青碎石、贯入式沥青碎石、乳化沥青碎石、混合料基层等。

10. 答案:ACD

【解析】 热拌沥青混合料的配合比设计包括目标配合比设计阶段、生产配合比设计阶段、生产配合比验证阶段。

11. 答案:ABC

【解析】 整型后,当混合料的含水率等于或略大于最佳含水率时,立即用12t以上的三轮压路机、重型轮胎压路机或振动压路机在路基全宽内进行碾压。碾压时,应重叠1/3轮迹,一般需碾压6~8遍。用12~15t的三轮压路机碾压时,每层压实厚度不应超过15cm;用18~20t的三轮压路机碾压时,每层压实厚度不应超过20cm,每层的最小压实厚度为100mm。压实厚度超过上述规定时,应分层铺筑。采用能量大的振动压路机时,每层的压实厚度根据试验确定。压实应遵循先轻后重、先慢后快的原则,直线段由两侧路肩向路中心进行碾压,平曲线段由内侧路肩向外侧路肩进行碾压。

12. 答案:BCD

【解析】 为使沥青面层与基层结合良好,在基层上浇洒乳化沥青、煤沥青或液体沥青而形成的透入基层表面的薄层。

13. 答案:BCD

【解析】 液体石油沥青适用于透层、黏层及拌制冷拌沥青混合料。

14. 答案:ABC

【解析】 沥青路面的级配砂砾、级配碎石基层及水泥、石灰、粉煤灰等无机结合料稳定土或粒料的半刚性基层上必须浇洒透层沥青。

15. 答案:ACD

【解析】 符合下列情况之一者,应喷洒黏层沥青:

(1)双层或三层式热拌热铺沥青混合料路面的沥青层之间;

(2)水泥混凝土路面、沥青稳定碎石基层或旧沥青路面层加铺筑沥青面层;

(3)路缘石、雨水口、检查井等构造物与新铺沥青混合料接触的侧面。

16. 答案:ABD

【解析】 横缝一般分为横向缩缝、胀缝和横向施工缝。在中、轻交通的混凝土路面上,横向缩缝可采用不设传力杆假缝型。

17. 答案:ABC

【解析】 高速公路、一级公路宜选配能一次摊铺2~3个车道宽度(7.5~12.5m)的滑模摊铺机,二级及以下公路的最小摊铺宽度不得小于单车道设计宽度。

当坍落度在10~50mm时,布料松铺系数宜控制在1.08~1.15之间,布料机与滑模摊铺机之间的施工距离宜控制在5~10m之间。

滑模摊铺过程中应采用自动抹平板装置抹平,对少量缺料部分,应在挤压板后或搓平梁前补充适量拌合物。

18. 答案:ABC

【解析】 目前最常用的无机结合料有水泥、石灰、粉煤灰等。

(三)隧道工程施工技术

隧道工程施工技术知识点

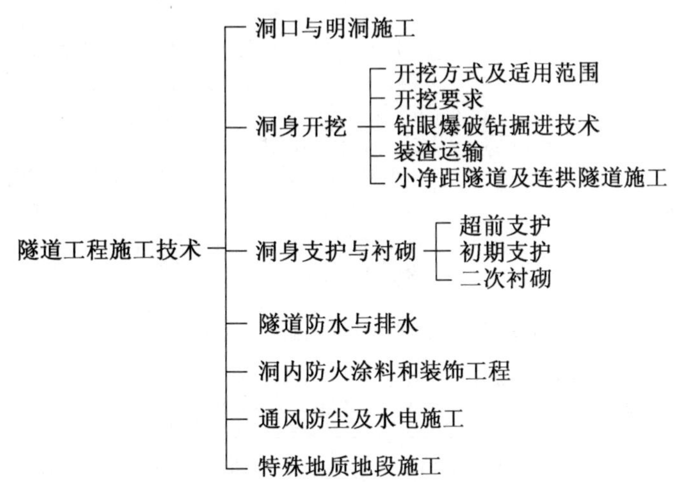

知识点集成

知识点 10:隧道工程施工技术

隧道施工			
隧道施工技术	洞口工程	洞门应及早修筑,并尽可能安排在冬季或雨季前施工,洞门拱墙应与洞内相邻的拱墙衬砌同时施工,连成整体	
	明洞工程	明洞衬砌施工应仰拱先行、拱墙整体浇筑。明洞顶部回填应对称分层夯实,每层厚度不得大于0.3m,两侧回填面高差不得大于0.5m	
	洞身开挖	全断面法	按设计断面一次基本开挖成形的施工方法。一般适用于Ⅰ~Ⅲ级围岩的中小跨度隧道
		台阶法	先开挖上半断面,待开挖至一定距离后再同时开挖下半断面,上下半断面同时并进的施工方法。台阶法分为二台阶法、三台阶法。单车道隧道及围岩地质条件较好的双车道隧道可采用二台阶法施工;隧道断面较高、单层台阶断面尺寸较大时可采用三台阶法施工
		环形开挖预留核心土法	环形开挖预留核心土法:先开挖上台阶成环形,并进行支护,再分部开挖中部核心土、两侧边墙的施工方法。一般适用于Ⅴ~Ⅵ级围岩或一般土质围岩的中小跨度隧道或洞口浅埋地段隧道施工
		中隔壁法	中隔壁法(CD 法):在软弱围岩大跨隧道中,先开挖隧道的一侧,并施作中隔壁墙,然后再分步开挖隧道的另一侧的施工方法。一般适用于围岩较差、跨度大、浅埋、地表沉降需要控制的地段
		双侧壁导坑法	双侧壁导坑法:先开挖隧道两侧的导坑,并进行初期支护,再分步开挖剩余部分的施工方法。一般适用于浅埋大跨度隧道及地表下沉量要求严格而围岩条件很差的情况

续上表

<table>
<tr><td rowspan="13">隧道施工技术</td><td rowspan="6">洞身开挖</td><td>中导洞法</td><td>中导洞法:在连拱隧道或单线隧道的喇叭口地段,先开挖两洞之间立柱(或中隔墙)部分,并完成立柱(或中隔墙)混凝土浇筑后,再进行左右两洞开挖的施工方法。适用于连拱隧道</td></tr>
<tr><td colspan="2">开挖遵循管超前、短进尺、强支护、弱爆破、勤观测的原则</td></tr>
<tr><td>钻眼爆破
钻掘进技术</td><td>钻爆设计应使用光面爆破或预裂爆破技术。
隧道开挖掘进工作面的炮眼可分为掏槽眼、辅助眼和周边眼。掏槽眼的作用是将开挖面上某一部位的岩石掏出一个槽,以形成新的临空面,为其他炮眼的爆破创造有利条件。辅助眼的作用是进一步扩大掏槽体积和增大爆破量,并为周边眼创造有利的爆破条件。周边眼的作用是爆破后使坑道断面达到设计的形状和规格。周边眼原则上沿着设计轮廓均匀布置,间距和最小抵抗线应比辅助眼的小,以便爆出较为平顺的轮廓</td></tr>
<tr><td colspan="2">装渣运输:根据隧道长度、机具设备和施工条件,选用有轨或无轨的运输方式</td></tr>
<tr><td colspan="2">小净距隧道常用于洞口地形狭窄或有特殊要求的中、短隧道以及长或特长隧道洞口局部地段</td></tr>
<tr><td colspan="2">连拱隧道主要适用于洞口地形狭窄,或对两洞间距有特殊要求的中、短隧道。连拱隧道按中墙形式不同分为整体式中墙和复合式中墙两种形式。
连拱隧道的施工,应坚持“弱爆破、短进尺、少扰动、强支护、勤量测、紧封闭”的原则</td></tr>
<tr><td rowspan="7">洞身支护
与衬砌</td><td colspan="2">超前支护:经常采用的超前支护措施有超前锚杆、插板、超前小导管、管棚及围岩预注浆加固等</td></tr>
<tr><td>超前锚杆或超前
小钢管支护</td><td>主要适用于地下水较少的软弱破碎围岩的隧道工程中,如土砂质地层、弱膨胀性地层、流变性较小的地层、裂隙发育的岩体、断层破碎带、浅埋无显著偏压的隧道等</td></tr>
<tr><td>超前管棚</td><td>主要适用于对围岩变形及地表下沉有较严格限制要求的软弱破碎围岩隧道工程中,如土砂质地层、强膨胀性地层、强流变性地层、裂隙发育的岩体、断层破碎带、浅埋有显著偏压等围岩的隧道中</td></tr>
<tr><td>超前小导
管注浆</td><td>不仅适用于一般软弱破碎围岩,也适用于地下水丰富的松软围岩。超前小导管注浆常常作为一项主要的辅助措施,与管棚结合起来加固围岩</td></tr>
<tr><td>超前围岩
预注浆</td><td>主要适用于软弱围岩及断层破碎带、自稳性较差的含水地段</td></tr>
<tr><td colspan="2">初期支护:可作为开挖面的临时支护,亦可作为永久衬砌的一部分。临时支护可选择喷射混凝土、锚杆、钢筋网、钢架等单一或者组合的支护形式</td></tr>
<tr><td>喷射混凝土</td><td>喷射混凝土是用压力喷枪喷射混凝土的施工方法,用于隧道开挖后的拱部、边墙等部位在开挖初期的柔性支护。喷射混凝土的工艺有干喷、潮喷和湿喷。由于湿喷法的粉尘和回弹量少,喷射混凝土的质量容易控制,因此目前施工现场较多使用湿喷法,但湿喷法对喷射机械要求较高</td></tr>
</table>

续上表

隧道施工技术	洞身支护与衬砌	锚杆	锚杆是用螺纹钢筋或其他高抗拉性能的材料制作的一种杆状构件。按照锚固形式可划分为全长黏结型、端头锚固型、摩擦型和预应力型四种
		钢筋网	钢筋网应随受喷面的起伏铺设，与受喷面的最大间隙不宜大于30mm。钢筋网应与锚杆或其他固定装置联结牢固，其混凝土保护层应不小于规范规定
		钢支撑	钢支撑按其材料的组成可分为钢拱架和格栅钢架。常用于软弱破碎围岩隧道中，并与锚杆、喷混凝土等共同使用。钢拱架的最大特点是架设后能够立即承载。格栅钢架能够很好地与喷射混凝土一起与围岩密贴，且能和锚杆、超前支护结构连成一体，支护效果好
		二次衬砌：二次衬砌是隧道工程施工在初期支护内侧施作的模筑混凝土或钢筋混凝土衬砌，与初期支护、防水层共同组成复合式衬砌。 二次衬砌应在初期支护变形基本稳定后进行，施作时间应满足下列条件： 1. 各测试项目所显示的位移率明显减缓并已基本稳定； 2. 已产生的各项位移已达预计位移量的80% ~90%； 3. 周边位移速率小于0.1 ~0.2mm/d，或拱顶下沉速率小于0.07 ~0.15mm/d	

例题解析

1. 复合衬砌中防水层施工应在(　　)后、二次衬砌施作前进行。

A. 围岩变形完全稳定　　B. 初期支护完成并且围岩

C. 初期支护变形基本稳定　　D. 初期支护变形完全稳定

答案:C

【解析】 本题为2013年考题，主要考查防水层施工顺序。复合衬砌中防水层施工应在初期支护变形基本稳定后、二次衬砌施作前进行。

2. 公路隧道施工矿山法施工的基本原则可以归纳为(　　)。

A. 少扰动　　B. 早支撑　　C. 快撤换　　D. 快衬砌

答案:ABD

【解析】 本题为2013年考题，考查隧道施工原则，快撤换不属于隧道施工基本原则。

3. 新奥法隧道洞身的开挖爆破，主要采用(　　)爆破技术。

A. 毫秒　　B. 光面　　C. 预裂　　D. 控制

答案:AB

【解析】 本题为2015年考题，考查新奥法的基本理论依据，就是利用围岩本身具有的承载效能的前提下，采用毫秒爆破和光面爆破技术，进行断面开挖施工，并以复合式内外两层衬砌形式来修建隧道的洞身，即以喷射混凝土、锚杆、钢筋网、钢支撑等为其外层支护形式，也称为初次柔性支护，系在洞身开挖之后必须立即进行的支护工作。

4. 以下开挖方法适用于连拱隧道的是(　　)。

A. 三导洞法　　B. 中导洞法

C. 环形开挖预留核心土法　　　D. 侧壁导坑法

答案:B

【解析】 本题为2019年考题,中导洞法是在连拱隧道或单线隧道的喇叭口地段,先开挖两洞之间立柱(或中隔墙)部分,并完成立柱(或中隔墙)混凝土浇筑后,再进行左右两洞开挖的施工方法。适用于连拱隧道。

5. 对于隧道超前支护说法正确的是(　　)。

A. 超前小导管注浆适用于一般软弱破碎围岩

B 超前小导管注浆不适用于地下水丰富的松软围岩

C. 管棚主要适用于对围岩变形及地表下沉有较严格限制要求的软弱破碎围岩隧道工程中

D. 预注浆方法是在掌子面前方的围岩中将浆液注入,从而提高地层的强度、稳定性和抗渗性,形成较大范围的筒状封闭加固区,然后在其范围内进行开挖作业

答案:ACD

【解析】 本题为2019年考题,超前小导管注浆不仅适用于一般软弱破碎围岩,也适用于地下水丰富的松软围岩。管棚主要适用于对围岩变形及地表下沉有较严格限制要求的软弱破碎围岩隧道工程中。

6. 对于隧道围岩初期支护说法正确的是(　　)。

A. Ⅰ、Ⅱ级围岩支护时,首采用局部喷射混凝土或局部锚杆

B. Ⅱ级围岩可采用锚杆、锚杆挂网、喷射混凝土,Ⅳ级围岩可采用锚杆、锚杆挂网、喷射混凝土、钢支撑

C. 湿喷和混合喷混凝土强度可达到C30 ~ C40

D. 目前施工现场潮喷法使用较多

答案:AB

【解析】 本题为2019年考题,初期支护可作为开挖面的临时支护,亦可作为永久衬砌的一部分。临时支护可选择喷射混凝土、锚杆、钢筋网、钢架等单一或者组合的支护形式。Ⅰ、Ⅱ级围岩支护时,首采用局部喷射混凝土或局部锚杆,为防止岩爆和局部落实,可局部加挂钢筋网。Ⅲ、Ⅳ级围岩可采用锚杆、锚杆挂网、喷射混凝土或锚喷联合支护。Ⅳ级围岩必要时可加设钢支撑。Ⅴ、Ⅵ级围岩宜采用锚喷挂网、钢支撑的联合支护形式,并应结合辅助措施进行施工支护。

本节习题

Ⅰ. 单项选择题

1. 隧道复合式衬砌的第二次衬砌,一般采用(　　)。

A. 喷射混凝土　　　B. 锚杆、钢筋网混凝土

C. 沥青混凝土　　　D. 现浇混凝土

2. 由上向下开挖土石方至设计高程后,自基底由下向上顺序施工,完成隧道主体结构,最后回填基坑或恢复地面的施工方法叫(　　)。

A. 沉埋法　　　B. 浅埋暗挖法

C. 地下连续墙法　　　D. 明挖法

3. 关于洞口的施工,以下叙述错误的是(　　)。

A. 洞口土石方在洞口施工放样的线位上进行边坡、仰坡自上而下的开挖

B. 洞口开挖宜采用大爆破一次成型

C. 边坡、仰坡外的截水沟或排水沟应于洞口土石方开挖前完成

D. 洞口端墙的砌筑与墙背回填应两侧同时进行,防止对衬砌产生偏压

4. 明洞工程时,当边坡松软易坍塌及明洞与暗洞衔接时,施工宜采用(　　)。

A. 先拱后墙法　　B. 先墙后拱法

C. 钻眼爆破掘进法　　D. 预裂爆破法

5. 按设计断面一次基本开挖成形的施工方法是(　　)。

A. 台阶法　　B. 全断面法

C. 中隔壁法　　D. 环形开挖预留核心土法

6. 先开挖上台阶成环形并进行支护,再分部开挖中部核心土、两侧边墙的施工方法是(　　)。

A. 台阶法　　B. 全断面法

C. 中隔壁法　　D. 环形开挖预留核心土法

7. 在软弱围岩大跨隧道中,先开挖隧道的一侧,并施作中隔壁墙,然后再分步开挖隧道的另一侧的施工方法是(　　)。

A. 中隔壁法　　B. 中导洞法

C. 双侧壁导坑法　　D. 环形开挖预留核心土法

8. 在连拱隧道或单线隧道的喇叭口地段,先开挖两洞之间立柱(或中隔墙)部分,并完成立柱(或中隔墙)混凝土浇筑后,再进行左右两洞开挖的施工方法是(　　)。

A. 中隔壁法　　B. 中导洞法

C. 双侧壁导坑法　　D. 环形开挖预留核心土法

9. 以下开挖方法适用于连拱隧道的是(　　)。

A. 中隔壁法　　B. 中导洞法

C. 双侧壁导坑法　　D. 环形开挖预留核心土法

10. 关于小净距隧道,以下叙述错误的是(　　)。

A. 为避免爆破震动波的叠加,必须采取微差控制爆破

B. 应采用辅助方法施工,特别要保护好围岩,要以保护拱部稳定完整为前提

C. 中间岩柱的稳定与加固是整个小净距隧道施工的关键

D. 其指导原则为“先治水、短开挖、弱爆破、强支护、早衬砌、勤检查、稳前进”

11. 以下超前支护方式适用于浅埋有显著偏压的隧道的是(　　)。

A. 超前锚杆　　B. 管棚

C. 超前插板　　D. 超前小导管注浆

12. 以下关于初期支护措施,叙述错误的是(　　)。

A. 隧道初期支护措施,应紧随开挖面及时施作

B. 临时支护包括喷射混凝土、锚杆、锚杆与喷射混凝土并用,锚杆、挂钢筋网与喷射混凝土并用

C. 初期支护可作为开挖面临时支护,也可作为永久衬砌的一部分

D. 不同类别的围岩都可以采用锚杆的方式作为初期支护

13. 以下关于隧道施工的防排水施工,叙述不正确的是(　　)。

A. 隧道施工的临时防、排水应与永久防、排水设施相结合

B. 隧道防水应提高混凝土自防水性能,防水混凝土抗渗等级应符合设计要求

C. 对于橡胶止水带,其接头可用钉子钉好搭接处

D. 在浇筑二次衬砌混凝土前,应检查防水层的铺设质量和焊接质量,如发现有破损情况,必须进行处理

14. 关于隧道地质超前预报方法,以下叙述不正确的是(　　)。

A. 地质调查法调查内容应包括隧道地表补充地质调查和隧道内地质调查

B. 超前钻探法可以探测隧道开挖工作面前方几十米乃至上百米范围内围岩的地质情况

C. 长、特长隧道或地质条件复杂隧道的超前地质预报宜采用物理勘探法

D. 探测地质条件较复杂的隧道施工中,可采用水力联系观测法

15. (　　)是为了掌握施工中围岩和支护的力学动态信息及稳定程度并及时反馈,以指导施工作业,保证施工安全。

A. 地质超前预报　　B. 监控量测

C. 地质调查　　D. 超前钻探

Ⅱ. 多项选择题

1. 公路隧道施工中,明洞的施工方法有(　　)。

A. 先墙后拱法　　B. 锚喷支护法　　C. 先拱后墙法　　D. 拱墙交替法

2. 隧道开挖的主要方法是钻孔爆破法,应遵循的原则是(　　)。

A. 短进尺、强支护　　B. 弱爆破、勤观测

C. 长进尺、强支护　　D. 强爆破、勤观测

3. 隧道开挖掘进工作面的炮眼可分为(　　)。

A. 掏槽眼　　B. 周边眼　　C. 猫洞眼　　D. 辅助眼

4. 以下措施属于超前支护措施的有(　　)。

A. 超前锚杆　　B. 管棚

C. 围岩预注浆加固　　D. 喷射混凝土

5. (　　)支护主要适用于地下水较少的软弱破碎围岩的隧道工程中。

A. 超前锚杆　　B. 管棚

C. 围岩预注浆加固　　D. 超前小钢管

6. 关于各种初期支护施工,以下叙述正确的是(　　)。

A. 干喷法的粉尘和回弹量少,喷射混凝土的质量容易控制

B. 锚杆按照锚固形式可划分为全长黏结型、端头锚固型、摩擦型和预应力型四种

C. 在需将喷射混凝土作为永久支护的部位,钢筋网是唯一批准的配筋形式

D. 目前公路隧道通常将喷射混凝土支护、锚杆支护、钢筋网支护、钢支撑支护按照围岩级别进行组合,形成联合支护

7. 关于隧道二次衬砌,以下叙述正确的是( )。

A. 二次衬砌是隧道工程施工在超前支护内侧施作的模筑混凝土或钢筋混凝土衬砌,与超前支护共同组成复合式衬砌

B. 二次衬砌采用移动式混凝土泵或其他获准的机具连续浇筑,并应防止混凝土离析

C. 仰拱与掌子面的距离,Ⅲ级围岩不得超过90m,Ⅳ级围岩不得超过50m,Ⅴ级及以上围岩不得超过40m

D. 在二次衬砌中,可采取增设钢筋和提高混凝土强度等级的措施

本节习题答案及解析

Ⅰ. 单项选择题

1. **答案**:D

【解析】 复合衬砌中的二次衬砌,一般采用现浇混凝土。

2. **答案**:D

【解析】 明挖法是指挖开地面,由上向下开挖土石方至设计高程后,自基底由下向上顺序施工,完成隧道主体结构,最后回填基坑或恢复地面的施工方法。

3. **答案**:B

【解析】 洞口土石方在洞口施工放样的线位上进行边坡、仰坡自上而下的开挖。不得采用大爆破,尽量减少对原地层的扰动。边坡、仰坡外的截水沟或排水沟应于洞口土石方开挖前完成,截水沟及排水沟的上游进水口应与原地面衔接紧密或略低于原地面,下游出水口应妥善地引入排水系统。洞口端墙的砌筑(或浇筑)与墙背回填,应两侧同时进行,防止对衬砌产生偏压。

4. **答案**:A

【解析】 明洞施工一般采用先墙后拱法。当边坡松软易坍塌及明洞与暗洞衔接时,施工宜采用先拱后墙法。

5. **答案**:B

【解析】 全断面法:按设计断面一次基本开挖成形的施工方法。一般适用用于Ⅰ~Ⅲ级围岩的中小跨度隧道。

6. **答案**:D

【解析】 环形开挖预留核心土法:先开挖上台阶成环形并进行支护,再分部开挖中部核心土、两侧边墙的施工方法。一般适用于Ⅴ~Ⅵ级围岩或一般土质围岩的中小跨度隧道或洞口浅埋地段隧道施工。

7. **答案**:A

【解析】 中隔壁法是在软弱围岩大跨隧道中,先开挖隧道的一侧,并施作中隔壁墙,然后再分步开挖隧道的另一侧的施工方法。一般适用于围岩较差、跨度大、浅埋、地表沉降需要控制的地段。

8. **答案**:B

【解析】 中导洞法是在连拱隧道或单线隧道的喇叭口地段,先开挖两洞之间立柱(或中隔墙)部分,并完成立柱(或中隔墙)混凝土浇筑后,再进行左右两洞开挖的施工方法。

9. **答案**:B

【解析】 中导洞法是在连拱隧道或单线隧道的喇叭口地段,先开挖两洞之间立柱(或中隔墙)部分,并完成立柱(或中隔墙)混凝土浇筑后,再进行左右两洞开挖的施工方法。适用于连拱隧道。

10. **答案**:B

【解析】 应采用辅助方法施工,特别要保护好围岩,要以保护中夹岩体的稳定完整为前提,并将"先治水、短开挖、弱爆破、强支护、早衬砌、勤检查、稳前进"作为指导的原则。

11. **答案**:B

【解析】 管棚主要适用于围岩压力来得快、来得大,对围岩变形及地表下沉有较严格限制要求的软弱破碎围岩隧道工程中,如土砂质地层、强膨胀性地层、强流变性地层、裂隙发育的岩体、断层破碎带、浅埋有显著偏压等围岩的隧道中。

12. **答案**:D

【解析】 不同类别的围岩,应采用不同结构形式的施工支护。Ⅰ、Ⅱ级围岩支护时,宜采用局部喷混凝土或局部锚杆,为防止岩爆和局部落石,可局部加拴钢筋网。Ⅲ、Ⅳ级围岩可采用锚杆、锚杆挂网、喷混凝土或锚喷联合支护,Ⅳ级围岩必要时可加设钢支撑。Ⅴ、Ⅵ级围岩宜采用锚喷挂网、钢支撑的联合支护形式,并可结合辅助施工方法进行施工支护。

13. **答案**:C

【解析】 止水带在安装时以及在混凝土浇捣作业过程中,应注意止水带的保护,不得被钢筋、石子和钉子刺破,如发现有被刺破、割裂现象,必须及时修补。止水带的接头根据其材质和止水部位可采用不同的接头方法。对于橡胶止水带,其接头形式应采用搭接或复合接;对于塑料止水带,其接头形式应采用搭接。

14. **答案**:D

【解析】 水力联系观测为当隧道排水或突涌水对地下水资源或周围建筑(构)物产生重大影响时采取的方法。

15. **答案**:B

【解析】 为了掌握施工中围岩和支护的力学动态信息及稳定程度并及时反馈,以指导施工作业,保证施工安全,施工中应认真实施监控量测。

Ⅱ.多项选择题

1. **答案**:ACD

【解析】 公路隧道施工中,明洞和棚洞都是采用明挖法施工的。明洞的施工方法,有先墙后拱法、先拱后墙法和拱墙交替法。

2. **答案**:AB

【解析】 隧道开挖的主要方法是钻孔爆破法。应遵循"短进尺、强支护、弱爆破、勤观测"的原则进行开挖掘进。

3. **答案**:ABD

【解析】 隧道开挖掘进工作面的炮眼可分为掏槽眼、辅助眼和周边眼。掏槽眼的作用是将开挖面上某一部位的岩石掏出一个槽,以形成新的临空面,为其他炮眼的爆破创造有利条件。辅助眼的作用是进一步扩大掏槽体积和增大爆破量,并为周边眼创造有利的爆破条件。周边眼的作用是爆破后使坑道断面达到设计的形状和规格。

4. 答案:ABC

【解析】　隧道施工过程中,当遇到软弱破碎围岩时,其自支护能力是比较弱的,经常采用的超前支护措施有超前锚杆、插板、超前小导管、管棚及围岩预注浆加固等。

5. 答案:AD

【解析】　超前锚杆或超前小钢管支护主要适用于地下水较少的软弱破碎围岩的隧道工程中,如土砂质地层、弱膨胀性地层、流变性较小的地层、裂隙发育的岩体、断层破碎带、浅埋无显著偏压的隧道等。

6. 答案:BCD

【解析】　喷射混凝土的工艺有干喷、潮喷和湿喷。由于湿喷法的粉尘和回弹量少,喷射混凝土的质量容易控制,因此目前施工现场湿喷法使用较多,但对喷射机械要求较高。

7. 答案:BCD

【解析】　二次衬砌是隧道工程施工在初期支护内侧施作的模筑混凝土或钢筋混凝土衬砌,与初期支护共同组成复合式衬砌。

(四)桥梁工程施工技术

桥梁工程施工技术知识点

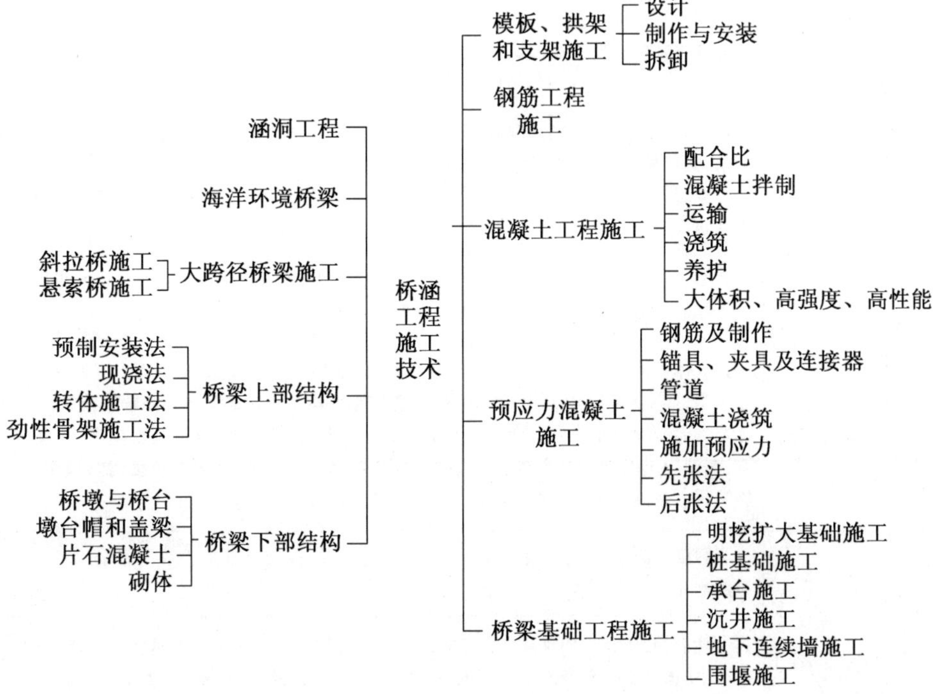

知识点集成

知识点11:模板、拱架、支架及钢筋工程施工

<table>
<tr><td rowspan="2">模板、拱架和支架施工</td><td colspan="2">设计:宜优先使用胶合板和钢模板,验算其强度、刚度及稳定性,模板板面之间应平整,接缝严密,不漏浆,结构简单,制作、拆装方便。</td></tr>
<tr><td colspan="2">制作安装:金属板、木制板及高分子合成材料面板、硬塑料或玻璃钢板等材料。外露面的模板板面宜采用钢模板、胶合板。为减少模板的拼缝,对于大面积的混凝土,其每块模板的面积宜大于 $1.0m^2$</td></tr>
<tr><td>钢筋工程施工</td><td colspan="2">钢筋的连接宜采用焊接接头或机械连接接头。绑扎接头仅当钢筋构造施工困难时方可采用,绑扎接头的直径不宜大于28mm,对轴心受压或偏心受压构件中的受压钢筋可不大于32mm;轴心受拉和小偏心受拉构件不应采用绑扎接头。受力钢筋焊接或绑扎接头应设置在内力较小处,并错开布置</td></tr>
<tr><td rowspan="9">混凝土工程施工</td><td colspan="2">混凝土抗压强度应以边长150mm的立方体尺寸标准试件测定,保证率95%,试件以同龄期3个为一组,每组试件抗压强度以3个试件测值的算术平均值为测定值(精确至0.1MPa),当有1个测值与中间值的差值超中间值15%时,取中间值为测定值,当有2个测值与中间值的差值均超15%时,则该组试验无效。混凝土抗压强度应以标准方式成型的试件置于标准养护条件下(温度20℃ ±2℃,相对湿度不低于95%)养护28d所测得的抗压强度值(MPa)进行测定</td></tr>
<tr><td>配合比</td><td>混凝土配合比应以质量比表示,并通过计算和试配选定。混凝土配合比按规定进行计算和试配,在满足工艺要求前提下,宜采用低坍落度的混凝土施工</td></tr>
<tr><td>拌制</td><td>混凝土拌好后,宜在搅拌地点和浇筑地点分别取样检测,每一工作班或每一单元结构物应不少于两次,评定时应以浇筑地点的测值为准</td></tr>
<tr><td>运输</td><td>1. 搅拌运输车途中应以2~4r/min慢速进行搅动,卸料前应以常速再次搅拌。
2. 搅拌车运至搅拌地点后发生离析、泌水或坍落度不符合要求时,应进行二次搅拌,二次搅拌时不宜任意加水,确有必要时,可同时加水、相应胶凝材料、外加剂并保持原水胶比不变,二次搅拌仍不符合要求时,则不得使用。
3. 采用泵送时,泵送间隔时间不宜超过15min</td></tr>
<tr><td>浇筑</td><td>1. 自高处向模板内倾卸混凝土,应防止离析。卸落高度超过2m,应通过串筒、溜槽等设施下落,倾落超过10m时,应设置减速装置。
2. 混凝土应按一定的厚度、顺序和方向分层浇筑,且应在下层混凝土初凝前完成上层混凝土浇筑</td></tr>
<tr><td>养护</td><td>混凝土浇筑完成后,应在收浆后尽快予以覆盖并洒水养护。混凝土面有模板覆盖时,应在养护期间使模板保持湿润;混凝土洒水保湿养护时间应不小于7d</td></tr>
<tr><td>大体积混凝土</td><td>1. 大体积混凝土可分层、分块浇筑,分层浇筑时应对下层混凝土顶面作凿毛处理,且新浇混凝土与下层混凝土温差不宜大于20℃,并应采取措施将各层间浇筑间歇期控制在7d以内。
2. 大体积混凝土入模温度不应低于5℃,大体积混凝土的温度控制宜按照"内降外保"的原则,对混凝土内部设置冷却水管通循环水冷却,对混凝土外部采取覆盖蓄热或蓄水保温等措施进行。在混凝土内部通水降温时,进出水口的温差宜小于10℃</td></tr>
<tr><td>高强度混凝土</td><td>高强度混凝土,适用于生产C60及以上强度等级混凝土施工。水泥宜选用不低于52.5等级的水泥</td></tr>
<tr><td>高性能混凝土</td><td>高性能混凝土,宜选用优质水泥、级配良好的优质集料,同时应掺加与水泥匹配的高效减水剂、优质掺合料。对暴露于空气的一般构件混凝土,粉煤灰的掺量不宜大于20%</td></tr>
</table>

知识点12：预应力混凝土

预应力钢筋	预应力筋进场时，应分批验收，钢丝每批不大于60t，钢绞线每批不大于60t（任取3盘截取一组），螺纹钢每批不大于100t；预应力筋应避免锈蚀，存放时应支垫并遮盖，存放时间不宜超6个月
锚具、夹具及连接器	锚具应满足分级张拉、补张拉及放松预应力的要求，能满足整束张拉也能满足单根张拉，锚具的锚口摩擦损失不宜大于6%；主要锚固件可重复使用次数不应少于300次；压浆孔内径不宜小于20mm
管道	在后张有黏结预应力混凝土结构中，预应力筋的孔道由浇筑在混凝土中的刚性或半刚性管道构成，或采取抽芯法进行预留。刚性管道为壁厚不小于2mm的平滑钢管，且应有光滑内壁；半刚性管道是波纹状的金属管或密度聚乙烯塑料管，金属波纹管宜采用镀锌扁钢带制作，且壁厚不宜小于0.3mm
混凝土浇筑	根据结构形式选用插入式、附着式或平板式振动器进行振捣，后张构件应避免振动器碰撞预应力筋的管道、预埋件等；用于判断现场预应力混凝土结构强度的混凝土试件，应置于现场与结构或构件同环境同条件下养护
施加预应力	预应力筋的张拉宜采用穿心式双作用千斤顶，整体张拉或放张宜采用具有自锚功能的千斤顶，千斤顶的额定张拉力宜为所需张拉力的1.5倍，且不得小于1.2倍；与千斤顶配套使用的压力表应选用防震型产品；千斤顶安装时，工具锚应与前端的工作锚对正，工具锚和工作锚之间的各根预应力筋不得错位或扭绞，实施张拉时，千斤顶与预应力筋、锚具的中心线应位于同一轴线上；预应力筋采用应力控制方法张拉时，应对伸长值进行校核。实际伸长值与理论伸长值的差值应控制在±6%以内，否则应暂停张拉、查明原因并调整
先张法	先张法的墩式台座抗倾覆安全系数不小于1.5，抗滑移系数不小于1.3，锚固横梁受力后挠度不大于2mm
后张法	1. 管道内横截面积不得少于预应力筋净截面积的2倍，对长度大于60m的管道宜通过试验确定其面积比是否可进行正常压浆作业。管道应按设计规定的坐标位置进行安装，采用定位钢筋固定。管道接头处的连接管应采用大一级直径的同类管道，长度宜为连接管道直径的5~7倍，接头应缠裹紧密防止水泥浆渗入。所有管道均应在每个顶点设排气孔，需要时在每个低点设排水孔，最小内径为20mm；管道安装完毕后，其端口应临时封堵。 2. 预应力筋安装时，可在混凝土浇筑前或浇筑后穿入孔道。整体穿束时，束的前端宜设置穿束网套或特制的牵引头，保持预应力筋顺直。未采取防腐措施的预应力筋，当空气湿度大于70%时，在安装后至压浆时的容许间隔时间为7d。预应力筋安装在管道中后，应将管道端部密封，防止湿气进入；采用蒸汽养护混凝土时，在养护完成前，不应安装预应力筋。 3. 锚具、夹具和连接器安装前，应擦拭干净。锚具安装位置应准确，且应与孔道对中；锚垫板上设置有对中止口时，应防止锚具偏出止口；安装夹片时，应使夹片的外露长度基本一致。 4. 后张法预应力的张拉和锚固应符合以下规定： （1）预应力张拉前，宜对不同类型的孔道进行至少一个孔道的摩阻测试； （2）张拉时，设计未规定情况下，混凝土的强度不应低于设计强度等级值的80%，弹性模量应不低于混凝土28d弹性模量的80%； （3）预应力筋的张拉顺序应符合设计规定，未规定时，可采取分批、分阶段的方式对称张拉； （4）预应力筋应整束张拉锚固； （5）直线筋或螺纹筋可在一端张拉，对曲线预应力筋，当锚固损失的影响长度小于或等于构件长度的一半时，应两端同时张拉； （6）后张法预应力筋的张拉程序应符合设计规定；

续上表

后张法	(7)后张钢绞线束,每束钢绞线断丝或滑丝数不超1丝,每个断面断丝之和不超过该断面钢丝总数的1%; (8)预应力筋在张拉控制应力达到稳定后方可锚固,对夹片式带有自锚性能的锚具,锚固后夹片顶面应平齐,相互间错位不宜大于2mm,且露出锚具外的高度不应大于4mm; (9)切割后预应力筋的外露长度不应小于30mm,锚具应采用封端混凝土保护,当需长期外露时,应采取防止锈蚀的措施。 5.预应力筋张拉锚固后,孔道应尽早压浆,且应在48h内完成,否则应采取防止预应力筋锈蚀的措施。压浆完成后,需要封锚的锚具,应对梁端混凝土凿毛并将其周围冲洗干净,设置钢筋网浇筑封锚混凝土,封锚采用与构件同强度的混凝土并严格控制封锚后梁体长度

知识点13:桥梁基础施工

明挖扩大基础	基坑:基坑较浅且渗水量不大时,可采用竹排、木板、混凝土或钢板等对坑壁进行支护;基坑深度不大于4m且渗水量不大时,可采用槽钢、H形钢或工字钢进行支护;基坑深度大于4m时宜采用锁口钢板或锁口钢管桩围堰进行支护。对支护结构应进行设计计算,当支护结构受力过大时,应加设临时支撑。 基坑坑壁采用喷射混凝土、锚杆喷射混凝土、预应力锚索和土钉支护等方式进行加固,不论采用何种加固方式,均应按设计要求逐层开挖、逐层加固,坑壁或边坡上有明显出水点时应设置导管排水
	挖基和排水:挖基施工宜安排在枯水或少雨季节进行。在开挖过程中进行排水时应不对基坑的安全产生影响,排水困难时,宜采用水下挖基方法。采用机械开挖时应避免超挖,宜在挖至基底前预留一定厚度,再由人工开挖至设计高程,如超挖,则应将松动部分清除,并应对基底进行处理。基坑开挖后,不得长时间暴露、被水浸泡或被扰动
	扩大基础:扩大基础的基底为非黏性土或干土时,施工前应润湿,并浇筑混凝土垫层。基底为岩石时,应用水冲洗干净,且铺一层不低于基础混凝土强度的水泥砂浆
桩基础	沉桩基础:沉桩的施工方法主要有锤击沉桩、振动沉桩、射水沉桩等
	钻孔灌注桩:桩位位于旱地时,可在原地适当平整并填土压实形成工作平台;位于浅水区时,宜采用筑岛法施工;位于深水区时,宜搭设钢制平台,若水位变动不大时,可采用浮式工作平台。工作平台的顶面高程应高于施工期间可能的最高水位1.0m以上。 钻孔灌注桩施工的主要工序有:埋设护筒、制备泥浆、钻孔、清底、钢筋笼制作与吊装、灌注水下混凝土等。 1.埋设护筒 护筒宜采用钢板卷制,一般其内径应大于桩径至少200mm,护筒中心与桩中心平面位置偏差应不大于50mm,竖直向倾斜度不大于1%。 护筒顶宜高于地面0.3m或高于水面1~2m,有潮汐影响水域时应高出施工期最高潮水1.5~2m,桩孔内有承压水时应高于稳定后的承压水面2m以上。 护筒埋置深度宜在旱地或筑岛处2~4m,对有冲刷影响的河床,护筒宜沉入局部冲刷线以下1~1.5m,且采取防止冲刷的防护措施。 2.制备泥浆 泥浆的配合比和配置方案宜通过试验确定,其性能应与钻孔方法、土层情况相适应。 3.钻孔 冲击钻进过程中,孔内水位应高于护筒底口500mm以上;钻进过程中应保证泥浆面始终不低于护筒底部500mm以上,并应严格控制钻进速度。 4.清底 不得用加深钻孔深度的方式代替清孔。

续上表

<table>
<tr><td>桩基础</td><td colspan="3">5. 钢筋笼制作与吊装
应在骨架外侧设置控制保护层厚度的垫块，其间距竖向为2m，横向圆周不得少于4处。
6. 灌注水下混凝土
水下混凝土配制，粗集料宜选用卵石，混凝土可经试验掺加适量缓凝剂，混凝土拌合物应具有良好和易性。当桩径 $D<1.5\mathrm{m}$ 时，其坍落度宜为180～220mm；桩径 $D>1.5\mathrm{m}$ 时，坍落度宜为160～200mm。水下混凝土的灌注时间不得超过首批混凝土的初凝时间，首批灌注混凝土的数量应能满足导管首次埋置深度1.0m以上的需要，其中导管底至桩底距离一般为0.3～0.4m。首批混凝土入孔后，应连续灌注，不得中断。在灌注中，应保持孔内的水头高度，导管的埋置深度宜控制在2～6m，并应随时测探孔内混凝土面的位置，及时调整导管埋深</td></tr>
<tr><td>承台</td><td colspan="3">承台施工前，应进行桩基等隐蔽工程的质量验收，桩顶混凝土面应按水平施工缝要求凿毛，桩头预留钢筋上的泥土、鳞锈等应清理干净</td></tr>
<tr><td>沉井</td><td colspan="3">沉井施工前，应根据设计文件提供的工程地质和水文地质资料及现场的实际情况决定是否补充地质钻探。
沉井下沉前，应对附近的堤防、建筑物和施工设备采取有效的防护措施，在下沉过程中，经常进行沉降观测并观察基线、基点的设置情况。
重力式沉井的特点是壁厚、重量大，重力式沉井的下沉作业，有排水下沉和不排水下沉两种方式。
浮式沉井基础，系将沉井做成空腔式的壳体，入水后能自行浮于水中，有钢丝网水泥薄壁沉井、钢壳沉井等多种形式。</td></tr>
<tr><td>地下连续墙</td><td colspan="3">1. 施工平台与导墙
采用泥浆护壁挖槽构成的地下连续墙应先构筑导墙，导墙是在施工平台中修建的两道平行墙体，它是地下连续墙施工中重要的临时结构物。
2. 地下连续墙
可采用的成槽方法有钻劈法、钻抓法、抓取法、铣削法。
3. 槽段接头(缝)
槽段接头一般采用预埋钢筋、钢板、设置剪力键等连接方式。
4. 钢筋骨架
钢筋骨架应根据设计图和单元槽段的划分长度制作，并宜在胎架上试装配成型；骨架主筋的接长宜采用机械连接，骨架中间应留出上下贯通的导管位置。吊放钢筋骨架时，应使其中心对准单元槽段中心。全部钢筋骨架入槽后，应固定在导墙上，并应使骨架顶端高程符合设计要求。
5. 混凝土灌注
水下混凝土应采用导管法灌注。单元槽段长度小于4m时，可采用1根导管灌注；单元槽段长度超过4m时，宜采用2或3根导管同时灌注；采用多根导管灌注时，导管间净距不宜大于3m，导管距节段端部不宜大于1.5m；各导管灌注的混凝土表面高差不宜大于0.3m；导管内径不宜小于200mm</td></tr>
<tr><td rowspan="4">围堰</td><td>要求</td><td colspan="2">1. 围堰的顶高宜高出施工期间最高水位(包括浪高)50～70cm。
2. 围堰的外形应适应水流排泄，大小不应压缩流水断面过多，以免壅水过高危害围堰安全，以及影响通航、导流等。围堰内形应满足基础施工的要求。堰身断面尺寸应保证有足够的强度和稳定性，使得基础施工期间，围堰不致发生破裂、滑动或倾覆。
3. 应尽量采取措施防止或减少渗漏，对围堰外围边坡的冲刷和修筑围堰后引起河床的冲刷均应有防护措施</td></tr>
<tr><td rowspan="3">分类</td><td>草土围堰</td><td>适用于：水深1.0m以内，流速0.5m/s以内，河床土质渗水性较小</td></tr>
<tr><td>草、麻袋围堰</td><td>适用于：水深2.5m以内，流速1.5m/s以内，河床土质渗水性较小</td></tr>
<tr><td>竹笼围堰</td><td>适用于：水深4.0m以内，流速较大，河床土质渗水性较小</td></tr>
</table>

续上表

<table>
<tr><td rowspan="7">围堰</td><td rowspan="6">分类</td><td>竹、铅丝笼围堰</td><td>适用于:水深1.5~4m以内,流速较大</td></tr>
<tr><td>钢套箱(吊箱)围堰</td><td>适用于:浅水、深水基础均可,可作为深水基础的高桩承台施工</td></tr>
<tr><td>钢板桩围堰</td><td>适用于:各类土(包括强风化岩)的深水基础</td></tr>
<tr><td>钢筋混凝土
板桩围堰</td><td>适用于:黏性土、砂类土及碎石类河床</td></tr>
<tr><td>双壁钢围堰</td><td>适用于:深水基础</td></tr>
<tr><td colspan="2">除以上几种类型外,还有钢筋混凝土板桩围堰、木板桩围堰、木和钢木结合套箱及钢丝网混凝土套箱围堰等</td></tr>
<tr><td>施工</td><td colspan="2">1. 围堰所用填料宜采用黏性土。
2. 围堰施工尽可能安排在枯水季节进行。
3. 修筑围堰应自上游开始至下游合龙</td></tr>
</table>

知识点14:桥梁下部结构

<table>
<tr><td>桥墩与桥台</td><td>1. 模板组装前,应在基础顶面放出墩、台中线及实样。
2. 钢筋施工除应符合规范相关规定外,尚应符合下列规定:
(1)对高度大于30m的桥墩,在钢筋安装时宜设置劲性骨架。
(2)钢筋施工时其分节高度不宜大于9m,以确保施工安全。
(3)下一节段钢筋绑扎时,上一级混凝土强度应达到2.5MPa以上。
3. 模板制作安装与脚手架施工除应符合规范相关规定外,尚应符合下列规定:
(1)高墩施工宜采用翻转模板、爬升模板或滑升模板。
(2)模板采用分段整体吊装时,可视吊装能力确定分段尺寸。
(3)高墩施工时,首节模板安装平面位置和竖直度应严格控制,模板安装过程中必须采取可靠的调整措施,以保证高墩的垂直度满足规范的要求。
(4)钢筋与模板之间保持间距的垫块,厚度不允许有负偏差,正偏差不得大于5mm。
(5)模板在安装过程中,应有防倾覆的措施,对高墩及风力较大地区墩身模板,应考虑其抗风稳定性。
(6)墩台身施工时应搭设脚手架工作平台,上铺木板,下挂安全网,周围设扶手栏杆。
4. 混凝土浇筑时,串筒、溜槽等的布置应方便摊铺和振捣需要,并应明确划分工作区域。在每级混凝土浇筑前,应将已浇混凝土表面进行凿毛处理,并将其表面的松散层、石屑等清扫干净,再修整连接钢筋。
5. 墩、台顶表面收浆后,应及时养护,养护须采用淡水。用塑料薄膜养护时,模板拆除后应先将混凝土表面用清水浇湿,再用薄膜将该节墩、台身包裹严密,养护时间不得少于7d。
6. 混凝土应分层、整体、连续浇筑,逐层振捣密实,轻型墩台需设置沉降缝时,缝内要填塞沥青麻絮或其他弹性防水材料,并和基础沉降缝保持顺直贯通</td></tr>
<tr><td>墩台帽和盖梁</td><td>支架宜直接支承在承台顶部,当必须支承在承台以外的软弱地基上时,应对地基进行加固处理,并应对支架进行预压</td></tr>
<tr><td>片石混凝土</td><td>采用片石混凝土,可在混凝土中掺入不多于该结构体积20%的片石,大、中桥的桥墩和基础以及轻型桥台抗压强度等级应不低于MU40</td></tr>
<tr><td>砌体</td><td>1. 石料与砂浆
浆砌片石一般适用于高度小于6m的墩台身、基础、镶面以及各式墩台身填腹;浆砌块石一般用于高度大于6m的墩台身、镶面或应力要求大于浆砌片石砌体强度的墩台。
2. 砌体砌筑施工一般要求:
(1)砌块在使用前必须浇水湿润,表面如有泥土、水锈,应清洗干净。
(2)砌筑基础的第一层砌块时,如基底为岩层或混凝土基础,应先将基底表面清洗、湿润,再坐浆砌筑,如基底为土质,可直接坐浆砌筑。
(3)分段位置尽量设在沉降缝、伸缩缝处,各段水平砌缝应一致</td></tr>
</table>

知识点15:桥梁上部结构

<table>
<tr><td rowspan="11">预制安装法</td><td colspan="2">预制安装可分为预制梁安装、预制节段式块件拼装和整跨箱梁预制吊装三种类型。预制梁安装主要指装配式的简支梁板,如空心板、T形梁、工形梁及小跨径箱梁等的安装,然后进行横向联结或施工桥面板而使之成为桥梁整体;预制节段式块件拼装则将梁体(一般为箱梁)沿桥轴向分段预制成节段式块件,运到现场进行拼装;整跨箱梁预制吊装是通过在现场设置临时预制场将箱梁集中预制,大规模生产,然后利用大吨位运架机械逐跨架设</td></tr>
<tr><td>自行式吊装设备吊装法</td><td>适用于跨径在30m以内的简支梁板的安装作业</td></tr>
<tr><td>跨墩龙门安装法</td><td>一般只适宜用于桥墩高度不大于15m、无常流水的干涸而又平坦的河床的梁板式桥梁的安装工作。它适用于跨径30m及以下的梁板式桥梁的安装</td></tr>
<tr><td>架桥机安装法</td><td>架桥机又可分为单导梁、双导梁、斜拉式和悬吊式等</td></tr>
<tr><td>浮式起重机架设法</td><td>这种方法一般适用于河口、海上长大桥梁的架设安装,包括整孔架设和节段式块件的悬臂拼装</td></tr>
<tr><td>浮运整孔架设法</td><td>将梁体用驳船载运至架设地点后进行架设安装的方法,可采用两种方式:第一种方式是用两套卷扬机(或液压千斤顶装置)组合提升吊装就位;第二种方式是利用驳船的吃水落差将整体梁体安装就位</td></tr>
<tr><td>缆索吊装法</td><td>当桥址处于深谷、急流等桥下净空不能利用的位置时,在桥台或桥台后方设立钢塔架,塔架上悬挂缆索,以缆索作为承重索进行架设安装的施工方法</td></tr>
<tr><td>提升法</td><td>提升法有两种形式:一是采用卷扬机装置进行提升,较适用于悬臂拼装的桥梁;另一种是采用液压式千斤顶装置进行连续提升,较适用于重型构件的架设安装</td></tr>
<tr><td>逐孔拼装法</td><td>逐孔拼装法一般适用于节段式预应力混凝土连续梁的施工。在施工的孔跨内搭设落地式支架或采用悬吊式支架,将节段预制块件按顺序吊放在支架上,然后在预留孔道内穿入预应力筋,对梁施加预应力使其成为整体</td></tr>
<tr><td>悬臂拼装法</td><td>悬臂拼装法(简称"悬拼")是悬臂施工法的一种,它是利用移动式悬拼起重机将预制梁段起吊至桥位,然后采用环氧树脂胶和预应力钢丝束连接成整体。采用逐段拼装,一个节段张拉锚固后,再拼装下一节段。悬臂拼装的分段,主要取决于悬拼起重机的起重能力,一般节段长2~5m。悬拼施工适用于预制场地及运吊条件好,特别是工程量大和工期较短的梁桥工程。
悬臂拼装施工包括块件的预制、运输、拼装及合龙。并具备以下优点:
1. 梁体的预制可与桥梁下部构造施工同时进行,平行作业缩短了建桥周期。
2. 预制梁的混凝土龄期比悬浇法的长,从而减少了悬拼成梁后混凝土的收缩和徐变。
3. 预制场或工厂化的梁段预制生产利于整体施工的质量控制</td></tr>
<tr><td colspan="2" style="display:none"></td></tr>
<tr><td rowspan="4">现浇法</td><td>固定支架法</td><td>在桥跨间设置支架、安装模板、绑扎钢筋、现场浇筑混凝土的施工方法,特别适用于旱地上的钢筋混凝土和预应力混凝土中小跨径连续梁桥的施工</td></tr>
<tr><td>逐孔现浇法</td><td>移动模架法适用在多跨长桥,桥梁跨径可达50m,使用一套设备可多次移动周转使用</td></tr>
<tr><td>悬臂现浇法</td><td>适用于大跨径的预应力混凝土悬臂梁桥、连续梁桥、T形刚构桥、连续刚构桥</td></tr>
<tr><td>顶推法</td><td>顶推法多应用于预应力钢筋混凝土等截面连续梁桥和斜拉桥梁的施工</td></tr>
</table>

续上表

转体施工法	转体法多用于拱桥的施工,亦可用于斜拉桥和刚构桥。这种施工法是在岸边立支架(或利用地形)顶制半跨桥梁的上部结构,然后借助上、下转轴偏心值产生的分力使两岸半跨桥梁上部结构向桥跨转动,用风缆控制其转速,最后就位合龙。 该法最适用于峡谷、水深流急、通航河道和跨线桥等地形特殊的情况
劲性骨架施工法:又称埋置式拱架法,是大跨径桥无支架施工方法的一种	

知识点16:大跨径桥梁施工

斜拉桥施工	
斜拉桥是将主梁用许多拉索直接拉在桥塔上的一种桥梁,是由承压的塔、受拉的索和承弯的梁体组合起来的一种结构体系。斜拉桥作为一种拉索体系,比梁式桥的跨越能力更大,为大跨度桥梁的最主要桥型。其主要由索塔、主梁、斜拉索组成	
索塔	索塔的构造材料主要有钢结构、混凝土结构、预应力混凝土结构等。 索塔现浇施工主要采用翻模、滑模、爬模施工方法。 横梁较多的高塔宜用劲性骨架挂模提升法
主梁	混凝土主梁:采用悬臂浇筑法施工时,主梁0号梁段及相邻梁段浇筑施工时,应设置可靠的支架系统。采用悬臂拼装法施工时,梁段的预制可采用长线法或短线法台座。0号及其相邻的梁段为现浇时,在现浇梁段和第一节预制安装梁段间宜设湿接头,对接头结合面梁段混凝土应进行凿毛并清洗干净。 钢主梁:应由具备相应资质的专业单位加工制造,制造完成后应在工厂内进行试拼装和涂装,经质量检验合格后方可运至工地现场。 钢-混凝土组合梁:预制桥面板在起吊、运输和安装时,应采取必要措施防止产生碰撞、坠落等损伤而开裂,对吊点处的局部应力应进行验算。湿接缝混凝土浇筑后的养护时间不少于7d,对桥面板预应力钢束的张拉亦宜在混凝土龄期达7d后进行
主梁合龙	主梁合龙施工期间,应对桥面上的临时施工荷载进行严格控制,不得随意施加除合龙施工需要外的其他附加荷载
拉索	拉索按材料和制作方式的不同可分为以下几种形式:平行钢筋索、平行(半平行)钢丝索、平行(半平行)钢绞线索、单股钢绞缆、封闭式钢缆
悬索桥施工	
悬索桥是利用主缆和吊索作为加劲梁的悬吊体系,将荷载作用传递到索塔和锚碇的桥梁,具有跨越能力大、受力合理、能最大限度发挥材料强度、造价经济等特点,是跨越千米以上障碍物最理想的桥型	
施工步骤: 1.索塔、锚碇的基础工程施工,同时加工制造上部施工所需构件。 2.索塔、锚碇施工及上部施工准备。包括塔身及锚体施工、上部施工技术准备、机具和物资准备、预埋件等上部施工准备工作。 3.上部结构安装。即缆索系统安装,包括主、散索鞍安装,先导索施工,猫道架设,主缆架设,紧缆,索夹安装,吊索安装,主缆缠丝防护等。 4.桥面系施工。即加劲梁和桥面系施工,包括加劲梁节段安装,工地连接,桥面铺装,桥面系及附属工程施工,机电工程等	

续上表

锚碇施工	锚碇是悬索桥的主要承重构件,按受力形式的不同可分为重力式锚碇、隧道式锚碇、岩锚等。 重力式锚碇由基础、锚体及锚固系统三部分组成。 锚体的结构一般由锚块、散索鞍支墩、后锚室、前锚室侧墙和顶板、后浇段等组成。 隧道式锚碇的锚体嵌入地基基岩内,借助基岩抵抗主缆拉力,隧道式锚碇主要构造有锚塞体、散索鞍支墩、隧洞支护构造、前锚室、后锚室等。按传力机理可分为普通隧道锚和复合式隧道锚。 岩锚通过锚固钢绞线或锚杆直接锚固于岩体,将荷载传递至基岩。岩锚与隧道锚的主要区别在于:隧道锚是将主缆索股通过锚固系统集中在一个隧洞内锚固,隧洞内浇筑混凝土形成锚塞体;而岩锚则将锚固系统的预应力筋分散设置在单个岩孔中锚固,不需要浇筑混凝土锚塞体,高质量的岩体替代了锚塞体,从而大量节省混凝土锚体材料
索塔施工	索塔按材料分有钢索塔、钢筋混凝土索塔和钢-混凝土组合索塔,一般由基础、塔柱、横梁等组成
主缆施工	1. 牵引系统 牵引系统是架设于两锚碇之间,跨越索塔用于空中拽拉的牵引设备,主要承担猫道架设、主缆架设以及部分牵引吊运工作,常用的牵引系统有循环式和往复式两种。牵引系统的架设以简单经济,并尽量少占用航道为原则。通常的方法是先将先导索渡海(江),再利用先导索将牵引索由空中架设。 2. 猫道 猫道是供主缆架设、紧缆、索夹安装、吊索安装以及主缆防护用的空中作业脚手架。猫道的主要承重结构为猫道承重索。为了抗风稳定,一般设有抗风缆、抗风吊杆等抗风构件。猫道承重索的安全系数不小于3.0。 猫道承重索可采用钢丝绳或钢绞线,采用钢丝绳时须进行预张拉消除其非弹性变形,预张拉荷载不得小于各索破断荷载的1/2,保持60min,并进行两次。 3. 主缆架设 主缆架设方法主要有空中纺丝法(AS法)和预制平行索股法(PPWS法)。 PPWS法是在工厂将钢丝制成束,用卷筒运至桥位安装在一侧锚碇的钢丝松卷轮上,通过液压无级调速卷扬机用拽拉器将钢丝束吊起拉向对岸,对牵引系统所需动力要求较大。 AS法的特点是主缆钢丝逐根或几根牵引,然后编束,可以编成较大的索股,因而锚头数量较少,但其设备一次性投资较大,而且制缆的质量相对PPWS法差些,空中作业时间较长。 4. 紧缆 索股架设完成后,需对索股群进行紧缆,紧缆包括准备工作、预紧缆和正式紧缆等工序。 预紧缆应在温度稳定的夜间进行,预紧缆时宜把主缆全长分为若干区段分别进行,以免钢丝的松弛集中在一处。 5. 索夹安装与吊索架设 索夹安装前需测定主缆的空缆线形,提交给设计及监控单位,对原设计的索夹位置进行确认
加劲梁施工	加劲梁分为钢桁架、钢箱梁和预应力混凝土箱梁等形式,钢桁架一般采用工厂焊接、工地高强度螺栓连接施工。 钢加劲梁应由专业单位加工制造,制造完成后应在厂内进行试拼装和防腐涂装
防腐涂装	悬索桥主缆防护措施主要有:主缆腻子钢丝缠绕涂层法;合成护套防护法;主缆内部通干燥空气除湿法等。 工地焊接的表面补涂油漆应在表面除锈24h内进行,分层补涂底漆和面漆,并达到设计的漆膜总厚度

1. 适用于深水基坑的围堰是(　　)。

A. 钢套筒围堰　　B. 双壁钢围堰

C. 土围堰　　　　D. 堆石土围堰

答案:B

【解析】 本题为2019年考题,土围堰适用于水深1.0m以内;堆石土围堰适用于水深4.0m以内;钢套筒围岩适用于浅水、深水基础均可。双壁钢围堰适用于深水基础(大于20m),故最佳选项为双壁钢围堰。

2. 施工现场不能采用支架法,在墩顶安装两个能够行走的挂篮的施工力法是(　　)。

A. 吊篮法　　　　B. 悬臂拼装法

C. 悬臂浇筑法　　　　D. 顶推法

答案:C

【解析】 本题为2019年考题,悬臂现浇法适用于大跨径的预应力混凝土悬臂梁桥、连续梁桥、T形刚构桥、连续钢构桥。其特点是无须建立落地支架,无须大型起重与运输机具,主要设备是一对能行走的挂篮。悬臂拼装法适用于预制场及运吊条件好,特别是工程量大和工期较短的桥梁,悬臂拼装施工包括块件的预制、运输、拼装及合龙,它与悬浇施工有相同的优点,不同之处在于悬拼以起重机将预制好的梁段逐段拼装。顶推法多应用于预应力钢筋混凝土等截面连续梁桥和斜拉桥的施工。梁体在桥头逐段浇筑或拼装,用千斤顶纵向顶推,使梁体通过各墩顶的临时滑动支座面就位的施工方法。

3. 埋设护筒宜采用钢板卷制,一般其内径应大于桩径至少(　　)。

A. 100mm　　B. 200mm　　C. 300mm　　D. 400mm

答案:B

【解析】 本题为2019年考题,埋设护筒宜采用钢板卷制,一般其内径应大于桩径至少200mm,护筒中心与桩中心平面位置偏差不大于50mm,竖直向倾斜度不大于1%。

4. 关于预制梁安装说法错误的是(　　)。

A. 跨墩龙门安装法一般只适用于桥墩高度不大于25m、无常流水、河床干涸又平坦的梁板式桥梁安装工作,因为需要在桥的两侧铺设轨道,作为移动跨墩门架和预制混凝土构件之用

B. 在墩台柱上安装预制梁时,应对墩台柱进行固定和支撑,确保稳定,梁就位时,应检查轴线和各部尺寸,确认合格后方可固定

C. 先张法施工的张拉台座不得采用重力式台座,应采用钢筋混凝土框架式台座。

D. 空心板、箱梁最多存放层数应符合设计文件和相关技术规范要求。设计文件无规定时,空心板层不得超过3层,小箱梁和T形梁堆叠存放不得超过2层。预制梁存放室(特别是堆叠存放)应采取制成等措施确保安全稳定。

答案:A

【解析】 本题为2019年考题,跨墩龙门安装法一般只适用于桥墩高度不大于15m、无常流水、河床干涸又平坦的梁板式桥梁安装工作,因为需要在桥的两侧铺设轨道,作为移动跨墩门架和预制混凝土构件之用。

5. 顶推法施工桥梁承载结构适用于(　　)。

A. 等截面梁　　　　B. 变截面梁

C. 大跨径桥梁　　　　D. 总长1000m以上桥梁

答案:A

【解析】 本题为2016年考题,主要考查的是顶推法施工。顶推法多应用于预应力钢筋混凝土等截面连续梁桥和斜拉桥梁的施工。

6. 悬索桥的主要承重构件是( )。

A. 加劲梁　B. 吊索　C. 锚碇　D. 主缆索

答案:C

【解析】 本题为2015年考题,主要考查悬索桥。锚碇是悬索桥的主要承重构件,主要抵抗来自主缆的拉力,并传递给地基基础,按受力形式的不同可分为重力式锚碇、隧道式锚碇和岩锚等。

7. 先张法中,将预应力筋放松时,混凝土强度要达到( )。

A. 不低于设计强度等级的55%　B. 不低于设计强度等级的65%

C. 不低于设计强度等级的75%　D. 没有规定

答案:C

【解析】 本题为2013年考题,主要考查先张法。

8. (多选)造价中,为主体工程服务的辅助工程包括( )。

A. 塔吊　B. 基础垫层　C. 大型拌和站　D. 满堂轻型支架

答案: ACD

【解析】 本题为2019年考题,所谓辅助工程是相对于主体工程而言的,它有特定的服务工程对象,但在施工过程中只起辅助作用,不构成工程项目的主体,工程中一般不反映这些单独的辅助工程内容,也不作为计量和支付的依据。塔吊、大型拌和站、满堂轻型支架都有特定的服务对象,但是只起辅助作用,不构成项目主体,因此ACD正确,而基础垫层构成项目主体不是辅助工程。

9. (多选)关于桥梁砌体砌筑施工技术说法正确的是( )。

A. 砌块在使用前必须浇水湿润,表面如有泥土、水锈,应清洗干净

B. 砌体应分层砌筑,砌体较长时可分投分层砌筑,但两相邻工作段的砌筑差一般不宜超过1.2m

C. 砖砌体组砌方法应正确,上下错缝,内外搭接,砖柱可采用包心砌法

D. 分段位置应尽量设在沉降缝、伸缩缝处

E. 砌体水平灰缝的砂浆饱满度不得小于85%

答案: ABD

【解析】 本题为2019年考题,公路工程施工中不采用砖砌体,因此选项C错误,砌体水平灰缝的砂浆饱满度不得小于80%,因此E错误。

10. (多选)关于钻孔灌注桩说法正确的是( )。

A. 钢筋笼放入泥浆后12h内必须浇筑混凝土

B. 桩顶混凝土浇筑完成后应高出设计高程0.2~0.5m,确保桩头浮浆层凿除后桩基面混凝土达到设计强度

C. 位于浅水区时,宜采用筑岛围堰施工

D. 桩位位于旱地时,可在原地适当平整并填土压实形成工作平台

E. 位于深水区时,宜搭设钢制平台,若水位变动不大时,可采用浮式工作平台

答案:CDE

【解析】 本题为 2019 年考题。灌注桩各工序应连续施工,钢筋笼放入泥浆后 4h 内必须浇筑混凝土,选项 A 错误。桩顶混凝土浇筑完成后应高出设计高程 0.5~1m,确保桩头浮浆层凿除后桩基面混凝土达到设计强度,选项 B 错误。

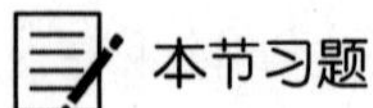

本节习题

Ⅰ. 单项选择题

1. 关于桥梁施工模板施工,以下叙述错误的是( )。

A. 优先使用胶合板和木模板

B. 模板板面之间应平整,接缝严密,不漏浆

C. 为减少模板的拼缝,对于大面积的混凝土,其每块模板的面积宜大于 1.0m^2

D. 混凝土的模板板面应采用金属板、木制板及高分子合成材料面板、硬塑料或玻璃钢板等材料

2. 关于钢筋的连接,以下叙述错误的是( )。

A. 钢筋的连接宜采用焊接接头或机械连接接头

B. 钢筋的表面应洁净,使用前应将表面油渍、漆皮、鳞锈等清除干净

C. 轴心受拉和小偏心受拉构件应采用绑扎接头

D. 受力钢筋焊接或绑扎接头应设置在内力较小处,并错开布置

3. 桥梁混凝土工程施工时,混凝土抗压强度应以边长( )mm 的立方体标准试件测定。

A. 100　　B. 150　　C. 200　　D. 250

4. 以下关于桥梁工程中混凝土施工的叙述,不正确的是( )。

A. 自高处向模板内倾卸混凝土,应防止离析。卸落高度超过 2m 时,应通过串筒、溜槽等设施下落,倾落超过 10m 时,应设置减速装置

B. 混凝土浇筑完成后,应在收浆后尽快予以覆盖并洒水养护

C. 混凝土应按一定的厚度、顺序和方向分层浇筑,且应在下层混凝土终凝前完成上层混凝土浇筑

D. 混凝土洒水保湿养护时间应不小于 7d,对重要工程或有特殊要求的混凝土,应酌情延长养护时间

5. 关于桥梁施工中大体积混凝土施工,以下叙述错误的是( )。

A. 大体积混凝土可分层、分块浇筑,分层浇筑时应对下层混凝土顶面作凿毛处理

B. 大体积混凝土新浇混凝土与下层混凝土温差不宜大于 20℃

C. 大体积混凝土浇筑宜在气温较低时进行,但入模温度不应低于 5℃

D. 大体积混凝土的温度控制宜按照“外降内保”的原则

6. 高强度混凝土,适用生产( )及以上强度等级混凝土施工。

A. C50　　B. C55　　C. C60　　D. C70

7. 预应力筋进场时,应分批验收,钢丝和钢绞线每批不大于( )t。

A. 50　　B. 70　　C. 60　　D. 40

8. 关于桥梁基础基坑施工,以下叙述不正确的是(　　)。

A. 基坑较浅且渗水量不大时,可采用竹排、木板、混凝土或钢板等对坑壁进行支护

B. 基坑深度不大于 4m 且渗水量不大时,可采用槽钢、H 形钢或工字钢进行支护

C. 一般采用机械开挖至设计高程

D. 基坑深度大于 4m 时,宜采用锁口钢板或锁口钢管桩围堰进行支护

9. 对高度大于(　　)m 的桥墩,在钢筋安装时宜设置劲性骨架。

A. 50　　B. 70　　C. 30　　D. 40

10. 以下关于桥梁墩台模板制作安装与脚手架施工的叙述,不正确的是(　　)。

A. 高墩施工宜采用翻转模板、爬升模板或滑升模板

B. 钢筋与模板之间保持间距的垫块,负偏差不得大于 5mm

C. 墩台身施工时应搭设脚手架工作平台,上铺木板、下挂安全网,周围设扶手栏杆

D. 模板在安装过程中,应有防倾覆的措施

11. 以下关于桥梁各构造施工的叙述,不正确的是(　　)。

A. 支架宜直接支承在承台顶部,当必须支承在承台以外的软弱地基上时,应对地基进行加固处理,可不对支架进行预压

B. 对高度大于 30m 的桥墩,在钢筋安装时宜设置劲性骨架

C. 桥墩台钢筋施工时其分节高度不宜大于 9m,以确保施工安全

D. 施工过程中,应采取措施防止对墩、台身成品造成损伤和污染

12. (　　)是通过在现场设置临时预制场将箱梁集中预制,大规模生产,然后利用大吨位运架机械逐跨架设。

A. 预制梁安装　　B. 整跨箱梁预制吊装

C. 预制节段式块件拼装　　D. 自行式吊装设备吊装法

13. (　　)是将梁体(一般为箱梁)沿桥轴向分段预制成节段式块件,运到现场进行拼装。

A. 预制梁安装　　B. 整跨箱梁预制吊装

C. 预制节段式块件拼装　　D. 自行式吊装设备吊装法

14. 关于桥梁上部结构施工方法中,以下叙述错误的是(　　)。

A. 自行式吊装设备吊装法一般适用于跨径在 30m 以内的连续梁的安装作业

B. 跨墩龙门安装法一般适宜用于桥墩高度不大于 15m、无常流水且干涸而又平坦的河床的梁板式桥梁的安装工作

C. 浮吊架设法一般适用于河口、海上长大桥梁的架设安装

D. 跨径大于或等于 25m 的梁宜使用架桥机、跨墩龙门架或其他适合的专用大型机具设备

15. 当桥址处于深谷、急流等桥下净空不能利用的位置时,在桥台或桥台后方设立钢塔架,塔架上悬挂缆索,以缆索作为承重索进行架设安装的施工方法是(　　)。

A. 缆索吊装法　　B. 扒架吊装法

C. 浮运整孔架设法　　D. 悬臂拼装法

16. (　　)适用于预制场地及运吊条件好、工程量大和工期较短的梁桥工程。

A. 固定支架法　　B. 扒架吊装法
C. 浮运整孔架设法　　D. 悬臂拼装法

17. 在桥跨间设置支架,安装模板,绑扎钢筋,现场浇筑混凝土的施工方法是(　　)。
A. 固定支架法　　B. 扒架吊装法
C. 悬臂现浇法　　D. 逐孔现浇法

18. 以下关于桥梁上部结构现浇法的叙述,不正确的是(　　)。
A. 移动模架法适用在多跨长桥,桥梁跨径可达 50m,使用一套设备可多次移动周转使用
B. 悬臂现浇法适用于大跨径的预应力混凝土悬臂梁桥、连续梁桥、T 形刚构桥、连续刚构桥
C. 顶推施工是在桥台的后方设置预制施工场地,分节段浇筑梁体,并用纵向预应力筋将浇筑节段与已完成的梁体连成整体
D. 移动模架逐孔现浇施工仅在梁的一孔(或二孔)间设置支架,完成后将支架整体转移到下一孔连续施工

19. (　　)是将主梁用许多拉索直接拉在桥塔上的一种桥梁,是由承压的塔、受拉的索和承弯的梁体组合起来的一种结构体系。
A. 悬索桥　　B. 拱桥　　C. 斜拉桥　　D. 梁桥

20. 以下关于斜拉桥施工的叙述,不正确的是(　　)。
A. 沿海地区裸塔施工宜用翻模法,横梁较多的高塔宜用劲性骨架挂模提升法
B. 斜拉桥作为一种拉索体系,比梁式桥的跨越能力更大,是最大跨度桥梁的最主要桥型
C. 斜拉桥的主梁结构主要是采用混凝土结构、钢结构或者钢-混组合结构
D. 斜拉桥混凝土主梁采用悬臂拼装法施工时,梁段的预制可采用长线法或短线法台座

21. 关于悬索桥施工,以下叙述错误的是(　　)。
A. 锚碇是悬索桥的主要承重构件,主要抵抗来自主缆的拉力,并传递给索塔
B. 塔顶钢框架的安装必须在索塔上系梁施工完毕后方能进行
C. 主缆架设工程包括架设前的准备工作、主缆架设、防护和收尾工作等
D. 锚碇和索塔工程完成、主索鞍和散索鞍安装就位、牵引系统架设完成后,即可进行主缆架设施工

22. 混凝土抗压强度应以标准方式成型的试件置于标准养护条件下(　　)养护 28d 所测得的抗压强度值(MPa)进行测定。
A. 温度 20℃ ±2℃,相对湿度不低于 95%
B. 温度 25℃ ±2℃,相对湿度不低于 95%
C. 温度 20℃ ±2℃,相对湿度不低于 90%
D. 温度 25℃ ±2℃,相对湿度不低于 90%

23. 混凝土浇筑时,超过(　　)应设置减速装置。
A. 2m　　B. 5m　　C. 10m　　D. 20m

24. 预应力钢筋采用应力控制方法张拉时,应以伸长值进行校核。实际伸长值与理论伸长值的差值应控制在(　　)内,否则应暂停张拉。

A. ±6%　　B. ±2%　　C. ±10%　　D. ±5%

25. 明挖扩大基础基坑深度大于4m且渗水量不大时,采用(　　)进行支护。

A. 竹排、木板　　B. 槽钢或工字钢

C. 锁扣钢板　　D. 混凝土

26. 明挖扩大基础基坑注浆采用孔底注浆法,注浆管应插至距孔底(　　)处,并随浆液的注入逐渐拔出,注浆压力不得小于0.2MPa。

A. 50~100mm　　B. 50~75mm　　C. 80~100mm　　D. 100~120mm

27. 钻孔灌注桩护筒,一般其内径应大于桩径至少(　　)。

A. 100mm　　B. 50mm　　C. 80mm　　D. 200mm

28. 钻孔灌注桩施工的混凝土称为(　　)。

A. 水下混凝土　　B. 高强混凝土　　C. 普通混凝土　　D. 特殊混凝土

29. 采用冲击钻机冲击成孔时,孔内水位应高于护筒底口(　　)。

A. 100mm以上　　B. 500mm以上　　C. 120mm以上　　D. 200mm以上

30. 采用旋挖钻机钻孔时,钻进过程中应保持泥浆面始终不低于护筒底部(　　),并严格控制钻进速度。

A. 100mm以上　　B. 500mm以上　　C. 120mm以上　　D. 200mm以上

31. 钻孔灌注桩灌注水下混凝土,当桩径 $D<1.5$m时,其坍落度宜为(　　)。

A. 100~120mm　　B. 100~150mm　　C. 180~220mm　　D. 150~200mm

32. 钻孔灌注桩灌注水下混凝土,当桩径 $D>1.5$m时,其坍落度宜为(　　)。

A. 100~120mm　　B. 160~200mm　　C. 180~220mm　　D. 150~200mm

33. 地下连续墙混凝土灌注采用导管法灌注。单元槽超过4m时,宜采用(　　)导管同时灌注。

A. 1根　　B. 4根　　C. 2根或3根　　D. 4根或5根

34. 浆砌片石一般适用于高度(　　)的墩台身、基础及各式墩台身填腹。

A. 小于6m　　B. 小于10m　　C. 大于6m　　D. 大于10m

35. 适合于自行式吊装设备吊装法施工形式的桥梁上部结构有(　　)。

A. 空心板　　B. 连续梁　　C. 刚构　　D. 斜拉桥

36. 适合于悬臂吊装法形式的桥梁上部结构有(　　)。

A. T形梁　　B. 空心板　　C. 斜拉桥　　D. 工形梁

37. 适合于跨墩门式起重机安装形式的桥梁上部结构有(　　)。

A. T形梁　　B. 连续梁　　C. 刚构　　D. 斜拉桥

38. 适合于整孔架设浮运架设形式的桥梁上部结构有(　　)。

A. T形梁　　B. 箱形梁　　C. 空心板　　D. 刚构

39. 适合于支架上逐孔现浇施工形式的桥梁上部结构有(　　)。

A. T形梁　　B. 空心板　　C. 箱形梁　　D. 工形梁

40. 适合于支架上逐孔现浇施工形式的桥梁上部结构有(　　)。

A. 斜拉桥 B. T 形梁 C. 悬索桥 D. T 形刚构

41. 适合于移动模架逐孔现浇施工形式的桥梁上部结构有( )。

A. T 形梁 B. 空心板 C. 连续梁 D. 斜拉桥

42. 对于跨径为 200m 以上的桥梁,适宜的施工方法有( )。

A. 预制安装 B. 现浇施工 C. 悬臂施工 D. 顶推施工

43. 对于跨径为 100 ~ 150m 的桥梁,一般的施工方法有( )。

A. 预制安装 B. 现浇施工 C. 悬臂施工 D. 顶推施工

44. 适合于缆索吊装法施工形式的桥梁上部结构有( )。

A. 预应力混凝土 T 形梁 B. 连续梁
C. 刚构 D. 双曲拱桥

45. 适合于悬臂拼装法施工形式的桥梁上部结构有( )。

A. 预应力混凝土 T 形梁 B. 空心板
C. 连续梁 D. 小跨径箱梁

46. 适合于提升法施工形式的桥梁上部结构有( )。

A. 预应力 T 形梁 B. 空心板
C. 连续梁 D. 箱梁

47. 适合于劲性骨架施工法的桥梁有( )。

A. 悬索桥 B. 预应力混凝土 T 形梁桥
C. 预应力空心板桥 D. 钢管拱桥

48. 泵送混凝土中宜加入( )。

A. 减水剂 B. 早强剂 C. 缓凝剂 D. 速凝剂

49. 在混凝土强度不变的前提下,混凝土的坍落度与水泥用量的关系是( )。

A. 坍落度越大,水泥用量越少 B. 坍落度越大,水泥用量越多
C. 坍落度越小,水泥用量越多 D. 坍落度大小与水泥用量无关

Ⅱ. 多项选择题

1. 以下关于桥梁工程中混凝土施工的叙述,正确的有( )。

A. 混凝土拌好后,宜在搅拌地点和浇筑地点分别取样检测,每一工作班或每一单元结构物应不少于 2 次,评定时应以浇筑地点的测值为准
B. 普通混凝土配合比,在满足工艺要求前提下,宜采用高坍落度的混凝土施工
C. 搅拌车运至搅拌地点后发生离析、泌水或坍落度不符合要求时,应进行二次搅拌
D. 采用泵送时,泵送间隔时间不宜超过 15min

2. 关于预应力钢筋的制作,以下叙述正确的有( )。

A. 预应力筋制作时下料,应通过计算确定,下料应采用切断机或电弧切割
B. 锚具应满足分级张拉、补张拉及放松预应力的要求,能满足整束张拉也能满足单根张拉的要求,锚具的锚口摩擦损失不宜大于 6%
C. 主要锚固件应具有良好防锈性能,可重复使用次数不应少于 300 次
D. 用于判断现场预应力混凝土结构强度的混凝土试件,应置于现场与结构或构件同环

境同条件下养护

3. 关于后张法,以下叙述正确的有(　　)。

A. 采用蒸汽养护混凝土时,在养护完成前,不应安装预应力筋

B. 预应力筋安装时,必须在混凝土浇筑后穿入孔道

C. 后张钢绞线束,每束钢绞线断丝或滑丝数不超 1 丝,每个断面断丝之和不超过该断面钢丝总数的 1%

D. 预应力筋张拉锚固后,孔道应尽早压浆,且应在 48h 内完成

4. 关于钻孔灌注桩基础,以下叙述正确的有(　　)。

A. 钻孔灌注桩的工作平台的顶面高程应高于施工期间可能的最高水位 1.0m 以上

B. 护筒宜采用钢板卷制,一般其内径应大于桩径至少 200mm

C. 应在骨架外侧设置控制保护层厚度的垫块,其间距竖向为 2m,横向圆周不得少于 4 处

D. 水下混凝土的灌注时间不得超过首批混凝土的终凝时间

5. 关于地下连续墙水下混凝土灌注,以下叙述正确的是(　　)。

A. 单元槽段长度小于 4m 时,可采用 1 根导管灌注

B. 单元槽段长度超过 4m 时,宜采用 2 或 3 根导管同时灌注

C. 采用多根导管灌注时,导管间净距宜大于 3m

D. 导管内径不宜小于 200mm

6. 以下属于桥梁上部结构预制安装方法的是(　　)。

A. 预制梁安装　　B. 后张法

C. 整跨箱梁预制吊装　　D. 预制节段式块件拼装

7. 以下属于悬臂拼装法优点的是(　　)。

A. 梁体的预制可与桥梁下部构造施工同时进行,平行作业缩短了建桥周期

B. 梁的整体性好,施工平稳、可靠,不需大型起吊设备

C. 预制梁的混凝土龄期比悬浇法的长,从而减少了悬拼成梁后混凝土的收缩和徐变

D. 预制场或工厂化的梁段预制生产利于整体施工的质量控制

8. 转体法可以用于(　　)的施工。

A. 拱桥　　B. 斜拉桥　　C. 悬索桥　　D. 刚构桥

9. 斜拉桥主要由(　　)组成。

A. 索塔　　B. 主梁　　C. 主缆　　D. 斜拉索

10. 锚碇按受力形式的不同可分为(　　)。

A. 重力式锚碇　　B. 岩锚　　C. 隧道式锚碇　　D. 混凝土锚碇

11. 重力式锚碇依靠自身巨大的重力抵抗主缆拉力,重力式锚碇由(　　)三部分组成。

A. 基础　　B. 锚体岩锚　　C. 锚塞体　　D. 锚固系统

12. 以下结构属于索塔构成部分的是(　　)。

A. 基础　　B. 塔柱　　C. 猫道　　D. 横梁

13. 主缆架设方法主要有(　　)。

A. 空中纺丝法　　B. 预制平行索股法　　C. 爬模法　　D. 滑模法

14. 以下关于悬索桥施工的叙述,正确的是(　　)。

A. 索股架设完成后,需对索股群进行紧缆,紧缆包括准备工作、预紧缆和正式紧缆等工序

B. 索夹安装前须测定主缆的空缆线形,提交给设计及监控单位,对原设计的索夹位置进行确认

C. 加劲梁分为钢桁架、钢箱梁和预应力混凝土箱梁等形式,钢桁架一般采用工厂焊接、工地高强度螺栓连接施工

D. 主缆防护应在桥面铺装完成前进行,主缆涂装应按涂装设计进行

15. 后张法预应力的张拉和锚固应符合(　　)规定。

A. 张拉时,混凝土的强度不应低于设计强度等级值的 80%

B. 预应力钢筋应整束张拉锚固

C. 切割后预应力钢筋的外露长度不应大于 30mm,锚具应采用封端混凝土保护

D. 预应力钢筋张拉锚固后,孔道应尽早压浆,且应在 48h 内完成,否则应采取防止预应力钢筋锈蚀的措施

16. 桥墩、桥台钢筋施工时应符合的施工要求说法正确的有(　　)。

A. 对于高度大于 30m 的桥墩,在钢筋安装时宜设置劲性骨架

B. 钢筋施工时其分节高度不宜大于 9m,以确保安全

C. 钢筋施工时其分节高度不宜大于 5m,以确保安全

D. 下节段钢筋绑扎时,上一节段的混凝土强度应达到 2.5MPa 以上

本节习题答案及解析

Ⅰ. 单项选择题

1. 答案:A

【解析】 宜优先使用胶合板和钢模板。

2. 答案:C

【解析】 轴心受拉和小偏心受拉构件不应采用绑扎接头。

3. 答案:B

【解析】 混凝土抗压强度应以边长 150mm 的立方体尺寸标准试件测定。

4. 答案:C

【解析】 混凝土应按一定的厚度、顺序和方向分层浇筑,且应在下层混凝土初凝前完成上层混凝土浇筑。

5. 答案:D

【解析】 大体积混凝土的温度控制宜按照“内降外保”的原则,对混凝土内部设置冷却水管通循环水冷却,对混凝土外部采取覆盖蓄热或蓄水保温等措施进行。在混凝土内部通水降温时,进出水口的温差宜小于 10℃。

6. 答案:C

【解析】 高强度混凝土,适用生产 C60 及以上强度等级混凝土施工。

7. 答案:C

【解析】 预应力筋进场时,应分批验收,钢丝每批不大于 60t,钢绞线每批不大于 60t(任

取 3 盘截取一组),螺纹钢每批不大于 100t。

8. **答案**:C

【解析】 采用机械开挖时应避免超挖,宜在挖至基底前预留一定厚度,再由人工开挖至设计高程,如超挖,则应将松动部分清除,并应对基底进行处理。

9. **答案**:C

【解析】 对高度大于 30m 的桥墩,在钢筋安装时宜设置劲性骨架。

10. **答案**:B

【解析】 钢筋与模板之间保持间距的垫块,厚度不允许有负偏差,正偏差不得大于 5mm。

11. **答案**:A

【解析】 对墩台帽、盖梁施工所用的托架、支架或抱箍等临时结构,都应进行受力分析计算与验算。支架宜直接支承在承台顶部,当必须支承在承台以外的软弱地基上时,应对地基进行加固处理,并应对支架进行预压。

12. **答案**:B

【解析】 整跨箱梁预制吊装通过在现场设置临时预制场将箱梁集中预制,大规模生产,然后利用大吨位运架机械逐跨架设。

13. **答案**:C

【解析】 预制节段式块件拼装将梁体(一般为箱梁)沿桥轴向分段预制成节段式块件,运到现场进行拼装。

14. **答案**:A

【解析】 自行式吊装设备吊装法多采用汽车吊、履带吊和轮胎吊等机械,此法一般适用于跨径在 30m 以内的简支梁板的安装作业。

15. **答案**:A

【解析】 当桥址在深谷、急流等桥下净空不能利用的位置时,在桥台或桥台后方设立钢塔架,塔架上悬挂缆索,以缆索作为承重索进行架设安装的施工方法是缆索吊装法。

16. **答案**:D

【解析】 悬拼施工适用于预制场地及运吊条件好,特别是工程量大和工期较短的梁桥工程。

17. **答案**:A

【解析】 固定支架法是在桥跨间设置支架,安装模板,绑扎钢筋,现场浇筑混凝土的施工方法,特别适用于旱地上的钢筋混凝土和预应力混凝土中小跨径连续梁桥的施工。固定支架法施工的特点是:梁的整体性好,施工平稳、可靠,不需大型起吊设备,施工中无体系转换的问题,但需要大量施工支架,并需要有较大的施工场地。

18. **答案**:D

【解析】 在支架上逐孔现浇是一种与固定支架法相类似的施工方法,其区别在于逐孔现浇施工仅在梁的一孔(或二孔)间设置支架,完成后将支架整体转移到下一孔连续施工,因此这种方法可仅用多孔的支架和模板周转使用,所花费施工费用较少。移动模架是以移动式桁架为主要支承结构的整体模板支架,可一次完成中小跨径桥一跨梁体混凝土的浇筑,适用于 20 ~ 70m 跨径梁体断面形式基本相同的多跨简支梁和连续梁的就地浇筑。

19. 答案:C

【解析】 斜拉桥是将主梁用许多拉索直接拉在桥塔上的一种桥梁,是由承压的塔、受拉的索和承弯的梁体组合起来的一种结构体系。

20. 答案:A

【解析】 翻模法应用较早,施工简单,能保证几何尺寸(包括复杂断面),外观整洁。但模板高空翻转,操作危险,沿海地区不宜用此法。

21. 答案:A

【解析】 锚碇是悬索桥的主要承重构件,主要抵抗来自主缆的拉力,并传递给地基基础,按受力形式的不同可分为重力式锚碇、隧道式锚碇和岩锚等。

22 答案:A

【解析】 混凝土抗压强度应以标准方式成型的试件置于标准养护条件下(温度20℃ ±2℃,相对湿度不低于95%)养护28d所测得的抗压强度值(MPa)进行测定。

23. 答案:C

【解析】 混凝土浇筑时,超过2m通过串筒、溜槽等设施落下;倾落超过10m时,应设置减速装置。

24. 答案:A

【解析】 预应力钢筋采用应力控制方法张拉时,应以伸长值进行校核。实际伸长值与理论伸长值的差值应控制在±6%内,否则应暂停张拉。

25. 答案:C

【解析】 明挖扩大基础基坑深度大于4m且渗水量不大时,采用锁扣钢板或锁扣钢管桩进行支护;深度不大于4m且渗水量不大时采用槽钢、H形钢或工字钢进行支护;基坑较浅且渗水量不大时,可采用竹排、木板、混凝土或钢板进行支护。

26. 答案:A

【解析】 明挖扩大基础基坑注浆采用孔底注浆法,注浆管应插至距孔底50~100mm处,并随浆液的注入逐渐拔出,注浆压力不得小于0.2MPa。

27. 答案:D

【解析】 钻孔灌注桩护筒,一般其内径应大于桩径至少200mm,护筒中心与桩中心平面位置偏差应不大于50mm,竖直向倾斜度不大于1%。

28. 答案:A

【解析】 钻孔灌注桩施工的混凝土称为水下混凝土。

29. 答案:B

【解析】 采用冲击钻机冲击成孔时,孔内水位应高于护筒底口500mm以上。

30. 答案:B

【解析】 采用旋挖钻机钻孔时,钻进过程中应保持泥浆面始终不低于护筒底部500mm以上,并严格控制钻进速度。

31. 答案:C

【解析】 钻孔灌注桩灌注水下混凝土,当桩径 $D<1.5$m 时,其坍落度宜为180~220mm;当桩径 $D>1.5$m 时,其坍落度宜为160~200mm。

32. 答案:B

【解析】　钻孔灌注桩灌注水下混凝土,当桩径 $D<1.5\mathrm{m}$ 时,其坍落度宜为 180～220mm;当桩径 $D>1.5\mathrm{m}$ 时,其坍落度宜为 160～200mm。

33. 答案:C

【解析】　地下连续墙混凝土灌注采用导管法灌注。单元槽小于 4m 时,可采用 1 根导管灌注;单元槽超过 4m 时,宜采用 2 根或 3 根导管同时灌注。

34. 答案:A

【解析】　浆砌片石一般适用于高度小于 6m 的墩台身、基础、镶面及各式墩台身填腹。

35. 答案:A

【解析】　空心板梁质量轻、体积小,适合于自行式吊装设备吊装。

36. 答案:C

【解析】　这四种结构中,只有斜拉桥适合于悬臂吊装。

37. 答案:A

【解析】　跨墩门式起重机安装适用于 T 形梁的安装。

38. 答案:B

【解析】　目前,适合于整孔浮运架设形式的桥梁上部结构为箱形梁。

39. 答案:C

【解析】　比较这四种结构,适合于支架上逐孔现浇施工的桥梁上部结构为箱形梁。

40. 答案:D

【解析】　比较这四种结构,适合于支架上逐孔现浇施工的桥梁上部结构为 T 形刚构。

41. 答案:C

【解析】　比较这四种结构,适合于移动模架逐孔现浇的桥梁上部结构为连续梁。

42. 答案:C

【解析】　目前,大跨径桥梁施工基本上采用悬臂施工。

43. 答案:C

【解析】　目前,大跨径桥梁施工基本上采用悬臂施工。

44. 答案:D

【解析】　目前,双曲拱桥施工用缆索吊装已有成功经验。

45. 答案:C

【解析】　比较这四种结构,适合于悬臂拼装法施工的桥梁上部结构是连续梁桥。

46. 答案:C

【解析】　目前,提升法施工形式已应用于连续梁。

47. 答案:D

【解析】　比较这四种结构,适合于劲性骨架施工法的桥梁为钢管拱桥。

48. 答案:A

【解析】　泵送混凝土中宜加入减水剂,以便改善混凝土的和易性,有利于泵送。

49. 答案:B

【解析】　坍落度越大,水泥用量越多。

Ⅱ.多项选择题

1.答案:ACD

【解析】 普通混凝土配合比,在满足工艺要求前提下,宜采用低坍落度的混凝土施工。

2.答案:BCD

【解析】 预应力筋制作时下料,应通过计算确定,下料应采用切断机或砂轮锯切断,严禁采用电弧切割。

3.答案:ACD

【解析】 预应力筋安装时,可在混凝土浇筑前或浇筑后穿入孔道。

4.答案:ABC

【解析】 水下混凝土的灌注时间不得超过首批混凝土的初凝时间,首批灌注混凝土的数量应能满足导管首次埋置深度1.0m以上的需要,其中导管底至桩底距离一般为0.3~0.4m。

5.答案:ABD

【解析】 水下混凝土应采用导管法灌注。单元槽段长度小于4m时,可采用1根导管灌注;单元槽段长度超过4m时,宜采用2或3根导管同时灌注;采用多根导管灌注时,导管间净距不宜大于3m,导管距节段端部不宜大于1.5m;各导管灌注的混凝土表面高差不宜大于0.3m;导管内径不宜小于200mm。

6.答案:ACD

【解析】 预制安装可分为预制梁安装、预制节段式块件拼装和整跨箱梁预制吊装三种类型。

7.答案:ACD

【解析】 悬臂拼装的分段,主要取决于悬拼起重机的起重能力,一般节段长2~5m。节段过长则自重大,需要悬拼起重机起重能力大;节段过短则拼装接缝多,工期也延长。

悬臂拼装法具备以下优点:

(1)梁体的预制可与桥梁下部构造施工同时进行,平行作业缩短了建桥周期。

(2)预制梁的混凝土龄期比悬浇法的长,从而减少了悬拼成梁后混凝土的收缩和徐变。

(3)预制场或工厂化的梁段预制生产利于整体施工的质量控制。

8.答案:ABD

【解析】 转体法多用于拱桥的施工,亦可用于斜拉桥和刚构桥。

9.答案:ABD

【解析】 斜拉桥主要由索塔、主梁、斜拉索组成。

10.答案:ABC

【解析】 锚碇是悬索桥的主要承重构件,主要抵抗来自主缆的拉力,并传递给地基基础,按受力形式的不同可分为重力式锚碇、隧道式锚碇和岩锚等。

11.答案:ABD

【解析】 重力式锚碇依靠自身巨大的重力抵抗主缆拉力,重力式锚碇由基础、锚体岩锚及锚固系统三部分组成。

12.答案:ABD

【解析】 索塔按材料分有钢索塔、钢筋混凝土索塔和钢-混凝土组合索塔,一般由基础、塔柱、横梁等组成。猫道是供主缆架设、紧缆、索夹安装、吊索安装以及主缆防护用的空中作业脚手架。

13. 答案:AB

【解析】 锚碇和索塔工程完成、主索鞍和散索鞍安装就位、牵引系统架设完成后,即可进行主缆架设施工,主缆架设方法主要有空中纺丝法(AS法)和预制平行索股法(PPWS法)。

14. 答案:ABC

【解析】 主缆防护应在桥面铺装完成后进行,主缆涂装应按涂装设计进行。

15. 答案:ABD

【解析】 后张法预应力的张拉和锚固应符合以下规定:①张拉时,混凝土的强度不应低于设计强度等级值的80%;②预应力钢筋应整束张拉锚固;③切割后预应力钢筋的外露长度不应小于30mm,锚具应采用封端混凝土保护,当长期外露时,应采取防止锈蚀的措施;④预应力钢筋张拉锚固后,孔道应尽早压浆,且应在48h内完成,否则应采取防止预应力钢筋锈蚀的措施。

16. 答案:ABD

【解析】 钢筋施工时其分节高度不宜大于9m,以确保安全。

(五)交通工程施工技术

交通工程施工技术知识点

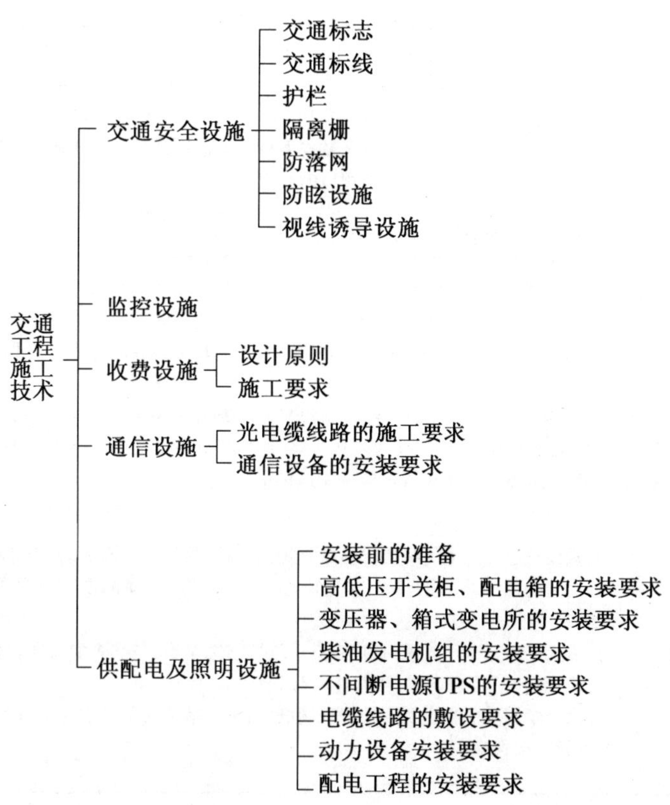

知识点 17:交通工程施工技术

<table>
<tr><td rowspan="7">交通安全设施</td><td colspan="2">交通标志:在加工标志的支撑结构时,应保证钻孔、焊接等加工在钢材镀锌之前完成。对于门架式标志、悬臂式标志,应注意控制标志板下缘至路面的净空,单柱式标志、双柱式标志的内边缘至土路肩边缘的距离应满足有关规范和设计的要求</td></tr>
<tr><td colspan="2">交通标线:喷涂施工应在白天进行,雨天、雪天、强风天、沙尘暴、温度低于 10℃时应暂时停止施工。突起路标设置高度,顶部不得高出路面 25mm</td></tr>
<tr><td rowspan="5">护栏</td><td>钢筋混凝土护栏</td><td>钢筋混凝土护栏通常简称为混凝土护栏,一般只用于对防护等级要求较高的路段</td></tr>
<tr><td>波形钢板护栏</td><td>按防撞等级可分为用于路侧护栏的 C ~ HB 级与用于中央分隔带的组合型波形梁护栏的 Am 级。波形梁护栏在施工之前,应进行立柱定位放样,以桥梁、隧道、涵洞中央分隔带开口、互通立体交叉等控制立柱位置</td></tr>
<tr><td>桥梁护栏</td><td>桥梁护栏由钢材、铝合金或钢筋混凝土等材料制成。按其构造特征,可分为梁柱式、钢筋混凝土墙式和组合式三类护栏</td></tr>
<tr><td>缆索护栏</td><td>路侧缆索护栏,按防撞等级分为 A 级、B 级和 C 级三种,中央分隔带缆索护栏与路侧缆索护栏规格相同。路侧缆索护栏立柱埋设于土中时,根据结构形式的不同立柱间距为 7m,埋设于混凝土中间距为 4m。中央分隔带缆索护栏立柱埋设于土中时,根据结构形式的不同立柱间距为 6m 和 7m 两种,埋设于混凝土中间距为 4m</td></tr>
<tr><td>中央分隔带开口护栏</td><td>中央分隔带开口护栏的防护等级应满足设计要求,中央分隔带开口护栏的安装及与中央分隔带护栏过渡段处理,应满足设计要求并符合施工技术规范的规定</td></tr>
<tr><td colspan="3">隔离栅;防落物网;防眩设施;视线诱导设施</td></tr>
<tr><td>监控设施</td><td colspan="3">监控设施设备安装时,设备开箱检查必须由业主、承包方和监理共同参加。
监控主要外场设备基础安装要求如下:基础采用明挖法施工;基础一般采用 C25 混凝土现场浇筑,内部配钢筋,顶面应预埋钢地脚螺栓;基础的接地电阻必须不大于 4Ω,防雷接地电阻必须不大于 10Ω</td></tr>
<tr><td>收费设施</td><td colspan="3">ETC 车道系统内,固定安装方式的路侧设备支持户外安装,宜采用顶挂安装方式,且吊装在车道正中,挂装高度不低于 5.5m,通信区域长度、宽度应现场调试,避免了相邻车道和同车道车辆误唤醒干扰。ETC 车道前方 2km、1km 和 500m 处应设置预告标志和路面标记</td></tr>
<tr><td>通信设施</td><td>管道、光、电缆线路</td><td colspan="2">1. 敷设管道、光、电缆时应以液状石蜡油、滑石粉等作为润滑剂,严禁使用有机油脂。
2. 光缆的曲率半径必须大于光缆直径的 20 倍,电缆的曲率半径必须大于电缆直径的 15 倍。
3. 以人工方法牵引光缆时,应在井下逐段接力牵引,一次牵引长度一般不大于 1000m。
4. 光缆绕“8”字敷设时,其内径应不小于 2m。
5. 光缆牵引端头根据实际情况现场制作,牵引端头与牵引索之间加入转环以防止在牵引过程中扭转、损伤光缆</td></tr>
</table>

续上表

通信设施	通信设备	1. 机架安装端正牢固，垂直偏差不大于3mm，列内机架应相互靠拢，相邻机架紧密靠拢，机架间隙不大于3mm，整列机面在同一平面上无凹凸现象，有利于通风散热。 2. 交、直流电源的馈电电缆必须分开布设，电源电缆、信号电缆、用户电缆应分离布放，避免在同一线束内。 3. 通信设备除做工作接地外，其机壳应做保护接地。 4. 任何缆线与设备采用插件连接时，必须使插件免受外力的影响，保持良好的接触

例题解析

1. Am 级波形钢板护栏立柱的中心间距一般为(　　)。

A. 2m　　B. 3m　　C. 4m　　D. 5m

答案：C

【解析】 本题为2015年考题，主要考查波形钢板护栏。护栏的结构形式是一样的，只是立柱的中心间距不同，A级和Am级的为4m，加强型的为2m。

本节习题

Ⅰ. 单项选择题

1. 突起路标设置高度，顶部不得高出路面(　　)。

A. 15mm　　B. 30mm　　C. 25mm　　D. 10mm

2. ETC 车道收费，采用顶挂安装方式，且吊装在车道正中，挂装高度不低于(　　)。

A. 3.5m　　B. 4.5m　　C. 5m　　D. 5.5m

3. 敷设管道光、电缆的施工要求中说法错误的是(　　)。

A. 敷设管道光、电缆之前必须清刷管孔

B. 敷设管道光、电缆时应以液状石蜡、滑石粉等作为润滑剂，严禁使用有机油脂

C. 敷设管道光、电缆绕“8”字敷设时其内径应不小于3m

D. 光、电缆在每个人孔内应及时标注光、电缆牌号

4. 通信设备安装中，电源线界面在(　　)单芯或多芯电源线可与设备直接连接。

A. 20mm² 以下　　B. 10mm² 以下

C. 15mm² 以下　　D. 5mm² 以下

5. 通信设备安装中，电源线界面在(　　)的电源线与设备连接应加装接线端子。

A. 20mm² 以下　　B. 15mm² 以上

C. 10mm² 以上　　D. 5mm²

6. 高低压开关柜、配电箱(盘)的电击保护，柜内保护导体最小截面 S_p 应根据电源进线相线截面积 S 决定，当 S 在(　　)时，S_p 应不小于 $S/2$。

A. 35～400mm²　　B. 50～100mm²

C. 35～200mm²　　D. 30～90mm²

7. 当塑料管敷设的安装中塑料管直埋于现浇混凝土内时，敷设时其温度(　　)以防止发

生机械损伤。

A. 不宜低于 -15℃　　B. 不宜低于 -10℃

C. 不宜低于 -5℃　　D. 不宜低于 -12℃

8. 配电工程中钢管敷设的安装要求错误的是(　　)。

A. 潮湿场所和直埋于地下时应采用薄壁钢管,干燥场所应采用厚壁钢管

B. 镀锌钢管的跨接地线连接宜采用专用接地线卡跨接

C. 钢管的内壁、外壁均应做防腐处理

D. 镀锌钢管和薄壁钢管应采用螺纹连接或套管紧定螺钉连接

Ⅱ. 多项选择题

1. 在公路工程中,常用的护栏包括(　　)。

A. 路基护栏　　B. 桥梁护栏

C. 隔离栅　　D. 活动护栏

2. 缆索护栏按防撞等级分为(　　)。

A. A 级　　B. B 级　　C. C 级　　D. S 级

3. 以下关于通信设施光缆接续的施工要求,正确的是(　　)。

A. 光纤接续宜采用熔接法,接续完成并测试合格后立即做增强保护措施

B. 安装前核对光缆程式、接头位置并根据预留要求留足光缆长度

C. 光纤接续的增强保护措施可采用热可缩管法、套管法和 V 形槽法

D. 根据光缆的端别,核对光纤、铜导线并编号做临时标记

4. 通信设备接地装置的安装要求(　　)。

A. 接地汇集装置的位置应符合设计规定,安装端正、牢固,并有明显标志

B. 通信设备除做工作接地外,其机壳应做保护接地

C. 新建局站应采用联合接地装置,接地电阻值应≤1Ω

D. 机房汇流排至总接地干线之间宜采用截面积小于 $16mm^2$ 多股绝缘铜线连接

5. 以下关于供配电设施电缆线路的敷设要求,正确的是(　　)。

A. 直埋电缆的埋深不应小于 0.7m,电缆的上下部应铺以不小于 100mm 厚的软土或砂层

B. 电缆在沟内敷设时,应遵循高压在下、低压在上的原则

C. 管道敷设时,电缆管内径与电缆外径之比不得小于 1∶5

D. 三相或单相的交流单芯电缆,必须单独穿于钢管内

6. 灯具的安装要求包括(　　)。

A. 立柱式路灯、建筑物景观照明的每套灯具的导电部分对地绝缘电阻值应大于 2MΩ

B. 当灯具距地面高度小于 2.4m 时,金属构架和灯具的可接近裸露导体及金属软管的接地或接零可靠,且有标识,可靠接地或接零

C. 当灯具质量大于 3kg 时,应固定在螺栓或预埋吊钩上

D. 在人行道等人员密集场所安装的落地灯具,无围栏防护,安装高度应距离地面 2m 以上

本节习题答案及解析

Ⅰ.单项选择题

1. 答案:C

【解析】　突起路标设置高度,顶部不得高出路面25mm。

2. 答案:D

【解析】　ETC车道收费,采用顶挂安装方式,且吊装在车道正中,挂装高度不低于5.5m。

3. 答案:C

【解析】　敷设管道光、电缆绕"8"字敷设时其内径应不小于2m。

4. 答案:B

【解析】　通信设备安装中,电源线界面在10mm^{2}以下的单芯或多芯电源线可与设备直接连接。

5. 答案:C

【解析】　通信设备安装中,电源线界面在10mm^{2}以上的多股电源线应加装接线端子。

6. 答案:A

【解析】　高低压开关柜、配电箱(盘)的电击保护,柜内保护导体最小截面S_p应根据电源进线相线截面积S决定,当S在35~400mm^{2}时,S_p应不小于$S/2$。

7. 答案:A

【解析】　当塑料管敷设的安装中塑料管直埋于现浇混凝土内时,敷设时其温度不宜低于-15℃,以防止发生机械损伤。

8. 答案:A

【解析】　潮湿场所和直埋于地下时应采用厚壁钢管,干燥场所应采用薄壁钢管。

Ⅱ.多项选择题

1. 答案:ABD

【解析】　常用的护栏有:路基护栏,桥梁护栏,活动护栏。

2. 答案:ABC

【解析】　缆索护栏按防撞等级分为A级、B级、C级,中央分隔带的缆索护栏与路侧缆索护栏规格相同。

3. 答案:ABC

【解析】　通信设施光缆接续的施工要求:

(1)安装前核对光缆程式、接头位置并根据预留要求留足光缆长度。

(2)光纤接续宜采用熔接法,接续完成并测试合格后立即做增强保护措施。增强保护措施可采用热可缩管法、套管法和V形槽法。

(3)根据光缆的端别,核对光纤、铜导线并编号做永久标记,不是临时标记。

4. 答案:ABC

【解析】　通信设备机房汇流排至总接地干线之间宜采用截面积不小于16mm^{2}多股绝缘

铜线连接。

5. **答案**:AC

【解析】

(1)直埋电缆的埋深不应小于0.7m。

(2)直埋电缆的上下部应铺以不小于100mm厚的软土或砂层。

(3)管道敷设时,电缆管内径与电缆外径之比不得小于1:5。

(4)三相或单相的交流单芯电缆,不得单独穿于钢管内。

(5)金属电缆支架、电缆导管必须可靠接地或接零。

(6)电缆在沟内敷设时,应遵循低压在下、高压在上的原则。

6. **答案**:ABC

【解析】 在人行道等人员密集场所安装的落地灯具,无围栏防护,安装高度应距离地面2.5m以上。

第六章 公路养护工程技术

一、考纲要求

1. 概述。
2. 公路技术状况评定。
3. 路基养护。
4. 路面养护。
5. 桥梁养护。
6. 隧道养护。
7. 公路沿线设施养护。
8. 绿化养护。

二、本章知识架构

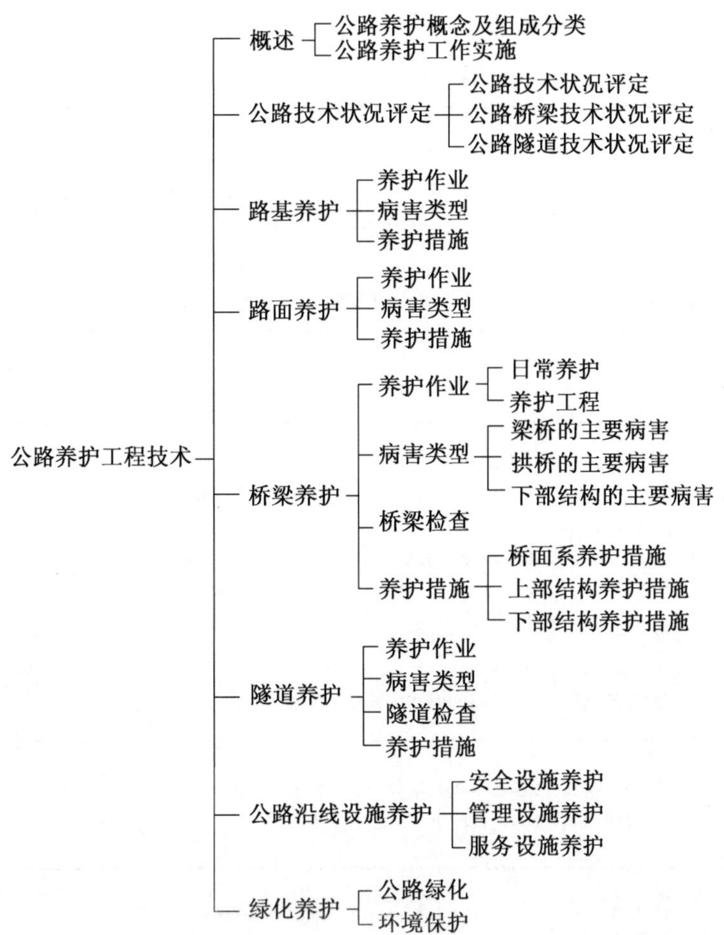

三、知识点与题型详解

(一)公路养护概述及公路技术状况评定

公路养护概述及公路技术状况评定知识点

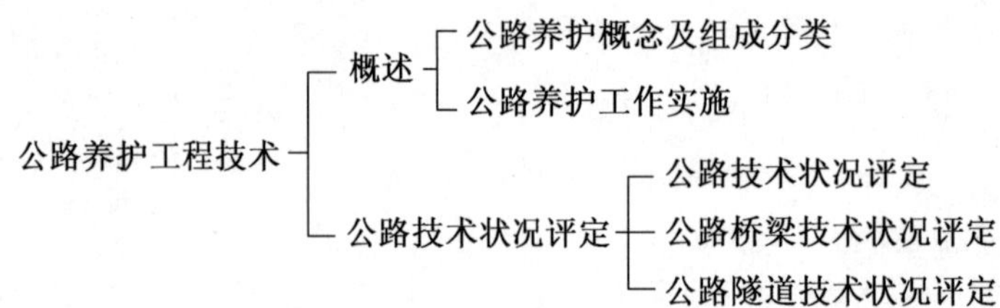

知识点集成

知识点1:公路养护概述

分类	日常养护	按作业内容划分:日常巡查、日常保养、日常维修
	养护工程	按养护目的和养护对象划分:预防养护、修复养护、专项养护、应急养护
工作实施	前期工作、计划编制、工程设计、工程施工、工程验收、监督检查	

知识点2:公路技术状况评定

路面技术状况评定	评定内容	沥青路面使用性能评价	包含路面损坏、平整度、车辙、跳车、磨耗、抗滑性能和结构强度7项技术内容
		水泥混凝土路面使用性能评价	包含路面损坏、平整度、跳车、磨耗和抗滑性能5项技术内容
	1. 评价指数:路面技术状况指数(PQI)评价。 2. 评价结果:分为优、良、中、次、差5个等级		
路基状况评定	1. 评价指数:路基技术状况指数(SCI)评价。 2. 评价结果:分为优、良、中、次、差5个等级		

续上表

<table>
<tr><td>沿线设施状况评定</td><td colspan="2">1. 评价指数:沿线设施技术状况指数(TCI)评价。
2. 评价结果:分为优、良、中、次、差5个等级</td></tr>
<tr><td rowspan="3">桥隧构造物状况评定</td><td>桥梁</td><td>1. 评定内容:包括桥梁构件、部件、桥面系、上部结构、下部结构和全桥评定。
2. 评定方法:采用分层综合评定与5类桥梁单项控制指标相结合的方法。
3. 评定等级:1类、2类、3类、4类、5类</td></tr>
<tr><td>隧道</td><td>1. 评定内容:隧道土建结构、机电设施、其他工程设施技术状况评定和总体技术状况评定。
2. 评定方法:采用分层综合评定与隧道单项控制指标相结合的方法。
3. 评定等级:1类、2类、3类、4类、5类</td></tr>
<tr><td>涵洞</td><td>—</td></tr>
</table>

本节习题

Ⅰ. 单项选择题

1. 桥梁技术状况评定等级分为5类,某公路桥梁评定后描述有中等缺损,尚能维持正常使用功能的属于(　　)。

A. 2类　　B. 3类　　C. 4类　　D. 5类

2. 公路养护工作应通过公开招标投标、政府采购等方式选择具备相应技术能力和资格条件的单位承担,但(　　)可以根据应急处置工作需要,直接委托具备相应能力的专业队伍实施。

A. 修复养护　　B. 专项养护　　C. 预防养护　　D. 应急养护

3. 路面检测包括路面损坏、平整度、车辙、跳车、磨耗、抗滑性能和结构强度7项指标。其中(　　)为抽样检测指标。

A. 车辙　　B. 平整度　　C. 结构强度　　D. 路面损坏

4. (　　)是指为恢复、保持或提升公路服务功能而集中实施完善增设、加固改造、拆除重建、灾后恢复等工程。

A. 修复养护　　B. 专项养护　　C. 预防养护　　D. 应急养护

5. 路基技术状况用(　　)评价,评价结果按照等级分为优、良、中、次、差5个等级。

A. SCI　　B. PQI　　C. BCI　　D. TCI

6. 对公路进行日常性清洁、保洁等属于(　　)。

A. 日常巡查　　B. 日常保养　　C. 日常维修　　D. 日常小修

7. 在突发情况下造成公路损毁、中断、产生重大安全隐患等,为较快恢复公路安全通行能力而实施的应急性抢通、保通、抢修等属于(　　)。

A. 预防养护　　B. 修复养护　　C. 专项养护　　D. 应急养护

8. 下面代表桥隧构造物技术状况指数的是(　　)。

A. SCI　　B. PQI　　C. BCI　　D. TCI

Ⅱ. 多项选择题

1. 以下属于水泥混凝土路面使用性能评价的技术内容有(　　)。

A. 车辙　　B. 平整度　　C. 结构强度　　D. 路面损坏

2. 按照养护目的和养护对象,养护工程可分为(　　)。

A. 日常养护　　B. 专项养护　　C. 预防养护　　D. 修复养护

3. 以下关于公路养护的叙述,正确的是(　　)。

A. 沿线设施技术状况用沿线设施技术状况指数(TCI)评价

B. 应急养护是指在突发情况下造成公路损毁、中断、产生重大安全隐患等,为较快恢复公路安全通行能力而实施的应急性抢通、保通、抢修

C. 当采用快速检测方法检测路面使用性能评定所需数据时,每个检测方向至少检测两个主要行车道

D. 桥隧构造物调查包括桥梁、隧道和涵洞三类构造物

4. 以下关于公路养护的叙述,错误的是(　　)。

A. 公路技术状况评定用公路技术状况指数 MQI 和相应分项指标表示

B. 按照作业内容,日常养护分为日常保养和日常维修两类

C. 公路技术状况以 500m 路段为基本检测或调查单元

D. 公路隧道总体技术状况评定类别为 5 类时,该结构处于危险状态,应及时关闭隧道,实施病害处治

5. 修复养护是指公路出现明显病害或部分丧失服务功能,为恢复技术状况而进行的功能性、结构性修复或定期更换,包括(　　)。

A. 大修　　B. 中修　　C. 小修　　D. 日常修护

本节习题答案及解析

Ⅰ. 单项选择题

1. **答案:**B

【解析】 桥梁总体技术状况评定等级分为 1 类、2 类、3 类、4 类、5 类。1 类:全新状态,功能完好;2 类:有轻微缺损,对桥梁使用功能无影响;3 类:有中等缺损,尚能维持正常使用功能;4 类:主要构件有大的缺损,严重影响桥梁使用功能,或影响承载能力,不能保证正常使用;5 类:主要构件存在严重缺损不能正常使用,危及桥梁安全,桥梁处于危险状态。

2. **答案:**D

【解析】 公路养护工作的组织实施应当依照有关法律、法规、规定,各类养护工程所涉及的技术服务与工程施工等相关作业,应通过公开招标投标、政府采购等方式选择具备相应技术能力和资格条件的单位承担。其中,应急养护可以根据应急处置工作需要,直接委托具备相应能力的专业队伍实施。

3. **答案:**C

【解析】 路面检测包括7项指标,其中结构强度为抽样检测指标。

4. 答案:B

【解析】 专项养护是指为恢复、保持或提升公路服务功能而集中实施完善增设、加固改造、拆除重建、灾后恢复等工程。

5. 答案:A

【解析】 路基技术状况用路基技术状况指数(SCI)评价。

6. 答案:B

【解析】 日常保养指对公路进行日常性清洁、保洁等。

7. 答案:D

【解析】 应急养护是指在突发情况下造成公路损毁、中断、产生重大安全隐患等,为较快恢复公路安全通行能力而实施的应急性抢通、保通、抢修。

8. 答案:C

【解析】 A、B、D分别代表路基、路面和沿线设施技术状况指数。

Ⅱ. 多项选择题

1. 答案:BD

【解析】 水泥混凝土路面使用性能评价包含路面损坏、平整度、跳车、磨耗和抗滑性能5项技术内容。

2. 答案:BCD

【解析】 公路养护可分为日常养护和养护工程。养护工程按照养护目的和养护对象,分为预防养护、修复养护、专项养护和应急养护。

3. 答案:ABD

【解析】 当采用快速检测方法检测路面使用性能评定所需数据时,每个检测方向至少检测一个主要行车道。

4. 答案:BC

【解析】 公路技术状况以1000m路段为基本检测或调查单元,数据按上行方向(桩号递增方向)和下行方向(桩号递减方向)分别检测,二级、三级、四级公路不分上下行。日常养护按照作业内容,分为日常巡查、日常保养、日常维修。

5. 答案:ABC

【解析】 修复养护包括大修、中修、小修。

(二)路基养护

路面养护知识点

路基养护
- 养护作业
- 病害类型
- 养护措施

知识点集成

知识点3:路基养护

<table>
<tr><td rowspan="5">养护作业</td><td rowspan="4">日常养护</td><td rowspan="2">日常巡查</td><td>一般巡查(目测方式):及时发现路肩、路堤、边坡、防护及支挡结构物、排水设施、中央分隔带等病害或异常情况</td></tr>
<tr><td>专项巡查:对高边坡、防护及支挡结构物、排水设施等病害进行实地察看与量测</td></tr>
<tr><td>日常保养</td><td>1. 整理路肩,修剪杂草,清除杂物。
2. 整理坡面,缺口培土,修剪杂草,清除杂物。
3. 清除护坡、支挡结构物上杂物,疏通排(泄)水孔。
4. 清理绿化平台、碎落台上杂物。
5. 疏通边沟、截水沟、集水井、泄水槽等排水设施。
6. 修整中央分隔带路缘石,清除杂物、杂草,清理排水通道</td></tr>
<tr><td>日常维修工程</td><td>1. 修补路基缺口,整修路缘石,修整路肩坡度,处理路肩的轻微病害。
2. 清理边坡零星塌方,修补坡面冲沟,修理砌石护坡、防护网、绿植等坡面防护工程的局部损坏。
3. 修理防护及支挡结构物的表观破损和轻微的局部损坏。
4. 整修绿化平台、碎落台。
5. 局部开挖边沟、截水沟等,铺砌、修复排水设施等</td></tr>
<tr><td>养护工程</td><td colspan="2">预防养护、修复养护、专项养护、应急养护</td></tr>
<tr><td rowspan="2">病害类型</td><td colspan="2">分类</td><td>路肩病害、路堤与路床病害、边坡病害、防护及支挡结构物病害、排水设施病害5大类</td></tr>
<tr><td colspan="2">表现形式</td><td>路肩边沟不洁、路肩损坏、边坡坍塌、水沟冲毁、路基构造物破坏、路缘石缺损、路基沉降、排水系统淤塞8种</td></tr>
<tr><td rowspan="6">养护措施</td><td rowspan="2">边坡养护处治</td><td>病害形式</td><td>滑坡、局部坍塌、表层剥落、冲刷、水毁等</td></tr>
<tr><td>病害处治方法</td><td>按病害类型及严重程度可划分为坡面防护、沿河路基冲刷防护、挡土墙、锚固、抗滑桩、削方减载等</td></tr>
<tr><td rowspan="2">支挡结构养护处治</td><td>病害形式</td><td>按损坏程度可分为表观损坏、局部损坏、功能性损坏、结构失效</td></tr>
<tr><td>病害处治方法</td><td>锚固法、抗滑桩加固法、加大截面法、加肋法(增建支撑墙和设置格构梁)</td></tr>
<tr><td rowspan="2">排水系统养护处治</td><td>对边沟、截水沟、排水沟等进行冲刷防护、防渗加固</td><td>1. 当土质边沟受水流冲刷造成纵坡大于3%时,宜采用混凝土、浆砌或干砌片(块)石铺砌;冰冻较轻地区可采用稳定土加固。边沟连续长度过长时,宜分段设置横向排水沟将水流引离路基,其分段长度一般地区不超过500m,多雨地区不超过300m。
2. 对滑坡、膨胀土、高液限土、湿陷性黄土地段,截水沟、边沟、排水沟等产生渗漏时,应采取铺设防渗土工布、浆砌石等防渗措施。
3. 雨季前应及时清理盖板边沟,更换破损的盖板,盖板设置不得影响路面的排水功能。
4. 对于地下水丰富路段,由于路面加铺导致边沟加深时,应保证原沟底高程不变</td></tr>
<tr><td>跌水和急流槽病害处治</td><td>1. 进出口冲刷现象严重时,进水口应进行防护加固,出水口应进行加固或设置消力池。
2. 基底不稳定时,急流槽底可设置防滑平台,或设置凸榫嵌入基底中。
3. 当急流槽较长时,应分段铺砌,且每段不宜超过10m。连接处应用防水材料填塞,密实无空隙</td></tr>
</table>

续上表

养护措施	排水系统养护处治	对排水暗管进行疏通、改建等养护处治	1. 暗管堵塞时,宜采用刮擦法、冲洗法、真空吸附法等方法进行疏通。 2. 暗管排水进出口应定期清除杂草和淤积物。检查井和竖井式暗管门应盖严,发现损坏或丢失应及时换补。 3. 暗管排水量达不到排水要求时应进行改建,暗管的直径应根据排水量确定。 4. 当边沟排水暗管由于边坡位移等原因发生变形开裂时,应及时采取加固或更换措施
		渗井、渗水隧洞病害处治	1. 应加强渗井、渗水隧洞的出水口除草、清淤和坑洼填平等工作,寒冷地区保温设施失效时应及时更换或维修。 2. 当渗井周围路基发生渗漏时,应进行防渗处理,井内的淤泥应及时清除。发现渗井设置不合理或功能失效时,应及时改造。 3. 宜对渗水隧洞内部进行人工检查,及时排除淤堵,保证排水畅通

1. 属于冲刷防护的是(　　)。

A. 挡土墙　　B. 抛石防护　　C. 植物防护　　D. 坡面处治

答案:B

【解析】 本题是2012年考题,考查边坡养护处治知识点。边坡养护技术按病害类型及严重程度可划分为坡面防护、沿河路基冲刷防护、挡土墙、锚固、抗滑桩、削方减载等。冲刷防护指通过设置砌石护坡、抛石、石笼、浸水挡土墙等,对受水流直接冲刷的边坡进行防护。植物防护属于坡面防护。

Ⅰ. 单项选择题

1. 以下边坡养护处治技术中,在边坡坡脚设置的一系列挡土结构物,增强边坡抗滑力,并对坡脚起到压重作用,能够保证边坡稳定的是(　　)。

A. 挡土墙　　B. 格构梁　　C. 支撑墙　　D. 抗滑桩

2. 当土质边沟受水流冲刷造成纵坡大于(　　)时,宜采用混凝土、浆砌或干砌片(块)石铺砌。

A. 4%　　B. 2%　　C. 5%　　D. 3%

3. 当急流槽较长时,应分段铺砌,且每段不宜超过(　　)。连接处应用防水材料填塞,密实无空隙。

A. 10m　　B. 5m　　C. 12m　　D. 8m

4. 以下关于路基养护的叙述,不正确的是(　　)。

A. 加大截面法是指在原墙外侧加宽基础、加固墙身,增加挡墙厚度,提高挡墙抗变形

能力

B. 日常维修是指疏通边沟、截水沟等排水设施，修理砌石护坡、绿植等坡面防护工程的局部损坏等工作

C. 路基病害可分为路肩病害、路堤与路床病害、边坡病害、防护及支挡结构物病害、排水设施病害五大类

D. 边沟连续长度过长时，宜分段设置横向排水沟将水流引离路基，其分段长度在一般地区不超过500m，在多雨地区不超过300m

5. 下列不属于边坡养护处治的主要病害的是(　　)。

A. 滑坡　　B. 局部坍塌　　C. 表层剥落　　D. 结构失效

6. 通过创造植物生长环境恢复受损边坡的生态系统，保护生态环境，提高水土保持能力的技术称为(　　)。

A. 生态防护技术　　B. 工程防护技术

C. 冲刷防护技术　　D. 锚固防护技术

7. 通过钻孔植入高强钢筋或预应力筋，并灌入砂浆进行锚固，通过张拉、锚固筋带限制挡墙侧向位移，分担挡墙应力，这称为(　　)。

A. 抗滑桩加固法　　B. 锚固法

C. 加大截面法　　D. 加肋法

Ⅱ. 多项选择题

1. 属于路基坡面防护类型的是(　　)。

A. 挂网防护　　B. 砌石护坡　　C. 植物防护　　D. 挡土墙

2. 按损坏程度，支挡构筑物病害形式可分为(　　)。

A. 局部坍塌　　B. 功能性损坏　　C. 结构失效　　D. 表观损坏

3. 以下(　　)属于路基日常保养工作内容。

A. 整理坡面，缺口培土，修剪坡面杂草，清除坡面杂物

B. 清除护坡、支挡结构物上杂物，疏通排(泄)水孔

C. 修整中央分隔带路缘石

D. 清理边坡零星塌方，修补坡面冲沟

4. 属于支挡结构物养护处治方法的是(　　)。

A. 锚固法　　B. 削方减重

C. 增设支撑墙　　D. 抗滑桩加固法

5. 以下不属于路基修复养护工作内容的是(　　)。

A. 增设或完善路基防护　　B. 集中清理路基两侧山体危石

C. 增设或修复支挡结构物　　D. 处治路堤路床病害

6. 日常巡查可分为(　　)。

A. 专项巡查　　B. 应急巡查　　C. 重点巡查　　D. 一般巡查

7. 暗管堵塞时，宜采用(　　)方法进行疏通。

A. 刮擦法　　B. 冲洗法　　C. 圆木疏通法　　D. 真空吸附法

本节习题答案及解析

Ⅰ.单项选择题

1. 答案:A

【解析】 挡土墙指在边坡坡脚设置一系列挡土结构物,增强边坡抗滑力,并对坡脚起到压重作用,保证边坡稳定。

2. 答案:D

【解析】 当土质边沟受水流冲刷造成纵坡大于3%时,宜采用混凝土、浆砌或干砌片(块)石铺砌。

3. 答案:A

【解析】 当急流槽较长时,应分段铺砌,且每段不宜超过10m。连接处应用防水材料填塞,密实无空隙。

4. 答案:B

【解析】 疏通边沟、截水沟等排水设施属于日常保养工作内容。

5. 答案:D

【解析】 边坡养护处治的主要病害包括滑坡、局部坍塌、表层剥落、冲刷、水毁等。D属于支挡结构养护处治。

6. 答案:A

【解析】 通过创造植物生长环境恢复受损边坡的生态系统,保护生态环境,提高水土保持能力的技术是生态防护技术。

7. 答案:B

【解析】 锚固法通过钻孔植入高强钢筋或预应力筋,并灌入砂浆进行锚固,通过张拉、锚固筋带限制挡墙侧向位移,分担挡墙应力。

Ⅱ.多项选择题

1. 答案:AC

【解析】 常用的边坡养护技术按病害类型及严重程度可划分为坡面防护、沿河路基冲刷防护、挡土墙、抗滑桩等。而坡面防护又可分为生态防护和工程防护两类。生态防护技术通过创造植物生长环境,恢复受损边坡的生态系统,保护生态环境,提高水土保持能力;工程防护技术通过支挡、压重、挂网防护等方式,提高边坡的抗冲蚀、抗风化功能,保护边坡稳定性,防止岩体崩塌、碎落。砌石护坡属于冲刷防护技术。

2. 答案:BCD

【解析】 支挡构筑物病害形式按损坏程度可分为表观损坏、局部损坏、功能性损坏、结构失效。

3. 答案:ABC

【解析】 清理边坡零星塌方,修补坡面冲沟属于日常维修工作内容。

4. 答案:ACD

【解析】 支挡结构物养护处治方法有锚固法、抗滑桩加固法、加大截面法、加肋法(增建支撑墙和设置格构梁),而削方减重属于边坡养护处治方法。

5. 答案:AB

【解析】 增设或完善路基防护和集中清理路基两侧山体危石都属于预防养护。

6. 答案:AD

【解析】 日常巡查可分为一般巡查和专项巡查。

7. 答案:ABD

【解析】 暗管堵塞时,宜采用刮擦法、冲洗法、真空吸附法等方法进行疏通。

(三)路面养护

路面养护知识点

路面养护
- 养护作业
- 病害类型
- 养护措施

知识点集成

知识点4:路面养护

<table>
<tr><td rowspan="2">养护作业</td><td>日常养护</td><td colspan="3">1. 保养维修地面,防止路面坑槽、裂缝等。
2. 对路面坑槽、沉陷、松散和拥包等病害要确保24h内完成修复,裂缝要不分季节及时灌缝。
3. 路面保洁以机械作业为主、人工为辅的原则,主线及匝道、收费广场要每天清扫一遍</td></tr>
<tr><td>养护工程</td><td colspan="3">预防养护、修复养护、专项养护和应急养护</td></tr>
<tr><td rowspan="2">病害类型</td><td>沥青路面病害</td><td colspan="3">龟裂、块状裂缝、纵向裂缝、横向裂缝、沉陷、车辙、波浪拥包、坑槽、松散、泛油、修补11类</td></tr>
<tr><td>水泥混凝土路面病害</td><td colspan="3">破碎板、裂缝、板角断裂、错台、拱起、边角剥落、接缝料损坏、坑洞、唧泥、露骨、修补11类</td></tr>
<tr><td rowspan="4">养护措施</td><td rowspan="4">沥青路面</td><td rowspan="4">病害处治技术</td><td>裂缝处治</td><td>采用灌缝、贴缝、带状挖补方式,或进行组合使用</td></tr>
<tr><td>坑槽处治</td><td>采用地热修补、热料热补、冷料冷补等方式</td></tr>
<tr><td>车辙处治</td><td>采用局部车辙处治或大范围直接填充、就地热再生、铣刨重铺等措施</td></tr>
<tr><td>沉陷处治</td><td>1. 不均匀沉陷(用沥青砂或细粒式沥青混合料填补、整平、压实)。
2. 局部因路基有坑洞、沟槽等的沉陷(采用碎、砾石,干砌或浆砌片石等重新回填密实)。
3. 桥、涵路面因填土不实出现的沉陷(加铺基层,重新作压实处理)</td></tr>
</table>

续上表

养护措施	沥青路面	病害处治技术	波浪拥包处治	采用局部铣刨、局部铣刨重铺、就地热再生、整体铣刨重铺等处治方式
			松散处治	一般用乳化沥青浇洒一层，干燥的石粉均匀喷洒，扫把扫均匀或用轮胎压路机在不喷水状态下碾压
			泛油处治	1. 轻度泛油：在气温高时可以撒3～5mm的石屑或粗砂，并用压路机碾压或控制行车碾压。 2. 泛油较重的路段：在气温高时，可以先撒5～10mm的碎石，用压路机碾压，待稳定后，再撒3～5mm的石屑或粗砂，并用压路机碾压或控制行车碾压
		封层技术	含砂雾封层	适用于表面有松散麻面、渗水、沥青老化且抗滑性能较好的沥青路面，但不适用于由酸性岩石、鹅卵石等破碎集料铺筑的沥青路面
			稀浆封层	适用于二级及二级以下公路沥青路面
			微表处封层	适用于二级及二级以上公路、需要改善抗滑等使用性能的沥青路面
			碎石封层	适用于二级及二级以下公路、需要改善抗滑等使用性能的沥青路面；也可用作各等级公路加铺功能性罩面、结构性补强、桥隧沥青铺装、水泥混凝土路面沥青铺装等需要起到应力吸收作用的黏结防水层
			纤维封层	适用于二级及二级以下公路、需要改善抗滑等使用性能的沥青路面；也可用作各等级公路加铺功能性罩面、结构性补强、桥隧沥青铺装、水泥混凝土路面沥青铺装等需要起到应力吸收作用的黏结防水层
			复合封层	适用于各等级公路、需要改善抗滑等使用性能的沥青路面，碎石封层或纤维封层+微表处适用于二级及二级以上公路，碎石封层+稀浆封层适用于二级及二级以下公路
		功能性罩面	超薄罩面	适用于预防或部分修复病害、需要改善抗滑等使用性能的沥青路面
			薄层罩面	适用于预防或修复病害、需要改善抗滑等使用性能的沥青路面
			罩面	适用于修复病害、需要改善抗滑等使用性能的沥青路面
		结构性补强	局部病害处治后结构性补强	1. 高速公路、一级及二级公路路面采用沥青面层或柔性基层与沥青面层共同结构性补强措施。 2. 三级及四级公路路面采用沥青面层或半刚性基层与沥青面层共同结构性补强措施
			病害铣刨处治后结构性补强	1. 对于沥青面层部分破损、基层较完好，仅铣刨处治部分沥青面层的，采用沥青面层结构性补强措施。 2. 对于沥青面层严重破损、基层较完好，铣刨处治全部沥青面层的，采用沥青面层、柔性基层或半刚性基层与沥青面层共同结构性补强措施。 3. 对于沥青路面整体破损严重，铣刨处治沥青面层与基层的，采用柔性基层或半刚性基层与沥青面层共同结构性补强措施。

续上表

养护措施	沥青路面	结构性补强	病害铣刨处治后结构性补强	4. 二级及二级以下公路路面结构强度指数(PSSI)小于70、沥青面层厚度小于4cm且老化破损严重时,可采用水硬性结合料类全深式再生作为基层,直接加铺沥青面层,或采用柔性基层与沥青面层或半刚性基层与沥青面层共同结构性补强措施;也可采用沥青类全深式再生作为柔性基层,直接加铺沥青面层,或采用柔性基层与沥青面层共同结构性补强措施
	水泥混凝土路面	路面破损处理技术	裂缝维修	修补料应严格按照材料说明进行操作,并且边填充边压实,直至完全填满裂缝
			板边、板角修补	板边:针对面板边剥落情况选用适当的方式进行修补。 板角:应按照破裂面的大小确定切割范围
			板块脱空处治	换板和灌浆加固
			唧泥处理	1. 已发现唧泥现象,但损坏程度较轻(压乳化沥青)。 2. 严重唧泥段(灌浆加固)
			错台处治	磨平法和填补法
			沉陷处理	1. 沉陷后高度差较小:凿除凸起处,使其保持平齐。 2. 沉陷后高度差较大:凿低补平,在条件允许的情况下,可在低处铺筑一定厚度的沥青混凝土
			拱起处理	根据拱起高低程度,在拱起板两侧锯缝,即可复原,并灌注接缝材料
			坑洞修补	单个坑洞,清除洞内杂物,用水泥砂浆等材料填筑,达到平整密实。对于面积较大、深度在3cm以内的坑洞,可用沥青混凝土或水泥混凝土进行修补
			接缝维修	应选用具有性能良好的修补材料以及完善的修补工艺对裂缝进行修补
			表面起皮(剥落、露骨)处治	1. 采用水泥混凝土路面修复材料一次性处理此类破坏,并进行有效的养护,加强交通管制,严格控制超载车辆通行。 2. 施工中控制好混合料质量,确保各项性能指标满足设计要求
		路面改善技术	表面功能恢复	1. 整条路段较大面积的磨损、露骨(铺设沥青磨耗层)。 2. 局部路段出现路面磨光(机械刻槽)
			水泥混凝土加铺层	可根据需要合理采用分离式混凝土加铺层结构设计、结合式混凝土加铺层结构设计,以及沥青加铺层结构设计等方式进行处理
			沥青混凝土加铺层	沥青混凝土加铺层要求旧混凝土路面稳定、清洁,对面板损坏部分必须维修之后才能实施
		路面修复技术	整块面板修复	旧板凿除应注意对相邻板块的影响,尽可能保留原有拉杆。宜用液压镐凿出破碎混凝土板,及时清运混凝土碎块
			部分路段修复	旧水泥混凝土板破碎,宜采用配备液压镐的混凝土破碎机,若基层强度不足,可采用水稳性较好的材料进行处理
			旧路面再生利用	对水泥混凝土板的大面积破坏,可对旧混凝土进行再生利用。混凝土再生利用主要用作水泥混凝土面层粗集料、基层集料和碎块底基层

续上表

养护措施	水泥混凝土路面	预制块路面养护与维修技术	日常养护	清扫尘土、污物和杂物，排除积水，保持路面清洁
			局部损坏维修	个别预制块发生错台、沉陷，应把这一部分砌块取出，整平夯实垫层，将预制块铺放在垫层上，且高出原砌块高程0.5cm，撒填缝料，并加以压实，使新铺的预制块下沉到与周围的预制块路面高度一致
			路面翻修	应对路基土、路面结构、排水、地下水以及交通量等进行详细调查，根据损坏原因，采取相应的措施

本节习题

Ⅰ.单项选择题

1. 以下不属于沥青路面病害的是(　　)。
   A. 露骨　B. 坑槽　C. 横向裂缝　D. 波浪拥包
2. 对于水泥混凝土路面出现严重唧泥段可采用(　　)的方法进行处理。
   A. 压乳化沥青　B. 填补法　C. 换板　D. 灌浆加固
3. 以下不属于路面破损技术的是(　　)。
   A. 裂缝维修　B. 唧泥处理　C. 接缝维修　D. 局部损坏维修
4. 对已发现唧泥现象但损坏程度较轻的路面，可采取(　　)的方法来进行补救。
   A. 压乳化沥青　B. 填补法　C. 换板　D. 灌浆加固
5. 下列不属于沥青路面封层技术的是(　　)。
   A. 稀浆封层　B. 卵石封层　C. 纤维封层　D. 含砂雾封层
6. 以下关于路面养护的叙述，错误的是(　　)。
   A. 水泥混凝土路面整条路段出现较大面积的磨损、露骨，应铺设沥青磨耗层以恢复路面的平整度
   B. 超薄罩面适用于预防或部分修复病害、需要改善抗滑等使用性能的沥青路面
   C. 稀浆封层适用于二级及二级以上公路沥青路面
   D. 对于沥青路面裂缝处治，可采用灌缝、贴缝、带状挖补方式，或进行组合使用
7. 以下关于水泥混凝土路面的叙述，错误的是(　　)。
   A. 水泥混凝土路面出现面积较大、深度在5cm以内的坑洞，可用沥青混凝土或水泥混凝土进行修补
   B. 沥青混凝土加铺层要求旧混凝土路面稳定、清洁，对面板损坏部分必须维修之后才能实施
   C. 出现破碎板病害主要是受超重车辆、水害作用、板下脱空、硬路肩等因素的影响
   D. 如果沉陷后高度差较小，则可凿除凸起处，使其保持平齐
8. 以下关于沥青路面养护措施的叙述，错误的是(　　)。
   A. 对于不均匀沉陷，如基层和土基较为密实、稳定，可只修补面层，用沥青砂或细粒式沥青混合料填补、整平、压实，面积较大时应加铺面层

B. 根据波浪拥包病害类型及产生原因,可采用局部铣刨、局部铣刨重铺、就地热再生、整体铣刨重铺等处治方式

C. 对于泛油较重的路段,在气温高时可以撒石屑或粗砂,并用压路机或控制碾压即可

D. 对于沥青面层部分破损、基层较完好,仅铣刨处治部分沥青面层的,采用沥青面层结构性补强措施

9. (　　)是公路养护工作的中心环节,是养护质量考核的首要对象。

A. 路基养护　　B. 路面养护　　C. 桥梁养护　　D. 隧道养护

10. 公路整体性良好,但有轻微病害,为延缓性能衰减、延长使用寿命而预先采取的主动防护工程,属于(　　)。

A. 预防养护　　B. 修复养护　　C. 专项养护　　D. 应急养护

11. 沥青路面龟裂产生的主要原因有(　　)。

A. 由面层的低温收缩和沥青老化引起

B. 在疲劳损坏、行车荷载的反复作用下,由于沥青面层和半刚性基层等整体性材料逐渐失去承载能力引起

C. 沥青材料设计与施工缺陷造成的,如沥青含量过多、混合料中空隙过少、拌和控制不严、沥青高温稳定性差等

D. 施工时黏层油用量不当,或雨水渗入使下层沥青与石料剥离

12. 沥青路面压实性车辙产生的主要原因有(　　)。

A. 行车荷载作用下,结构层和土基材料压缩累积变形

B. 炎热季节,沥青混凝土层内产生的侧向流动变形,轮机带处下陷周边隆起

C. 混合料温度过低、压实次数少或压实度不足,在行车作用下进一步压实产生

D. 重载渠化交通队路面的磨耗作用形成

13. 水泥混凝土路面边角剥落产生的主要原因有(　　)。

A. 道路施工中使用水泥不达标,或者使用了过期、受潮结块的水泥

B. 使用不符合规范要求的砂石,砂颗粒过细、水的比例过大、混凝土拌合物水灰比过大

C. 搅拌不均匀、搅拌时间过短或过长

D. 缩缝使混凝土板形成临空面,再加上填缝料质量不能保证,使得板边在车轮荷载反复作用下被压碎

14. 下列可采用沥青面层或半刚性基层与沥青面层共同结构性补强措施的是(　　)。

A. 高速公路　　B. 一级公路　　C. 二级公路　　D. 三级公路

15. 沥青路面养护措施包括病害处治技术、功能性罩面技术、结构性补强技术和(　)。

A. 路面修复技术　　B. 封层技术　　C. 路面破损处理　　D. 路面改善技术

Ⅱ. 多项选择题

1. 以下属于沥青路面养护措施的是(　　)。

A. 封层技术　　B. 结构性补强　　C. 路面破损技术　　D. 路面修复技术

2. 水泥混凝土路面道板块脱空的处治方法有(　　)。

A. 磨平　　B. 填补法　　C. 换板　　D. 灌浆加固

3. 以下属于水泥混凝土路面病害的是(　　)。

A. 错台　　B. 拱起　　C. 泛油　　D. 接缝料损坏

4. 以下属于路面改善技术的是(　　)。

A. 表面功能恢复　　B. 水泥混凝土加铺层

C. 沥青混凝土加铺层　　D. 路面翻修

5. 水泥混凝土路面错台处治方法有(　　)。

A. 磨平　　B. 灌浆加固　　C. 换板　　D. 填补

6. 下列属于沥青路面病害处治技术的是(　　)。

A. 表面起皮　　B. 拱起处理　　C. 车辙处治　　D. 松散处治

7. 路面修复养护包含(　　)。

A. 大修　　B. 中修　　C. 小修　　D. 抢修

8. 以下关于路面养护的叙述,正确的是(　　)。

A. 路面保洁遵循以机械作业为主、人工为辅的原则

B. 高速公路、一级及二级公路路面采用沥青面层或半刚性基层与沥青面层共同结构性补强措施

C. 水泥混凝土路面出现唧泥现象是由于填缝料损坏、雨水下渗和路面排水不良等原因产生的

D. 沥青路面横向裂缝主要是由温度变化引起低温收缩以及反射裂缝产生的

9. 下列能采用沥青面层或柔性基层与沥青面层共同结构性补强措施的是(　　)。

A. 高速公路　　B. 一级公路　　C. 二级公路　　D. 三级公路

10. 下列属于水泥混凝土路面拱起产生原因的是(　　)。

A. 水泥安定性不良,发生了膨胀　　B. 路面未设伸缩缝,热胀冷缩

C. 路基不良　　D. 填缝料损坏,雨水下渗

11. 下列属于水泥混凝土路面露骨产生的主要原因有(　　)。

A. 道路施工中使用水泥不达标,或者使用了过期、受潮结块水泥

B. 使用不符合规范要求的砂石,砂颗粒过细、水的比例过大、混凝土拌合物水灰比过大

C. 缩缝使混凝土板形成临空面,再加上填缝料质量不能保证,使得板边在车轮荷载反复作用下被压碎

D. 搅拌不均匀、搅拌时间过短或过长

12. 下列属于沥青路面养护措施的有(　　)。

A. 路面改善技术　　B. 封层技术

C. 功能性罩面技术　　D. 结构性补强技术

13. 下列属于水泥混凝土路面破损处理技术的是(　　)。

A. 水泥混凝土加铺层　　B. 沥青混凝土加铺层

C. 接缝维修　　D. 坑洞修补

本节习题答案及解析

Ⅰ.单项选择题

1. 答案:A

【解析】 露骨属于水泥混凝土路面的病害类型。

2. 答案:D

【解析】 对于严重唧泥段可采用灌浆加固的方法进行处理。

3. 答案:D

【解析】 局部损坏维修属于预制块路面养护与维修技术。

4. 答案:A

【解析】 对已发现唧泥现象但损坏程度较轻的路面,可采取压乳化沥青的方法来进行补救。

5. 答案:B

【解析】 沥青路面封层技术有含砂雾封层、稀浆封层、微表处封层、碎石封层、纤维封层和复合封层。

6. 答案:C

【解析】 稀浆封层适用于二级及二级以下公路沥青路面。

7. 答案:A

【解析】 水泥混凝土路面出现面积较大、深度在3cm以内的坑洞,可用沥青混凝土或水泥混凝土进行修补。

8. 答案:C

【解析】 对于轻度泛油,在气温高时可以撒3~5mm的石屑或粗砂,并用压路机碾压或控制行车碾压。而对于泛油较重的路段,在气温高时,可以先撒5~10mm的碎石,用压路机碾压,待稳定后,再撒3~5mm的石屑或粗砂,并用压路机碾压或控制行车碾压。

9. 答案:B

【解析】 路面养护是公路养护工作的中心环节,是养护质量考核的首要对象。

10. 答案:A

【解析】 公路整体性良好,但有轻微病害,为延缓性能衰减、延长使用寿命而预先采取的主动防护工程,属于预防养护。

11. 答案:B

【解析】 A属于沥青路面块状裂缝产生的原因;C和D属于沥青路面泛油产生的原因。

12. 答案:C

【解析】 A属于沥青路面结构性车辙产生的原因;B属于沥青路面流动性车辙产生的原因;D属于沥青路面磨耗性车辙产生的原因。

13. 答案:D

【解析】 A、B和C均属于水泥混凝土路面露骨的产生原因。

14. **答案**:D

【解析】 三级及四级公路路面采用沥青面层或半刚性基层与沥青面层共同结构性补强措施。

15. **答案**:B

【解析】 2019年一级造价考试真题。

沥青路面养护措施包括病害处治技术、封层技术、功能性罩面技术、结构性补强技术等。

Ⅱ.多项选择题

1. **答案**:AB

【解析】 沥青路面养护措施包括病害处治技术、封层技术、功能性罩面技术、结构性补强技术等。路面破损技术和路面修复技术属于水泥混凝土路面养护技术。

2. **答案**:CD

【解析】 目前对道板块脱空的处治主要有换板和灌浆加固两种方法。灌浆加固是指在混凝土板下灌浆,通过灌浆压力可把浆液渗透到相邻混凝土板下,起到灌浆一块板加固几块板的作用。

3. **答案**:ABD

【解析】 泛油属于沥青路面病害。

4. **答案**:ABC

【解析】 路面翻修属于预制块路面养护与维修技术。

5. **答案**:AD

【解析】 错台的处治方法有磨平法和填补法两种,可按照错台的轻重程度选定。

6. **答案**:CD

【解析】 沥青路面病害处治技术有裂缝处治、坑槽处治、车辙处治、沉陷处治、波浪拥包处治、松散处治、泛油处治。而表面起皮和拱起处理属于水泥混凝土路面破损处理技术。

7. **答案**:ABC

【解析】 抢修属于应急养护。

8. **答案**:ACD

【解析】 高速公路、一级及二级公路路面采用沥青面层或柔性基层与沥青面层共同结构性补强措施。

9. **答案**:ABC

【解析】 高速公路、一级及二级公路路面采用沥青面层或柔性基层与沥青面层共同结构性补强措施。

10. **答案**:ABC

【解析】 填缝料损坏,雨水下渗是水泥混凝土路面唧泥产生的原因。

11. **答案**:ABD

【解析】 C属于水泥混凝土路面边角剥落产生的原因之一。

12. **答案**:BCD

【解析】 沥青路面养护措施包括病害处治技术、封层技术、功能性罩面技术、结构性补强技术等。

13. **答案**:CD

【解析】 A和B均属于水泥混凝土路面改善技术。

(四)桥梁养护

桥梁养护知识点

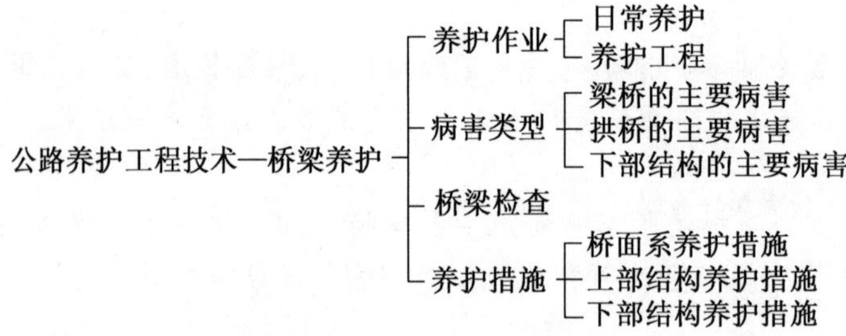

知识点集成

知识点5:桥梁养护

<table>
<tr><td rowspan="5">养护作业</td><td rowspan="5">日常养护</td><td colspan="2">日常巡查</td><td>查看桥面是否破损、是否整洁,桥梁栏杆、人行道等设施是否完好,泄水孔是否通畅及伸缩缝是否完好,桥下过水是否通畅</td></tr>
<tr><td rowspan="4">日常保养和维修</td><td>桥面日常养护要求</td><td>按照路面日常养护实施</td></tr>
<tr><td>排水设施日常养护要求</td><td>1. 清捞大桥进水口,保持干净。
2. 立管每两个月疏通一次。
3. 立管集水斗要定期清捞,每季度一次,汛期中要加大清捞频率。
4. 桥面泄水孔应完好、畅通、有效。
5. 发现泄水管损坏应及时修补,损坏严重的应及时更换</td></tr>
<tr><td>伸缩缝日常养护要求</td><td>1. 伸缩装置应每月保养一次,及时清除缝内的垃圾和杂物。
2. 橡胶止水带损坏后及时更换(满足原设计的规格和性能要求)。
3. 梳形板伸缩缝应经常检查紧固螺栓,防止梳齿板转动外翘,发现梳齿出现裂缝后,及时焊接修补。
4. 发现伸缩缝钢构件锈蚀时,通过喷防锈漆处理,并使用油脂或润滑剂涂抹表面。
5. 伸缩缝出现损坏而无法修复时,宜选用原型号伸缩缝产品进行整体更换。
6. 伸缩缝的预埋部分与混凝土结合完好,上部各部位有局部损坏的,相应更换上部构件</td></tr>
</table>

续上表

<table>
<tr><td rowspan="5">养护作业</td><td>日常养护</td><td>日常保养和维修</td><td>桥梁支座日常养护要求</td><td>1. 支座各部应保持完整、清洁,每半年至少清扫一次。检查支座是否有脱空、移位。
2. 滚动支座的滚动面应定期涂润滑油(一般每年一次)。
3. 对钢支座要进行除锈防腐。
4. 及时拧紧钢支座各部接合螺栓,使支承垫板平整、牢固。
5. 应防止橡胶支座接触油污引起老化、变质。
6. 滑板支座、盆式橡胶支座的防尘罩,应维护完好,防止尘埃落入或雨、雪渗入支座</td></tr>
<tr><td rowspan="4">养护工程</td><td>预防养护</td><td colspan="2">桥梁周期性预防养护,如防腐、防锈、防侵蚀处理等;桥梁构件的集中维护或更换,如伸缩缝、支座等</td></tr>
<tr><td>修复养护</td><td colspan="2">桥梁加固、病害修复,如墩台、锥坡翼墙、护栏、拉索、调治构造物、径流系统等的维修完善;桥梁加宽、加高</td></tr>
<tr><td>专项养护</td><td colspan="2">针对阶段性工作实施的专项桥梁养护治理项目,如桥梁灾毁修复工程、桥梁美化工程等</td></tr>
<tr><td>应急养护</td><td colspan="2">同路基应急养护</td></tr>
<tr><td rowspan="3">病害类型</td><td rowspan="2">梁桥的主要病害</td><td colspan="2">钢筋混凝土梁桥的常见病害</td><td>1. 梁(板)体混凝土病害,包括空洞、蜂窝、麻面、表面风化、剥落等。
2. 梁体露筋、保护层剥落。
3. 梁(板)体的横、纵向联结件开裂、断裂、开焊等。
4. 钢筋混凝土梁桥的裂缝</td></tr>
<tr><td colspan="2">预应力混凝土梁桥的主要病害</td><td>1. 混凝土表面剥落、渗水,梁角破碎、露筋,钢筋锈蚀、局部破损等。
2. 预应力钢束应力损失造成的病害。
3. 预应力混凝土梁出现裂缝</td></tr>
<tr><td colspan="3">拱桥的主要病害</td><td>1. 主拱圈因抗弯、抗剪强度不够引起拱圈开裂。
2. 桥面板(平板、微弯板、肋腋板等)开裂。
3. 拱圈材料抗压强度不够,引起劈裂或压碎。
4. 两拱脚墩台不均匀沉降引起拱圈开裂。
5. 墩台沿桥梁纵向发生向后滑动或转动引起拱圈开裂。
6. 肋拱、刚架拱、桁架拱、双曲拱的肋间横向联结如横系梁、斜撑强度不够引起开裂。
7. 拱上排架、梁、柱开裂,短柱的两端开裂,侧墙斜、竖方向开裂,侧墙与拱圈连接处开裂。
8. 预制拼装拱桥或分环砌筑的圬工拱桥,沿连接部位或砌缝发生环向裂缝,双曲拱桥的拱肋与拱波连接处开裂,拱肋接头混凝土局部压碎。
9. 双曲拱桥的拱波顶纵向开裂。
10. 桁架拱、刚架拱、系杆拱的节点强度不够引起节点及杆件端部开裂。
11. 中、下承式拱的吊杆锚头滑脱或钢丝锈蚀、折断。
12. 拱铰失效或部分失效,引起拱的受力恶化而开裂。
13. 钢管混凝土拱的钢管因厚度不足,或节间过大造成钢管出现压缩状褶皱。
14. 桥面板(平板、微弯板、肋腋板等)</td></tr>
</table>

续上表

<table>
<tr><td rowspan="4">病害类型</td><td rowspan="4">下部结构的主要病害</td><td>重力式桥台</td><td>桥台变位、前墙竖向裂缝、前墙横向裂缝、侧墙斜向裂缝、侧墙外倾、流水冲刷造成的基础底部局部掏空</td></tr>
<tr><td>轻型桥台</td><td>桥台变形、台身竖向裂缝、墩柱环向裂缝、帽梁开裂</td></tr>
<tr><td>重力式桥墩</td><td>墩身及墩帽竖向裂缝、墩身水平裂缝、墩身网状裂缝、流水冲刷造成的基础底部局部掏空</td></tr>
<tr><td>轻型桥墩</td><td>墩柱环向水平裂缝、墩柱倾斜和变位、墩身网状裂缝、防震挡块开裂</td></tr>
<tr><td rowspan="3">桥梁检查</td><td colspan="2">经常检查</td><td>采用目测方法,可配以简单工具进行量测,当场填写“桥梁经常检查记录表”,现场登记所检查项目的缺损类型,估计缺损范围及养护工作量,提出相应的小修保养措施,为编制辖区内的桥梁养护(日常养护)计划提供依据。当发现重要部(构)件的缺陷明显达到三、四、五类技术状况评定时,应立即安排一次定期检查</td></tr>
<tr><td colspan="2">定期检查</td><td>采取目测观察结合仪器观测的方式进行,必须接近各部件仔细检查其缺损情况。对特大型、大型桥梁的控制检测,应设立永久性观测点,应设而没有设永久性观测点的桥梁,应在定期检查时按规定补设</td></tr>
<tr><td colspan="2">特殊检查</td><td>有下列情况之一的,应进行专门检查:
1. 定期检查中难以判明桥梁损坏原因及程度的桥梁;桥梁技术状况为四、五类的桥梁;拟通过加固手段提高荷载等级的桥梁;条件许可时,特殊重要的桥梁在正常使用期间可周期性进行荷载试验。
2. 桥梁遭受洪水、流冰、滑坡、地震、风灾、漂流物或船舶撞击,因超重车辆通过或其他异常情况影响造成损害时,应进行应急检查</td></tr>
<tr><td rowspan="2">养护措施</td><td colspan="2">桥面养护措施</td><td>1. 桥面出现的病害维修按照路面病害处治,当损坏面积较大时,可将整跨铺装层凿除,重铺新的铺装层,一般不在原桥面上直接加铺,以免增加桥梁恒载。
2. 排水设施出现损坏时,应进行更换。
3. 以下伸缩装置出现下列病害时,应及时进行更换:
(1)U形锌铁皮伸缩缝装置的锌铁皮老化、开裂、断裂。
(2)钢板伸缩缝装置或锯齿钢板伸缩缝装置的钢板变形,螺栓脱落,伸缩不能正常进行。
(3)橡胶条伸缩缝装置的橡胶条老化、脱落,固定角钢变形、松动。
(4)板式橡胶伸缩缝装置的橡胶板老化开裂,预埋螺栓松脱,伸缩失效。
4. 桥上标志设施出现损坏的应及时整修</td></tr>
<tr><td>上部结构养护措施</td><td>梁桥的养护维修</td><td>1. 钢筋混凝土梁桥常见病害:
(1)对梁(板)体混凝土的空洞、蜂窝、麻面、表面风化、剥落等应先将松散部分清除,再用高强度等级混凝土、水泥砂浆或其他材料进行修补。新补的混凝土要密实,与原结构应结合牢固,表面平整新补的混凝土必须实行养护。
(2)梁体若发现露筋或保护层剥落,应先将松动的保护层凿去,并清除钢筋锈迹,然后修复保护层,如损坏面积不大可用环氧砂浆修补,如损坏面积过大可用喷射高强度等级水泥砂浆的方法修补。
(3)梁(板)体的横、纵向联结件开裂、断裂、开焊,可采取更换、补焊、帮焊等措施修补。
(4)当钢筋混凝土梁桥裂缝的宽度大于限值及裂缝分布超出正常范围时,应作处理。
(5)预应力混凝土梁桥常见病害的维修同钢筋混凝土梁桥。对于不允许出现裂缝的梁桥,不论裂缝宽窄,都应查明原因并进行处理或加固。</td></tr>
</table>

续上表

<table>
<tr><td rowspan="4">养护措施</td><td rowspan="3">上部结构养护措施</td><td>梁桥的养护维修</td><td>2. 梁桥的加固方法：
浇筑钢筋混凝土加大截面加固法、增加钢筋加固法、粘贴钢板加固法、粘贴碳纤维、特种玻璃纤维加固法、预应力加固法、改变梁体截面形式加固法、增加横隔板加固法、八字支撑加固法、桥梁结构由简支变连续加固法、调整支座高程、更换主梁加固法</td></tr>
<tr><td>拱桥的养护维修</td><td>1. 主拱圈强度不足时，可加大拱圈截面。
2. 拱肋、拱上立柱、纵横梁、桁架拱、刚架拱的杆件损坏可用粘钢或复合纤维片材加固。
3. 用粘钢板或复合纤维片材加固桁架拱、刚架拱及拱上框架的节点。
4. 用嵌入剪力键的方法加固拱圈的环向连接。
5. 用加大截面的方法加强拱肋之间的横向连接，采用横拉杆的双曲拱，可把拉杆改为系梁。
6. 更换锈蚀、断丝或滑丝的吊杆。
7. 在钢管混凝土拱肋拱脚区段或其他构件的外面包裹钢筋混凝土。
8. 改变结构体系以改善结构受力。
9. 更换拱上建筑，减轻自重，更换实腹拱的拱上填料为轻质填料。
10. 用更换桥面板，增加桥面铺装的钢筋网，加厚桥面铺装，换用钢纤维混凝土等方法维修加固桥面。
11. 因墩、台变位引起拱圈开裂时，应先维修加固墩台，然后修补拱圈。
12. 加固拱桥时，应注意恒载变化对拱压力线的影响及其引起的推力变化，对各施工工序应进行检算，并作出详细的施工组织设计，严格按照设计的工序施工</td></tr>
<tr><td>支座的维修与更换</td><td>1. 有缺陷或产生故障不能正常工作时，应及时修整或更换。
2. 调整、更换板式橡胶支座、钢板支座、油毛毡垫层支座时，可辅助使用千斤顶操作。
3. 需要抬高支座时，可根据抬高量的大小采用垫入钢板或铸钢板、更换为板式橡胶支座、就地浇筑钢筋混凝土支座垫石等方法</td></tr>
<tr><td colspan="2">下部结构养护措施</td><td>当墩、台、柱由于混凝土温度收缩，施工质量不良及基础不均匀沉降等原因产生裂缝时，应视裂缝大小及损坏原因采取不同措施进行维修：
1. 裂缝宽小于规定限值时，可凿槽并采用喷浆封闭裂缝方法。
2. 裂缝宽大于规定限值时，可采用压力灌浆法灌注水泥砂浆、环氧砂浆等灌浆材料修补方法。
3. 支座失灵造成墩台拉裂，应修复或更换支座。
4. 台身发生纵向贯通裂缝，可用钢筋混凝土围带或粘贴钢板进行加固；如因基础不均匀下沉引起自下而上的裂缝，则应先加固基础，再采用灌缝或加筋方法进行维修。
5. 当混凝土表面发生侵蚀剥落、蜂窝麻面等病害时，应及时将周围凿毛洗净后做表面防护。
6. 当混凝土表面部分严重风化和破坏时，应及时清除损坏部分后用与原结构相同材料补砌，应结合牢固，色泽和质地宜与原砌体一致。
7. 当表面风化剥落深度在 30mm 及以内时，应采用 M10 以上的水泥砂浆修补；当剥落深度超过 30mm 且损坏面积较大时，应增设钢筋网浇筑混凝土层。浇筑混凝土前应清除松浮部分，用水冲洗，并采用锚钉连接。
8. 墩台出现变形应查明原因，采取针对性措施进行加固。</td></tr>
</table>

续上表

养护措施	下部结构养护措施	9. 当墩台裂缝超过规范表限值时,应查明原因。采取下列措施进行加固: (1)裂缝宽度小于规定限位时,应进行封闭处理。 (2)裂缝宽度大于规定限值且小于0.5mm时,应灌浆;大于0.5mm的裂缝应修补。 (3)当石砌圬工出现通缝和错缝时,应拆除部分石料,重新砌筑。 (4)当活动支座失灵造成墩台拉裂时,应修复或更换支座,并维修裂缝。 (5)基础不均匀沉降产生的自下而上的裂缝,应先加固基础,并应根据裂缝发展程度确定加固方法。 10. 桥台发生水平位移和倾斜、超过设计允许变形时,应分析原因,确定加固方案。 11. 桩或墩台的结构强度不足或桩柱有被碰撞折断等损坏,应查明原因,并进行加固处理。 12. 桥台锥坡及八字翼墙在洪水冲击或填土沉落的作用下容易产生变形和勾缝脱落,修复时应夯实填土,常水位以下应采用浆砌片(块)石,并勾缝

本节习题

Ⅰ. 单项选择题

1. 拱圈裂缝发生在拱顶区段的拱圈下缘与侧面和拱脚处的拱圈上缘与侧面,是由于其(　　)不足引起的。

A. 抗压强度　　B. 抗剪强度
C. 抗弯强度　　D. 抗折强度

2. 以下关于桥梁设施日常养护频率的叙述,错误的是(　　)。

A. 立管每两个月疏通一次　　B. 伸缩装置应每两个月保养一次
C. 支座各部应每半年至少清扫一次　　D. 进水口按每月三次频率清捞

3. 以下关于桥梁需要进行专门检查情况的叙述,错误的是(　　)。

A. 定期检查中难以判明桥梁损坏原因及程度的桥梁
B. 拟通过加固手段提高荷载等级的桥梁
C. 桥梁遭受洪水、地震、漂流物或船舶撞击,因超重车辆通过或其他异常情况影响造成损害
D. 桥梁技术状况为三、四、五类的桥梁

4. 新建桥梁交付使用(　　)年后,要进行第一次全面检查。

A. 1　　B. 2　　C. 3　　D. 4

5. 以下关于梁桥主要病害的叙述,错误的是(　　)。

A. 预应力混凝土梁桥的主要病害包括预应力钢束应力损失造成的病害、预应力梁出现裂缝等
B. 全预应力构件正常使用条件下不允许出现裂缝,只有部分预应力构件允许出现裂缝
C. 钢筋混凝土梁桥的梁体混凝土易出现空洞、蜂窝、麻面、表面风化、剥落等病害
D. 钢筋混凝土梁桥的横、纵向联结件易出现开裂、断裂、开焊等现象

6. 桥梁定期检查是对桥梁主体结构及其附属构造物的技术状况进行的全面检查,检查周期最长不得超过(   )。

A. 一年　　B. 两年　　C. 三年　　D. 四年

7. 在梁桥加固方法中,(   )主要用于提高构件抗弯承载力,使用此法加固几乎不增加原结构自重。

A. 粘贴钢板加固法　　B. 粘贴碳纤维、特种玻璃纤维加固法

C. 增加钢筋加固法　　D. 八字支撑加固法

8. 下列不属于重力式桥台侧墙斜向裂缝产生的主要原因的是(   )。

A. 台前地基不均匀沉降

B. 台后的水压产生附加压力

C. 台后路面开裂下沉,造成桥台跳车,产生很大的冲击作用

D. 宽幅台身混凝土收缩裂缝

9. 下列不属于轻型桥台主要病害的是(   )。

A. 由于桥台倾斜、水平变位以及不均匀沉降等导致桥台变位

B. 台身竖向裂缝

C. 墩柱顶部的水平力作用导致墩柱环向裂缝

D. 混凝土的结构收缩裂缝以及桥台基础不均匀沉降引起的帽梁开裂

10. 下列不属于重力式桥墩主要病害的是(   )。

A. 墩身及墩帽竖向裂缝

B. 墩柱环向水平裂缝

C. 混凝土表面龟裂形成的墩身网状裂缝

D. 墩身水平裂缝

11. 临时桥梁定期检查,每年检查不得少于(   )次。

A. 1　　B. 2　　C. 3　　D. 4

12. 以下关于桥梁桥面系养护的叙述,错误的是(   )。

A. 桥面出现的病害维修按照路面病害处治,当损坏面积较大时,可将整跨铺装层凿除,重铺新的铺装层,直接在原桥面上加铺

B. 排水设施出现损坏时,应进行更换

C. U 形锌铁皮伸缩缝装置出现锌铁皮老化、开裂、断裂时,需要更换伸缩装置

D. 桥上标志设施出现损坏应及时整修

13. 以下关于梁桥养护的叙述,错误的是(   )。

A. 梁体若发现露筋或保护层剥落,应先将松动的保护层凿去,并清除钢筋锈迹,然后修复保护层

B. 梁(板)体的横、纵向联结件开裂、断裂、开焊,可采取更换、补焊、帮焊等措施修补

C. 钢筋混凝土梁桥的裂缝处理:当裂缝的宽度大于限值及裂缝分布超出正常范围时,应作处理

D. 对于不允许出现裂缝的梁桥,仅需要对宽的裂缝进行处理或加固

Ⅱ. 多项选择题

1. 桥梁检查可分为(　　)。
A. 经常检查　　B. 专项检查　　C. 定期检查　　D. 特殊检查
2. 板式橡胶支座出现(　　)时应及时更换。
A. 不均匀压缩变形　　B. 过大剪切变形
C. 橡胶开裂、老化　　D. 中间钢板外露
3. 以下关于桥梁下部结构养护措施的叙述,正确的是(　　)。
A. 当石砌圬工出现通缝和错缝时,可拆除部分石料,不需要重新砌筑
B. 当活动支座失灵造成墩台拉裂,应修复或更换支座
C. 当墩、台、柱表面风化剥落深度在 30mm 及以内时,应采用 M10 以上的水泥砂浆修补
D. 当墩、台、柱由于混凝土温度收缩等原因产生的裂缝宽大于规定限值时,可凿槽并采用喷浆封闭裂缝的方法
4. 当桥梁需要抬高支座时,根据抬高量的大小可采用(　　)等方法进行。
A. 更换为板式橡胶支座
B. 就地浇筑钢筋混凝土支座垫石
C. 垫入钢板
D. 更换为盆式橡胶支座
5. 以下关于拱桥养护维修的叙述,正确的是(　　)。
A. 用加大截面的方法加强拱肋之间的横向连接,采用横拉杆的双曲拱,可把拉杆改为系梁
B. 因墩、台变位引起拱圈开裂时,应先修补拱圈,然后维修加固墩台
C. 更换锈蚀、断丝或滑丝的吊杆,若原构造许可,可以用收紧锚头的方法张拉松弛的系杆或吊杆来调整内力
D. 用嵌入剪力键的方法加固拱圈的环向连接
6. 以下关于梁桥养护的叙述,正确的是(　　)。
A. 因为预应力部分失效而进行加固时,若原结构有预留孔,可在预留孔内穿钢束进行张拉
B. 腹板抗剪切强度不够时,可采用加竖向预应力加固
C. 粘贴碳纤维、特种玻璃纤维加固法主要用于提高构件抗拉承载力,使用此法加固几乎不增加原结构自重
D. 八字支撑加固法是指在桥下净空和墩台基础受力许可的条件下,采用在梁(板)底下加八字支撑加固法,使一孔简支梁变为一组三联的连续梁
7. 以下关于桥梁墩台裂缝的叙述,正确的是(　　)。
A. 裂缝宽度小于规定限位时,应进行封闭处理
B. 裂缝宽度大于规定限值且小于 0.5mm 时,应修补
C. 宽度大于 0.5mm 的裂缝应修补
D. 当活动支座失灵造成墩台拉裂时,应修复或更换支座,并维修裂缝

本节习题答案及解析

Ⅰ.单项选择题

1. 答案:C

【解析】 拱圈抗弯强度不够引起拱圈开裂。裂缝主要发生在拱顶区段的拱圈下缘与侧面,拱脚处的拱圈上缘与侧面。

2. 答案:B

【解析】 伸缩装置应每月保养一次,及时清除缝内的垃圾和杂物,使其平整、顺直、收缩自如、缝内整洁,处于良好的工作状态。

3. 答案:D

【解析】 桥梁技术状况为四、五类的桥梁需要进行专门检查,三类桥梁不需设置。

4. 答案:A

【解析】 新建桥梁交付使用一年后,进行第一次全面检查。临时桥梁每年检查不少于一次。

5. 答案:B

【解析】 预应力混凝土梁出现裂缝。全预应力及部分预应力 A 类构件正常使用条件下不允许出现裂缝,只有 B 类构件允许出现裂缝。裂缝的类型除了与钢筋混凝土梁桥相同外,还有沿预应力钢束的纵向裂缝、锚固区局部承压的劈裂缝。

6. 答案:C

【解析】 定期检查:为评定桥梁使用功能,制订管理养护计划提供基本数据,对桥梁主体结构及其附属构造物的技术状况进行的全面检查,为桥梁养护管理系统搜集结构技术状态的动态数据。检查周期最长不得超过三年。

7. 答案:B

【解析】 在梁桥加固方法中,粘贴碳纤维、特种玻璃纤维加固法主要用于提高构件抗弯承载力,使用此法加固几乎不增加原结构自重。

8. 答案:D

【解析】 D 为轻型桥台台身竖向裂缝产生的原因之一。

9. 答案:A

【解析】 A 为重力式桥台主要病害之一。

10. 答案:B

【解析】 B 为轻型桥墩主要病害之一。

11. 答案:A

【解析】 桥梁定期检查,临时桥梁每年检查不少于 1 次。

12. 答案:A

【解析】 桥面出现的病害维修按照路面病害处治,当损坏面积较大时,可将整跨铺装层凿除,重铺新的铺装层,一般不在原桥面上直接加铺,以免增加桥梁恒载。

13. 答案:D

【解析】 对于不允许出现裂缝的梁桥,不论裂缝宽窄,都应查明原因并进行处理或加固。

Ⅱ.多项选择题

1. 答案:ACD

【解析】 桥梁检查分为经常检查、定期检查和特殊检查。

2. 答案:BCD

【解析】 板式橡胶支座出现脱空或不均匀压缩变形时应进行调整。板式橡胶支座发生过大剪切变形,中间钢板外露,橡胶开裂、老化时应及时更换。

3. 答案:BC

【解析】 当墩、台、柱由于混凝土温度收缩,施工质量不良及基础不均匀沉降等原因产生裂缝时,应视裂缝大小及损坏原因采取不同措施进行维修:裂缝宽小于规定限值时,可凿槽并采用喷浆封闭裂缝方法;裂缝宽大于规定限值时,可采用压力灌浆法灌注水泥砂浆、环氧砂浆等灌浆材料修补方法。当墩台裂缝超过规范表限值时,应查明原因并采取措施进行加固;当石砌圬工出现通缝和错缝时,应拆除部分石料,重新砌筑。

4. 答案:ABC

【解析】 桥梁需要抬高支座时,可根据抬高量的大小选用下列几种方法:垫入钢板(50mm 以内)或铸钢板(50~100mm);更换为板式橡胶支座;就地浇筑钢筋混凝土支座垫石,垫石高度按需要设置,一般应大于 100mm。

5. 答案:ACD

【解析】 因墩、台变位引起拱圈开裂时,应先维修加固墩台,然后修补拱圈。

6. 答案:ABD

【解析】 粘贴碳纤维、特种玻璃纤维加固法主要用于提高构件抗弯承载力。

7. 答案:ACD

【解析】 裂缝宽度大于规定限值且小于 0.5mm 时,应灌浆;宽度大于 0.5mm 的裂缝,应修补。

(五)隧道养护

隧道养护知识点

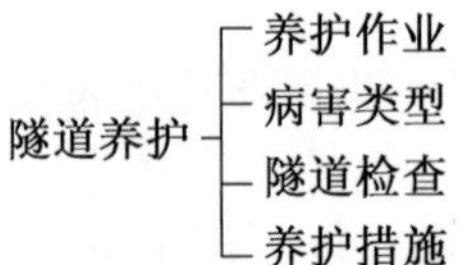

知识点集成

知识点6:隧道养护

<table>
<tr><td rowspan="7">养护作业</td><td rowspan="3">日常养护</td><td>日常巡查</td><td>隧道洞口、衬砌、路面是否处在正常工作状态、是否妨碍交通安全进行检查</td></tr>
<tr><td>日常保养</td><td>包括经常性、周期性的保养和清洁工作</td></tr>
<tr><td>日常维修</td><td>日常维修工作主要内容包括各结构物轻微缺损部分的维修,使其恢复结构的正常使用功能</td></tr>
<tr><td rowspan="4">养护工程</td><td>预防养护</td><td>隧道周期性预防处治,如防腐、防侵蚀、防火阻燃处理等;以及针对隧道渗水、剥落等的预防处治</td></tr>
<tr><td>修复养护</td><td>对隧道结构加固、病害修复,如洞门衬砌、顶板、斜井、侧墙等的修复</td></tr>
<tr><td>专项养护</td><td>针对阶段性工作实施的专项隧道养护治理项目,如隧道灾毁修复工程、隧道灾害防治工程等</td></tr>
<tr><td>应急养护</td><td>同路基应急养护</td></tr>
<tr><td colspan="3">病害类型</td><td>隧道常见的病害按照各项结构物划分,可做如下分类:
1. 洞口:山体滑坡、岩石崩塌;边(养)坡危石、积水、积雪;洞口挂冰;边沟淤塞;护坡、挡土墙等构造物开裂、倾斜、沉陷、滑动、下沉、表面风化、泄水孔堵塞、墙后积水、地基错台空隙等。
2. 洞门:结构开裂、倾斜、沉陷、错台、起层、剥落、水漏水、挂冰、墙背填料流失等。
3. 衬砌:结构变形;混凝土强度不够、钢筋锈蚀等材料裂损;衬砌厚度不足,存在空洞、钢筋施作情况不到位等;裂缝、错台、起层、剥落;墙身施工缝开裂;渗漏水;挂冰、冰柱等。
4. 路面:落物、油污;滞水或结冰;路面拱起、坑槽、开裂、错台、溜滑等;仰拱充填层不密实或存在空洞、施作情况不到位。
5. 检修道:结构破损;盖板缺损;栏杆变形、损坏等。
6. 排水设施:结构缺损、堵塞、积水、结冰;盖板缺损等。
7. 吊顶及各种预埋件:变形、缺损、锈蚀、脱落、漏水(挂冰)等。
8. 内装饰:脏污、变形、缺损等。
9. 标志标线轮廓标:脏污、缺损、连接件不牢固等</td></tr>
<tr><td rowspan="2">隧道检查</td><td colspan="2">经常检查</td><td>1. 对土建结构的外观状况进行一般性定性检查,及早发现早期缺损、显著病害或其他异常情况,确定措施。
2. 以定性判断为主,破损状况判定为情况正常、一般异常、严重异常三种。
3. 按照公路隧道养护等级确定检查频率:一级隧道(不少于1次/月)、二级隧道(不少于1次/2月)、三级隧道(不少于1次/季度),且在雨季、冰冻季节、极端天气情况或发生严重异常情况时,应提高经常检查频率</td></tr>
<tr><td colspan="2">定期检查</td><td>定期检查一般安排在春季或秋季进行,新建隧道在交付使用1年后进行首次定期检查。检查周期根据隧道技术状况评定确定,宜每年1次,最长不得超过3年1次。当经常检查中发现重要结构分项技术状况评定状况值为3或4时,应立即开展一次定期检查</td></tr>
</table>

续上表

隧道检查	应急检查	在隧道遭受自然灾害、发生交通事故或出现其他异常事件后对遭受影响的结构进行详细检查,及时掌握结构受损情况,为采取对策措施提供依据
	专项检查	根据经常检查、定期检查和应急检查的结果,对于需要进一步查明缺损或病害的详细情况的隧道,进行更深入的专门检测、分析等工作,完整掌握缺损或病害的详细资料,为其是否实施处治以及采取何种处治措施等提供技术依据
养护措施		衬砌背后注浆、防护网、喷射混凝土、施作钢带、锚杆加固、排水止水、凿槽嵌拱或直接增设钢拱、套拱、隔热保温、滑坡整治、围岩注浆、灌浆锚固、隧底加固、更换衬砌

本节习题

Ⅰ.单项选择题

1.定期检查一般安排在春季或秋季进行,新建隧道在交付使用(　　)后进行首次定期检查。

A.半年　B.1年　C.2年　D.3年

2.经常检查按照公路隧道养护等级确定,一级隧道养护的经常检查频率不少于(　　)。

A.1次/月　B.1次/2月　C.1次/季度　D.1次/年

3.隧道检查周期根据隧道技术状况评定确定,宜每年1次,最长不得超过(　　)年1次。

A.1　B.2　C.3　D.4

4.由于承载力不足导致公路隧道衬砌出现裂纹、剥离、剥落以及支护结构有脱空的现象,采用(　　)处治方法是非常有效的。

A.衬砌背后注浆　B.喷射混凝土　C.施作钢带　D.套拱

5.(　　)主要是对隧道洞口、衬砌、路面是否处在正常工作状态、是否妨碍交通安全进行检查。

A.日常巡查　B.日常保养　C.日常维修　D.小修保养

6.隧道(　　)作业内容主要有隧道周期性预防处治,针对隧道渗水、剥落等的预防处治。

A.预防养护　B.修复养护　C.专项养护　D.应急养护

Ⅱ.多项选择题

1.公路隧道养护划分等级的依据是(　　)。

A.交通量大小　B.地质条件　C.隧道长度　D.公路等级

2.公路隧道检查主要指土建结构的结构检查工作,可分为(　　)。

A.特殊检查　B.应急检查　C.定期检查　D.经常检查

3.公路隧道经常检查以定性判断为主,破损状况判定为(　　)。

A.情况正常　B.一般异常　C.中等异常　D.严重异常

4.由于无仰拱导致公路隧道拱部混凝土和侧壁混凝土出现裂缝、侧壁混凝土被挤出和路面出现裂缝、路基膨胀的现象,采用(　　)处治方法是非常有效的。

A.灌浆加固　B.隧底加固　C.更换衬砌　D.围岩压浆

5. 下列(　　)属于隧道洞口常见病害。

A. 山体滑坡　　B. 边沟淤塞

C. 衬砌厚度不足　　D. 护坡、挡土墙等构造物开裂

6. 隧道日常保养应包括(　　)。

A. 经常性保养　　B. 周期性保养　　C. 清洁工作　　D. 日常巡查

7. 下列属于隧道保养工作内容的是(　　)。

A. 冬季应及时清除洞顶挂冰

B. 及时清除隧道内外路面上的塌(散)落物和堆积物

C. 对于轻微损坏的洞口挡土墙等结构物的开裂、变形等及时修复

D. 及时修复、添补缺损的护栏、护墙

8. 下列属于隧道日常维修的是(　　)。

A. 对隧道出现的衬砌起层、剥离,应及时清除

B. 及时修复横通道内的轻微破损结构

C. 对于轻微损坏的洞口挡土墙等结构物的开裂、变形等及时修复

D. 及时修复、添补缺损的护栏、护墙

9. 隧道洞门常见的病害有(　　)。

A. 结构开裂、倾斜　　B. 墙背填料流失

C. 路面拱起　　D. 水漏水、挂冰

10. 以下关于隧道清洁工作说法正确的是(　　)。

A. 高速公路和一级公路宜以机械清扫为主,清扫时应防止产生扬尘

B. 在汛前、汛中和汛后以及极端降水天气后,应对排水设施进行检查和清理疏通

C. 在冰冻季节,应增加排水沟的清理频率

D. 对于纵坡较大的隧道或隧道的洞口区段,应增加清理和疏通的频率

本节习题答案及解析

Ⅰ. 单项选择题

1. 答案:B

【解析】 定期检查一般安排在春季或秋季进行,新建隧道在交付使用1年后进行首次定期检查。检查周期根据隧道技术状况评定确定,宜每年1次,最长不得超过3年1次。

2. 答案:A

【解析】 经常检查按照公路隧道养护等级确定,一级隧道养护的经常检查频率不少于1次/月,二级隧道养护的经常检查频率不少于1次/2月,三级隧道养护的经常检查频率不少于1次/季度,且在雨季、冰冻季节或极端天气情况下或发生严重异常情况时,应提高经常检查频率。

3. 答案:C

【解析】 隧道定期检查一般安排在春季或秋季进行,新建隧道在交付使用1年后进行首次定期检查。检查周期根据隧道技术状况评定确定,宜每年1次,最长不得超过3年1次。

4. 答案:A

【解析】 由于承载力不足导致公路隧道衬砌出现裂纹、剥离、剥落以及支护结构有脱空的现象,采用衬砌背后注浆处治方法是非常有效的。其余方法对病害处治较有效,但效果不如衬砌背后注浆明显。

5. 答案:A

【解析】 日常巡查主要是对隧道洞口、衬砌、路面是否处在正常工作状态、是否妨碍交通安全进行检查。

6. 答案:A

【解析】 隧道预防养护作业内容主要有隧道周期性预防处治,如防腐、防侵蚀、防火阻燃处理,以及针对隧道渗水、剥落等的预防处治。

Ⅱ.多项选择题

1. 答案:ACD

【解析】 根据公路等级、隧道长度和交通量大小,公路隧道养护可分为三个等级。

2. 答案:BCD

【解析】 公路隧道检查主要指土建结构的结构检查工作,分为经常检查、定期检查、应急检查和专项检查四类。

3. 答案:ABD

【解析】 公路隧道经常检查以定性判断为主,破损状况判定分三种情况:情况正常、一般异常、严重异常。

4. 答案:ABC

【解析】 围岩压浆属于对病害处治较有效的方法,不属于非常有效的方法。

5. 答案:ABD

【解析】 隧道洞口病害主要有:山体滑坡、岩石崩塌;边(养)坡危石、积水、积雪;洞口挂冰;边沟淤塞;护坡、挡土墙等构造物开裂、倾斜、沉陷、滑动、下沉、表面风化、泄水孔堵塞、墙后积水、地基错台空隙等。

6. 答案:ABC

【解析】 日常保养应包括经常性、周期性的保养和清洁工作。

7. 答案:AB

【解析】 C(即对于轻微损坏的洞口挡土墙等结构物的开裂、变形等及时修复)和D(即及时修复、添补缺损的护栏、护墙)选项属于隧道日常维修。

8. 答案:BCD

【解析】 A选项(即对隧道出现的衬砌起层、剥离,应及时清除)属于隧道保养工作。

9. 答案:ABD

【解析】 隧道洞门常见的病害有:结构开裂、倾斜、沉陷、错台、起层、剥落、水漏水、挂冰、墙背填料流失等。

10. 答案:ABC

【解析】 对于纵坡较小的隧道或隧道的洞口区段,应增加清理和疏通的频率。

(六)公路沿线设施养护及绿化养护

公路沿线设施养护及绿化养护知识点

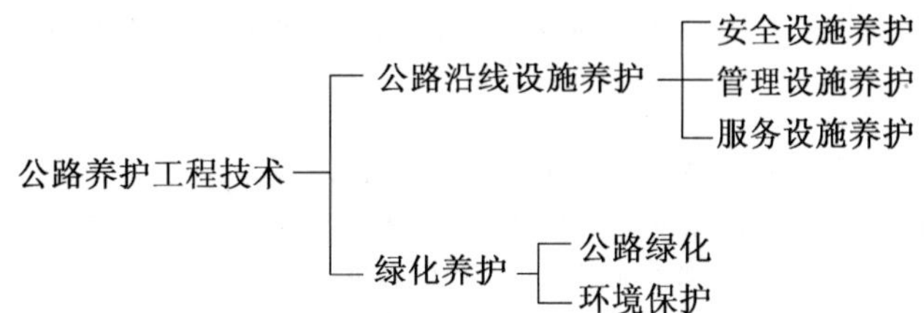

知识点集成

知识点7:公路沿线设施养护

<table>
<tr><td rowspan="5">安全设施养护</td><td rowspan="2">护栏养护</td><td>护栏的检查</td><td>1. 包括日常检查和每季度定期检查。
2. 检查内容:各类护栏结构部分有无损坏或变形,立柱与水平构件的紧固状况、污秽程度及油漆状况、拉索的松弛程度、护栏及反光膜的缺损情况</td></tr>
<tr><td>养护与维修</td><td>1. 波形梁钢护栏:
(1)保持结构合理、安全可靠。
(2)护栏板、立柱、柱帽、防阻块(托架)、坚固件等部件应完整、无缺损。
(3)护栏质量符合相关标准要求。
(4)护栏的防腐层应无明显脱落,护栏无锈蚀。
(5)护栏板搭接方向正确,螺栓坚固。
(6)护栏安装线形顺畅,无明显变形、扭转、倾斜。
2. 水泥混凝土护栏:使用的水泥、砂、石、水、外加剂、钢筋等材料质量应符合相关标准、规范及设计要求;无明显裂缝、掉角、破损等缺陷;几何尺寸、地基强度、埋置深度以及各块件之间、护栏与基础之间的连接应符合设计要求;保持线形顺畅、结构合理。
3. 缆索护栏:无缺损,无明显变形、倾斜、松动、锈蚀等现象</td></tr>
<tr><td rowspan="2">隔离栅养护</td><td>隔离栅的检查</td><td>1. 结构部分有无损坏或变形。
2. 有无污秽或未经交通管理部门批准的广告、启事等。
3. 油漆老化剥落及金属构件锈蚀情况</td></tr>
<tr><td>隔离栅的养护维修</td><td>1. 应保持隔离栅的完整无缺,功能正常。
2. 隔离栅金属网片、立柱、斜撑、连接件、基础等部件无缺损。
3. 隔离栅质量应符合相关标准要求。
4. 隔离栅应无明显倾斜、变形,各部件稳固连接。
5. 离栅防腐涂层应无明显脱落、锈蚀现象</td></tr>
<tr><td colspan="2">标柱养护</td><td>1. 标柱一般采用金属或钢筋混凝土制作,也可因地制宜采用木料或圬工材料制成。标柱每隔 8 ~ 12m 安设 1 根,涂以黑白(或红白)相间的油漆。
2. 标柱的养护主要是经常检查有无缺损歪斜,并保持位置正确、油漆鲜明</td></tr>
</table>

续上表

安全设施养护	中央分隔带养护	中央分隔带的检查	1. 中央分隔带和隔离带的排水通道是否阻塞。 2. 路缘石损坏情况
		养护与维修	1. 及时疏通排水通道。 2. 清除中央分隔带或隔离带内的杂物,以及过高且有碍环境的杂草。 3. 修复或更换缺损的路缘石
	交通标志养护	交通标志的检查	交通标志检查包括日常检查和定期检查,检查内容如下: 1. 公路交通标志是否被沿线的树木、广告牌等遮掩。 2. 标志基础、牌面及支柱的下沉、移位、变形、损坏、污秽及腐蚀情况。 3. 标志杆件连接螺栓是否松动或焊接缝是否开裂。 4. 油漆褪色、剥落及反光材料的反光性能
		养护与维修	1. 应保持交通标志设置合理、结构安全,板面内容整洁、清晰。 2. 标志板、支柱、连接件、基础等标志部件应完整、无缺损且功能正常。 3. 标志应无明显歪斜、变形,钢构件无明显剥落、锈蚀。 4. 标志面应平整,无明显褪色、污损、起泡、起皱、裂纹、剥落等病害。 5. 标志的图案、字体、颜色等应符合相关标准要求。 6. 反光交通标志应保持良好的夜间视认性
	交通标线养护	交通标线的检查	交通标线日常检查和定期检查内容如下: 1. 标线有无损坏或脱落状况。 2. 标线反光性能。 3. 污秽程度及油污状况。 4. 反射器松动、损坏状况
		养护与维修	1. 具有良好的可视性,边缘整齐、线形流畅,无大面积脱落。 2. 颜色、线形等应符合相关标准要求。 3. 反光标线应保持良好的夜间视认性。 4. 重新设计的标线应与旧标线基本重合。 5. 立面标记应保持颜色鲜明、醒目。 6. 轮廓标、突起路标的保持完好的反射角度,损坏、缺失时,应及时固定、修复或更换路标
	防眩设施养护	防眩栅的检查	防眩设施日常检查和定期检查内容如下: 1. 结构部分有无损坏或变形。 2. 构件的紧固状况。 3. 油漆老化剥落及金属构件锈蚀情况。 4. 污秽程度及油漆状况
		养护与维修	1. 防眩板、防眩网等防眩设施应保持完整、清洁,具有良好的防眩效果。 2. 防眩设施应安装牢固,无缺损。 3. 防眩设施应无明显变形、褪色或锈蚀。 4. 防眩设施的质量应符合相关标准要求

续上表

管理设施养护	机电系统养护	1. 管理设施中的机电系统维护质量标准参照现行《公路工程质量检验评定标准　第二分册机电工程》(JTG F80/2)执行。 2. 定期对监控系统的计算机系统、区域控制器、匝道控制器、车辆检测器、可变信息标志、闭路电视、气象检测仪,交通调查数据采集设备,隧道照明、风机、消防喷淋等设备的控制系统的工作环境、状态和性能进行检查、检测和维护。 3. 定期对收费系统的车道控制器、闭路电视、对讲系统、显示器、键盘、发卡机、读写器、票据打印机等收费车道亭内设备,电动栏杆机、费额显示器、摄像机、手动栏杆、电源线、雨棚信号灯、车道通信灯、雾灯、车辆检测器、不停车收费系统的路侧读写单元和天线控制器等设备进行检查、检测和维护。 4. 定期对通信系统的光电缆传输线路、数字传输系统(包括准同步数字系列 PDH、同步数字系列 SDH)数字程控交换机、IP 网络设备、紧急电话系统和无线通信系统进行检查、检测和维护。 5. 定期对公路专用的供配电系统(包括高压配电装置、电力变压器、低压配电装置、配电线路和照明设备等)进行检查、检测和维护。 6. 认真做好公路机电系统的检查、检测和维护工作记录。公路机电系统各设备的检查、检测及维护的主要项目和周期参见现行《公路养护技术规范》(JTG H10)
	管理养护房屋养护	1. 养护房屋的设置应满足公路养护生产和管理需要。养护房屋内应配备通信设备等各种必要的生产、生活、消防设施。 2. 养护房屋及周围环境应布局合理,整洁美观,设施适用、方便,并保持排水畅通。 3. 养护房屋应定期检查、维护,及时修复损坏部分
服务设施养护		1. 及时清扫场地,清除场内杂物,清理疏通排水设施,保持服务区内环境的整洁卫生。 2. 定期检查消防设备的数量及完好情况,灭火器药剂必须定期更换。 3. 服务区内的道路、房屋、立体交叉、交通标志和标线、绿化、通信等设施的养护与维修同本章相关内容

知识点 8:绿化养护

公路绿化	不同等级和不同路段公路绿化	1. 高速公路、一级公路的中央分隔带宜种植灌木、花卉或草皮。 2. 二级及二级以下公路,宜采用乔木与灌木相结合的方式,并充分体现当地特色。 3. 平面交叉在设计视距影响范围以内,不得种植乔木;在不影响视线的前提下,可栽植常绿灌木、绿篱和花草。 4. 小半径平曲线内侧不得栽植影响视线的乔木或灌木,其外侧可栽植成行的乔木,以诱导汽车行驶,增加安全感。 5. 立体交叉侵害形成的环岛,可选择栽植小乔木或灌木,实现丛林化。互通式立体交叉的匝道转变处构成的三角区内,应满足通视要求。 6. 隧道进出口两侧 30 ~ 50m 范围内,宜栽植高大乔木,尽可能形成隧道内外光线的过渡段,以利车辆安全行驶。 7. 桥头或涵洞两头 5 ~ 10m 范围内,不宜栽植乔木,以免根系破坏桥(涵)台
	不同类型地区的公路绿化	1. 山区:应实施具有防护功能的绿化工程,如防护林带、灌木、草皮护坡等。 2. 平原区:应栽植单行或多行的防护林带。 3. 草原区:应在线路两侧栽植以防风、防雪为主的防护林带。 4. 风沙危害地区:以营造公路防风、固沙林带为主,栽植耐干旱、根系发达、固沙能力强的植物品种。 5. 盐碱区:应选择抗盐、耐水湿的乔木、灌木品种,配栽成多行绿化带。 6. 旅游区:通往名胜古迹、风景区、疗养休闲区、湖泊等地的公路,应注重美化,营造风景林带,可栽植有观赏价值的常绿乔木、灌木、花卉以及珍贵树种和果树类

续上表

环境保护	1. 应与公路建设和养护相结合,开发和利用环境。 2. 应体现经济效益、社会效益。 3. 应以维护生态、降低污染、保护沿线环境为目标,对施工与运营期产生的污染应采取相应的处治措施。 4. 位于自然保护区、水源保护地、森林、草原、湿地和野生生物及其栖息地的公路,养护作业时应妥善处理施工废料、废水。 5. 增强生态保护和水土保持意识,保护生态资源,少占土(耕)地,做好公路用地范围内的水土保持工作;对边坡、荒地的水土流失,应做好治理工作。 6. 应注意防治生活环境污染,如养护施工作业噪声对声环境的污染,搅拌站(场)的烟尘、施工扬尘、路面清扫扬尘对环境空气的污染等

1. 环境绿化上,按园林景观进行绿化的是(　　)。

A. 高速公路分车绿带　　B. 边坡防护绿带

C. 服务区、收费站的绿化　　D. 简单立体交叉绿化

答案:C

【解析】 本题是2015年考题,考查绿化养护的知识点。高速公路、一级公路的中央分隔带宜种植灌木、花卉或草皮。服务区应结合当地环境、景观要求,另行设计,单独实施。立体交叉侵害形成的环岛,可选择栽植小乔木或灌木,实现丛林化。

本节习题

Ⅰ.单项选择题

1. 标柱每隔(　　)安设1根,涂以黑白或红白相间的油漆。

A. 2~4m　　B. 4~8m　　C. 8~12m　　D. 12~16m

2. 每年春季或秋季,宜在乔木树干上距地面(　　)高度范围内刷涂白剂。

A. 0.5~1m　　B. 1~1.5m　　C. 1.5~2m　　D. 2~2.5m

3. 以下关于公路沿线设施养护的叙述,错误的是(　　)。

A. 高速公路、一级公路均应设置路面标线,其他等级公路可不设置

B. 交通反光标线应保持良好的夜间视认性

C. 路面标线应采用耐磨耗,耐腐蚀,与路面附着力强,具有较好的辨认性,便于施工,对人畜无害的路标漆、塑胶标带、陶瓷和彩色水泥等材料制作

D. 中央分隔带的检查应包括检查路缘石的损坏情况

4. 桥头或涵洞两头(　　)范围内,不宜栽植乔木,以免根系破坏桥(涵)台。

A. 1~5m　　B. 5~10m　　C. 10~15m　　D. 15~20m

5. 隧道进出口两侧(　　)范围内,宜栽植高大乔木,尽可能形成隧道内外光线的过渡段,以利车辆安全行驶。

A. 10~30m　　B. 30~50m　　C. 50~70m　　D. 70~90m

6. 以下关于绿化养护的叙述,错误的是( )。
A. 小半径平曲线内侧不得栽植影响视线的乔木或灌木,其外侧可栽植成行的乔木
B. 防治绿化植物病虫害应以预防为主,开展生物、化学防治与营林措施相结合
C. 平原区应栽植单行或多行的防护林带
D. 二级及二级以上公路,宜采用乔木与灌木相结合的方式,并充分体现当地特色
7. 下列不属于公路沿线设施日常养护主要工作内容的是( )。
A. 清洁 B. 紧固 C. 维修 D. 增设减速带
8. 关于交通标线的养护,下列说法错误的是( )。
A. 标线颜色、线形与旧标线一致
B. 正式画标线前,应首先清理路面,保证路面表面清洁干燥,然后跟设计图纸进行放样
C. 画线时,通过控制画线机的行驶速度控制标线厚度
D. 标线充分干燥前,应放置适当的警告标志,阻止车辆及行人在作业区内通行

Ⅱ. 多项选择题

1. 以下关于公路沿线设施养护的叙述,正确的是( )。
A. 中央分隔带的检查应包括检查中央分隔带和隔离带的排水通道是否阻塞
B. 水泥混凝土护栏应无明显裂缝、掉角、破损等缺陷
C. 日常养护主要是以清洁、紧固、维修为主
D. 交通标线的养护要求规定,重新设计的标线要不同于旧标线
2. 公路沿线设施养护工程作业内容主要包括( )。
A. 通信、监控、收费、供配电设施的更新或整路段增设
B. 集中更换或新设标志标牌、防眩板、隔音屏、隔离栅等
C. 更换或新设公路护栏、警示桩、道口桩、减速带等
D. 清洁、紧固、维修
3. 公路交通标志的检查可分为( )。
A. 定期检查 B. 应急检查
C. 日常巡视检查 D. 专项检查
4. 以下关于路面标线养护说法正确的是( )。
A. 具有良好的可视性,边缘整齐、线形流畅,无大面积脱落
B. 颜色、线形等应符合相关标准要求
C. 重新设计的标线可以不需要与旧标线重合
D. 反光标线应保持良好的夜间视认性
5. 下列属于养护房屋养护的有( )。
A. 养护房屋及周围环境应布局合理,整洁美观,设施适用、方便,并保持排水畅通
B. 养护房屋应定期检查、维护,及时修复损坏部分
C. 及时清扫场地,清除场内杂物,清理疏通排水设施,保持服务区内环境的整洁卫生
D. 定期对公路专用的供配电系统进行检查、检测和维护
6. 下列关于环境保护说法正确的是( )。

A. 公路环境保护应与公路建设和养护相结合,开发和利用环境

B. 公路环境保护应体现经济效益、社会效益,其中应优先考虑经济效益

C. 增强生态保护和水土保持意识,保护生态资源

D. 应注意防治生活环境污染

本节习题答案及解析

Ⅰ. 单项选择题

1. 答案:C

【解析】 标柱一般采用金属或钢筋混凝土制作,也可因地制宜采用木料或圬工材料制成。标柱每隔 8～12m 安设 1 根,涂以黑白(或红白)相间的油漆。

2. 答案:B

【解析】 每年春季或秋季,宜在乔木树干上距地面 1～1.5m 高度范围内刷涂白剂。

3. 答案:A

【解析】 高速公路、一级公路、二级公路均应设置路面标线,其他等级公路可根据需要设置。

4. 答案:B

【解析】 桥头或涵洞两头 5～10m 范围内,不宜栽植乔木,以免根系破坏桥(涵)台。

5. 答案:B

【解析】 隧道进出口两侧 30～50m 范围内,宜栽植高大乔木,尽可能形成隧道内外光线的过渡段,以利车辆安全行驶。

6. 答案:D

【解析】 高速公路、一级公路的中央分隔带宜种植灌木、花卉或草皮。二级及二级以下公路,宜采用乔木与灌木相结合的方式,并充分体现当地特色。

7. 答案:D

【解析】 公路沿线设施的养护工作分为日常养护和养护工程,日常养护是以清洁、紧固、维修为主;D 属于公路沿线设施的养护工程。

8. 答案:A

【解析】 2019 年一级造价考试真题。

交通标线的养护:具有良好的可视性,边缘整齐、线形流畅,无大面积脱落;颜色、线形等应符合相关标准要求;反光标线应保持良好的夜间视认性;重新设计的标线应与旧标线基本重合;立面标记应保持颜色鲜明、醒目。

Ⅱ. 多项选择题

1. 答案:ABC

【解析】 交通标线的养护要求规定,重新设计的标线应与旧标线基本重合。

2. 答案:ABC

【解析】 公路设施日常养护主要是以清洁、紧固、维修为主。养护工程作业内容主要包

括通信、监控、收费、供配电设施的更新或整路段增设;集中更换或新设标志标牌、防眩板、隔音屏、隔离栅等;以及整段路面标线的施划,集中维修、更换或新设公路护栏、警示桩、道口桩、减速带等。

3. **答案:**AC

【解析】 公路交通标志的检查分日常巡视检查和定期检查。

4. **答案:**ABD

【解析】 重新设计的标线应与旧标线基本重合。

5. **答案:**AB

【解析】 AB 属于管理养护房屋的养护;C 属于服务设施的养护;D 属于机电系统的养护。

6. **答案:**ACD

【解析】 公路环境保护应体现经济效益、社会效益,各种环境保护设施应因地制宜,做到技术可行、经济合理。

第七章 公路工程计量与计价

一、考纲要求

1. 公路工程造价依据及计算方法。
2. 公路工程定额工程量计算规则。
3. 工程量清单计量规则。
4. 工程量清单计价。

二、本章知识架构

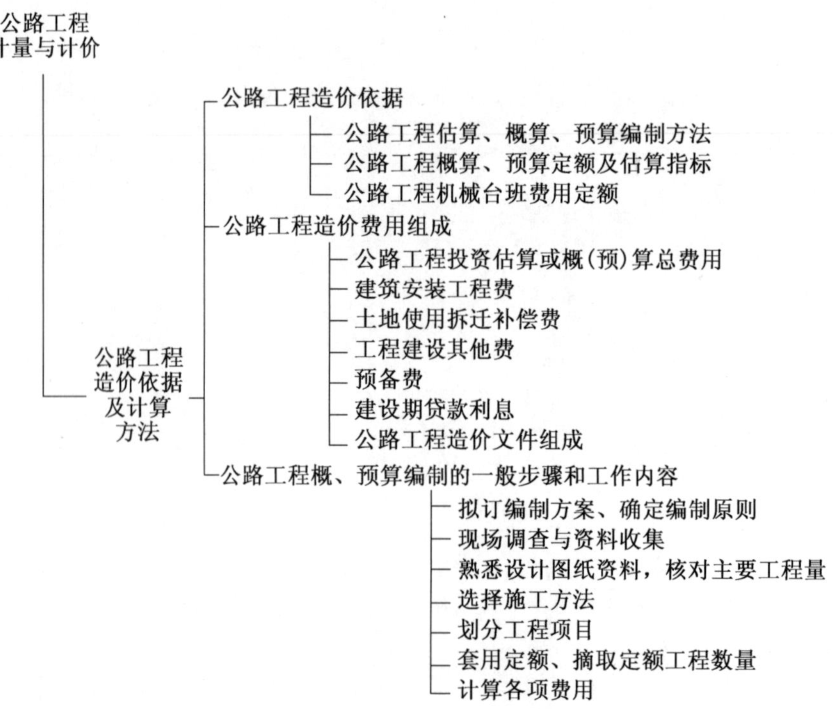

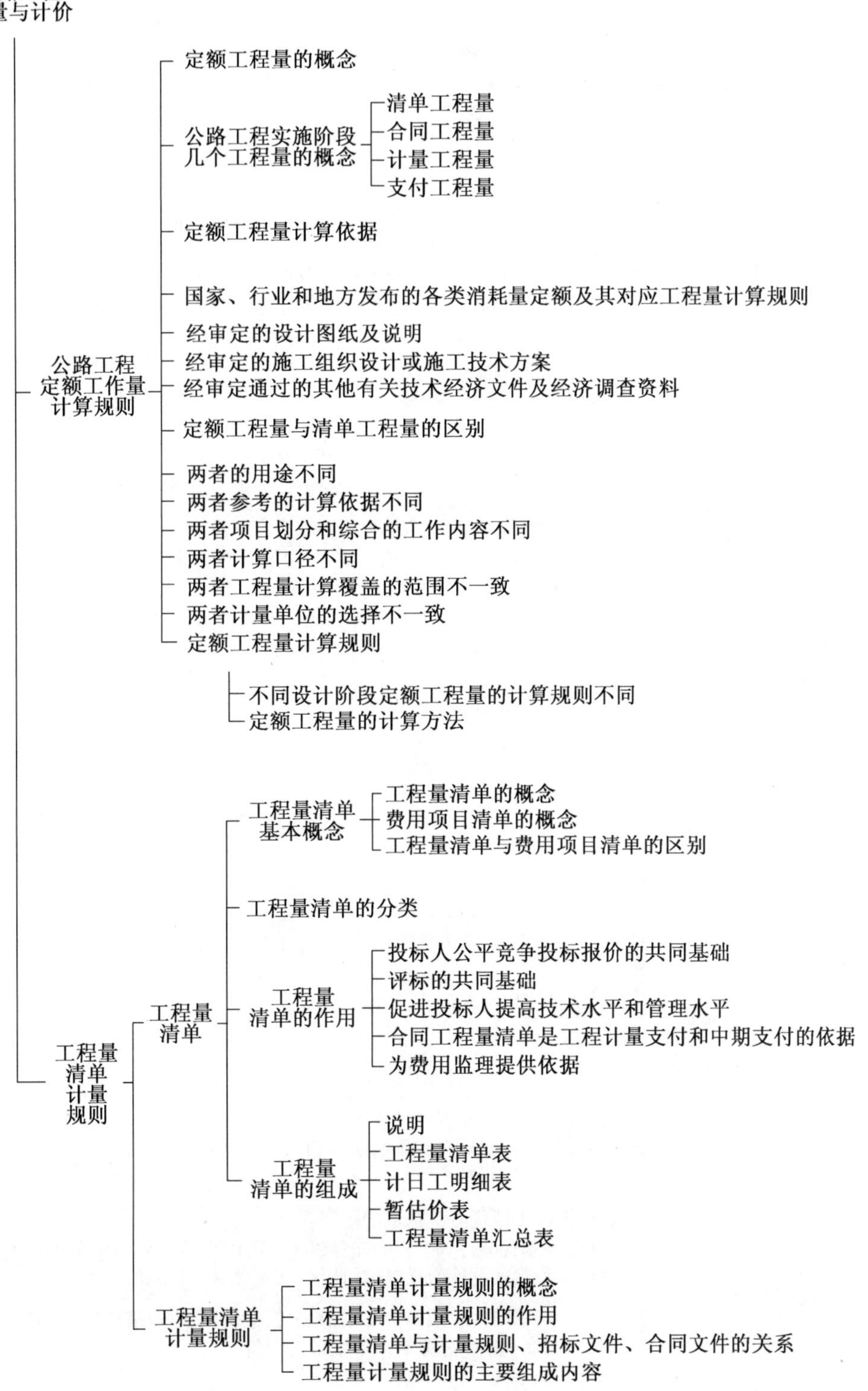
公路工程
计量与计价
公路工程
定额工作量
计算规则
定额工程量的概念
公路工程实施阶段
几个工程量的概念
清单工程量
合同工程量
计量工程量
支付工程量
定额工程量计算依据
国家、行业和地方发布的各类消耗量定额及其对应工程量计算规则
经审定的设计图纸及说明
经审定的施工组织设计或施工技术方案
经审定通过的其他有关技术经济文件及经济调查资料
定额工程量与清单工程量的区别
两者的用途不同
两者参考的计算依据不同
两者项目划分和综合的工作内容不同
两者计算口径不同
两者工程量计算覆盖的范围不一致
两者计量单位的选择不一致
定额工程量计算规则
不同设计阶段定额工程量的计算规则不同
定额工程量的计算方法
工程量
清单
计量
规则
工程量
清单
工程量清单
基本概念
工程量清单的概念
费用项目清单的概念
工程量清单与费用项目清单的区别
工程量清单的分类
工程量
清单的作用
投标人公平竞争投标报价的共同基础
评标的共同基础
促进投标人提高技术水平和管理水平
合同工程量清单是工程计量支付和中期支付的依据
为费用监理提供依据
工程量
清单的组成
说明
工程量清单表
计日工明细表
暂估价表
工程量清单汇总表
工程量清单
计量规则
工程量清单计量规则的概念
工程量清单计量规则的作用
工程量清单与计量规则、招标文件、合同文件的关系
工程量计量规则的主要组成内容

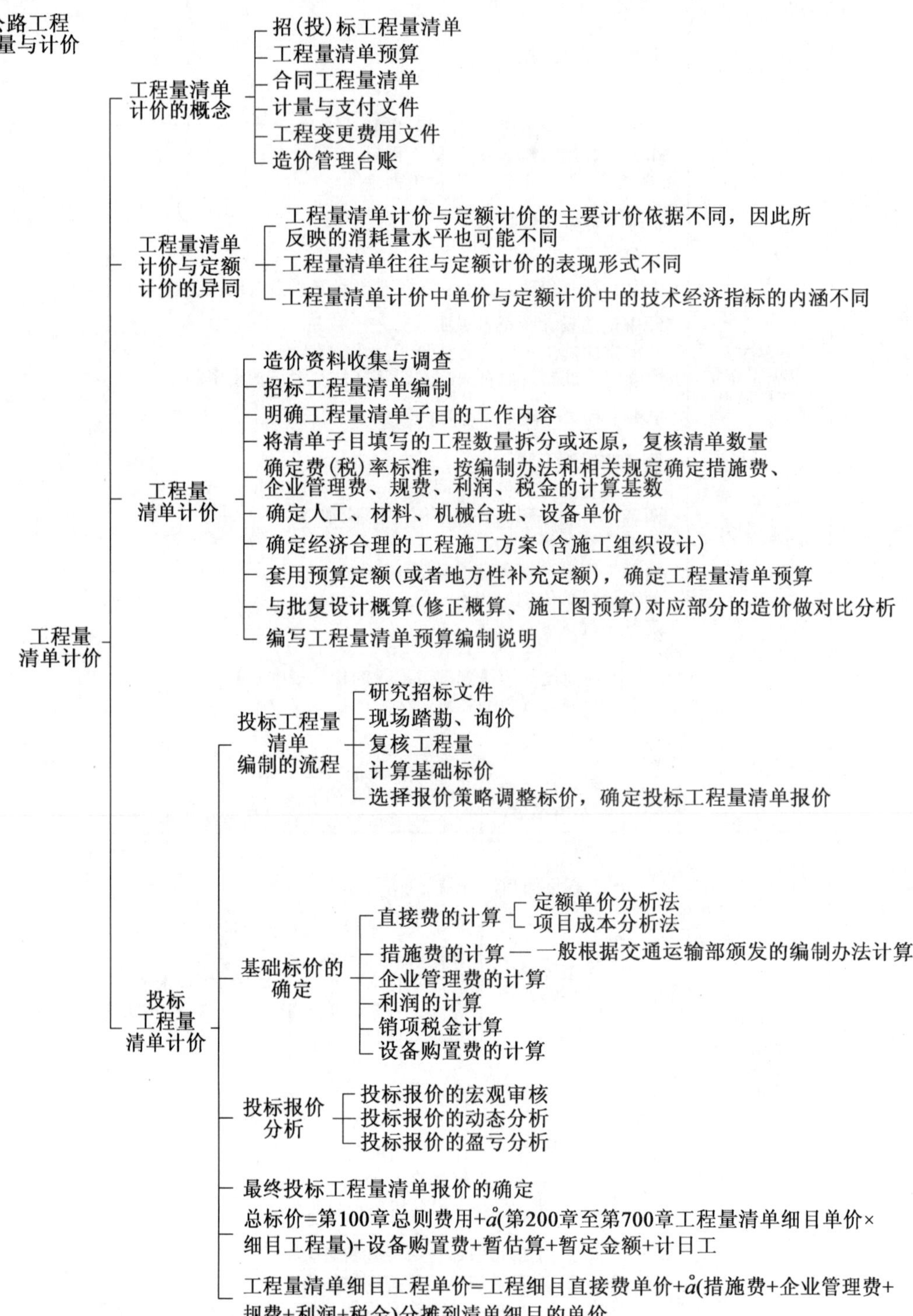
公路工程
计量与计价
工程量清单计价的概念
招(投)标工程量清单
工程量清单预算
合同工程量清单
计量与支付文件
工程变更费用文件
造价管理台账
工程量清单计价与定额计价的异同
工程量清单计价与定额计价的主要计价依据不同，因此所反映的消耗量水平也可能不同
工程量清单往往与定额计价的表现形式不同
工程量清单计价中单价与定额计价中的技术经济指标的内涵不同
工程量清单计价
工程量清单计价
造价资料收集与调查
招标工程量清单编制
明确工程量清单子目的工作内容
将清单子目填写的工程数量拆分或还原，复核清单数量
确定费(税)率标准，按编制办法和相关规定确定措施费、企业管理费、规费、利润、税金的计算基数
确定人工、材料、机械台班、设备单价
确定经济合理的工程施工方案(含施工组织设计)
套用预算定额(或者地方性补充定额)，确定工程量清单预算
与批复设计概算(修正概算、施工图预算)对应部分的造价做对比分析
编写工程量清单预算编制说明
投标工程量清单计价
投标工程量清单编制的流程
研究招标文件
现场踏勘、询价
复核工程量
计算基础标价
选择报价策略调整标价，确定投标工程量清单报价
基础标价的确定
直接费的计算
定额单价分析法
项目成本分析法
措施费的计算 — 一般根据交通运输部颁发的编制办法计算
企业管理费的计算
利润的计算
销项税金计算
设备购置费的计算
投标报价分析
投标报价的宏观审核
投标报价的动态分析
投标报价的盈亏分析
最终投标工程量清单报价的确定
总标价=第100章总则费用+å(第200章至第700章工程量清单细目单价×细目工程量)+设备购置费+暂估算+暂定金额+计日工
工程量清单细目工程单价=工程细目直接费单价+å(措施费+企业管理费+规费+利润+税金)分摊到清单细目的单价

三、知识点与题型详解

（一）公路工程造价依据及计算方法

公路工程造价依据及计算方法知识点

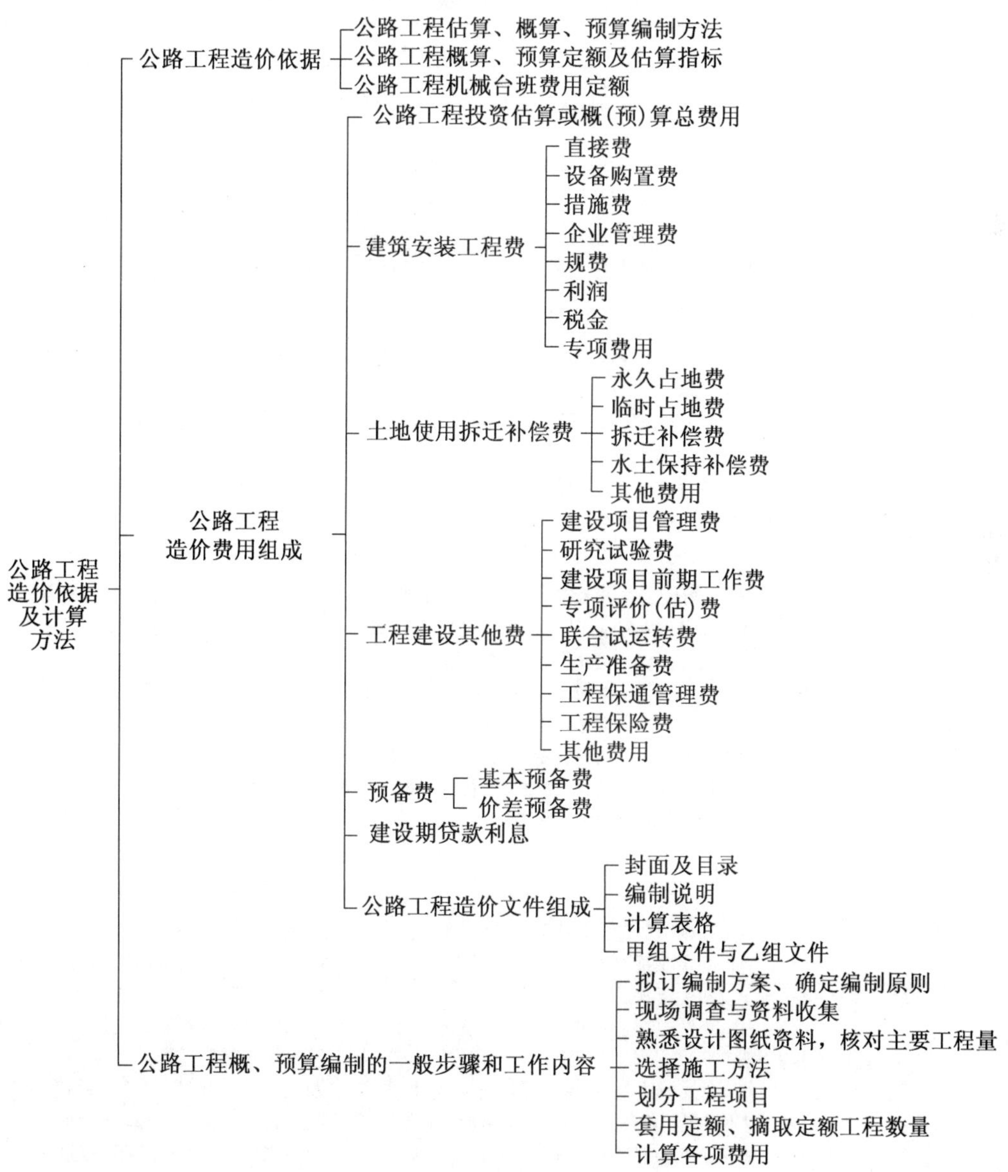

知识点集成

知识点1:公路工程造价依据

<table>
<tr><td>考核要求</td><td>1. 公路工程估算、概算、预算编制办法。
2. 公路工程概算、预算定额及估算指标。
3. 公路工程机械台班费用定额</td><td>此部分主要考核的内容为公路工程造价的依据,包括公路工程估算、概算、预算编制办法,公路工程概算、预算定额及估算指标,公路工程机械台班消耗定额的作用、主要内容和表现形式</td></tr>
</table>

公路工程造价依据相关知识表

<table>
<tr><th colspan="3">公路工程造价依据的主要内容</th></tr>
<tr><td rowspan="3">公路工程估算、概算、预算编制办法</td><td>作用</td><td>1. 规定了公路工程项目建设前期工程造价文件的组成及各项目费用的计算依据(包括计算基数及费率)。
2. 是编制公路建设项目投资估算、初步设计概算(或技术设计修正概算)和施工图预算的重要依据</td></tr>
<tr><td>主要内容</td><td>编制办法分为总则、造价文件的编制方法、造价文件的费用标准和计算方法、附录附件四个部分</td></tr>
<tr><td>使用注意事项</td><td>1. 编制办法是行业内强制性标准,编制估算、概算和预算时要按照此标准执行,使用时应结合补充规定。
2. 在公路工程施工招、投阶段宜编制工程量清单预算,对采用工程量清单计价的工程(即编制工程量清单预算的工程),参照编制施工图预算的造价依据和方法,按规定程序进行编制。工程量清单预算是评判投标报价合理性的依据,但不是招标标底或投标最高限价,而是招标人确定招标标底或最高限价的依据</td></tr>
<tr><td rowspan="2">公路工程概算、预算定额及估算指标</td><td>主要内容</td><td>1. 定额、指标是在正常施工条件下经过科学地测定、分析和计算而确定的完成规定计量单位的符合国家技术标准、技术规范和质量评定标准,并反映一定时期施工技术和工艺水平的产品所需的人工、材料、机械设备的数量标准。
2. 公路工程反应消耗数量标准的定额分为施工定额、预算定额、概算定额、估算指标四类。预算定额是在施工定额基础上综合扩大的,但施工定额因本身具有企业定额的特点,所以没有部颁的统一定额。公路工程定额(指标)中的基价是定额人工费、材料费、机械使用费的合计价值。基价中的人工费、材料费按现行《公路工程预算定额》附录四计算,机械使用费按现行《公路工程机械台班费用定额》基价计算。如果项目所在地海拔超过3 000m以上,人工、材料、机械基价乘以1.3</td></tr>
<tr><td>表现形式</td><td>定额和指标一般包含总说明、章节说明、定额或指标表及附录:
1. 总说明主要是阐述定额指标的适用范围,编制的指导思想及作用,编制原则、各章节的统一规定及相关要求。
2. 章节说明包括本章节内容,对章节包含内容进行统一规定,对章节需要注意的计算规则进行说明。
3. 定额或指标表是以表格的形式展示人工、材料、机械台班的消耗量,即对每一个子目所包含的工作内容进行说明,对工料机消耗进行统计,对工程项目名称及定额单位进行标注。
4. 附录是配合定额或指标使用的不可缺少的一个重要组成部分。预算定额的附录适用于概算定额</td></tr>
</table>

续上表

公路工程机械台班消耗定额	主要内容	是公路工程预算定额、概算定额和估算指标的配套定额，是编制公路基本建设工程概算、预算、估算的依据。公路工程机械台班费用定额则是确定施工机械台班预算价格的依据。 公路工程施工机械每台(艘)班一般按 8h 计算；潜水设备每台班按 6h 计算；变压器和配电设备每昼夜按一个台班计算。 定额的费用项目划分为不变费用和可变费用两类。不变费用包括折旧费、检修费、维护费、安拆辅助费；可变费用包括人工费、动力燃料费、车船使用税等。 公路工程机械台班定额按作业对象将工程施工机械划分为 13 类：①土、石方工程机械；②路面工程机械；③混凝土及灰浆机械；④水平运输机械；⑤起重及垂直运输机械；⑥打桩、钻孔机械；⑦泵类机械；⑧金属、木、石加工机械；⑨动力机械；⑩工程船舶；⑪工程检测仪器仪表；⑫通风机；⑬其他机械。 对于机械台班费用计算应注意如下几点：机械自管理部门至工地或自某一工地至另一工地的运杂费，不包括在机械台班费用定额中；加油及油料过滤的损耗和由变电设备至机械之间的输电线路电力损失，均已包括在定额中；定额是按公路工程中常见的施工机械的规格编制的，规格与之相同或相似的，均应直接采用
	机械台班费用定额表现形式	机械台班费用定额的定额表包括序号、机械代号、机械名称、规格型号、不变费用、可变费用、定额基价等几项组成。其中，不变费用包括：折旧费、检修费、维护费、安拆辅助费；可变费用包括：人工费、动力燃料费、其他费用。 在定额表中人工费、动力燃料费以表中给定的机上人工工日消耗量、动力燃料消耗量乘以定额规定的人工费、动力燃料费单价所得。 定额基价是不变费用和可变费用的合计。其中，可变费用计算采用的人工费、动力燃料费价格与现行《公路工程预算定额》附录四中规定的人工、材料单价相同

知识点 2：公路工程造价费用组成

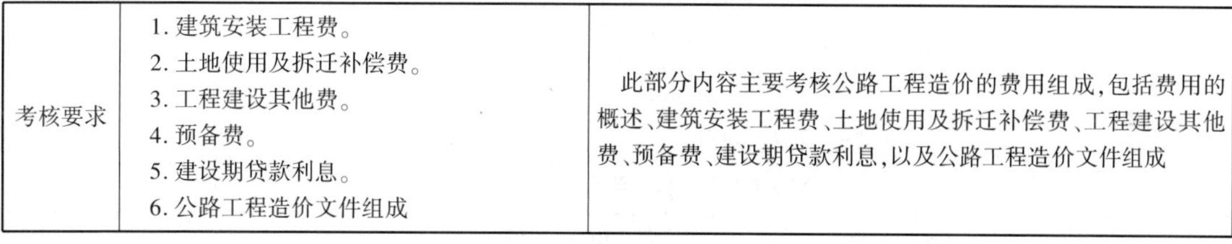

考核要求	1. 建筑安装工程费。 2. 土地使用及拆迁补偿费。 3. 工程建设其他费。 4. 预备费。 5. 建设期贷款利息。 6. 公路工程造价文件组成	此部分内容主要考核公路工程造价的费用组成，包括费用的概述、建筑安装工程费、土地使用及拆迁补偿费、工程建设其他费、预备费、建设期贷款利息，以及公路工程造价文件组成

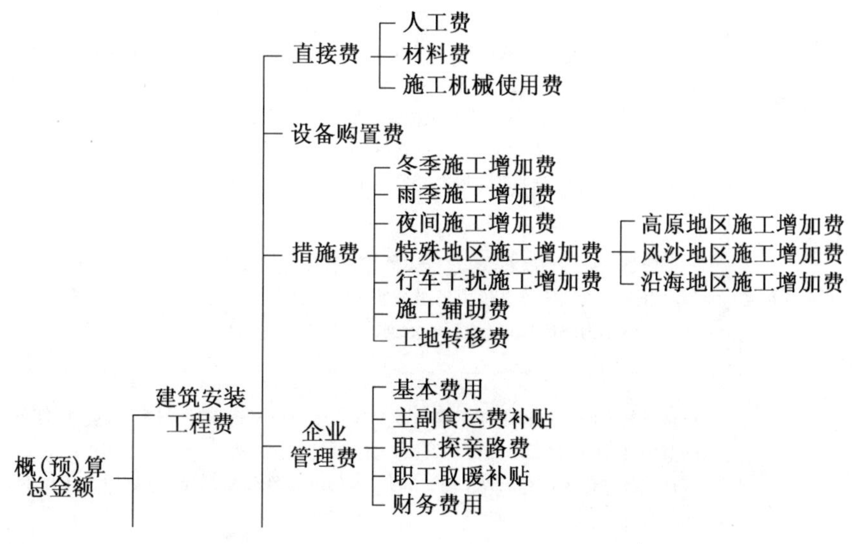

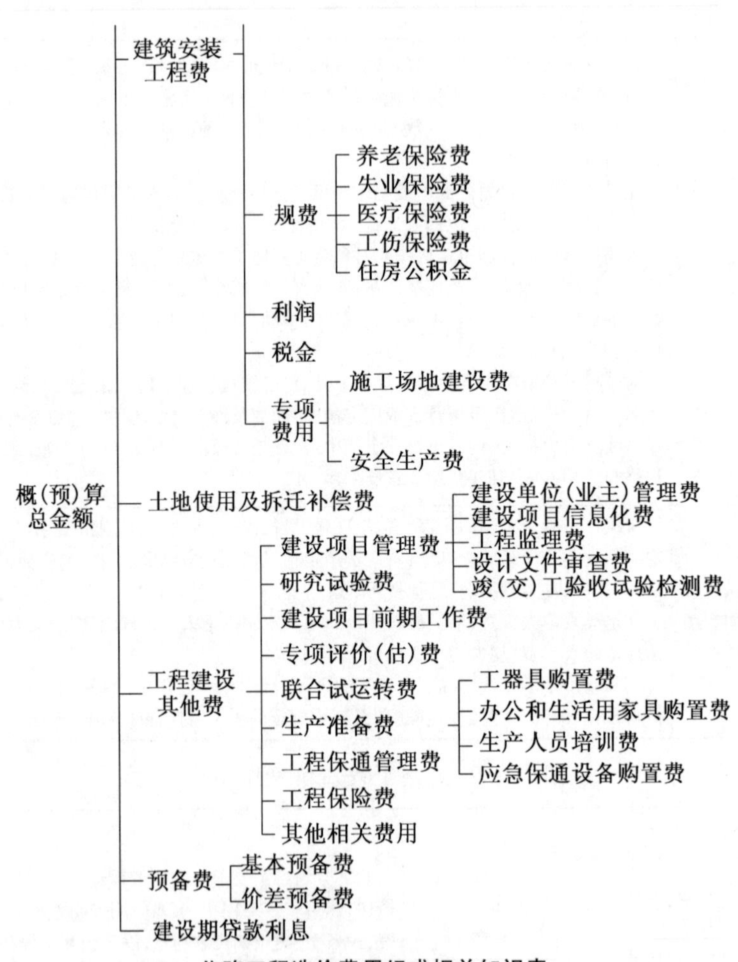

公路工程造价费用组成相关知识表

公路工程造价费用组成的主要内容			
公路工程投资估算或概(预)算总费用			公路工程造价是指公路工程建设项目从筹建到竣工验收交付使用所需的全部费用。 公路工程造价文件泛指项目建议书、工程可行性研究、初步设计、施工图设计、招标、施工、交工、竣工等各阶段造价类文件的统称,包括投资估算、设计概算、施工图预算、工程量清单、工程量清单预算、合同工程量清单、计量支付、工程变更费用、造价管理台账、工程结算、工程竣工决算等文件。对这些文件的编制统称公路工程造价文件编制
建筑安装工程费	直接费	人工费	人工费是指列入概算、预算定额或估算指标的直接从事建筑安装工程施工的生产工人开支的各项费用。人工工日单价由省级交通运输主管部门制订发布,并适时进行动态调整。人工工日单价仅作为编制概算、预算的依据,不作为施工企业实发工资的依据
		材料费	材料费是指施工过程中耗用的构成工程实体的原材料、辅助材料、构配件、零件、半成品或成品的费用,按工程所在地的材料价格计算的费用。 材料预算价格 =(材料原价 + 运杂费)×(1 + 场外运输损耗率)×(1 + 采购及保管费率)- 包装品回收价值

续上表

<table>
<tr><td rowspan="5">建筑安装工程费</td><td>直接费</td><td>施工机械使用费</td><td>1. 施工机械使用费是指列入概算、预算定额或估算指标的工程机械和工程仪器仪表台班数量，按相应的施工机械台班费用定额计算的费用等。
2. 工程机械使用费：机械台班预算价格应按现行《公路工程机械台班费用定额》计算，机械台班单价由不变费用和可变费用组成。不变费用包括折旧费、检修费、维护费、安拆辅助费等；可变费用包括机上人员人工费、动力燃料费、车船税。可变费用中的人工工日数及动力燃料消耗量，应以机械台班费用定额中的数值为准。台班人工费工日单价同生产工人人工费单价。动力燃料费用则按材料费的计算规定计算。
3. 工程仪器仪表使用费是指机电工程施工作业所发生的仪器仪表使用费，以施工仪器仪表台班耗用量乘以施工仪器仪表台班单价计算。工程仪器仪表台班预算价格应按现行《公路工程机械台班费用定额》计算。台班人工费工日单价同生产工人人工费单价。动力燃料费用则按材料费的计算规定计算。当工程用电为自行发电时，电动机械每千瓦时（度）电的单价可由下述近似公式计算：
$$A = 0.15K/N$$
式中：A——每 kW · h 电单价（元）；
K——发电机组的台班单价（元）；
N——发电机组的总功率（kW）</td></tr>
<tr><td colspan="2">设备购置费</td><td>设备购置费是指为满足公路初期运营、管理需要购置的构成固定资产标准的设备和虽低于固定资产标准但属于设计明确列入设备清单的设备费用。包括渡口设备，隧道照明、消防、通风的动力设备，公路收费、监控、通信、路网运行监测、供配电及照明设备等</td></tr>
<tr><td colspan="2">措施费</td><td>措施费包括冬季施工增加费、雨季施工增加费、夜间施工增加费、特殊地区施工增加费、行车干扰工程施工增加费、施工辅助费、工地转移费。
工程类别划分为 10 项，分别为：土方、石方、运输、路面、隧道、构造物Ⅰ、构造物Ⅱ、构造物Ⅲ、技术复杂大桥和钢材及钢结构。计算措施费时需要根据不同工程类别以定额直接费或定额人工费与定额机械使用费之和为基数乘以相应费率进行计算。
冬季施工增加费 = Σ[（定额人工费 + 定额施工机械使用费）× 冬季施工增加费费率]
雨季施工增加费 = Σ[（定额人工费 + 定额施工机械使用费）× 雨季施工增加费费率]
夜间施工增加费按夜间施工工程项目的定额人工费与定额施工机械使用费之和为基数，乘以相应的夜间施工增加费费率计算。
特殊地区施工增加费包括高原地区施工增加费、风沙地区施工增加费和沿海地区工程施工增加费三项。高原地区施工增加费以各类工程的定额人工费与定额施工机械使用费之和为基数，按工程所在地的海拔高度和工程类别选用费率计算。风沙地区施工增加费以各类工程的人工费和机械使用费之和为基数，根据工程所在地的风沙区划及类型和工程类别选用费率计算。沿海地区工程施工增加费以各类工程的定额人工费和定额施工机械使用费之和为基数乘以选用费率计算。
行车干扰工程施工增加费以受行车影响部分的工程项目的定额人工费和定额施工机械使用费之和为基数，乘以相应费率进行计算。
施工辅助费以各类工程的定额直接费为基数，乘以相应费率进行计算。
工地转移费以各类工程的定额人工费和定额施工机械使用费之和为基数，乘以相应费率计算</td></tr>
<tr><td colspan="2">企业管理费</td><td>企业管理费由基本费用、主副食运费补贴、职工探亲路费、职工取暖补贴和财务费用五项组成</td></tr>
<tr><td colspan="2">规费</td><td>规费是指按法律、法规、规章、规程规定施工企业必须缴纳的费用。
包含：养老保险费、失业保险费、医疗保险费、工伤保险费、住房公积金。
各项规费以各类工程的人工费之和为基数，按国家或工程所在地法律、法规、规章、规程规定的标准计算</td></tr>
</table>

续上表

<table>
<tr><td rowspan="3">建筑安装工程费</td><td>利润</td><td>利润是指施工企业完成所承包工程获得的盈利,按定额直接费及措施费、企业管理费之和的7.42%计算</td></tr>
<tr><td>税金</td><td>税金是指国家税法规定应计入建筑安装工程造价的增值税销项税额。
税金=(直接费+设备购置费+措施费+企业管理费+规费+利润)×9%</td></tr>
<tr><td>专项费用</td><td>专项费用包括施工场地建设费和安全生产费。
1.施工场地建设费包含以下内容:
(1)按照工地建设标准化要求进行承包人驻地、工地试验室建设,钢筋集中加工、混合料集中拌制、构件集中预制等所需的办公、生活居住房屋(包括职工家属房屋及探亲房屋),公用房屋(如广播室、文体活动室、医疗室等)和生产用房屋(如仓库、加工厂、加工棚、发电站、变电站、空压机站、停机棚、值班室等)等费用。
(2)包括场区平整(山岭重丘区的土石方工程除外)、硬化、排水、绿化、标志、污水处理设施、围墙隔离设施等的费用;不包括钢筋加工的机械设备、混合料拌和设备及安拆、预制构件台座、预应力张拉设备、起重及养护设备,以及概算、预算定额中临时工程的费用。
(3)包括以上范围内的各种临时工作便道(包括汽车、人力车道)、人行便道,工地临时用水、用电的水管支线和电线支线,临时构筑物(如水井、水塔等)、其他小型临时设施等的搭设或租赁、维修、拆除、清理的费用;但不包括红线范围内贯通便道、进出场的临时道路,保通便道。
(4)工地试验室所发生的属于固定资产的试验设备和仪器等折旧、维修或租赁费用。
(5)文明施工、职工健康生活的费用。
施工场地建设费以定额建筑安装工程费减去专项费用为基数,按规定的费率以累进办法计算。
2.安全生产费包括完善、改造和维护安全设施设备费用;配备、维护、保养应急救援器材、设备费用;开展重大危险源和事故隐患评估和整改费用;安全生产检查、评价、咨询费用;配备和更新现场作业人员安全防护用品支出;安全生产宣传、教育、培训费用;安全设施及特种设备检测检验费用;施工安全风险评估、应急演练等有关工作及其他与安全生产直接相关的费用。
安全生产费按建筑安装工程费乘以安全生产费费率计算,费率按不少于1.5%计取</td></tr>
<tr><td colspan="2">土地使用及拆迁补偿费</td><td>土地使用及拆迁补偿费内容包含永久占地费、临时占地费、拆迁补偿费、水土保持补偿费、其他费用。
永久占地费包含土地补偿费、征用耕地安置补助费、耕地开垦费、森林植被恢复费、失地农民养老保险费。
临时占地费包括临时征地使用费、复耕费:
1.临时征地使用费是指为满足施工所需的承包人驻地、预制场、拌和场、仓库、加工厂(棚)、堆料场、取弃土场、进出场便道、便桥等所有的临时用地及其附着物的补偿费用。
2.复耕费指临时占用的耕地、鱼塘等,在工程交工后将其恢复到原有标准所发生的费用。
拆迁补偿费指被征用或占用土地的地上、地下的房屋及附属构筑物,公用设施、文物等的拆除、发掘及迁建补偿费,拆迁管理费等。
水土保持补偿费根据国家相关法律、法规规定缴纳。
其他费用为省级人民政府及国务院行政主管部门规定的征地拆迁关费用</td></tr>
<tr><td colspan="2">工程建设其他费</td><td>工程建设其他费用包含建设项目管理费、研究试验费、建设项目前期工作费、专项评价(估)费、联合试运转费、生产准备费、工程保通管理费、工程保险费、其他相关费用。
1.建设项目管理费包含建设单位(业主)管理费、建设项目信息化费、工程监理费、设计文件审查费、竣(交)工验收试验检测费。建设单位(业主)管理费以定额建筑安装工程费为基数,分段选用费率,以累进办法计算。建设项目信息化费以定额建筑安装工程费为基数,分段选用费率,以累进办法计算。建设项目信息化费不足20000元时按20000元计算。建设单位(业主)管理费和工程监理费均为实施建设项目管理的费用,可根据建设单位(业主)和施工监理单位所实际承担的工作内容和工作量统筹使用。设计文件审查费以定额建筑安装工程费为基数,分段选用费率,以累进方法计算。竣(交)工验收试验检测费根据公路等级或桥隧规模选用相应费率计算。</td></tr>
</table>

续上表

工程建设其他费	2. 研究试验费指按照项目特点和有关规定，在建设过程中必须进行的研究和试验所需的费用，以及支付科技成果、专利、先进技术的一次性技术转让费。研究试验费按照设计提出的研究试验内容和要求进行编制。 3. 前期工作费指委托勘察设计、咨询等单位对建设项目进行可行性研究、工程勘察设计、专项设计等，按规定应支付的费用，以定额建筑安装工程费为基数，分段选用费率，以累进办法计算。 4. 专项评价（估）费指依据国家法律、法规规定须进行评价（评估）、咨询，按规定应支付的费用。专项评价（估）费依据委托合同，或参照类似工程已发生的费用进行计列。 5. 联合试运转费指建设项目的机电工程，按照有关规定标准，需要进行整套设备带负荷联合试运转所需的全部费用。不包括应由设备安装工程费中支取的调试的费用。联合试运转费以定额建筑安装工程费为基数，按 0.04% 费率计算。 6. 生产准备费指为保证新建、改扩建项目交付使用后满足正常的运行、管理所发生的工器具购置、办公和生活用家具购置、生产人员培训、保通应急设备购置等费用。工器具购置及应急保通设备购置费应由设计单位列出计划购置的清单（包括规格、型号、数量），计算方法同设备费。办公和生活用家具购置费根据公路路线长度或桥隧规模按相应的指标计算。生产人员培训费按设计定员和 3000 元/人的标准计算。 7. 工程保通管理费指新建或改扩建工程需边施工边维持通车或通航的建设项目，为保证公（铁）路运营安全、船舶航行安全及施工安全而进行交通（公路、航道、铁路）管制、交通（铁路）与船舶疏导所需的费用和媒体、公告等宣传费用及协管人员经费等。工程保通管理费应按设计需要进行列支。 8. 工程保险费指在合同执行期内，施工企业按照合同条款要求办理保险，包括建筑工程一切险和第三方责任险。以建筑安装工程费（不含设备费）为基数，按 0.4% 费率计算。 9. 其他相关费用为省级人民政府及国务院行政主管部门规定的有关公路建设相关的费用，按其相关规定计算
预备费	预备费由基本预备费和价差预备费两部分组成： 1. 基本预备费是指在初步设计和概算、施工图设计和施工图预算、项目建议书和可行性研究报告及投资估算中难以预料的工程和费用。包括： （1）在进行技术设计、施工图设计和施工过程中，在批准的初步设计和概算范围内所增加的工程费用。 （2）在设备订货时，由于规格、型号改变的价差，材料货源变更、运输距离或方式的改变以及因规格不同而代换使用等原因发生的价差。 （3）在项目主管部门组织竣（交）工验收时验收委员会（或小组）为鉴定工程质量必须开挖和修复隐蔽工程的费用。 基本预备费以建筑安装工程费、土地使用及拆迁补偿费、工程建设其他费之和为基数，按下列费率计算： （1）项目建议书投资估算按 11% 计列。 （2）工程可行性研究报告投资估算按 9% 计列。 （3）设计概算按 5% 计列。 （4）修正概算按 4% 计列。 （5）施工图预算按 3% 计列。 2. 价差预备费是指设计文件编制年至工程交工年期间，建筑安装工程费用的人工费、材料费、设备费、施工机械使用费、措施费、企业管理费等由于政策、价格变化可能发生上浮而预留的费用及外资贷款汇率变动部分的费用

续上表

<table>
<tr><td>预备费</td><td colspan="3">(1)计算方法:价差预备费以建筑安装工程费用总额为基数,按设计文件编制年始至建设项目工程交工年终的年数和年工程造价增长率计算。计算公式如下:
$$价差预备费 = P \times [(1+i)^{n-1} - 1]$$
式中:P——建筑安装工程费总额(元);
i——年工程造价增长率(%);
n——设计文件编制年至建设项目开工年 + 建设项目建设期限(年)。
(2)年工程造价增长率按有关部门公布的工程投资价格指数计算。
(3)设计文件编制至工程交工在一年以内的工程,不列此项费用</td></tr>
<tr><td rowspan="20">建设期贷款利息</td><td colspan="3">建设期贷款利息是指工程项目使用的贷款部分在建设期内应计取的贷款利息,包括各种金融机构贷款、建设债券和外汇贷款等利息。
利息计算方法:根据不同的资金来源,分年度投资计算所需支付的利息。
建设期贷款利息 = Σ(上年末付息贷款本息累计 + 本年度付息贷款额 ÷2) × 年利率
公路工程建设各项费用的计算程序及计算方式如下。</td></tr>
<tr><td>序号</td><td>项目</td><td>说明及计算式</td></tr>
<tr><td>(一)</td><td>定额直接费</td><td>Σ人工消耗量 × 人工基价 + Σ(材料消耗量 × 材料基价 + 机械台班消耗量 × 机械台班基价)</td></tr>
<tr><td>(二)</td><td>定额设备购置费</td><td>Σ设备购置数量 × 设备基价</td></tr>
<tr><td>(三)</td><td>直接费</td><td>Σ人工消耗量 × 人工单价 + Σ(材料消耗量 × 材料预算单价 + 机械台班消耗量 × 机械台班预算单价)</td></tr>
<tr><td>(四)</td><td>设备购置费</td><td>Σ设备购置数量 × 预算单价</td></tr>
<tr><td>(五)</td><td>措施费</td><td>(一) × 施工辅助费费率 + 定额人工费和定额施工机械使用费之和 × 其余措施费综合费率</td></tr>
<tr><td>(六)</td><td>企业管理费</td><td>(一) × 企业管理费综合费率</td></tr>
<tr><td>(七)</td><td>规费</td><td>各类工程人工费(含施工机械人工费) × 规费综合费率</td></tr>
<tr><td>(八)</td><td>利润</td><td>[(一) + (五) + (六)] × 利润率</td></tr>
<tr><td>(九)</td><td>税金</td><td>[(三) + (四) + (五) + (六) + (七) + (八)] ×9%</td></tr>
<tr><td>(十)</td><td colspan="2">专项费用</td></tr>
<tr><td></td><td>施工场地建设费</td><td>[(一) + (二 × 40%) + (五) + (六) + (七) + (八) + (九)] × 累进费率</td></tr>
<tr><td></td><td>安全生产费</td><td>建筑安装工程费(不含安全生产费本身) × (≥1.5%)</td></tr>
<tr><td>(十一)</td><td>定额建筑安装工程费</td><td>(一) + (二 ×40%) + (五) + (六) + (七) + (八) + (九) + (十)</td></tr>
<tr><td>(十二)</td><td>建筑安装工程费</td><td>(三) + (四) + (五) + (六) + (七) + (八) + (九) + (十)</td></tr>
<tr><td>(十三)</td><td>土地使用及拆迁补偿费</td><td>按规定计算</td></tr>
<tr><td>(十四)</td><td colspan="2">工程建设其他费</td></tr>
<tr><td></td><td colspan="2">建设项目管理费</td></tr>
<tr><td></td><td>建设单位(业主)管理费</td><td>(十一) × 累进费率</td></tr>
</table>

续上表

建设期贷款利息		建设项目信息化费	(十一)×累进费率
		工程监理费	(十一)×累进费率
		研究试验费	
		设计文件审查费	(十一)×累进费率
		竣(交)工验收试验检测费	按规定计算
	研究试验费		
		建设项目前期工作费	(十一)×累进费率
		研究试验费	
		专项评价(估)费	按规定计算
		联合试运转费	(十一)×费率
		生产准备费	
		工具器购置费	按规定计算
		办公和生活用家具购置费	按规定计算
		生产人员培训费	按规定计算
		应急保通设备购置费	
		工程保通管理费	按规定计算
		工程保险费	[(十二)-(四)]×费率
		其他相关费用	
	(十五)	预备费	
		基本预备费	[(十二)+(十三)+(十四)]×费率
		价差预备费	(十二)×费率
	(十六)	建设期贷款利息	按实际贷款额度及利率计算
	(十七)	公路基本造价	(十二)+(十三)+(十四)+(十五)+(十六)
公路工程造价文件组成	公路工程造价文件由封面及目录、编制说明及全部计算表格组成		

知识点3:公路工程造价编制的一般步骤

考核要求	1. 拟定编制方案、确定编制原则。 2. 现场调查与资料收集。 3. 熟悉设计图纸资料,核对主要工程量。 4. 选择施工方法。 5. 划分工程子目。 6. 摘取工程数量。 7. 计算各项费用	此部分内容主要考核公路工程造价编制的一般步骤和工作内容

公路工程造价编制的一般步骤相关知识表

公路工程造价编制的一般步骤的主要内容	
拟定编制方案、确定编制原则	1. 拟定编制方案。 (1)了解项目建设的基本情况。如建设主管部门对公路建设项目的等级、技术标准、勘察设计和建设期限等各项要求,或勘察设计合同、委托书的规定和要求,以及经批准的前一阶段设计文件,如可行性研究报告或初步设计文件等。 (2)掌握设计意图以及新技术、新结构、新材料的应用情况。通过参与勘察设计过程中的相关技术、业务研讨会和工作任务安排,了解掌握有关设计意图,以及新技术、新结构、新材料的应用情况;开展造价分析、技术经济论证活动;注意配合设计人员做好限额设计,加强工程造价的有效控制。 (3)收集项目筹融资方案和项目实施方案。如项目资本金来源及比例,贷款比例及利息,是否采用 BOT(建设—经营—转让)、PPP(政府和社会资本合作)等方式实施项目等。 (4)拟定现场调查要点,保证现场调查资料全面、真实。工程造价资料的现场调查应与地质勘探和设计人员相互配合,确定提供资料的要求,以确保所收集的基础资料全面、真实、可靠,避免返工。 (5)拟定造价编制工作的时间表。 (6)建立岗位责任制明确分工。 2. 确定编制原则。 公路工程造价的编制,应从建设项目的实际情况出发,遵循下列原则: (1)要根据建设资金的筹资方式、项目特点、具体的施工组织设计和项目实施方案,合理正确地选择、使用工程计价依据。这些因素对工程造价有极其重要的影响,具体体现了项目的差异性。 (2)要严格遵守国家的方针、政策和有关制度,尤其是对工程造价管理的各项规定和要求。前期阶段工程造价的确定要做到有据可依,经济合理。同时,注意克服“长官意志”的影响和干扰,要实事求是。 (3)要遵循价值规律的客观要求,结合建设项目的实际情况与市场行情,从实际出发,采用先进合理的施工方法,既要把投资打足,也不要宽打窄用,或有意扩大风险因素,以免造成建设资金的积压或浪费。 (4)要贯彻国家的技术政策、行业规定,做到技术先进、经济合理,从而合理确定工程造价,维护建设各方的合法经济权益。 (5)要认真做好造价分析,有步骤、有目的地配合设计人员开展限额设计和优化设计,使设计更加经济合理,从而有效地进行工程造价的控制,以保证建设项目的顺利实施。 (6)造价工程师自始至终应紧密地与设计人员配合,相互信任、谅解,坚持实事求是的精神,这是做好工程造价编制的政治保证
现场调查与资料收集	在编制造价文件之前,造价工程师必须进行现场调查,收集有关资料。 熟悉设计图纸资料与现场调查是公路工程造价编制的两项重要工作。 根据编制公路工程造价的要求,应进行如下各项现场调查并收集相关的资料: 1. 社会条件。 2. 自然条件: (1)地形情况,包括地貌、河流、交通及附近建筑物、构筑物等情况。 (2)土壤地质情况。 (3)水文资料。 (4)气象资料。 3. 技术经济条件: (1)运输道路情况。 (2)建筑材料。 (3)社会运力。 (4)劳务。 (5)用水、用电。 (6)生活资料。 (7)市场行情。 (8)筹资方式。 (9)实施方案。 (10)征地、拆迁。 (11)临时工程。 (12)其他,如沿线文物、管线交叉方案等

续上表

<table>
<tr><td>熟悉设计图纸资料,核对主要工程量</td><td colspan="2">设计图纸是计算工程量的主要依据。在编制公路工程造价之前,应熟悉设计图纸资料和文字说明,了解设计意图和工程全貌。核对主要工程量时应注意的有关事项简要叙述如下:
1. 要按照现行《公路工程建设项目设计文件编制办法》规定,对建设项目必有的图表资料进行清点,资料如有短缺,要查明落实,以免漏项。
2. 核对各种图纸,如构造物的平面、立面、结构大样图等,相互之间是否有矛盾和错误,各部尺寸、高程等是否彼此对口,文字说明是否有含糊不清等情况。凡影响到计价的项目都要核对清楚。
3. 图与表所反映的工程量是否一致,小计、总计是否相符,都应进行核对;图与图上的文字说明存在相互矛盾的,要提请设计人员予以纠正、澄清。
4. 各种设计工程量的分部分项工程名称、计量单位,应符合采用的计价定额标准的要求,若不相符时,要进行调整、修正。
5. 对工程造价影响较大的关键部位或量大价高的工程量,必要时应重新进行复核计算,以验证是否计算正确。
6. 当个别工程量超出一般常规情况时,如钻孔灌注桩,一般每立方米混凝土的含钢筋量在90kg左右,若图表上所反映的数字出入较大或在工程质量上超出国家施工技术规范规定的要求等时,都应进行分析研究,并将情况反馈给设计人员,予以处理。
7. 在熟悉设计图纸资料和核对工程量的过程中,要结合过去的历史工程造价资料和新建工程的实际情况,如路面的结构形式、圬工类别等,重点分析施工的可能性和经济的合理性,据此向设计人员提出建议,使设计更加经济合理。
8. 对国家颁发的各种设计图集也要进行必要的熟悉。一般标准图集的规定具体不一定全部体现在设计图纸中,但往往又是作为计价的依据。同时又可相互比较作为参考,便于发现问题</td></tr>
<tr><td rowspan="3">选择施工方法</td><td>路基施工方法的选择</td><td>路基工程中土石方工程量很大,采用不同的施工方法,人工、机械消耗数量差异很大。目前,高等级公路为了满足施工质量和工期要求一般都是采用机械施工,而低等级公路多采用人工机械组合施工。在机械施工中,定额的选择主要是按作业种类和各种机械经济运距合理选择机械类型。运距不是选择机械的唯一标准,例如铲运机适用于大规模的土方转运,且土质较为松软,所以并不是适用所有地区。
根据运输距离选择机械:
推土机:0~100m;铲运机:100~600m;
装载机+自卸汽车:>600m;挖掘机+自卸汽车:>600m;
手扶拖拉机、翻斗车:100~500m</td></tr>
<tr><td>路面施工方法的选择</td><td>路面基层施工主要采用路拌或厂拌法施工,根据道路等级的不同、材料类型、结构层位来选择拌和工艺和摊铺工艺。二级及以上等级公路一般宜选择集中厂拌、摊铺机摊铺。
常用的高级路面面层结构包括沥青混凝土路面和水泥混凝土路面,其中沥青混凝土路面主要的施工方法是热拌热铺,沥青混凝土集中拌和;目前通常采用的水泥混凝土面层铺筑的技术方法有:小型机具铺筑、滑模摊铺机铺筑、三辊轴机组摊铺、碾压水泥混凝土等。水泥混凝土路面施工应根据图纸、机械设备、施工条件及摊铺方式拟定具体的施工方案,滑模摊铺机铺筑工程质量最高、施工速度最快,因此在高等级公路水泥混凝土路面施工中广泛采用</td></tr>
<tr><td>构造物施工方法的选择</td><td>公路工程构造物是指路基土石方和路面工程以外的桥梁、涵洞、隧道、防护、排水工程等。由于构造物的种类多,结构各异,所以其施工方法也各不相同。在造价文件编制时定额选择一定要对应相应构造物的具体施工方法,而这些方法应在日常工作中不断积累、总结。具体施工方法可参见第五章相关内容</td></tr>
<tr><td>划分工程项目</td><td colspan="2">项目表(费用项目清单)是在公路设计和管理过程中以实践经验为基础拟定的工程或费用的明细清单,该清单基本按照单位工程、单项工程、分部工程、分项工程、结构构件、部位等划分方法以部、项、目、节、细目为层级,逐级展开。各分项也是逐级编码,编码原则为部(1位数)、项(2位数)、目(2位数)、节(2位数)、细目(2位数)组成,各类工程的常用项目表在编制办法的附录B中列出,已列的项目表的编码和项目名称不能随意修改,根据项目的实际情况选择需要的项目。当编制办法中列出的项目表内容不能满足工作需要,可结合项目建设阶段的工作深度和管理要求,灵活增加项目表,新增项目的编码原则按照编制办法的相关规定进行</td></tr>
</table>

续上表

<table>
<tr><td rowspan="6">计算各项费用</td><td>建安工程费的计算确定</td><td>1. 确定费率标准。
2. 确定单价文件,包括:人工费单价的确定、材料预算单价的计算、机械台班单价计算。
3. 直接费计算。
直接费 = Σ(人工消耗量 × 人工单价) + Σ(材料消耗量 × 材料预算单价) + Σ(机械台班消耗量 × 机械台班预算单价)
4. 设备购置费计算。
设备购置费 = Σ(设备购置数量 × 预算单价)
5. 措施费、企业管理费、规费、利润、税金计算。
6. 专项费用计算</td></tr>
<tr><td>土地使用及拆迁补偿费计算</td><td>具体计算原则见编制办法</td></tr>
<tr><td>工程建设其他费用计算</td><td>具体计算原则见编制办法</td></tr>
<tr><td>预备费及建设期贷款利息计算</td><td>1. 预备费的计算。
(1)基本预备费:以建筑安装工程费、土地使用及拆迁补偿费、工程建设其他费之和为基数,按下列费率计算:
项目建议书投资估算 11%
工程可行性研究投资估算 9%
设计概算 5%
修正概算 4%
施工图预算 3%
(2)价差预备费
$$价差预备费 = P \times [(1+i)^{n-1} - 1]$$
式中:P——建筑安装工程费总额;
i——年工程造价涨率(%);
n——设计文件编制至项目建设开工年 + 项目建设期限(年)。
2. 建设期贷款利息计算。
建设期贷款利息 = Σ(上年末付息贷款本息累计 + 本年度付息贷款额 ÷ 2) × 年利率</td></tr>
<tr><td>编写编制说明</td><td>具体编写内容见编制办法</td></tr>
</table>

1. 某二级公路建筑安装工程费为 36280 万元,定额建筑安装工程费为 30000 万元,建设单位管理费的费率如下表所示。则建设单位管理费为(　　)元。

取费基数(万元)	费率(%)	取费基数(万元)	费率(%)
500 及以下	4.858	5000 ~ 10000	2.562
500 ~ 1000	3.813	10000 ~ 30000	2.125
1000 ~ 5000	3.049	30000 ~ 50000	1.773

A. 637.5　　B. 531.9　　C. 718.415　　D. 839.333

答案:D

【解析】 500×4.858% =24.29

24.29 +(1000 -500)×3.813% =43.355

43.355 +(5000 -1000)×3.049% =165.315

165.315 +(10000 -5000)×2.562% =293.415

293.415 +(30000 -10000)×2.125% =718.415

718.415 +6280×1.773% =839.333

2. 某路面工程定额人工费为 59842 元,预算采用的人工费为 62834 元,材料费定额价为 114537 元,材料费预算价为 120566 元,定额施工机械使用费为 83334 元,预算采用的施工机械使用费为 87500 元,无设备购置费,施工场地建设费不计,冬季施工增加费费率 0.073%,雨季施工增加费费率 1.093%,施工辅助费费率 0.818%,工地转移费费率 0.435%,企业管理费费率 3.078%,规费费率为 41.6%,利润率 7.42%,税率为 9%。该项目的建筑安装工程费为(　　)元。

A. 366843　　B. 359055　　C. 354746　　D. 339548

答案:B

【解析】 建筑安装工程费 = 直接费 + 设备购置费 + 措施费 + 企业管理费 + 规费 + 利润 + 税金 + 专项费用;

直接费 = 人工费 + 材料费 + 施工机械使用费 =62834 +120566 +87500 =270900 元;

设备购置费无;

冬季施工增加费 =(定额人工费 + 定额施工机械使用费)× 冬季施工增加费费率 =(59842 +83334)×0.073% =104.52 元;

雨季施工增加费 =(定额人工费 + 定额施工机械使用费)× 雨季施工增加费费率 =(59842 +83334)×1.093% =1564.91(元);

施工辅助费 = 定额直接费 × 施工辅助费费率 =(59842 +114537 +83334)×0.818% =2108.09(元);

工地转移费 =(定额人工费 + 定额施工机械使用费)× 工地转移费费率 =(59842 +83334)×0.435% =622.82(元);

措施费 = 冬季施工增加费 + 雨季施工增加费 + 夜间施工增加费 + 特殊地区施工增加费 + 行车干扰施工增加费 + 施工辅助费 + 工地转移费 =104.52 +1564.91 +2108.09 +622.82 =4400.34(元);

企业管理费 = 定额直接费 × 企业管理费费率 =(59842 +114537 +83334)×3.078% =7932.41(元);

规费 = 人工费 × 规费费率 =62834×41.6% =26138.94(元);

利润 =(定额直接费 + 措施费 + 企业管理费)× 利润率 =(59842 +114537 +83334 +4400.34 +7932.41)×7.42% =20037.39(元);

税金 =(直接费 + 设备购置费 + 措施费 + 企业管理费 + 规费 + 利润)× 税率 =(62834 +120566 +87500 +4400.34 +7932.41 +26138.94 +20037.39)×9% =29646.82(元);

建筑安装工程费=直接费+设备购置费+措施费+企业管理费+规费+利润+税金+专项费用=270900+4400.34+7932.41+26138.94+20037.39+29646.82=359055.92(元)。

本节习题

Ⅰ.单项选择题

1.经批准后的(　　)是建设项目投资的最高限额。

A.投资估算　B.设计概算　C.施工图预算　D.招标控制价

2.公路工程估算、概算和预算编制办法是(　　),编制估算、概算和预算时要按照此标准执行,使用时应结合补充规定。

A.行业内强制性标准　B.国家强制性标准

C.国家标准　D.企业标准

3.(　　)是编制预算定额的基础,一般不作为工程造价编制的依据。

A.预算定额　B.施工定额　C.概算定额　D.估算指标

4.关于公路工程估算、概算预算编制办法的使用,以下说法错误的是(　　)。

A.公路工程估算、概算预算编制办法是行业内强制性标准

B.由于新的技术、材料、工艺、政策、法规的实行,国家、行业或地方会陆续推出一些补充规定,使用时应结合补充规定

C.编制清单预算是市场行为,可以不执行概算预算编制办法

D.清单预算是施工图预算的另一种表现形式,同样要严格遵守概算预算编制办法

5.下列哪种定额的综合程度最高(　　)。

A.施工定额　B.预算定额　C.概算定额　D.估算指标

6.供抽换定额中混凝土强度等级、砂浆强度等级时使用的混凝土、砂浆配合比表,编制补充定额时所需的统一规定,如材料的周转次数、规格、单位质量、代号、基价等,体现在预算定额的(　　)中。

A.总说明　B.章节说明　C.定额表　D.附录

7.公路工程施工机械每台(艘)班一般按(　　)h计算。

A.6　B.8　C.9　D.10

8.潜水设备每台班按(　　)h计算。

A.6　B.7　C.8　D.10

9.公路工程造价是指从(　　)到(　　)所需的全部费用。

A.设计、交工　B.立项、交工

C.筹建、竣工验收交付使用　D.立项、竣工验收

10.某施工标段合格水泥原价每吨380元,运杂费每吨20元,场外运输损耗率1%,采购及保管费率为2.06%,每吨水泥袋包装回收为5元,那么该标段所用水泥的预算价格(　　)元/吨。

A.412.32　B.407.32　C.417　D.407

11.已知《公路工程预算定额》桥涵工程中"干处埋设钢护筒"定额的定额单位为1t,20t以

内汽车式起重机定额消耗为 0.14 台班，其折旧费为 236.62 元/台班，检修费 152.3 元/台班，维护费 320.44 元/台班，人工消耗量为 2 工日/台班，柴油消耗量为 38.55kg，定额柴油单价 7.44 元/kg，定额人工费为 106.28 元/工日。试计算每埋设 1t 钢护筒需要 20t 以内汽车式起重机的定额基价为（　　）元。

A. 169.22　　B. 1208.73　　C. 115.23　　D. 823.08

12. 建筑安装工程费中除（　　）外，其他均按"价税分离"计价规则计算。

A. 直接费　　B. 专项费用　　C. 措施费　　D. 设备购置费

13.《公路工程建设项目概算预算编制办法》规定，下列不属于直接费的有（　　）。

A. 施工作业生产工人的福利费　　B. 材料的检验试验费

C. 材料的采购及保管费　　D. 小型机具使用费

14. 下列关于设备购置费的说法正确的是（　　）。

A. 设备购置费包括需要安装设备的安装工程费

B. 定额设备购置费的 40% 计入定额建筑安装工程费中

C. 设备购置费包括隧道照明、消防、通风的动力设备，公路收费、监控、通信、路网运行监测、供配电及照明设备，不包括渡口设备

D. 设备购置费列出的计划购置清单只需要包括设备的名称、数量

15. 某项目施工图预算中浆砌片石边沟套用《公路工程预算定额》路基工程中"1-3-3-1 浆砌片石边沟、排水沟"定额，定额单位为 $10m^3$。其计算结果为每施工 $10m^3$ 浆砌片石边沟需要消耗定额人工费 701 元，定额材料费 1460 元，定额施工机械使用费 67 元，施工辅助费费率为 1.201%。试计算每 $1m^3$ 浆砌片石边沟的施工辅助费（　　）元。

A. 0.92　　B. 2.68　　C. 9.22　　D. 26.76

16. 文明施工、职工健康生活的费用属于（　　）。

A. 企业管理费　　B. 措施费

C. 施工场地建设费　　D. 施工辅助费

17. 编制概（预）算时，安全生产费的计算基数是（　　）。

A. 建筑安装工程费　　B. 直接费 + 措施费

C. 定额建筑安装工程费　　D. 定额直接费 + 措施费

18. 安全生产费按建筑安装工程费乘以安全生产费费率计算，费率按不少于（　　）计取。

A. 1%　　B. 1.5%　　C. 2%　　D. 2.5%

19. 税金指国家税法规定应计入建筑安装工程造价的增值税销项税额，现行公路工程税率为（　　）。

A. 7.42%　　B. 9%　　C. 10%　　D. 11%

20. 某工程贷款 60000 万元，建设期 3 年，第一年贷款 30000 万元，第二年贷款 20000 万元，第三年贷款 10000 万元，贷款年利率 4.09%，则建设期贷款利息为（　　）。

A. 4607.13 万元　　B. 4617.13 万元　　C. 4507.13 万元　　D. 4517.13 万元

21. 按法律、法规、规章、规程规定施工企业必须缴纳的费用是（　　）。

A. 规费　　B. 直接费　　C. 间接费　　D. 企业管理费

22. 现行《公路工程建设项目概算预算编制办法》中，规定施工场地建设费的取费基数是

( )。

A. 定额建筑安装工程费减去专项费用

B. 建筑安装工程费减去设备购置费和专项费用

C. 定额建筑安装工程费

D. 建筑安装工程费

23. 某高速公路工程施工图预算定额直接费 34886 万元,预算直接费 38762 万元,措施费 3516 万元,企业管理费 1721 万元,规费 1568 万元,利润 2977 万元,税金 4369 万元,安全生产费 794 万元,施工场地建设费费率如下表所示,则本项目的施工场地建设费为( )万元。

施工场地计费基数(万元)	费率(%)	施工场地计费基数(万元)	费率(万元)
500 及以下	5.338	5000～10000	2.222
500～1000	4.228	10000～30000	1.785
1000～5000	2.665	30000～50000	1.694

A. 1349　　B. 945　　C. 1452　　D. 1431

24. 某项目施工图预算采用的人工费为 62834 元,材料费定额价为 114537 元,材料费预算价为 120566 元,定额施工机械使用费为 83334 元,预算采用的施工机械使用费为 87500 元,设备购置费为 131764 元,施工场地建设费及安全生产费不计,措施费为 4400.34 元,企业管理费为 7932.41 元,规费为 26138.94 元,利润为 20037.39 元,税金为 41505.6 元。则该项目应缴纳的工程保险费为( )元。

A. 2010.71　　B. 1483.66　　C. 1969.93　　D. 1442.88

25. 现行公路工程概算预算造价文件中,甲组文件内容包括( )。

A. 材料预算单价计算表

B. 总概(预)算人工、主要材料、施工机械台班数量汇总表

C. 施工机械台班单价计算表

D. 辅助生产人工、材料、施工机械台班单位数量表

26. 公路工程中每昼夜按一个台班计算的是( )。

A. 潜水设备　　B. 挖掘机

C. 变压器和配电设备　　D. 路面摊铺机

27.《公路工程预算定额》中,隧道工程洞内作业每个工日按( )h 计。

A. 6　　B. 7　　C. 8　　D. 6.5

28. 施工机械台班单价中的可变费用,不包括( )。

A. 机上人员人工费　　B. 动力燃料费

C. 车船使用税　　D. 安装拆卸及辅助设施费

29. 编制公路工程概算时,规费的计算基数是( )。

A. 人工费　　B. 定额人工费

C. 直接费　　D. 人工费与机械使用费之和

30. 关于工程量清单,下列说法错误的是( )。

A. 清单所列工程数量是估算的或按设计数量确定

B. 清单所列工程数量仅作为投标的共同基础

C. 清单所列工程数量是最终结算和支付的依据

D. 清单所列工程数量不能作为最终结算和支付的依据

31. 在编制造价文件时,措施费中以定额直接费为计算基数的是(　　)。

A. 冬雨季施工增加费　　B. 施工辅助费

C. 职工取暖补贴　　D. 工地转移费

32. 按我国现行规定,公路工程各项费用中的直接费由(　　)组成。

A. 人工费、施工管理费、施工机械使用费

B. 人工费、材料费、计划利润

C. 人工费、材料费、施工机械使用费

D. 人工费、材料费、施工管理费

33. 桥梁钻孔桩基础的桩基检测费用属于(　　)。

A. 施工辅助费　　B. 企业管理费

C. 临时设施费　　D. 竣(交)工验收试验检测费

34. 下列关于施工辅助费的说法正确的是(　　)。

A. 施工监控费含在施工辅助费中,不得另行计算

B. 施工辅助费不包含支付给生产工人自备工具的补贴费

C. 施工辅助费以各类工程的定额人工费和定额施工机械使用费之和为基数,乘以相应费率进行计算

D. 不包含施工企业对建筑材料、构件和建筑安装工程进行一般鉴定、检查所发生的费用

35. 按我国现行规定,下列(　　)属于现行公路措施费项目。

A. 材料采购及保管费　　B. 冬、雨季施工增加费

C. 施工机械维修费　　D. 规费

36. 建设项目工程招标管理费应计入 (　　)。

A. 建设单位管理费　　B. 勘察设计费

C. 基本费用　　D. 企业管理费

37. 建设期贷款利息是指(　　)。

A. 建设项目贷款总额的全部利息

B. 建设项目贷款总额的全部利息中在建设期内应归还的贷款利息

C. 建设期内所贷款项的全部利息

D. 建设期内所贷款项的全部利息中在建设期内应计取的贷款利息

38. 编制公路工程施工图预算时,以下关于利润的计算公式正确的是(　　)。

A. 利润 = (定额直接费 + 措施费 + 企业管理费 + 专项费用) × 利润率

B. 利润 = (直接费 + 措施费 + 企业管理费 + 专项费用) × 利润率

C. 利润 = (定额直接费 + 措施费 + 企业管理费) × 利润率

D. 利润 = (直接费 + 措施费 + 企业管理费) × 利润率

39. 某高速公路工程主线长度 50km,路基宽 24.5m,设计速度 80km/h,双向四车道,其中

预应力混凝土T形梁桥长1.8km,预应力混凝土箱梁桥长2.4km,刚构桥共5座长3.185km,匝道桥长1.2km,隧道双洞共5座长7.5km,连接线长5km,取费标准见下表。项目竣交工验收检测费用为( )元。

检测项目			竣(交)工验收试验检测费	备注
道路工程(元/km)		高速公路	23500	包括路基、路面、涵洞、通道、路段安全设施和机电、房建、绿化、环境保护及其他工程
		一级公路	17000	
		二级公路	11500	
		三级及三级以下公路	5750	
桥梁工程	一般桥梁(元/延米)	—	40	包括桥梁范围内的所有土建、安全设施和机电、声屏障等环境保护工程及必要的动(静)载试验
	技术复杂桥梁(元/延米)	钢管拱	750	
		连续刚构	500	
		斜拉桥	600	
		悬索桥	560	
隧道工程(元/延米)		单洞	80	包括隧道范围内的所有土建、安全设施、机电、消防设施等

A. 827611　　B. 829971.5　　C. 1177409　　D. 1178009

40. 编制公路工程施工图预算时,以下关于工程保险费的计算公式正确的是( )。

A. 工程保险费 =(定额建筑安装工程费 - 设备费) ×0.4%

B. 工程保险费 = 定额建筑安装工程费 ×0.4%

C. 工程保险费 =(建筑安装工程费 - 设备费) ×0.4%

D. 工程保险费 = 建筑安装工程费 ×0.4%

41. 公路工程可行性研究报告投资估算的基本预备费按( )计列。

A. 3%　　B. 5%　　C. 7%　　D. 9%

42. 公路工程造价编制的一般步骤和工作内容有:①拟订编制方案;②选择施工方法;③现场调查与资料收集;④划分工程子目;⑤熟悉设计图纸资料,核对主要工程量;⑥计算各项费用;⑦摘取工程数量。以下选项中排序正确的是( )。

A. ① - ③ - ⑤ - ④ - ⑦ - ② - ⑥　　B. ① - ③ - ⑤ - ② - ④ - ⑦ - ⑥

C. ③ - ① - ⑤ - ② - ④ - ⑦ - ⑥　　D. ③ - ① - ⑤ - ④ - ⑦ - ② - ⑥

43. ( )是完成工程造价编制工作的重要手段。

A. 公路工程定额　　B. 确定工程造价编制原则

C. 编制说明　　D. 概预算编制办法

44. 熟悉( )与现场调查是公路工程造价编制的两项重要工作。

A. 设计图纸资料　　B. 市场行情

C. 筹资方式　　D. 技术经济条件

45. 根据编制公路工程造价的要求,应现场调查并搜集相关的资料。其中,对建设工程所在地的政治、历史、风情、风俗以及社会、经济的发展情况应进行必要的调查了解,并对建设工程的顺利实施有着极其重要影响的是(　　)。

A. 社会条件　　B. 自然条件

C. 技术经济条件　　D. 参与造价工作人员的工作条件

46. (　　)是编好工程造价的一个重要工作环节和必要手段。

A. 现场调查与资料收集　　B. 熟悉设计图纸资料,核对主要工程量

C. 拟订编制方案　　D. 摘取工程数量

47. 编制造价文件经济调查时,(　　)均要进行调查,以便采取必要的工程措施。

A. 障碍物　　B. 所有建筑物、树木

C. 地面以上的建筑物　　D. 地面以下的水管、电缆

48. 临时电力线路的长度是(　　)。

A. 从变压器到接线处的电力干线长度　　B. 从拌和场到接线处的长度

C. 从施工现场到接线处的长度　　D. 从驻地到接线处的长度

49. 推土机的经济运距为(　　)。

A. 100m 以内　　B. 70 ~ 200m　　C. 80 ~ 300m　　D. 100 ~ 500m

50. 在编制工程造价时,路基工程采用机械施工,砍树、挖根宜选择(　　)。

A. 挖掘机　　B. 推土机　　C. 铲运机　　D. 手扶拖拉机

51. 某路基工程土方项目,利用土方运距 550m,宜选择(　　)更经济合理。

A. 铲运机　　B. 翻斗车

C. 装载机 + 自卸汽车　　D. 挖掘机 + 自卸汽车

52. 路面施工方法的选择应结合公路的技术等级、工程规模、(　　)和工期的要求及造价进行综合分析。

A. 机械效率　　B. 工程质量　　C. 路面结构　　D. 施工组织

53. 从编制概算、预算的角度考虑,工程量可以划分为两类:主体工程工程量和(　　)。

A. 附属工程工程量　　B. 临时工程工程量

C. 辅助工程工程量　　D. 其他工程工程量

54. 某高速公路工程清单预算中路面工程上面层采用 4cm 细粒式沥青混凝土 15000m^2,下面层采用 6cm 中粒式沥青混凝土 15000m^2,人工单价 106.28 元/工日,上面层混合料铺筑采用的定额编号为 2-2-14-17,定额单位为 1000m^3 路面实体,人工消耗量为 29.3 工日;下面层混合料铺筑采用的定额编号为 2-2-14-16,定额单位为 1000m^3 路面实体,人工消耗量为 28 工日。此路面工程中人工费(　　)元。

A. 4546700　　B. 4546.7　　C. 91347660　　D. 91347.66

55. 某高速公路工程清单预算中路面工程上面层采用 4cm 细粒式沥青混凝土 15000m^2,上面层混合料拌和采用的定额编号为 2-2-11-17,定额单位为 1000m^3 路面实体,石油沥青消耗量为 123.161t,矿粉消耗量为 85.21t,路面用石屑消耗量为 402.6m^3,路面用碎石(1.5cm)消耗量为 1103.61m^3;石油沥青单价 4529.91 元/t,矿粉单价 155.34 元/t,路面用石屑单价 106.8 元/m^3,路面用碎石(1.5cm)单价 94.17 元/m^3。此路面工程中材料费(　　)元。

A. 430841640　　B. 430841.64　　C. 10771041010　　D. 10771041.01

56. 公路工程估算、概算预算文件由封面、扉页、目录、编制说明及(　　)组成。

A. 全部计算表　　B. 各项基础数据计算表

C. 各项费用计算表　　D. 甲组文件和乙组文件

57. (　　)不属于公路工程概预算造价文件甲组文件内容。

A. 编制说明　　B. 综合费率计算表

C. 建筑安装工程计算表　　D. 材料预算单价计算表

58. 编制公路工程概预算造价文件时,第一、二、三、四、五部分和"项"的序号及内容应保留不变,(　　)以下缺少的项目及序号不保留。

A. 项　　B. 目　　C. 节　　D. 细目

59. 概(预)算编制说明中应叙述的内容不包括(　　)。

A. 建设项目设计资料的依据、编制范围、工程概况

B. 采用的定额、费用标准

C. 有关的协议书、会议纪要的主要内容

D. 工程施工组织设计

60. 建筑安装工程费除(　　)外,其他均按"价税分离"原则计算。

A. 企业管理费　　B. 规费　　C. 专项费用　　D. 安全生产费

61. 建筑安装工程费、直接费、人工费、材料费、机械使用费、设备购置费等前面冠以"定额"二字,说法正确的是(　　)。

A. 规范完整的名称

B. 人工、材料、设备单价按当地主管部门发布的价格计算,作为有关费用的取费基数

C. 人工、材料、设备单价按定额基价计算,作为有关费用的取费基数

D. 人工、材料、设备单价按市场调查计算,作为有关费用的取费基数

62. 定额建筑安装工程费的计算是(　　)。

A. 定额直接费 + 定额设备购置费 + 措施费 + 企业管理费 + 规费 + 利润 + 税金 + 专项费用

B. 定额直接费 + 定额设备购置费 ×40% + 措施费 + 企业管理费 + 规费 + 利润 + 税金 + 专项费用

C. 定额直接费 + 定额设备购置费 + 措施费 + 企业管理费 + 规费 + 利润 + 税金

D. 定额直接费 + 定额设备购置费 ×40% + 措施费 + 企业管理费 + 规费 + 利润 + 税金

63. 公路工程造价文件中人工费是指(　　)。

A. 列入概算、预算定额的直接从事建筑安装工程施工的生产工人开支的各项费用

B. 施工现场所有人员的工资性费用

C. 施工现场与建筑安装施工直接有关的人员的工资性费用

D. 施工单位给直接从事建筑安装施工的生产工人的工资

64. 下列不属于直接费的是(　　)。

A. 施工作业生产工人的福利费　　B. 材料的检验试验费

C. 材料的采购及保管费　　D. 小型机具使用费

65. 计算材料预算单价时,材料运输费中汽车平均运距不得乘以调整系数,也不得在仓库

或堆料场之外再加场内运距或二次倒运的运距，这是因为( )。

A. 对造价影响较小　　B. 定额中已综合考虑

C. 难以计算　　D. 环保要求

66. 关于材料的采购及保管费以下说法正确的是( )。

A. 材料采购及保管费以材料原价为基数乘以采购及保管费率计算

B. 商品混合料不计采购及保管费

C. 除燃料、爆破材料外，其他材料的采购及保管费率相同

D. 材料及保管费率按实际调查情况确定

67. 一工地采用自发电，发电机功率为100kW，发电机组一个台班价格为1000元，则其自发电电价应该是( )。

A. 1.5 元/(kW·h)　　B. 0.8 元/(kW·h)

C. 0.95 元/(kW·h)　　D. 1.0 元/(kW·h)

68. 概(预)算文件中，对于措施费、企业管理费的取费工程类别，以下说法正确的是( )。

A. 路面工程不包括隧道路面和桥面铺装

B. 隧道土建工程不含隧道的钢材及钢结构

C. 构造物Ⅰ中交通安全设施包括金属标志、防撞钢护栏、防眩板(网)、隔离栅、防护网等

D. 构造物Ⅱ中特大桥工程包括技术复杂大桥

69. 编制概(预)算时，关于措施费的计算，下面说法正确的是( )。

A. 不在冬天、雨季施工时，不计冬天施工增加费、雨季施工增加费

B. 根据设计、施工技术规范和合理的施工组织要求，必须在夜间施工或必须昼夜连续施工，才计算夜间施工增加费

C. 工地转移距离在50km以内时，不计工地转移费

D. 行车干扰费针对所有工程类别

70. 高填方和软基沉降观测、高边坡稳定监测、桥梁施工监测、隧道施工监控量测、超前地质预报等施工监控费属于( )。

A. 研究试验费　　B. 施工辅助费

C. 建设单位(业主)管理费　　D. 工程监理费

71. 施工辅助费的计算基数是( )。

A. 直接费　　B. 定额直接费

C. 定额人工费　　D. 定额人工费+定额机械使用费

72. 工程排污费，即施工现场按规定缴纳的排污费用，属于( )。

A. 企业管理费　　B. 其他工程费　　C. 规费　　D. 环保工程费

73. 编制概(预)算时，高原地区施工增加费是指海拔高度在( )以上的地区施工，由于受气候、气压的影响，致使人工、机械效率降低而增加的费用。

A. 1000m　　B. 1500m　　C. 2000m　　D. 2500m

74. 概(预)算中企业管理费的计算基数是( )。

A. 直接费 B. 定额直接费

C. 定额人工费与定额机械使用费之和 D. 定额直接费与措施费之和

75. 概(预)算中规费的计算基数是( )。

A. 人工费 B. 定额人工费 C. 直接费 D. 定额直接费

76. 编制概(预)算时,施工单位的利润计算基数是( )。

A. 直接费 B. 直接费+措施费+企业管理费

C. 定额直接费+措施费+企业管理费 D. 定额直接费+企业管理费

77. 利润是指施工企业为完成所承包工程获得的盈利,编制概(预)算时按定额直接费及措施费、企业管理费之和的( )计算。

A. 5% B. 6% C. 7% D. 7.42%

78. 桥梁的风洞试验费用属于( )。

A. 研究试验费 B. 建设项目前期工作费用

C. 建设项目管理费 D. 竣(交)工试验检测费

79. 施工单位发生的技术开发费属于( )。

A. 研究试验费 B. 企业管理费 C. 施工辅助费 D. 预备费

80. 根据概(预)算编制办法,按照工地建设标准化要求进行承包人驻地建设、工地试验室建设、钢筋集中加工、混合料集中拌制、构件集中预制等费用属于( )。

A. 临时工程 B. 措施费 C. 场地建设费 D. 施工辅助费

81. 以下不属设备的是( )。

A. 机动车辆 B. 电梯滑轨 C. 电梯 D. 净化工作台

82. 编制概(预)算,以下说法错误的是( )。

A. 设备购置费包括设备原价、运杂费、运输保险费、采购及保管费,各种税费按编制期有关部门规定计算

B. 购买的路基填料、绿化苗木、商品混合料、外购混凝土构件不作为措施费及企业管理费的计算基数

C. 工程类别中隧道是指隧道土建工程,包括隧道的钢材及钢结构

D. 钢材及钢结构工程类别指所有工程的钢材及钢结构等工程

83. 路面定额中采用的油石比如与设计不一致时,定额中的沥青用量( )。

A. 按设计油石比换算 B. 不可以换算

C. 是否换算没有明确规定 D. 按定额油石比计算

84. 编制概算时,定额中混凝土的等级与设计不一致时,定额中材料用量( )。

A. 可以进行调整,但要按定额中的配合比计算

B. 不得进行调整

C. 可以进行调整,但要按设计配合比计算

D. 据实调整

85. 编制隧道工程造价,如洞内工程采用洞外工程定额时,其人工、机械台班消耗及小型机具使用费应乘以调整系数( )。

A. 1.16 B. 1.23 C. 1.26 D. 1.29

86. 定额工程材料消耗量包括:(　　)。
A. 净用量 + 不可避免的操作损耗量 + 场内运输损耗 + 仓储损耗
B. 净用量 + 不可避免的操作损耗量 + 场外运输损耗 + 仓储损耗
C. 净用量 + 不可避免的操作损耗量 + 场内堆放损耗 + 仓储损耗
D. 净用量 + 不可避免的操作损耗量 + 施工操作损耗 + 仓储损耗

87. 机械台班包括可变费和不变费用,以下不包括在机械台班费的是(　　)。
A. 施工机械按规定的大修理间隔台班进行必要的大修理,以恢复其正常功能所需的费用
B. 施工机械在现场进行安装与拆卸所需的人工、材料、机械和试运转费用以及机械辅助设施的折旧、搭设、拆除等费用
C. 机械自管理部门至工地或自某一个工地至另一工地的运杂费
D. 施工机械整体或分体自停放地点运至施工现场或由一施工地点运至另一施工地点的运输、装卸、辅助材料及架线等费用

88. 购买商品混凝土、沥青混凝土等外购料不能作为计算(　　)的基数。
A. 规费 + 企业管理费　　B. 规范 + 措施费
C. 措施费 + 企业管理费　　D. 其他工程费和间接费

89. 应急保通设备购置费属于(　　)。
A. 预备费　　B. 设备购置费　　C. 安装工程费　　D. 生产准备费

90. 不属于建设项目管理费的是(　　)
A. 建设单位管理费　　B. 工程监理费
C. 工程质量监督费　　D. 建设项目信息化费

91. 下列工程保通管理费说法错误的是(　　)。
A. 属于工程建设其他费用　　B. 属于建筑工程安装费
C. 不属于措施费　　D. 不属于规费

92. 基本预备费不包括(　　)。
A. 设备及工器具购置费　　B. 建筑安装工程费用
C. 工程建设其他费用　　D. 材料价格上涨引起的价差

93. 工程排污费属于(　　)。
A. 企业管理费　　B. 措施费　　C. 规费　　D. 直接工程费

94. 不使用累进办法计算的是(　　)。
A. 联合试运转费　　B. 施工场地建设费
C. 工程监理费　　D. 建设单位管理费

95. 施工企业缴纳的城市维护建设税和教育费附加属于(　　)。
A. 企业管理费　　B. 税费　　C. 规费　　D. 直接工程费

Ⅱ. 多项选择题

1. 公路工程实物定额指标是指(　　)。
A.《公路工程预算定额》　　B.《公路工程概算定额》

C.《公路工程估算指标》　　D.《公路工程机械台班费用定额》

E.《公路工程建设项目概算预算编制办法》

2. 公路工程费用定额是指(　　)。

A.《公路工程机械台班费用定额》

B.《公路工程建设项目投资估算编制办法》

C.《公路工程建设项目概算预算编制办法》

D.《公路工程估算指标》

E.《公路工程预算定额》

3. 以下关于公路建设项目估算、概算预算编制办法的说法正确的有(　　)。

A. 不仅是行业标准,同时还是费用指标规范

B. 是施工招投标的工程编制工程标底的重要依据

C. 是施工企业经营管理的重要参考

D. 是施工企业投标报价的重要参考

E. 是编制清单预算的强制性标准

4. 公路建设项目估算、概算、预算编制办法中费用组成是对造价总金额按建筑安装工程费、(　　)进行分解,同时规定每一部分的具体内容。

A. 土地征用及拆迁补偿费　　B. 设备及工具、器具购置费

C. 工程建设其他费　　D. 建设期贷款利息

E. 预备费

5. 公路工程的消耗量定额分为(　　)。

A. 施工定额　　B. 预算定额　　C. 概算定额　　D. 机械台班费用定额

E. 估算指标

6. 预算定额的项目划分桥涵工程根据(　　)等因素划分项目。

A. 工程类别　　B. 材料类别　　C. 结构部位　　D. 施工方法

E. 土质类别

7. 下列关于定额附录的说法正确的是(　　)。

A. 附录是配合定额或指标使用中不可缺少的一个重要组成部分

B. 是定额编制的基础资料

C. 提供抽换定额中混凝土强度等级、砂浆强度等级时使用的混凝土、砂浆配合比表

D. 是编制预算的各种统一规定

E. 提供编制补充预算定额所需的统一规定,如材料周转次数、规格、单位质量、代号、基价等

8. 公路工程定额的费用项目划分为不变费用和可变费用两类,其中可变费用包括(　　)。

A. 检修费　　B. 人工费　　C. 动力燃料费　　D. 维护费

E. 车船使用税

9. 下列关于公路工程机械台班费用定额的说法正确的是(　　)。

A. 施工机械自管理部门至工地或自某一工地至另一工地的运杂费,不包括在机械台班

费用定额中

B. 加油及油料过滤的损耗，在编制机械台班费用定额中的动力消耗量时应予以考虑

C. 由变电设备至机械之间的输电线路电力损失，在编制机械台班费用定额中的动力消耗量时应予以考虑

D. 潜水设备每台班按 6h 计算，变压器和配电设备每昼夜按一个台班计算

E. 公路工程机械台班定额按作业对象将工程施工机械划分为 13 类

10. 以下哪些费用属于机械台班的不变费用(　　)。

A. 折旧费　B. 检修费　C. 维护费　D. 安拆辅助费

E. 人工费

11. 下列关于直接费中人工费的说法正确的是(　　)。

A. 是按计时工资标准和工作时间或对已做工作按计件单价支付给个人的劳动报酬(不含个人应缴纳的养老、失业、医疗保险、工伤保险、住房公积金)

B. 含流动施工津贴、特殊地区施工津贴、高温(寒)作业临时津贴、高空津贴等

C. 含企业为专业技术人员继续教育、职工职业技能鉴定、职业资格认定，以及根据需要对职工进行各类文化教育所发生的费用

D. 含因工伤、探亲假、产假、停工学习、事假等原因支付的工资

E. 包含企业支付的离退休职工的易地安家补助费、职工退休金、6 个月以上的病假人员工资、职工死亡丧葬补助费、抚恤费、按规定支付给离休干部的各项经费

12. 下列关于材料费的说法正确的是(　　)。

A. 材料预算价格由材料原价、运杂费、场外运输损耗、采购及仓库保管费组成

B. 自采的砂、石、黏土等，按定额中开采单价加辅助生产间接费和矿产资源税计算

C. 汽车运输材料的平均运距中不得乘以调整系数，但是可以在工地仓库或堆料厂之外再加场内运距或二次倒运的运距

D. 钢材的采购及保管费费率为 0.75%，燃料、爆破材料为 2.06%，其余材料为 3.26%

E. 机械台班单价由不变费用和可变费用组成，可变费用中的台班人工费与生产工人人工费单价不相同

13. 冬季施工增加费的内容包括(　　)费用。

A. 材料因受潮、受湿的耗损　B. 清除工作地点的冰雪的

C. 为施工机具修建暖棚的　D. 增加防雨、防潮设备的

E. 因施工组织设计确定，需增加的一切保温、加温等有关支出

14. 下列费用中，(　　)属于工程建设其他费用。

A. 建设单位管理费　B. 专项费用　C. 生产准备费　D. 专项评估费

E. 工程保险费

15. 在编制造价文件时，以定额直接费为计算基数的是(　　)。

A. 基本费用　B. 施工辅助费　C. 职工取暖补贴　D. 工地转移费

E. 冬雨季施工增加费

16. 在编制造价文件时，以定额人工费和定额施工机械使用费之和为计算基数的是(　　)。

A. 行车干扰施工增加费　　　　B. 施工辅助费
C. 工地转移费　　　　D. 冬雨季施工增加费
E. 专项费用

17. 在编制概预算时,以下(　　)不包括在施工场地建设费费率中。
A. 山岭重丘区场地平整土石方工程
B. 施工场地内的场地硬化、排水、绿化、标志、污水处理、围墙等
C. 施工场地的办公、生活、生产、公用房屋等
D. 钢筋加工机械设备、混合料的拌和设备及安拆
E. 预制构件台座、预应力张拉设备、超重及养护设备

18. 以下各项的费用属于施工场地建设费的是(　　)。
A. 文明施工、职工健康生活
B. 广播室、文体活动室
C. 山岭重区的场地平整(包括土方工程)
D. 按照工地建设标准化要求进行承包人驻地、工地试验室建设
E. 钢筋集中加工、混合料集中拌制、构件集中预制等所需的办公、生活居住房屋

19. 关于基本预备费的描述,以下正确的是(　　)。
A. 是在进行技术设计、施工图纸设计和施工过程中,在批准的造价范围内所增加的工程费用
B. 是在设备订货时,由于规格、型号改变的价差
C. 是由于一般自然灾害所造成的损失和预防自然灾害所采取的措施费用
D. 是验收委员会为鉴定工程质量必须开挖和修复隐蔽工程的费用
E. 以建筑安装工程费、土地征用及拆迁补偿费、工程建设其他费用之和为基数,修正概算按5%计列

20. 我国现行公路工程建筑安装工程费用中,应计入企业管理费的项目有(　　)。
A. 企业财务费　　　　B. 企业工会经费
C. 脚手架费　　　　D. 企业管理人员劳动保险费
E. 工程排污费

21. 下列费用中,属于公路工程直接工程费中的材料费的有(　　)。
A. 周转性材料摊销
B. 构成工程实体的辅助材料费
C. 对建筑材料进行一般性鉴定检查支出的费用
D. 机械设备的辅助材料费
E. 因冬雨季施工所增加的材料费用

22. 下列费用中属于建设项目前期工作费的有(　　)。
A. 使用林地可行性研究报告编制费
B. 通过风洞试验、地震动参数、桩基承载力试验等为建设项目提供或验证设计数据所需的专题研究费用
C. 设计、监理、施工招标及招标标底文件编制费

D. 调整概算编制费用

E. 文物勘察费

23. 下列费用中属于生产准备费的有(　　)。

A. 工器具购置费　　B. 办公和生活用家具购置费

C. 生产人员培训费　　D. 保通管理费

E. 应急保通设备购置费

24. 以下内容中属于工程造价编制过程中的现场调查与资料收集的是(　　)。

A. 沿线地形、地质、水文、气候等条件的调查

B. 工程所在地的政治、历史、区情、风俗以及社会、经济的发展情况

C. 土壤地质情况。如土壤的类别和性质,不良地质地区的特征,泥石流、滑坡以及地震级别等

D. 对建筑材料进行调查时要根据设计文件所规定的材料规格,结合工程项目实际情况,确定调查的内容,如供应地点、出厂价或市场价、运距、运输方式、运价、装卸费、路况及其他费用等

E. 人工费的单价采用各地的公路(交通)工程定额(造价管理)站统一发布的价格,不需要做其他调查

25. 在编制工程造价之前,造价工程师必须进行现场调查,收集有关资料,进行征地拆迁调查时要全面收集原始资料数据的有(　　)。

A. 电杆要注明与路中心线的交角确定拆迁数量。由于迁移使两端受影响的数量不需计入迁移数量中

B. 需迁移的建筑物要详细注明路线桩号、左右距离

C. 电杆迁移必须注明形式、负荷量、几线等,是木质或钢筋混凝土的

D. 对于树木的调查,必须分清树种、直径、经济林木,不需要调查产量、单价等

E. 对所有拆迁的建筑物必须注明结构形式,材料情况,新、旧程度

26. 在编制工程造价之前,造价工程师在进行现场调查和收集资料的过程中,应取得书面协议文件的有(　　)。

A. 与地方政府就砂石料场的开采使用、运输及取土场、弃土堆的意向协议

B. 拆建建筑物、构筑物与物主协商的处理方案

C. 施工用水协议

D. 当地环境保护对公路建设工程的特殊要求

E. 施工中利用电网供电的协议

27. 临时汽车便桥是为修建汽车便道而必做相应配套修建的便桥及桥梁施工时,材料、机械设备过河需修建的汽车便桥,便桥的高度与长度按(　　)确定。

A. 设计图纸　　B. 施工现场实际情况

C. 工期安排　　D. 施工组织设计

E. 运输需求

28. 在编制工程造价之前造价工程师应熟悉设计图纸,核对主要工程量,以下关于核对主要工程量时应注意的相关事项简述正确的是(　　)。

A. 核对各种图纸,如构造物的平面、立面、结构大样图等,相互之间是否有矛盾和错误。各部尺寸、高程等是否有彼此不对口的,如文字说明含糊不清则以图纸标注为准,凡影响到计价的都要核对清楚

B. 图与表所反映的工程量是否一致,分计、总计是否相符,都应进行核对;工程量与图上的文字说明存在相互矛盾的,要提请设计人员予以纠正、澄清

C. 对工程造价影响较大的关键部位或量大价高的工程量,必要时应重新进行复核计算,以验证是否计算正确

D. 当个别工程量超出一般常规情况时,如钻孔灌注桩,一般每立方米混凝土的含钢筋量在 90kg 左右,若图表上所反映的数字出入较大或在工程质量上超出国家施工技术规范规定的要求等时,都应进行分析研究,并将情况反馈给设计人员,予以处理

E. 熟悉设计图纸资料和核对工程量的过程中,要结合过去的历史工程造价资料和兴建工程的实际情况,如路面的结构形式、圬工类别等,重点分析施工的可能性和经济的合理性,据此向设计人员提出建议,使设计更加经济合理

29. 以下设备哪些可选择为压实设备(　　)。

A. 平地机　B. 振动式压路机　C. 推土机　D. 羊足碾

E. 轮胎式压路机

30. 公路工程中桥梁工程的施工方法多种多样,如现浇、预制安装、悬臂施工、顶推施工等,下列类型桥梁中适合现浇施工的有(　　)。

A. 简支桥梁　B. T 形刚构桥　C. 连续梁桥　D. 组合体系梁桥

E. 拱桥

31. 下列关于涵洞的说法正确的是(　　)。

A. 涵洞的类型按照其洞身形状可分为圆管涵、盖板涵、拱涵和箱涵四种

B. 圆管涵的基础一般采用混凝土,当地基承载力符合要求时,管身可直接搁置在天然基础上,管身一般采用预制安装施工方法,也可采用顶进法施工

C. 箱涵是一种刚架结构,采用钢筋混凝土建造,施工方法有现浇和预制两种。预制钢筋混凝土箱涵的安装一般使用汽车式起重机进行

D. 盖板涵有石盖板和钢筋混凝土盖板两种,目前多采用钢筋混凝土盖板涵,其涵身和基础多采用石砌圬工

E. 拱式涵洞多为石拱涵,多采用半圆拱结构,施工工艺要求与石拱桥基本一致,施工方法一般是用拱盔、支架或土胎作支撑,现场砌筑拱圈

32. 在编制概预算时,需要造价工程师考虑的辅助工程的工程量主要有(　　)。

A. 构造物的挖基、排水

B. 清除表土或零填地段的基底压实、耕地填前碾压的回填数量

C. 为保证路基边缘压实而加宽填筑的数量

D. 桥梁工程中的围堰、护筒、工作平台、桩基检测管、混凝土构件运输、预制厂及设施(底座、张拉台座等)、拌和站、蒸气养生设施等

E. 因路基沉陷增加的数量

33. 下列各项属于公路工程造价编制一般步骤和工作内容中计算各项费用的是(　　)。

A. 单价的分析汇总　　B. 套用定额计算直接工程费
C. 确定费率,计算建筑安装工程费　　D. 计算其他各项费用
E. 编制总预算

34.(　　)是公路工程造价文件乙组文件的内容。
A. 材料预算单价计算表　　B. 综合费率计算表
C. 机械台班单价计算表　　D. 分项工程概(预)算计算数据表
E. 建设项目属性及技术经济信息表

35. 下列哪些费用属于建筑安装工程费(　　)。
A. 设备购置费　　B. 规费　　C. 税金　　D. 勘察设计费
E. 专项生产费用

36. 下列哪些建设项目管理费业主可以根据实际情况统筹使用(　　)。
A. 建设单位(业主)管理费　　B. 建设项目信息化费
C. 专项评估费　　D. 工程监理费
E. 设计文件审查费

37. 以下哪些费用包含在施工辅助费中(　　)。
A. 不属于固定资产的生产工具、检验、试验用具
B. 仪器、仪表的购置、摊销和维修费
C. 高填方和软基沉降观测、高边坡稳定监测、桥梁施工监测、隧道施工监控量测、超前地质预报等施工监控费
D. 构件的破坏性试验
E. 试验室所耗用的材料和化学药品的费用

38. 以下哪些费用属于规费(　　)。
A. 养老保险费　　B. 医疗保险费　　C. 工伤保险费　　D. 失业保险费
E. 排污费

39. 下列哪些费用属于安全生产费(　　)。
A. 配备、维护、保养应急救援器材、设备费用
B. 重大危险源和事故隐患评估和整改费用
C. 施工安全风险评估、应急演练费用
D. 环境监测与监控费用
E. 安全设备及特种设备检测检验费用

40. 下列哪些费用属于永久占地费(　　)。
A. 土地补偿费　　B. 征用耕地安置补偿费
C. 耕地开垦费　　D. 复耕费
E. 失地农民养老保险费

41. 编制概(预)算时,下列说法中正确的是(　　)。
A. 公路工程造价文件由封面、扉页、目录、编制说明及全部计算表格组成
B. 公路工程造价应按统一的表格进行计算
C. 公路工程造价文件按不同的需要分为甲组文件和乙组文件,其中乙组文件只提供

电子版

D. 概算、预算应按一个建设项目进行编制,当一个建设项目需要分段或分部编制时,应根据需要分别编制,但必须汇总编制“总概(预)算汇总表”

E. 封面和扉页可按需要格式自行编制

42. 关于工程保险费,下列说法正确的是( )。

A. 工程保险费是指与工程建设相关的保险,包括材料和设备运输保险

B. 施工企业的办公、生活、施工机械、员工的人身意外险在企业管理费中支出,不属于工程保险范围

C. 设备的保险在设备单价中计列,不属于工程保险范围

D. 工程保险是指在合同执行期内,施工企业按合同条款要求办理保险的费用,包括建筑工程一切险和第三方责任险

E. 工程保险费以建筑安装工程费为基数,按0.4%费率计算

43. 现行《公路工程估算指标》的隧道工程中,未包括( )的内容。

A. 坍塌　　B. 溶洞　　C. 采空区　　D. 超前地质预报

E. 地震

44. 现行《公路工程概算定额》中,路基零星工程定额包括( )等工程内容。

A. 整修路拱　　B. 整修边坡　　C. 填前压实　　D. 汽车洒水

E. 挖土质截(排)水沟(不进行加固)

45. 临时占地费包括:( )。

A. 复耕费　　B. 土地补偿费　　C. 青苗补偿费　　D. 附着物补偿费

E. 安置补助费　　F. 临时征地使用费

本节习题答案及解析

Ⅰ. 单项选择题

1. 答案:B

【解析】 根据现行《公路工程建设项目概算预算编制办法》(JTG 3830)总则第1.0.3条:“经批准后的概算应是建设项目投资的最高限额”。

2. 答案:A

【解析】 公路工程估算、概算和预算编制办法是行业内强制标准,编制估算、概算和预算时要按照此标准执行。但由于新的技术、材料、工艺、政策、法规的实行,国家、行业或地方会陆续推出一些补充规定,使用时应结合补充规定。

3. 答案:B

【解析】 公路工程的消耗量定额分为施工定额、预算定额、概算定额、估算指标四种。施工定额为编制预算定额的基础,一般不作为工程造价编制的依据。

4. 答案:D

【解析】 公路工程估算、概算预算编制办法是行业内强制标准,编制估算、概算和预算时要按照此标准执行。但由于新的技术、材料、工艺、政策、法规的实行,国家、行业或地方会陆

续推出一些补充规定,使用时应结合补充规定。另外,编制办法只规定了编制估算、概算预算的规定,但对如何编制清单预算没有说明。清单预算编制是市场行为,可以不执行此标准,但目前行业内无统一的编制办法,因此多数省份的主管部门以编制办法为依据,参照其进行清单预算的编制。

5. **答案**:D

【解析】 概算定额与预算定额划分类似,但为了简化计算,概算定额综合程度更高。估算指标是一种比概算定额、预算定额更综合、更扩大,适用于基本建设项目前期工作阶段估算工程投资的计价依据。

6. **答案**:D

【解析】 附录是配合定额或指标使用不可缺少的一个组成部分。如给定一些费用的参考值,定额编制的基础资料,编制定额的各种统一规定,供抽换定额中混凝土强度等级、砂浆强度等级时使用的混凝土、砂浆配合比表,编制补充预算定额所需的统一规定,如材料周转次数、规格、单位质量、代号、基价等。

7. **答案**:B

【解析】 公路工程机械台班费用定额是确定施工机械台班预算价格的依据,公路工程施工机械每台(艘)班一般按8h计算。

8. **答案**:A

【解析】 公路工程机械台班费用定额是确定施工机械台班预算价格的依据,潜水设备每台班按6h计算。

9. **答案**:C

【解析】 公路工程造价是指公路工程建设项目从筹建到竣工验收交付使用所需的全部费用。

10. **答案**:B

【解析】 材料预算价格 = (材料原价 + 运杂费) × (1 + 场外运输损耗率) × (1 + 采购及保管费率) − 包装品回收价值。

水泥的预算价格 $=(380+20)\times(1+1\%)\times(1+2.06\%)-5=407.32$(元/吨)。

11. **答案**:A

【解析】 台班单价 = 不变费用 + 可变费用,其中不变费用为折旧费、检修费、维护费和安拆补助费,可变费用为人工费和燃油消耗费,因此:

不变费用 $=236.62+152.3+320.44=709.36$(元/台班);

可变费用 $=106.28\times2+7.44\times38.55=499.37$(元/台班);

台班单价 $=709.36+499.37=1208.73$(元/台班)。

每埋设1t钢护筒需要20t以内汽车式起重机的定额基价为:$1208.73\times0.14=169.22$(元)。

12. **答案**:B

【解析】 建筑安装工程费除专项费用外,其他均按"价税分离"计价规则计算,即各项费用均以不含增值税可抵扣进项税额的价格(费率)进行计算,具体要素价格适用增值税税率执行财税部门的相关规定。

13. **答案**:B

【解析】 根据现行《公路工程建设项目概算预算编制办法》,直接工程费包括人工费、材料费、施工机械使用费。选项B材料的检验试验费属于其他工程费。

14. 答案:B

【解析】 选项A需要安装的设备,按建筑安装工程费的有关规定计算设备的安装工程费;选项C设备购置费包括渡口设备;选项D设备购置费列出的计划购置的清单包括设备的规格、型号、数量。

15. 答案:B

【解析】 施工辅助费以各类工程的定额直接费为基数,乘以相应费率进行计算。题目为计算每 $1m^3$ 浆砌片石边沟的施工辅助费,因此可得 $(701+1460+67)/10\times1.201\%=2.68$ 元。

16. 答案:C

【解析】 专项费用包括施工场地建设费和安全生产费。施工场地建设费包含文明施工、职工健康生活的费用。

17. 答案:A

【解析】 安全生产费按建筑安装工程费乘以安全生产费费率计算,费率按不少于1.5%计取。

18. 答案:B

【解析】 安全生产费按建筑安装工程费乘以安全生产费费率计算,费率按不少于1.5%计取。

19. 答案:B

【解析】 税金是指国家税法规定应计入建筑安装工程造价的增值税销项税额。税金=(直接费+设备购置费+措施费+企业管理费+规费+利润)×9%,即现行公路工程税率为9%。

20. 答案:B

【解析】 第一年贷款利息:30000÷2×4.09%=613.5(万元);

第二年贷款利息:(30000+613.5+20000÷2)×4.09%=1661.1(万元);

第三年贷款利息:(30000+613.5+20000+1661.1+10000÷2)×4.09%=2342.53(万元);

建设期贷款利息:613.5+1661.1+2342.53=4617.13(万元)。

21. 答案:A

【解析】 规费是指按国家法律、法规规定,按省级有关部门规定缴纳或计取的社会保险费、住房公积金。

22. 答案:A

【解析】 现行《公路工程建设项目概算预算编制办法》中,施工场地建设费以定额建筑安装工程费减去专项费用为基数,按规定的费率以累进办法计算。

23. 答案:B

【解析】 施工场地建设费以施工场地计费基数,以累进方法计算。施工场地计费基数为定额建筑安装工程费减去专项费用。

施工场地计费基数=定额建筑安装工程费-专项费用=34886+3516+1721+1568+

2977 +4369 +794 −794 =49037(万元);

施工场地建设费 =500 ×5.338% +(1000 −500)×4.228% +(5000 −1000)×2.665% +(10000 −5000)×2.222% +(30000 −10000)×1.785% +(49037 −30000)×1.694% =945万元。

24. **答案**:B

【解析】 工程保险费指在合同执行期内,施工企业按照合同条款要求办理保险,包括建筑工程一切险和第三方责任险。工程保险费以建筑安装工程费(不含设备费)为基数,按0.4%费率计算。

建筑安装工程费 = 直接费 + 设备购置费 + 措施费 + 企业管理费 + 规费 + 利润 + 税金 + 专项费用;

直接费 = 人工费 + 材料费 + 施工机械使用费 =62834 +120566 +87500 =270900(元);

建筑安装工程费 =270900 +131764 +4400.34 +7932.41 +26138.94 +20037.39 +41505.6 =502678.68(元);

工程保险费 =(建筑安装工程费 − 设备费)×0.4% =(502678.68 −131764)×0.4% =1483.66(元)。

25. **答案**:B

【解析】 公路工程造价文件按不同的需要分为甲、乙两组:甲组文件为各项费用计算表,甲组文件包括编制说明,项目前后阶段费用对比表,建设项目属性及技术经济信息表(00表),总概(预)算汇总表(01-1 表),总概(预)算人工、主要材料、施工机械台班数量汇总表(02-1 表),概(预)算表(01 表),人工、主要材料、施工机械台班数量汇总表(02 表),建筑安装工程费计算表(03 表),综合费率计算表(04 表),综合费计算表(04-1 表),设备购置费计算表(05 表),专项费用计算表(06 表),土地使用及拆迁补偿费计算表(07 表),工程建设其他费用计算表(08 表),人工、材料、施工机械台班单价汇总表(09 表)。

26. **答案**:C

【解析】 略。

27. **答案**:B

【解析】 略。

28. **答案**:D

【解析】 机械台班费用定额中定额的费用项目划分为不变费用和可变费用两类。不变费用包括折旧费、大修理费、经常修理费、安装拆卸及辅助设施费。可变费用包括人工费、动力燃料费、车船使用税。

29. **答案**:A

【解析】 规费以各类工程的人工费(含施工机械费的人工费)之和为基数,按国家或工程所在地法律、法规、规章、规程规定的标准计算。

30. **答案**:C

【解析】 清单工程量是招标人编制工程量清单时,依据施工图纸、招标文件、技术规范确定的工程数量。清单工程量一般是投标人投标报价的基准数量,是签订合同的组成部分。

31. **答案**:B

【解析】 措施费包括冬季施工增加费、雨季施工增加费、夜间施工增加费、特殊地区施工增加费、行车干扰工程施工增加费、施工辅助费、工地转移费。施工辅助费以各类工程的定额直接费为基数,乘以相应费率进行计算。

32. 答案:C

【解析】 直接费是指施工过程中耗费的构成工程实体和有助于工程形成的各项费用,包括人工费、材料费、施工机械使用费。

33. 答案:A

【解析】 施工辅助费包括生产工具用具使用费、检验试验费和工程定位复测、工程点交、场地清理等费用。其中检验试验费指施工企业对建筑材料、构件和建筑安装工程进行一般鉴定、检查发生的费用。

34. 答案:A

【解析】 施工辅助费包括生产工具用具使用费、检验试验费和工程定位复测、工程点交、场地清理等费用。施工辅助费以各类工程的定额直接费为基数,乘以相应费率进行计算。生产工具用具使用费指施工所需但不属于固定资产的生产工具、检验、试验用具及仪器、仪表等的购置、摊销和维修费,以及支付给生产工人自备工具的补贴费。检验试验费指施工企业对建筑材料、构件和建筑安装工程进行一般鉴定、检查所发生的费用,包括自设试验室进行试验所耗用的材料和化学药品的费用,以及技术革新和研究试验费,但不包括新结构、新材料的试验费和建设单位要求对具有出厂合格证明的材料进行检验、对构件破坏性试验及其他特殊要求检验的费用。施工监控费含在施工辅助费中,不得另行计算。

35. 答案:B

【解析】 措施费包括冬季施工增加费、雨季施工增加费、夜间施工增加费、特殊地区施工增加费、行车干扰工程施工增加费、施工辅助费、工地转移费。

36. 答案:A

【解析】 建设单位(业主)管理费指建设单位(业主)为进行建设项目的立项、筹建、建设、竣(交)工验收、总结等工作所发生的费用,不包括应计入材料与设备预算价格的建设单位采购及保管材料与设备所需的费用。

37. 答案:D

【解析】 建设期贷款利息指工程项目使用的贷款部分在建设期内应计取的贷款利息,包括各种金融机构贷款、建设债券和外汇贷款等利息。

38. 答案:C

【解析】 利润是指施工企业完成所承包工程获得的盈利,按定额直接费及措施费、企业管理费之和的7.42%计算。

39. 答案:B

【解析】 主线桥长:$1.8+2.4+3.185=7.385$(km);

主线路基长:$50-7.385-7.5=35.115$(km);

普通桥梁总长:$(1.8+2.4)\times2+1.2=9.6$km

刚构桥长:$3.185\times2=6.37$km

隧道单洞长:$7.5\times2=15$(km);

竣交工验收检测费 $=23500\times35.115+40\times9.6+500\times6.37+80\times15=829971.5$ 元

40. 答案:C

【解析】 工程保险费以建筑安装工程费(不含设备费)为基数,按0.4%费率计算。

41. 答案:D

【解析】 基本预备费计算方法如下:以建筑安装工程费、土地征用及拆迁补偿费、工程建设其他费用之和为基数按下列费率计算。项目建议书投资估算按11%计列;工程可行性研究报告投资估算按9%计列;设计概算按5%计列;修正概算按4%计列;施工图预算按3%计列。

42. 答案:B

【解析】 工程造价的编制步骤和工作内容,概括起来就是:拟订工作方案,确定编制原则;进行现场调查、收集有关资料;熟悉设计图纸,核对工程数量;了解施工方案和施工计划中的内容,确定先进合理、安全可靠的施工方法;划分工程子目;在熟悉设计图表资料和文字说明,结合现场调查,做好核对工程量的基础上,正确摘取工程量;进行工程造价的各种价格、费用的分析和累计计算,编制说明,成果文件复核审核,最后出版等。

43. 答案:B

【解析】 工程造价编制原则的确定,不仅关系到工程造价编制的质量,而且还会影响到它的编制速度。确定工程造价编制原则,是完成工程造价编制工作的重要手段。

44. 答案:A

【解析】 熟悉设计图纸资料与现场调查是公路工程造价编制的两项重要工作。这两项工作不是截然分开的,并不是在前者完成之后才进行后者,实际上是互相交错进行的。

45. 答案:A

【解析】 社会条件是指建设工程所在地的政治、历史、区情、风俗以及社会、经济的发展情况,对此应进行必要的调查了解,它对建设工程的顺利实施有着极其重要的影响。

46. 答案:A

【解析】 在编制工程造价之前,造价工程师必须进行现场调查,搜集有关资料。实践证明,现场调查时,往往能发现降低工程费用的更佳施工方法和结合实际的技术组织措施。这是编好工程造价的一个重要工作环节和必要手段。

47. 答案:B

【解析】 在路线范围内,所有建筑物、树木等均要进行调查,建筑物不但包括地面以上的、埋在地面以下的建筑物,如水管、电缆等也要调查清楚,以便采取必要的工程措施。

48. 答案:A

【解析】 临时电力线路为从变压器到接线处的电力干线长度,从变压器到用电点的接线为电力支线,桥梁施工现场、拌和场等场内用的电力支线费用已综合在规定的临时设施费用中,不再另列。

49. 答案:A

【解析】 在机械施工中,路基施工方法的选择主要是根据作业种类和机械经济运距选择机械的问题,见下表。

机 械 类 型	经济运距(m)	机 械 类 型	经济运距(m)
推土机	0 ~ 100	挖掘机 + 自卸汽车	>600
铲运机	100 ~ 600	手扶拖拉机、翻斗车	100 ~ 500
装载机 + 自卸汽车	>600		

50. **答案**:B

【解析】 作业种类与筑路机械选择表如下:

作 业 种 类	供选择的机械种类
伐树、挖根	推土机
挖掘	挖掘机、推土机
装载	挖掘机、装载机
挖掘、运输	推土机、铲运机
运输	推土机、自卸汽车、手扶拖拉机、翻斗车
摊铺	推土机、平地机
压实	轮胎式压路机、振动压路机、推土机、羊足碾
洒水	洒水汽车

51. **答案**:A

【解析】 铲运机的经济运距是100 ~ 600m。

52. **答案**:B

【解析】 当路面结构一定时,不同的施工方法工程成本消耗不同,选择路面施工方法时,应结合公路的技术等级,工程规模、工程质量和工期的要求以及造价进行综合分析后确定。

53. **答案**:C

54. **答案**:B

【解析】 上面层定额工程量:15000 × 0.04/1000 = 0.6(1000m^3 路面实体);

下面层定额工程量:15000 × 0.06/1000 = 0.9(m^3 路面实体);

上面层人工费:106.28 × 29.3 × 0.6 = 1868.4(元);

下面层人工费:106.28 × 28 × 0.9 = 2678.3(元);

人工费:1868.4 + 2678.3 = 4546.7(元)。

55. **答案**:B

【解析】 上面层定额工程量:15000 × 0.04/1000 = 0.6(1000m^3 路面实体)

石油沥青费用:4529.91 × 123.161 × 0.6 = 334744.95(元);

矿粉费用:155.34 × 85.21 × 0.6 = 7941.91(元);

路面用石屑费用:106.8 × 402.6 × 0.6 = 25798.61(元);

路面用碎石(1.5cm)费用:94.17 × 1103.61 × 0.6 = 62356.17(元);

材料费用:334744.95 + 7941.91 + 25798.61 + 62356.17 = 430841.64(元)。

56. **答案**:A

【解析】 根据《公路工程建设项目概算预算编制办法》(JTG 3830—2018)规定,概算、预算文件由封面、扉页、目录、编制说明及全部计算表组成。

57. **答案**:D

【解析】 根据《公路工程建设项目概算预算编制办法》(JTG 3830—2018)规定,材料预算单价计算表列入乙组文件。

58. **答案**:A

【解析】 概算、预算项目应按项目表的序列及内容编制。当实际出现的工程和费用项目与项目表的内容不完全相符时,第一、二、三、四、五部分和“项”的序号、内容应保留不变,项目表中的“项”以下的分项在引用时应保持序号、内容不变,缺少的分项内容可随需要就近增加,并按项目表的顺序以实际出现的级别依次排列,不保留缺少的“项”以下的项目序号。

59. **答案**:D

【解析】 编制说明应包括:建设项目设计文件的依据;编制范围、工程概况等;采用的定额、费用标准,人工、材料与设备、施工机械台班预算单价的依据或来源,新增工艺的单价分析等;有关的协议书、会议纪要的主要内容;概算、预算总金额,人工、钢材、水泥、沥青等的总量;各设计方案的经济比较;项目综合经济技术指标统计,对比分析本阶段与上阶段工程数量、造价的变化情况;其他有关费用计算项及计价依据的说明;采用的公路工程造价软件名称及版本号;其他需要说明的问题。

60. **答案**:C

【解析】 建筑安装工程费除专项费用外,其他均按“价税分离”计价规则计算,即各项费用均以不含增值税可抵扣进项税额的价格(费率)进行计算,具体要素价格适用增值税税率执行财税部门的相关规定。

61. **答案**:C

【解析】 根据《公路工程建设项目概算预算编制办法》(JTG 3830—2018)规定,定额人工费、定额材料费、定额施工机械使用费以及定额设备购置费均按现行《公路工程预算定额》(JTG/T 3832)附录四“定额人工、材料、设备单价表”及《公路工程机械台班费用定额》(JTG/T 3833)中规定的人工、材料、设备、机械的相应基价计算。

62. **答案**:B

【解析】 根据《公路工程建设项目概算预算编制办法》(JTG 3830—2018)规定,定额建筑安装工程费包括定额直接费、定额设备购置费的40%、措施费、企业管理费、规费、利润、税金和专项费用。

63. **答案**:A

【解析】 根据《公路工程建设项目概算预算编制办法》(JTG 3830—2018)规定,人工费是列入概算、预算定额的直接从事建筑安装工程施工的生产工人开支的各项费用。

64. **答案**:B

【解析】 根据《公路工程建设项目概算预算编制办法》(JTG 3830—2018)规定,直接费包括人工费、材料费、施工机械使用费。材料的试验检验费属于措施费中的施工辅助费。

65. **答案**:B

【解析】 根据《公路工程建设项目概算预算编制办法》(JTG 3830—2018),定额中已考虑了工地运输便道的特点,以及定额中已计入了“工地小搬运”的费用,材料运输费不考虑仓库或堆料场至施工点的场内运距或二次倒运运距。

66. **答案**:B

【解析】 根据《公路工程建设项目概算预算编制办法》(JTG 3830—2018),材料的采购及保管费,以材料的原价加运杂费及运外运输损耗的合计为基数,乘以采购及保管费率计算。钢材的采购及保管费率为0.75%,燃料、爆破材料为3.26%,其余材料为2.06%,商品混合料不计采购及保管费,外购的构件、成品及半成品的采购及保管费率为0.42%。

67. **答案**:A

【解析】 根据《公路工程建设项目概算预算编制办法》(JTG3830—2018),当采用自发电时,电价可采用下述公式计算。

$$A = 0.15 \times K/N$$

式中:A——每kW·h电单价;

K——发电机组的台班单价(元);

N——发电机组的总功率(kW)。

代入数据,$A = 0.15 \times 1000/100 = 1.5$[元/(kW·h)]。

68. **答案**:B

【解析】 路面所有结构层工程包括隧道路面、桥面铺装工程,隧道土建工程不含隧道的钢材及钢结构,构造物Ⅰ中特殊路基处理不包含土石方和换填工程;安全设施不包括金属标志牌、防撞钢护栏、防眩板(网)、隔离栅、防护网等钢结构工程;机电工程不包括设备安装工程。构造物Ⅱ中特大桥工程不包括技术复杂大桥工程。

69. **答案**:B

【解析】 根据《公路工程建设项目概算预算编制办法》(JTG 3830—2018),冬季施工增加费、雨季施工增加费是根据各类工程的特点,规定各区划的取费标准,为了简化计算,采用全年平均摊销的方法,即不论是否在冬季施工、雨季施工,均按规定的取费标准计。工地转移费里程在50km以内时,按50km计。隧道、技术复杂大桥、钢材及钢结构不计行车干扰增加费。

70. **答案**:B

【解析】 高填方和软基沉降监测、高边坡稳定监测、桥梁施工监测、隧道施工监控量测、超前地质预报等施工监控费含在施工辅助费中,不得另行计算。

71. **答案**:B

【解析】 措施费中,施工辅助费以定额直接费为基数,辅助生产间接费(非高原地区)以定额人工费为基数,其他均是以定额人工费和定额机械使用费之和为基数。

72. **答案**:A

【解析】 工程排污费是指施工现场按规定缴纳的排污费用,包含在企业管理费中。

73. **答案**:C

【解析】 根据《公路工程建设项目概算预算编制办法》(JTG 3830—2018),海拔2000m以上的地区计高原地区施工增加费。

74. **答案**:B

【解析】 企业管理费由基本费用、主副食运费补贴、职工探亲路费、职工取暖补贴和财务费用五项组成,各项费用均以各类工程的定额直接费为基数。

75. **答案**:A

【解析】 规费指按国家法律、法规规定,按省级有关部门规定缴纳或计取的社会保险费、住房公积金。社会保险费及住房公积金以各类工程的人工费(含施工机械费的人工费)之和为基数,按国家或工程所在地的法律、法规、规章、规程规定的标准计算。

76. **答案**:C

【解析】 利润是指施工企业完成所承包工程获得的盈利,按定额直接费及措施费、企业管理费之和的7.42%计算。

77. **答案**:D

【解析】 同本节"单选"题76解析。

78. **答案**:B

【解析】 建设项目前期工作费包括:通过风洞试验、地震动参数、索塔足尺模型试验、桥墩局部冲刷试验、桩基承载力试验等为建设项目提供或验证设计数据所需的专题研究费用。

79. **答案**:B

【解析】 企业管理费由基本费用、主副食运费补贴、职工探亲路费、职工取暖补贴和财务费用五项组成。基本费用指建筑安装企业组织施工生产和经营管理所需的费用,包括技术转让费、技术开发费等。

80. **答案**:C

【解析】 施工场地建设费包含按照工地建设标准化要求进行承包人驻地、工地试验室建设,钢筋集中加工、混合料集中拌制、构件集中预制等所需的办公、生活居住房屋和生产用房屋等的费用。

81. **答案**:B

【解析】 根据《公路工程建设项目概算预算编制办法》(JTG 3830—2018),设备本体以外的轨道、滑触线、电梯的滑轨属于材料。

82. **答案**:C

【解析】 根据《公路工程建设项目概算预算编制办法》(JTG 3830—2018),隧道是指隧道土建工程,不含隧道的钢材及钢结构。

83. **答案**:A

【解析】 根据定额说明,路面定额中采用的油石比如与设计不一致时,定额中的沥青用量需按设计油石比换算。

84. **答案**:B

【解析】 略。

85. **答案**:C

【解析】 根据概算定额说明,编制隧道工程造价,如洞内工程采用洞外工程定额时,其人工、机械台班消耗及小型机具使用费应乘以调整系数1.26。

86. **答案**:A

【解析】 定额工程材料消耗量包括净用量+不可避免的操作损耗量+场内运输损耗+仓储损耗。场外运输损耗计算在材料预算单价内。

87. **答案**:C

【解析】 机械自管理部门至工地或自某一个工地至另一工地的运杂费计入工地转移费。

88. 答案:C

【解析】 根据概算预算编制办法规定:购买的路基填料、绿化苗木、商品混凝土、商品沥青混凝土和各类稳定混合料、外购混凝土构件不作为措施费及企业管理费的计算基数。

89. 答案:D

【解析】 根据概算预算编制办法规定:生产准备费指为保证新建和改扩建项目交付使用后满足正常的运行和管理发生的工器具购置、办公和生活用家具购置、生产人员培训、应急保通设备购置等费用。

90. 答案:C

【解析】 工程质量监督费不属于建设项目管理费。建设项目管理费包括建设单位(业主)管理费、建设项目信息化费、工程监理费、设计文件审查费、竣(交)工验收试验检测费。

91. 答案:B

【解析】 保通管理费属于工程建设其他费用。

92. 答案:D

【解析】 基本预备费以建筑安装工程费、土地使用及拆迁补偿费、工程建设其他费之和为基数计算。材料价格上涨引起的价差属于价差预备费。

93. 答案:A

【解析】 工程排污费属于企业管理费基本费用。

94. 答案:A

【解析】 联合试运转费以定额建筑安装工程费为基数,按0.04%的费率计算。

95. 答案:A

【解析】 略。

Ⅱ.多项选择题

1. 答案:ABC

【解析】 公路工程实物定额指标是指《公路工程预算定额》《公路工程概算定额》《公路工程估算指标》。《公路工程机械台班费用定额》《公路工程建设项目概算预算编制办法》为公路工程费用定额。

2. 答案:ABC

【解析】 公路工程费用定额指标是指《公路工程机械台班费用定额》《公路工程建设项目投资估算编制办法》《公路工程建设项目概算预算编制办法》。《公路工程估算指标》《公路工程预算定额》为公路工程实物定额。

3. 答案:ABCD

【解析】 编制办法只规定了编制估算、概算预算的规定,对如何编制清单没有说明,清单预算编制是市场行为,可以不执行此标准,因此不是编制清单预算的强制性标准。

4. 答案:ACDE

【解析】 《公路工程建设项目概算预算编制办法》(JTG 3830—2018)已将设备购置费

列入建筑安装工程费。

5. **答案**:ABCE

【解析】 公路工程的消耗量定额分为施工定额、预算定额、概算定额、估算指标四种。

6. **答案**:ACD

【解析】 桥涵工程根据工程类别、结构部位、施工方法等因素划分项目。

7. **答案**:ABCE

【解析】 附录提供编制定额的各种统一规定,并不是编制预算的各种统一规定。

8. **答案**:BCE

【解析】 检修费、维护费属于不变费用。

9. **答案**:ADE

【解析】 设备加油及油料过滤的损耗和由变电设备至机械之间的输电线路电力损失均包括在定额中。

10. **答案**:ABCD

【解析】 不变费用包括折旧费、检修费、维护费、安拆辅助费等。机上人员人工费为可变费用。

11. **答案**:ABD

【解析】 选项C、E为企业管理费中基本费用的内容。

12. **答案**:AB

【解析】 选项C由于概算、预算和估算指标定额中已考虑了工地运输便道的特点,以及定额中计入了"工地小搬运"的费用,因此不可以在工地仓库或堆料厂之外再加场内运距或二次倒运的运距;选项D燃料、爆破材料的采购及保管费费率为3.26%,其余材料的为2.06%。选项E可变费用中的台班人工费与生产工人人工费单价相同。

13. **答案**:BCE

【解析】 内容包括:因冬季施工所需增加的一切人工、机械与材料的支出;施工机械所需修建的暖棚(包括拆、移),增加其他保温设备购置费用;因施工组织设计确定,需增加的一切保温、加温等有关支出;与冬季施工有关的其他各项费用。

14. **答案**:ACDE

【解析】 工程建设其他费用包含建设单位管理费、研究试验费、建设项目前期工作费、专项评价(估)费、联合试运转费、生产准备费、工程保通管理费、工程保险费、其他相关费用。

15. **答案**:ABC

【解析】 工地转移费、冬雨季施工增加费以各类工程的定额人工费和定额施工机械使用费之和为基数,乘以相应费率计算。

16. **答案**:ACD

【解析】 施工辅助费以各类工程的定额直接费为基数,乘以相应费率进行计算。专项费用包括施工场地建设费和安全生产费。施工场地建设费以定额建筑安装工程费(不含定额设备购置费及专项费用)为基数,按规定的费率以累进办法计算。安全生产费按建筑安装工程费乘以安全生产费费率计算,费率按不少于1.5%计取。

17. 答案:ADE

【解析】 按照工地建设标准化要求进行承包人驻地、工地试验室建设,钢筋集中加工、混合料集中拌制、构件集中预制等所需的办公和生活居住房屋(包括职工家属房屋及探亲房屋),公用房屋(如广播室、文体活动室、医疗室等)和生产用房屋(如仓库、加工厂、加工棚、发电站、变电站、空压机站、停机棚、值班室等);包括场区平整(山岭重丘区的土石方工程除外)、硬化、排水、绿化、标志、污水处理设施、围墙隔离设施等;不包括钢筋加工的机械设备、混合料拌和设备及安拆、预制构件台座、预应力张拉设备、起重及养生设备,以及概算、预算定额中的临时工程。

18. 答案:ABDE

【解析】 同本节"多选"题17解析。

19. 答案:ABCD

【解析】 以建筑安装工程费、土地征用及拆迁补偿费、工程建设其他费用之和为基数,修正概算按4%计列。

20. 答案:ABDE

【解析】 企业管理费由基本费用、主副食运费补贴、职工探亲路费、职工取暖补贴和财务费用五项组成。基本费用内容包括:管理人员工资、办公费、差旅交通费、固定资产使用费、工具用具使用费、劳动保险费、职工福利费、劳动保护费,企业工会经费,职工教育经费、保险费,工程排污费,税金,其他。脚手架费属于措施项目费。

21. 答案:ABD

【解析】 材料费系指施工过程中耗用的构成工程实体的原材料、辅助材料、构配件、零件、半成品或成品的费用,按工程所在地的材料价格计算的费用。材料预算价格由材料原价、运杂费、场外运输损耗、采购及仓库保管费组成。

22. 答案:BCD

【解析】 前期工作费包括:①编制项目建议书(或预可行性研究报告)、可行性研究报告、投资估算,以及相应的勘察、设计等所需的费用。②通过风洞试验、地震动参数、索塔足尺模型试验、桥墩局部冲刷试验、桩基承载力试验等为建设项目提供或验证设计数据所需的专题研究费用。③初步设计和施工图设计的勘察费、设计费、概(预)算编制及调整概算编制费用等。④设计、监理、施工招标及招标标底(或造价控制值或清单预算)文件编制费等。A、E选项是属于专项评价(估)费。

23. 答案:ABCE

【解析】 生产准备费系指为保证新建和改扩建项目交付使用后满足正常的运行和管理发生的工器具购置、办公和生活用家具购置、生产人员培训、保通应急设备购置等费用。D选项属于工程保通管理费。

24. 答案:ABC

【解析】 关于选项D对建筑材料进行调查时要根据预算定额规定的材料规格进行调查而不是根据设计文件所规定的材料规格进行调查,因为往往编制概预算时的现场调查与设计人员的现场调查是同时进行的,此时具体的设计文件还没有。选项E人工费的单价不仅仅采用统一发布价格,有些特殊规定,如地区生活补贴、特殊津贴等是否已包括在统一单价内都需要现场调查来确定。

25. **答案**:BCE

【解析】　关于选项 A 由于迁移使两端受影响的数量一并计入迁移数量中,选项 D 对于树木的调查,必须分清树种、直径、经济林木,还应调查产量、单价等。

26. **答案**:ABDE

【解析】　在现场调查和搜集资料过程中,凡涉及下列事项时,应取得书面协议文件:

(1)与地方政府就砂石料场的开采使用、运输以及取土场、弃土堆的意向协议;

(2)拆迁建筑物、构筑物与物主协商的处理方案;

(3)与原有的电力设施、电信设施、水利工程、铁路及铁路设施互相干扰的处理方案;

(4)施工中利用电网供电的协议;

(5)当地环境保护对公路建设工程的特殊要求。

凡调查所搜集的各种基础资料或协议,均应制作成书面文件,装订成册,作为设计和造价文件的必要附件。

27. **答案**:BC

【解析】　临时汽车便桥是为修建汽车便道而必须相应修建的便桥以及桥梁施工时,材料、机械设备过河需修建的汽车便桥,便桥的高度与长度按施工现场实际情况和工期安排确定。

28. **答案**:BCDE

【解析】　A 选项错误。核对各种图纸,如构造物的平面、立面、结构大样图等,相互之间是否有矛盾和错误。各部尺寸、高程等是否有彼此不对口的,文字说明是否有含糊不清等情况,凡影响到计价的都要核对清楚。

29. **答案**:BCDE

【解析】　压实设备:轮胎式压路机、振动压路机、推土机、羊足碾。平地机为摊铺设备。

30. **答案**:ACDE

【解析】

	桥型							
施工方法	简支梁桥	T 形刚构	连续梁桥	桁架梁桥	组合体系梁桥	拱桥	斜拉桥	吊桥
现浇施工	√		√		√	√	√	
预制安装	√	√		√	√	√	√	√
悬臂施工		√	√	√			√	√
顶推施工			√					
转体施工		√		√		√		

31. **答案**:ABDE

【解析】　关于选项 C,预制钢筋混凝土箱涵通常采用顶进法施工,多用作拟建公路与原有铁路、公路相交的情况。

32. **答案**:ABCE

【解析】 关于选项D,桥梁工程的桩基检测管是构成桥梁工程的一部分,不属于辅助工程,且这部分工程数量通常是设计人员在完成设计图纸时就已计算。

33. 答案:ABCDE

【解析】 工程造价的编制步骤和工作内容,概括起来就是:拟订工作方案,确定编制原则;进行现场调查、收集有关资料;熟悉设计图纸,核对工程数量;了解施工方案和施工计划中的内容,确定先进合理、安全可靠的施工方法;划分工程子目;在熟悉设计图表资料和文字说明,结合现场调查,做好核对工程量的基础上,正确摘取工程量;进行工程造价的各种价格、费用的分析和累计计算(包括确定费率、套用定额等),编制说明,成果文件复核审核,最后出版等。

34. 答案:ACD

【解析】 公路工程造价文件按不同的需要分为甲、乙两组:甲组文件为各项费用计算表;乙组文件为建筑安装工程费各项基础数据计算表。B、E属于甲组文件内容,A、C、D属于乙组文件内容。

35. 答案:ABCE

【解析】 建筑安装工程费包括直接费、设备购置费、措施费、企业管理费、规费、利润、税金、专项生产费用。

36. 答案:ABD

【解析】 根据现行概预算编制办法规定,建设单位(业主)管理费、建设项目信息化费和工程监理费可根据实际统筹使用。

37. 答案:ABCE

【解析】 施工辅助费包括生产工具用具使用费、检验试验费和工程定位复测、工程点交、场地清理等费用。生产工具用具使用费指施工所需不属于固定资产的生产工具、检验、试验用具及仪器、仪表等的购置、摊销和维修费,以及支付给生产工人自备工具的补贴费。检验试验费指施工企业对建筑材料、构件和建筑安装工程进行一般鉴定、检查所发生的费用,包括自设试验室进行试验所耗用的材料和化学药品的费用,以及技术革新和研究试验费。但不包括新结构、新材料的试验费和建设单位要求对具有出厂合格证明的材料进行检验、对构件破坏性试验及其他特殊要求检验的费用。所以,A、B、C、E选项正确。

38. 答案:ABCD

【解析】 规费包括四险一金,即养老保险费、医疗保险费、工伤保险费、失业保险费及住房公积金。

39. 答案:ABCE

【解析】 安全生产费包括完善、改造和维护安全设施设备费用;配备、维护、保养应急救援器材、设备费用;开展重大危险源和事故隐患评估和整改费用;安全生产检查、评价、咨询费用;配备和更新现场作业人员安全防护用品支出;安全生产宣传、教育、培训费用;安全设施及特种设备检测检验费用;施工安全风险评估、应急演练等有关工作及其他与安全生产直接相关的费用。D属于施工场地建设费用,A、B、C、E正确。

40. 答案:ABCE

【解析】 永久占地费包含土地补偿费、征用耕地安置补助费、耕地开垦费、森林植被恢复费、失地农民养老保险费。复耕费属于临时用地费用。

41. **答案**:ABD

【解析】 关于选项C,根据现行概预算编制办法规定,乙组文件中的“分项工程概(预)算”可只提交电子版,或按需要提交纸质版;关于选项E,封面和扉页应按现行《公路工程建设项目设计文件编制办法》中的规定制作。

42. **答案**:BCD

【解析】 工程保险费指在合同执行期内,施工企业按照合同条款要求办理保险,包括建筑工程一切险和第三方责任险。工程保险费以建筑安装工程费(不含设备费)为基数,按0.4%费率计算。

43. **答案**:ABCDE

【解析】 根据现行《公路工程估算指标》,隧道工程包括洞身、明洞、洞门、斜井、竖井、管棚等项目的内容。

44. **答案**:ABCE

【解析】 根据现行《公路工程概算定额》,路基零星工程定额已综合了整修路拱、整修路基边坡、挖土质台阶、挖土质截水沟(不进行加固)、填前夯压实以及其他零星回填土方等工程,故选择A、B、C、E。

45. **答案**:AF

【解析】 临时占地费包括临时征地使用费、复耕费。

(二)公路工程定额工程量计算规则

公路工程定额工程量计算规则知识点

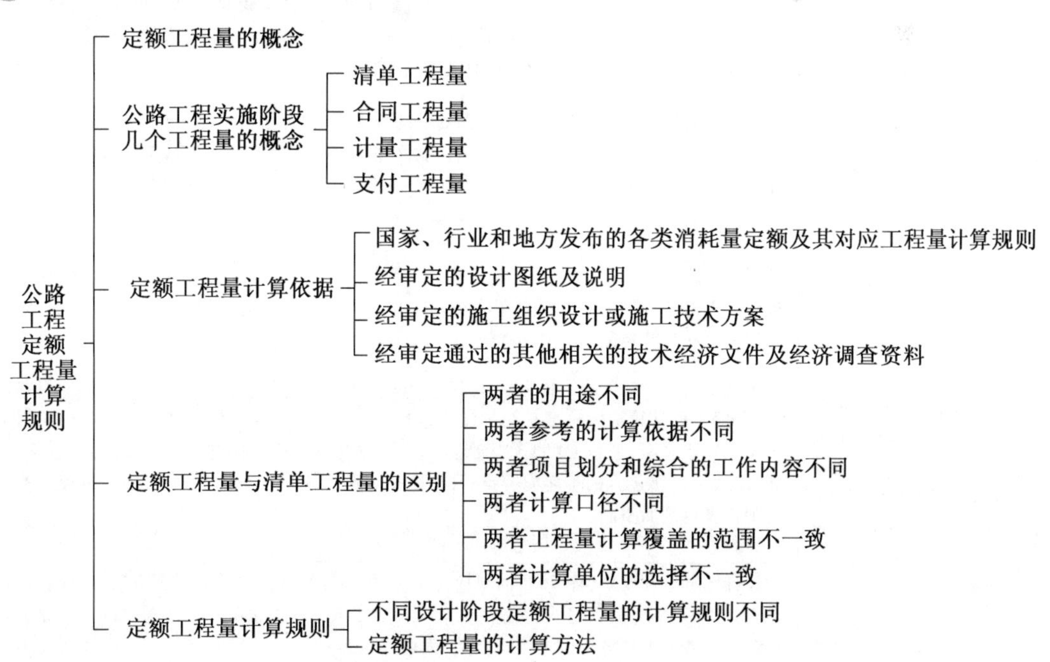

知识点4:定额工程量计算依据

考核要求	1. 定额工程量的概念。 2. 公路工程实施阶段几个工程量的概念。 3. 定额工程量计算依据	此部分内容主要考核定额工程量的概念、公路工程实施阶段几个工程量的概念、定额工程量的计算依据,除概念外,主要依据包括国家、行业和地方发布的各类消耗量定额及其对应工程量计算规则、经审定的设计图纸及说明、经审定的施工组织设计或施工技术方案、经审定通过的其他有关技术经济文件及经济调查资料

定额工程量计算依据相关知识表

定额工程量计算依据的主要内容		
定额工程量的概念		工程数量按照项目的实施过程可以分为公路工程前期阶段的设计工程量、定额工程量和公路工程实施阶段的清单工程量、合同工程量、计量工程量、支付工程量,各个工程量的概念、用途、计算规则和方法各不相同。 定额工程量是经现场勘察,对设计图纸和施工组织设计阅读、理解的基础上,根据定额工程量的计算规则综合图纸的设计工程量和施工组织方案确定的施工措施工程量(又称辅助工程量),以消耗量定额本身的项目划分及计量单位为编制单元计算出来的工程数量。 由于工程计价的多阶段性和多次性,定额工程量计算也具有多阶段性和多次性,且工程量的计算过程有不同的具体内容
公路工程实施阶段几个工程量的概念	清单工程量	是招标人编制工程量清单时,依据施工图纸、招标文件、技术规范确定的工程数量。清单工程量一般是投标人投标报价的基准数量,是签订合同的组成部分
	合同工程量	指在公路工程发、承包活动中,发、承包双方根据合同法、招(投)标文件及有关规定,以约定的工程量清单计价方式,签订工程承包合同时确定的工程量清单中填报的工程数量,合同工程量的实质是对项目实际需完成数量的预期。合同工程量与清单工程量数量是一样的,只是两者单价取定的主体和确定原则不同而已
	计量工程量	是指在公路工程实施阶段按照合同约定的技术规范、计量规则,对承包人符合上述要求的已完工程进行测量、计算、核查并确认的已完工程的实际数量。计量工程量对应工程实施阶段项目已完工程数量的计算和确定这一环节,一个项目的计量工程量之和即工程项目的实际规模
	支付工程量	指在公路工程实施阶段,对已完工程进行计量后,按照合同约定确认进行支付的计量工程量。支付工程量对应工程实施阶段项目对已完工程数量进行确定支付这一环节,支付工程量之和与计量工程量之和在竣工结算时应是相同的
定额工程量的依据	国家、行业和地方发布的各类消耗量定额及其对应工程量计算规则	编制不同阶段的公路工程造价文件采用的定额标准不同,如:编制投资估算要采用现行的《公路工程估算指标》,编制初步设计概算要采用现行的《公路工程概算定额》,编制施工图预算要采用《公路工程预算定额》,因不同设计阶段所采用的定额综合扩大的程度不同,定额子目所包含的工作内容也不同,因此定额工程量计算的规则、方法也因使用不同的消耗量定额而不同
	经审定的设计图纸及说明	设计图纸全面反映建设项目的现状与规模、各部分的结构尺寸及施工方法,是各类工程数量计算的基础资料和基本依据。设计人员对图纸工程数量的计算也与定额工程数量和计量工程数量的计算有很多相同之处,因此经审定的设计图纸是定额工程量计算的主要依据

续上表

定额工程量的依据	经审定的施工组织设计或施工技术方案	一方面，图纸主要表现工程的实体项目，而具体分项工程的施工方法、措施应根据实际情况由施工组织设计或施工技术方案确定，如计算基坑开挖，施工方法是采用人工开挖还是机械开挖，基坑周围是采用放坡还是用挡土板支护应以施工技术方案为计算依据；另一方面，工程建设中的建筑安装工程费一部分用于支付构成实体的工程项目，一部分用于支付辅助工程项目，所谓辅助工程项目即本身不构成实体但又是在构成实体过程中必须要发生的一部分工程措施项目。图纸主要表现工程的实体项目和部分辅助工程的工程数量，如：临时便道、便桥、临时输电线路等，还有一部分辅助工程的工程数量需要根据具体施工组织设计计算，如桥梁钢管梁式支架搭设的费用需根据桥梁的具体情况分别计算支架下部钢管质量和支架上部的搭设面积套用定额计算，而通常情况下这部分辅助工程的工程数量在设计图纸中不会体现，需要造价编制人员根据施工技术方案确定
	经审定通过的其他有关技术经济文件及经济调查资料	

知识点5：定额工程量计算规则

考核要求	1. 定额工程量与清单工程量的区别。 2. 定额工程量计算规则	此部分内容主要考核定额工程量与清单工程量的区别以及定额工程量计算规则，包括不同设计阶段定额工程量不同的计算规则、定额工程量的计算方法

定额工程量计算规则相关知识表

定额工程量计算规则主要内容		
定额工程量与清单工程量的区别	两者的用途不同	定额工程数量主要用于各阶段的工程计价（组价），简而言之就是计价过程中使用定额时填写的工程数量，其数量需根据相应阶段的定额工程量的计算规则计算；而清单工程量主要用于工程量清单的编制，以及工程计量、支付等方面，是按工程量清单计量规则计算
	两者参考的计算依据不同	计算定额工程量主要参考公路工程定额中的工程量计算规则，因此设计阶段不同使用的计价定额就不同，对应不同计价定额的定额工程量的计算规则也就不同。清单工程量的计算主要参考现行的《公路工程标准施工招标文件》中的“工程量清单计量规则”或是根据公路建设项目的实际情况，以《公路工程标准施工招标文件》中技术规范为基础补充修改的“项目专用技术规范”中的计量规则确定
	两者项目划分和综合的工作内容不同	定额工程量的计算规则需根据定额的项目划分和每个定额所包含的工作内容确定，以预算定额为例，定额的项目划分通常以结构构件或分项工程为基础，包括的工作内容相对单一；而清单工程量基于清单计量规则按照“实体、净量”的原则进行划分，体现功能单元，所包含的工作内容较为综合，往往不止一项（即一个清单项目的组价通常包括多个定额）。如现行《公路工程标准施工招标文件》工程量清单计量规则中，陆上钻孔灌注桩计量工程量的计算，只需依照图纸所示桩长及混凝土强度等级按照不同桩径，桩长以m为单位进行计量，而针对该计价细目的组价选择的定额需包含该桩径钻孔灌注桩的全部工作内容，如护筒的安拆、桩基的成孔（钻孔、清孔、钻孔泥浆）、混凝土的浇筑及凿除桩头、桩基的无破损检验等，上述每个分项工程均对应相应的定额，所套用的每个定额又需按定额工程量的计算规则进行计算。因此就综合程度而言，清单工程量通常大于或等于定额工程量
	两者计算口径不同	定额工程量在计算过程中考虑了一定的施工方法、施工工艺和现场实际情况，而清单工程量在计算中主要计算工程实体的净量。如基坑开挖清单工程量的计算，取用原地面到基础底面间的平均高度并以超过基础底面周边0.5m的竖直面为界的棱柱体体积为计量规则计算基坑开挖的净量；而在定额工程量计算时，基坑开挖的净量仍需包括放坡及工作面等的开挖量，即包含了为满足施工工艺要求而增加的工程量

续上表

<table>
<tr><td rowspan="2">定额工程量与清单工程量的区别</td><td>两者工程量计算覆盖的范围不一致</td><td colspan="2">清单工程量的计算范围通常为工程的实体,而定额工程量除了涉及实体工程数量的计算,还需计算为修建实体而必须消耗的辅助工程的工程数量</td></tr>
<tr><td>两者的计量单位的选择不一致</td><td colspan="2">清单工程量的计量单位一般采用基本的物理计量单位或自然计量单位,如 m^2、m^3、kg、t 等。定额工程量的计量单位一般为扩大的物理计量单位或自然计量单位,如 $1000m^2$、$10m^3$、10m 等</td></tr>
<tr><td rowspan="4">定额工程量计算规则</td><td>不同设计阶段定额工程量的计算规则不同</td><td colspan="2">定额工程量计算的目的是配合定额的使用,因不同的设计阶段对工程造价准确性的要求不同,所以不同设计阶段定额的综合程度也就不同,进而使得造价编制的不同阶段(投资估算、初步设计概算、施工图预算阶段)定额工程量的计算方法、计算规则也不尽相同。由此可见定额工程数量的计算规则和计算方法不是一成不变的,而是随着使用定额的不同而变化的</td></tr>
<tr><td rowspan="3">定额工程量的计算方法</td><td>工程量计算规则</td><td>这些工程量计算规则直接在工程定额的章节说明中列出,其说明中涉及的内容在定额工程量的计算时必须采用。如隧道洞身工程预算定额第一节洞身工程说明中的工程量计算规则第 8 条“砂浆锚杆工程量为锚杆、垫板及螺母等材料质量之和;中空注浆锚杆、自进式锚杆的工程量按锚杆设计长度计算”。这条计算规则在套用时就必须按照不同锚杆的类型计算定额工程数量,砂浆锚杆按质量计算,该质量除了包含砂浆锚杆的质量外还需加垫板及螺母的质量。而实际工程造价的计算中常常看到造价人员在砂浆锚杆的计算中漏计螺母、垫板的质量,或者因工程图纸中设计数量按锚杆长度给出,在造价编制中就直接套用中空注浆锚杆、自进式锚杆定额按长度对砂浆锚杆估价。这些错误的编制方法都是因为对定额工程量计算规则的忽略,直接按图纸数量套用所导致的</td></tr>
<tr><td>特殊情况下的工程量计算</td><td>是指那些没有直接列入工程量计算规则,但其内容又对定额工程数量的计算产生影响的定额说明。如防护工程预算定额说明的第 3 条“本章定额中除注明者外,均已包括按设计要求需要设置的伸缩缝、沉降缝的费用”。这条定额说明虽然没有列入章节说明的工程量计算规则,但也对工程造价的计算同样产生影响。在实际工作中设计人员在计算工程数量时常常给出挡墙伸缩缝的数量,而造价编制人员也常常为这一个数量套用“沥青麻絮伸缩缝”定额计价。这一看似没有问题的计价过程,其实就是忽略了这一条定额说明,从而导致伸缩缝费用的重复计算。像这样特殊情况下的工程量计算规则通常在定额说明或定额的工作内容中涵盖,大家需要重视。由此可见定额工程量的计算规则与设计人员在工程图纸中给出的工程数量在计算规则上有时是一致的,但也有很多时候是不一致的,因此在填写定额数量时一定要确保该数量是按照定额允许的计算规则计算得到的,而不能只是简单将图纸给出的数量选择对应定额直接填写</td></tr>
<tr><td>其他</td><td>除了定额的章节说明外,应用定额时还需注意阅读每个定额项目中的定额工程内容和定额注释,有时甚至需分析定额中具体工、料、机的内容和它们的具体消耗数量,通过这些来判断该定额对应的工作内容到底是什么,进而确定定额工程数量,防止在对照图纸工程数量选择和套用定额时的漏项或重复计算</td></tr>
</table>

例题解析

1. 下列关于定额工程量的说法错误的是(　　)。
   A. 以消耗量定额本身的项目划分及计量单位为编制单元计算出来的工程数量
   B. 定额工程量是经现场勘察,对设计图纸和施工组织设计阅读、理解的基础上,根据清单工程量的计算规则综合图纸的设计工程量和施工组织方案确定的施工措施工程量(又称辅助工程量)
   C. 定额工程数量按照项目的实施过程可以分为公路工程前期阶段的设计工程量、定额工程量和公路工程实施阶段的清单工程量、合同工程量、计量工程量、支付工程量,各个工程量的概念、用途、计算规则和方法各不相同
   D. 定额工程量计算具有多阶段性和多样性,且工程量的计算过程有不同的具体内容

答案:B

【解析】 选项B定额工程量是经现场勘察,对设计图纸和施工组织设计阅读、理解的基础上,根据定额工程量的计算规则综合图纸的设计工程量和施工组织方案确定的施工措施工程量(又称辅助工程量),而不是根据清单工程量的计算规则。

2. 下列选项中关于定额工程量与清单工程量的区别叙述正确的是(　　)。
   A. 两者的用途不同,定额工程数量主要用于各阶段的工程计价,清单工程量主要用于工程量清单的编制,以及工程计量、支付等方面
   B. 两者参考的计算依据不同,计算定额工程量主要参考公路工程定额中的工程量计算规则,因此设计阶段不同对应使用的计价定额就不同
   C. 两者项目划分和综合的工作内容不同,就综合程度而言,清单工程量通常小于或等于定额工程量
   D. 两者计算口径不同,定额工程量在计算过程中考虑了一定的施工方法、施工工艺和现场实际情况,而清单工程量在计算中主要计算工程实体的净量
   E. 两者工程量计算覆盖的范围不一致,定额工程量的计算范围通常为实体工程,而清单工程量除了涉及实体工程数量的计算外,还需计算为修建实体而必须消耗的辅助工程的工程数量

答案:ABD

【解析】 选项C两者项目划分和综合的工作内容不同,就综合程度而言,清单工程量通常大于或等于定额工程量,而不是小于或等于定额工程量;选项E两者工程量计算覆盖的范围不一致,清单工程量的计算范围通常为实体工程,而定额工程量除了涉及实体工程数量的计算外,还需计算为修建实体而必须消耗的辅助工程的工程数量。

本节习题

Ⅰ.单项选择题

1. (　　)是建设项目合理计价的前提。
   A. 正确确定定额工程数量　　B. 正确确定清单工程数量

C. 正确确定设计工程数量　　D. 正确确定计量工程数量

2. 定额工程量计算具有多次性和(　　)。

A. 复杂性　　B. 准确性　　C. 多阶段性　　D. 多样性

3. (　　)一般是投标人投标报价的基准数量,是签订合同的组成部分。

A. 清单工程量　　B. 合同工程量　　C. 计量工程量　　D. 支付工程量

4. (　　)与清单工程量数量是一样的,只是两者单价取定的主体和确定原则不同而已。

A. 清单工程量　　B. 合同工程量　　C. 计量工程量　　D. 支付工程量

5. 一个项目(　　)之和即工程项目的实际规模。

A. 清单工程量　　B. 合同工程量　　C. 计量工程量　　D. 支付工程量

6. 在公路工程实施阶段,对已完工程进行计量后,并按合同约定确认进行支付的计量工程量称为(　　)。

A. 清单工程量　　B. 合同工程量　　C. 计量工程量　　D. 支付工程量

7. 基坑开挖清单工程量的计算,取用原地面到基础底面间的平均高度并以超过基础底面周边(　　)的竖直面为界的棱柱体体积为计量规则。

A. 0.5m　　B. 0.8m　　C. 1m　　D. 1.5m

8. 概算定额是在(　　)基础上综合扩大而来的。

A. 施工定额　　B. 预算定额　　C. 估算指标　　D. 企业定额

9. 现行《公路工程预算定额》隧道洞身中空注浆锚杆、自进式锚杆的工程量按(　　)计算。

A. 锚杆的实际长度　　B. 锚杆的实际质量

C. 锚杆的设计长度　　D. 锚杆的设计质量

10. 关于定额与清单计价的区别,下列说法错误的是(　　)。

A. 清单项目划分一般按"综合实体"进行分项

B. 清单计价突出了施工措施费的市场竞争性

C. 清单与定额章节划分完全一致

D. 定额与清单计价合同价格的调整方式不同

11. 工程实施阶段的工程量概念,叙述错误的是(　　)。

A. 工程量是指以物理计量单位或自然计量单位表示的各个具体分部分项工程项目的数量

B. 支付工程量之和在竣工结算时应大于或等于与计量工程量之和

C. 工程量应按合同文件中约定的工程计算规则、图纸及变更指示等进行计量

D. 若发现工程量清单中出现漏项、工程量计算偏差,以及工程变更引起工程量的增减变化,应据实调整、正确计量

Ⅱ. 多项选择题

1. 工程数量按照项目的实施过程,可以分为(　　)等。

A. 设计工程量　　B. 定额工程量　　C. 预算工程量　　D. 清单工程量

E. 合同工程量

2. 以下属于定额工程量计算依据的是(　　)。

A. 国家、行业和地方发布的各类消耗量定额及其对应工程量计算规则

B. 设计图纸及说明

C. 经审定的施工组织设计

D. 经审定通过的其他有关技术经济文件及经济调查资料

E. 经审定的施工技术方案

3. 在土石方数量的计算上无论是预算定额工程量还是概算、估算定额工程量均需要增加以下几项(　　)。

A. 清除表土或零填方地段的基地压实、耕地填方前夯(压)实,回填至原地面高程所需的土、石方数量

B. 因路基沉陷需增加填筑的土、石方数量

C. 为保证路基边缘的压实度必须加宽填筑实,所需的土、石方数量

D. 超挖的土石方数量

E. 损耗的土石方数量

4. 费用项目清单主要包括(　　)等。

A. 估算项目清单　　B. 概算项目清单

C. 预算项目清单　　D. 工程量清单

E. 定额工程量清单

5. 关于定额工程量计算,以下说法正确的是(　　)。

A. 概算与预算的定额工程量的计算一致

B. 定额工程量计算规则在工程定额的章节说明中列出,计算时必须采用

C. 要注意没有列入工程量计算规则,但其内容对定额工程量的计算产生影响的定额说明

D. 要注意每个定额项目中的定额工程内容和定额注释

E. 定额工程量与设计人员在工程图纸中给出的工程数量在计算规则上是一致的

6. 造价中,为主体工程服务的辅助工程包括(　　)。

A. 塔吊　　B. 基础垫层

C. 大型拌和站　　D. 满堂轻型支架

本节习题答案及解析

Ⅰ. 单项选择题

1. **答案:**A

【解析】　工程量是指按一定规则并以物理计量单位或自然计量单位所表示的工程各分部分项工程、措施项目或结构构件的数量。工程量的正确计算是公路工程项目编制投资估算,初步设计概算,技术设计修正概算,施工图预算及施工过程中各阶段项目结算、决算的基本依据。公路工程建设项目工程造价水平与项目工程规模的关系最直接,能否正确计算建设项

锚杆、垫板及螺母等材料质量之和；中空注浆锚杆、自进式锚杆的工程量按锚杆设计长度计算”，这条计算规则在套用时就必须按照不同锚杆的类型计算定额工程数量，砂浆锚杆按质量计算，该质量除了包含砂浆锚杆的质量外还需加垫板及螺母的质量。

10. **答案**：C

【解析】 清单与招标技术规范章节划分一致，与定额章节划分没有关系。

11. **答案**：B

【解析】 支付工程量之和在竣工结算时应小于或等于计量工程量之和。

Ⅱ. 多项选择题

1. **答案**：ABDE

【解析】 工程数量按照项目的实施过程可以分为公路工程前期阶段的设计工程量、定额工程量和公路工程实施阶段的清单工程量、合同工程量、计量工程量、支付工程量，各个工程量的概念、用途、计算规则和方法各不相同。

2. **答案**：ACDE

【解析】 定额工程量计算依据的是国家、行业和地方发布的各类消耗量定额及其对应工程量计算规则；经审定的设计图纸及说明；经审定的施工组织设计施工技术方案；经审定通过的其他有关技术经济文件及经济调查资料。未经过审定的设计图纸及说明是不能作为定额工程量计算依据的。

3. **答案**：ABC

【解析】 在路基土石方工程中定额工程量的计算中，土石方数量的计算忽略了土石类别的划分和压实系数等因素，但是在需并入路基填方数量内计算的工程数量的内容上又与概算、预算中的计算内容是完全相同的，即无论是预算定额工程量还是概算、估算定额工程量均需增加：①清除表土或零填方地段的基底压实、耕地填方前夯(压)实，回填至原地面高程所需的土、石方数量。②因路基沉陷需增加填筑的土、石方数量。③为保证路基边缘的压实度必须加宽填筑实，所需的土、石方数量故选择 A、B、C。

4. **答案**：ABC

【解析】 费用项目清单主要包括估算项目清单、概算项目清单、预算项目清单等。工程量清单与费用项目清单同属于公路工程造价项目，它们的共同特点是具有统一的内容、名称、编码、单位等，但有着本质上的区别。

5. **答案**：BCD

【解析】 定额工程量计算的目的是配合定额的使用，因不同的设计阶段对工程造价准确性的要求不同，所以不同设计阶段的定额的综合程度也就不同，进而使得造价编制的不同阶段(投资估算、初步设计概算、施工图预算阶段)定额工程量的计算方法、计算规则也不尽相同。由此可见定额工程数量的计算规则和计算方法不是一成不变的，而是随着使用定额的不同而变化的，所以 A 选项错误。

6. **答案**：ACD

【解析】 辅助工程即本身不构成实体但又是在构成实体过程中必须要发生的一部分工程措施。

(三)工程量清单计量规则

工程量清单计价知识点

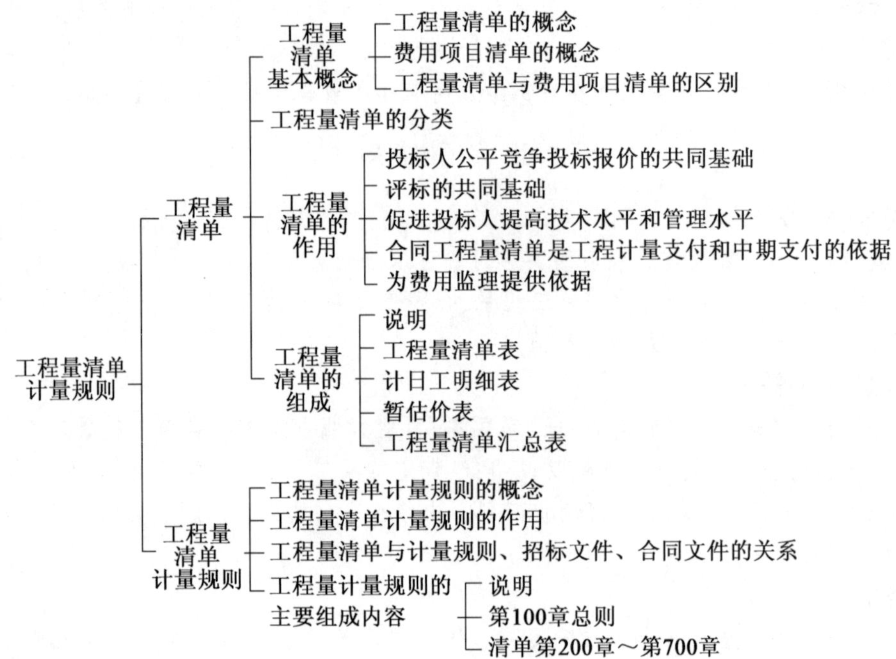

知识点集成

知识点6:工程量清单

考核要求	1.工程量清单基本概念。 2.工程量清单的分类。 3.工程量清单的作用。 4.工程量清单的组成	此部分内容主要考核工程量清单的基本概念、分类、作用和组成,包括工程量清单与费用项目清单的区别,工程量清单表、计日工明细表、暂估价表、工程量清单汇总表

工程量清单相关知识表

工程量清单主要内容		
工程量清单基本概念	工程量清单的概念	工程量清单是在工程实施阶段用于表述公路工程的工程量及对应价款的组成和内容的明细清单,包括完成公路建设活动所需的实物工程、措施项目以及费用项目等。 工程量清单通常是依据建设工程设计图纸(或实际工程数量)、工程量清单计量规则等将要招标的工程进行分解,按一定的基本计量单位和技术标准计算所得的构成工程实体的实物工程数量汇总清单表。用以明确工程项目的内容和数量,每个表中既有工程部位和该部位需实施的子项目(工程子目),又有每个子项目的工程数量和计价要求(单价或包干价)以及总计金额,可见工程量清单反映的是每个相对独立的个体项目的工程内容的预计数量以及完成价格。 未标价的工程量清单实际就是按计量规则计算的实体项目的工程数量汇总表

续上表

<table>
<tr>
<td rowspan="2">工程量清单基本概念</td>
<td>费用项目清单的概念</td>
<td>费用项目清单是针对公路工程造价的费用构成，综合费用来源和作用、工程管理和定额计价习惯等因素，结合长期工程设计和建设管理实践经验，按一定规则以工程或费用编码、名称、统计单位等因素划分，在公路工程计价各个阶段以表列形式展现的一种相对稳定的工程或费用的明细清单。费用项目清单主要包括估算项目清单、概算项目清单、预算项目清单等。各阶段造价文件的编制应执行《公路工程建设项目造价文件管理导则》（JTG 3810—2017），并结合相应建设阶段的工作深度和管理要求，确定相应建设阶段的扩展费用项目和对应的费用项目清单</td>
</tr>
<tr>
<td>工程量清单与费用项目清单的区别</td>
<td>造价费用项目清单（在《公路工程建设项目概算预算编制办法》中为概算预算项目表）和工程量清单子目在公路工程造价文件体系中同属于公路工程造价项目。它们的共同特点是具有统一内容、名称、编码、单位等，在工程实践中也常因为工程量清单与费用项目清单的细目名称有很多相同之处，而导致两个概念的混淆。其实工程量清单与费用项目清单有着本质上的区别，主要体现在以下几个方面：
1. 工程量清单与费用项目清单在公路工程各阶段造价文件的编制中适用的阶段不同。工程量清单主要是在公路工程实施阶段使用，公路工程建设项目招投标、合同管理、计量支付、工程结算采用工程量清单方式计量计价时，其工程量清单的工程或费用以子目形式展现；而费用项目清单主要是在公路工程前期阶段即设计阶段使用，是在工程项目编制估、概、预算时对应编制的工程或费用的明细清单，该明细清单在不同深度的设计阶段详细程度也不同。
2. 工程量清单与费用项目清单的清单子目设置的原则不一致。工程量清单的子目结合工程设计、施工工艺、招投标和合同管理等因素设置，并对应工程数量的计量和支付规则，同级子目之间的工程内容不得有包含或重叠关系。而费用项目清单是在公路设计和管理过程中以实践经验为基础拟订的工程或费用的明细清单。这个清单本身不与计量和支付规则对应，也不像工程量清单那样固定，而是可结合项目建设阶段的工作深度和管理要求灵活确定对应的费用项目清单。但工程量清单的子目也应便于与造价要素费用项目、设计工程量清单的对应性连接，以适应公路工程建设管理需求和全过程造价管理需求。
3. 工程量清单与费用项目清单的清单子目数量的计算原则不同。工程量清单子目对应的工程数量是按照清单工程数量计算规则计算的，可用于计量支付的实物数量。而费用项目清单的细目仅指费用项本身。
4. 工程量清单与费用项目清单的清单子目的编码原则不一致</td>
</tr>
<tr>
<td colspan="2">工程量清单的分类</td>
<td>工程量清单根据在公路建设过程中订立时间、阶段的不同分为招标工程量清单、投标工程量清单、合同工程量清单、结算工程量清单等类别。招标工程量清单在项目的招投标阶段通常由招标人进行编制，招标工程量清单的标底或最高投标限价应以编制的工程量清单预算为基础确定，投标工程量清单则由投标人根据自身情况填报项目的单价、合计。
合同工程量清单是指在公路工程发、承包活动中，发、承包双方根据合同法、招（投）标文件及有关规定，以约定的工程量清单计价方式，签订工程承包合同时确定的工程量清单。
结算工程量清单是指在公路工程建设实施过程中或工程完工后，发、承包双方根据有关法律、法规，按合同约定用以计算确定的最终工程价款所确定的工程量清单。但不管是哪种工程量清单其组成内容是相同的，都包括项目的工程量、单位、单价、合价及总额</td>
</tr>
<tr>
<td colspan="2">工程量清单的作用</td>
<td>工程量清单作为招标文件、合同文件的最重要的组成部分，同时也是计量支付的重要依据，其重要作用主要表现在以下5个方面：
1. 投标人公平竞争投标报价的共同基础。
工程量清单是按照招标文件中技术规范的规定、工程量清单计量及要求的工程细目分项原则和工程量计算方法计算、确定的。无论是招标人编制招标控制价，还是不同投标人计算投标报价均采用的是同一套工程量清单，由此可见清单中的工程数量为招、投标各方提供了投标报价的共同数量基础。这个数量是施工前根据设计图纸、说明以及清单的工程量计算规则计算得到的一组能反映项目实际规模的且准确性较高的计量工程数量，在招投标过程中不能随意修改。但需要注意的是这个数量并不是中标人在施工时应完成的实际工程数量。</td>
</tr>
</table>

续上表

工程量清单的作用	2.评标的共同基础。 工程量清单由招标人编制,投标人在投标报价时受工程量清单数量的制约,那么投标报价的主要竞争成为价格竞争,而这一竞争有利于招标人降低费用,因此,投标报价也是招标人选择中标人的最重要的参考。但需要注意的是招标人在考虑报价因素时同时也要兼顾施工组织设计的合理性以及承包人低价中标完成的可能性。 3.促进投标人提高技术水平和管理水平。 由于各投标人是在同一数量基础上进行投标报价,为了降低报价取得中标,投标单位必须不断提高管理水平和技术水平从而降低成本。这样有利于促进施工单位改进施工方法、优化施工方案、加强项目管理,采用自己掌握的先进施工技术、装备,最大限度地提高劳动生产率,从而减低生产成本。 4.合同工程量清单是工程计量支付和中期支付的依据。 工程量清单描述了工程项目的范围、内容、计量方式和方法,在工程实施期间对工程的计量与支付均应以工程量清单为依据,即使在发生工程变更和费用索赔时,清单单价也起到重要的参考作用,直接影响到监理人对新增单价的确定。因此,工程量清单必须做到分项清楚明了,各细目工作内容不重不漏,清单工程数量的计算也应尽可能准确,以避免投标人利用进一步采用不平衡报价,使招标人利益受损。 5.为费用监理提供依据。 由于工程量清单是合同文件的重要组成部分,是在工程变更、价格调整、工程索赔中业主与承包人都比较容易接受的价格基础。因此,无论合同的类型是什么,工程量清单都是费用监理中应最优先考虑到的问题
工程量清单的组成	按照公路工程项目的基本组成划分,公路工程工程量清单可以分为三大类,分别是交通土建工程工程量清单、交通机电工程工程量清单、房屋建筑工程工程量清单。其中交通机电工程工程量清单全国没有统一的标准,在具体编制时应按照各省的相关规定进行编制;房屋建筑工程工程量清单公路行业也没有统一的标准,应按合同约定执行相关行业的定额及规定;交通土建工程工程量清单在交通运输部发布的《公路工程标准施工招标文件》(2018年版)中做了详细的规定,招标文件中对工程量清单的工程子目、工程量计量规则与"技术规范"的相应内容进行了解释说明,三者应结合起来加以理解、解释和应用。本书所涉及的工程量清单的全部内容,若不加说明均为《公路工程标准施工招标文件》(2018年版)中规定的交通土建工程工程量清单。 工程量清单由说明、工程量清单表、计日工明细表、暂估价表和工程量清单汇总表组成。 1.说明。 说明部分包括:工程量清单说明、投标报价说明、计日工说明和其他说明。工程量清单说明是对清单细目中不能具体表述的内容进行进一步的明确,它对工程量清单的性质、承包人填报工程量清单的单价和合同价格的要求、计量支付的方式方法、费用计算的依据等做明确规定。因此,该说明在招投标期间对如何进行工程报价有实质影响,并且对工程实施期间工程是否进行计量与支付,以及如何进行计量与支付有直接影响。在进行工程索赔变更及费用索赔时它的参考作用更明显。概括起来工程量清单说明强调的主要内容如下: (1)工程量清单中工程量的性质与作用。工程量清单中约定计量规则中没有的子目,其工程量按照有合同约束力的图纸所标示尺寸的理论净量计算,计量采用法定计量单位;工程量清单中所列的工程数量是估算的或设计预计的数量,仅作为投标报价的共同基础,不能作为最终计算与支付的依据;工程量清单中所列工程量的变动,不会降低或影响合同条款的效力,也不免除承包人按规定进行施工和修复缺陷的责任。 (2)工程量清单与其他招标文件的关系。工程量清单应与招标文件中的投标人须知、通用合同条款、专用合同条款、工程量清单计量规则、技术规范及图纸一起阅读和理解。这一说明的主要目的是要求投标人综合考虑支付条件、技术要点、质量标准、工程施工条件以及需综合在某一单项中的众多子目后,适当考虑自身的费用、风险后再填报单价。

续上表

工程量清单的组成	(3)投标人填报工程量清单时的要求。工程量清单中的每一个子目须填入单价和合价;工程量清单中的投标人没有填入单价和合价的子目,其费用视为已分摊在清单中其他相关子目的单价之中,承包人必须按规定完成该部分子目但不能得到单独的结算与支付。 (4)工程量清单单价和总价的含义。除非合同另有规定,工程量清单中有标价的单价和总价均已包括了为实施和完成合同工程所需的劳务、材料、机械、质检(自检)、安装、缺陷修复、管理、保险、税金、利润等费用,以及合同明示或暗示的所用责任、义务和一般风险。 (5)计日工总则。计日工的使用需得到监理人的书面指令,计日工不调价。 (6)计日工单价的含义: ①计日工劳务。计日工工资的工时应从工人到达施工现场,并开始从事指定工作算起,到返回原出发地点为止,扣去用餐和休息时间。计日工单价也是一个综合单价,包括计日工劳务的基本单价及承包人的管理费、税费、利润等所用附加费。 ②计日工施工机械。只有经监理人同意,计算的工作小时数才能将施工机械从现场某处运到监理人指定的计日工作业的另一现场往返运送时间包含在内,否则计算所用的施工机械费用时,应按实际工作小时支付。计日工施工机械的单价应包括施工机械的折旧、利息、维修、保养、零配件、油燃料、保险和其他消耗品的费用以及全部有关使用这些机械的管理费、税费、利润和司机与助手的劳务费等费用。 2. 工程量清单表。 (1)工程量清单的基本格式及其子目的层次划分: 工程量清单表是招标工程中按章的顺序排列的各个项目表。包括子目号、项目名称、单位、工程数量、单价、合价六项。 工程量清单表的子目是分章进行划分的,划分原则应结合公路工程项目的工程设计、施工工艺、招投标和合同管理等因素设置。总体来讲一级划分除100章总则(开办项目清单)外,其余各章是按照公路工程建设项目单位工程进行划分的永久工程项目的工程量清单,交通运输部的《公路工程标准施工招标文件》(2018年版)工程量清单共分为7章:一类是100章总则,特点是该章子目有关款项包干支付按总额计算;另一类是永久工程项目的工程量清单,包括200章路基,300章路面,400章桥梁、涵洞,500章隧道,600章安全设施及预埋管线,700章绿化及环境保护设施。各章的子目划分又按照分部分项工程的具体特点、性质、部位、材料、施工方法或其他特性进一步逐级划分。 工程子目分章排列,有利于将不同性质、不同部位、不同施工阶段或其他特性的不同的工程区分开来,同时也有利于将那些需要采用不同施工方法、不同施工阶段或成本不一样的工程区别开来。 一个项目具体划分多少章,章中分多少级划分子目,则视工程实际情况确定。 (2)工程量清单计价细目编码原则: 公路工程工程量清单子目的划分应分级划分、逐层编制,编码可递延、可扩展。其编码的一级划分应按《公路工程建设项目造价文件管理导则》(JTG 3810—2017)中的相关内容执行,二级划分宜按《公路工程建设项目造价文件管理导则》(JTG 3810—2017)附录中的“工程量清单子目组成及编码框架表”划分。根据项目的实际情况逐级递延,具体需划分多少级以工程项目的实际需要为准,一般最多划分为五级。 清单编码原则以工程量清单表子目502-7-a-(a-1)隧道洞顶回填黏土防水层细目为例: 5——一级编码(章　隧道); 02——二级编码(节　洞口及明洞工程); 7——三级编码(目　洞顶回填防水层); a——四级编码(细目　洞顶回填防水层); (a-1)——五级编码(子细目　黏土防水层)。 3. 计日工明细表。 计日工也称散工或点工。在工程施工过程中,发包人可能有一些临时性的或新增加的项目,而且这种临时新增项目的工程量在招投标阶段很难估计。发包人希望通过招投标阶段事先定价,避免开工后可能发生时出现的争端,故需要以计日工明细表的方法在工程量清单中予以明确。计日工明细表包括计日工劳务、计日工材料、计日工施工机械和计日工汇总表。

续上表

工程量清单的组成	4. 暂估价表。 暂估价是在工程招标阶段已经确定的材料、工程设备或工程项目,但又无法在投标时确定准确价格,而可能影响招标效果时,发包人在工程量清单中给定一个暂估价。在工程实施阶段,根据不同类型的材料与专业工程再重新定价。暂估价表包括材料暂估价、工程设备暂估价和专业工程暂估价。 5. 工程量清单汇总表。 工程量清单汇总表是将各章的工程细目表及计日工明细表进行汇总,加上暂列金额而得出该项目的总报价

知识点 7:工程量清单计量规则

考核要求	1. 工程量清单计量规则的概念。 2. 工程量清单计量规则的作用。 3. 工程量清单与计量规则、招标文件、合同文件的关系。 4. 工程量计量规则的主要组成内容	此部分内容主要考核工程量清单计量规则的概念、作用以及主要组成内容

工程量清单计量规则相关知识表

工程量清单计量规则主要内容	
工程量清单计量规则的概念	工程量清单计量规则由子目号、子目名称、单位、工程量计量、工程内容组成。每个子目号与工程量清单子目号一一对应。每个子目由对应的工程内容、工艺流程、检评标准构成实施过程,是承包人报价、发包人支付的依据。 工程量清单计量规则与工程计量的关系密不可分。因工程计量必须符合合同约定的条件,也即计量除了包括数量方面的内容外,还包括工程质量方面的内容,质量不合格,监理工程师有权不予计量,承包人将得不到付款,并由承包人自己承担由此造成的损失。而工程量计量规则作为合同的重要组成部分正是为工程的合理计量提供依据
工程量清单计量规则的作用	1. 工程量清单计量规则是计量工程量的计算依据。工程量计量规则的每一个子目都对该子目如何计量做了详细的说明,如计量工程量的计算方法、计量单位的采用及该子目中哪些内容应予以计量哪些不能计量等内容做了详细的说明,是计量工程量确定的依据。但无论采用哪种方法,其计算结果都应该是净尺寸工程量,计算结果中不包括施工中必须发生的允许的“合理超量”,超量价值应包括在净尺寸单价中。 2. 工程量清单计量规则确定了清单子目所包含的工作内容。清单子目的工作内容包括什么,计价是要计算哪些工作内容对应的费用,其计算依据不是由子目名称所确定的,或编制人员自行理解的,而是由合同文件的计量规则决定。计量规则中所描述的工作内容是承包人是否完成清单子目工作内容的唯一确定标准,规定了承包人应予以完成的该子目的全部工作,因此没有对应计量规则的清单细目是无法进行计量支付的,也没有实际存在的意义。 3. 工程量清单计量规则对承包人完成子目工作的工艺流程、施工过程提出了具体的要求。工程量清单计量规则对施工过程提出了具体的施工要求,是完成子目工作时承包人必须予以遵守的内容。 4. 工程量清单计量规则、技术规范对承包人完成子目工作的工程质量提出了对应的质量检验标准。监理人予以计量的前提是子目工程内容全部完成,且质量达到标准,而计量规则针对质量检验提出了基本要求,规定了工程内容的外观质量、检查项目、检查方法及合格标准等内容,以满足监理人对质量管控的需求

续上表

工程量清单与计量规则、招标文件、合同文件的关系		工程量清单不能单独理解,这是在使用清单时必须注意的。清单说明中已经明确指出工程量清单应与招标文件中的投标人须知、通用合同条款、专用合同条款、工程量清单计量规则、技术规范及图纸一起阅读和理解。其工程量清单子目与合同约定计量规则的内容(工程计量、工程内容)及技术规范必须是一一对应关系,且执行的计量规则必须是合同的约定的。因此根据项目实际情况增列的工程细目不应挤占原清单已有的子目编码,且一定要在合同条款中有相应的计量规则和技术规范与之配套。这两点是在编制工程量清单时经常容易被造价人员忽略的问题。 报价时招标文件各部分的优先次序应是:合同专用条款及数据表(含招标文件补遗书中与此有关部分)优先于合同通用条款;工程量清单中的工程数量(含招标文件补遗书中与此有关的部分)优先于图纸中的工程数量;工程量清单中项目划分、计量与技术规范必须相结合。 合同条件一般也称合同条款,它是合同中商务条款的重要组成部分。合同条件是论述在合同执行中当事人双方的职责范围、权利和义务、监理工程师的职责和授权范围,遇到各类问题,如:在进度、质量、检验、支付、索赔、争议、仲裁等时,各方应遵循的原则及采取的措施等。 技术规范、图纸和工程量清单三者都是投标人在投标时必不可少的资料,因为依据这些资料,投标人才能拟订施工计划,包括施工方案、进度计划、施工工艺等、并据此拆分工程数量、进行工程估价和确定投标价。 招标图纸是招标文件和合同的重要组成部分,这些资料具体地规定了兴建工程的形式、内容、地质情况、结构尺寸、施工技术要求等,是投标人在拟订施工组织方案、确定施工方法以及提出替代方案,计算投标报价时必不可少的资料
工程量计量规则的主要组成内容	说明	1.一般要求 (1)本计量规则各章节是按第七章“技术规范”的相应章节编号的,因此,各章节工程子目的工程量计量规则应与“技术规范”相应章节的施工规范结合起来理解、解释和应用。 (2)本规则所有工程项目,除个别注明者外,均采用我国法定的计量单位,即国际单位及国际单位制导出的辅助单位进行计量。 (3)本规则的计量与支付,应与合同条款、工程量清单以及图纸同时阅读,工程量清单中的支付项目号和本规则的章节编号是一致的。 (4)任何工程项目的计量,均应按本规则规定或监理人书面指示进行。 (5)按合同提供的材料数量和完成的工程数量所采用的测量与计算方法,应符合本规则规定。所有这些方法,应经监理人批准或指示。承包人应提供一切计量设备和条件,并保证其设备精度符合要求。 (6)除非监理人另有准许,一切计量工作都应在监理人在场情况下,由承包人测量、记录。有承包人签名的计量记录原本,应提交给监理人审查和保存。 (7)工程量应由承包人计算,由监理人审核。工程量计算的副本应提交给监理人并由监理人保存。 (8)除合同特殊约定单独计量之外,全部必需的模板、脚手架、装备、机具、螺栓、垫圈和钢制件等其他材料,应包括在工程量清单中所列的有关支付项目中,均不单独计量。 (9)除监理人另有批准外,凡超过图纸所示的面积或体积,都不予计量与支付。 (10)承包人应严格执行标准计量基础工作和材料采购检验工作。沥青混凝土、沥青碎石、水泥混凝土、高强度等级水泥砂浆的施工现场必须使用电子计量设备称重。因不符合计量规定引发质量问题,所发生的费用由承包人承担。 (11)第104节“承包人驻地建设”与第105节“施工标准化”属于选择性工程子目,由发包人根据工程项目管理实际情况选择使用或同时使用。

续上表

工程量计量规则的主要组成内容	说明	2. 质量 (1)凡以质量计量或以质量作为配合比设计的材料,都应在精确与批准的磅秤上,由合格的人员在监理人指定或批准的地点进行称重。 (2)称重计量时应满足以下条件:监理人在场;对称重数据进行记录;将载明包装材料、支撑装置、垫块、捆束物等质量的说明书在称重前提交给监理人作为依据。 (3)钢筋、钢板或型钢计量时,应按图纸或其他资料标示的尺寸和净长计算。搭接、接头套筒、焊接材料、下脚料以及固定、定位架立钢筋等,则不予另行计量。钢筋、钢板或型钢应以千克(kg)计量,四舍五入,不计小数。钢筋、钢板或型钢由于理论单位质量与实际单位质量的差异而引起材料质量与数量不相匹配的情况,计量时不予考虑。 (4)金属材料的质量不得包括施工需要加放或使用的灰浆、楔块、填缝料、垫衬物、油料、接缝料、焊条、涂敷料等质量。 (5)承运按质量计量的材料的货车,应每天在监理人指定的时间和地点称出空车质量,每辆货车还应标示清晰易辨的标记。 (6)对有规定标准的项目,例如钢筋、金属线、钢板、型钢、管材等,均有规定的规格、质量、截面尺寸等指标,这类指标应视为通常的质量或尺寸;除非引用规范中的允许偏差值加以控制,否则可用制造商的允许偏差。 3. 面积 除非另有规定,计算面积时,其长、宽应按图纸所示尺寸线或按监理人指示计量。对于面积在 $1m^2$ 以下的固定物(如检查井等)不予扣除。 4. 结构物 (1)结构物应按图纸所示净尺寸线,或根据监理人指示修改的尺寸线计量。 (2)水泥混凝土的计量应按监理人认可的并已完工工程的净尺寸计算,钢筋的体积不扣除,倒角不超过 0.15m×0.15m 时不扣除,体积不超过 $0.03m^3$ 的开孔及开口不扣除,面积不超过 0.15m×0.15m 的填角部分也不增加。 (3)所有以米(m)计量的结构物(如管涵等),除非图纸另有表示,应按平行于该结构物位置的基面或基础的中心方向计量。 5. 土方 (1)土方体积可采用平均断面积法计算,但与似棱体公式(prismoidal formula)计算结果比较,如果误差超过 ±5% 时,监理人可指示采用似棱体公式。 (2)各种不同类别的挖方与填方计量,应以图纸所示界线为限,而且应在批准的横断面图上标明。 (3)用于填方的土方量,应按压实后的纵断面高程和路床面为准来计量。承包人报价时,应考虑在挖方或运输过程中引起的体积差。 (4)在现场钉桩后 56d 内,承包人应将设计和进场复测的土方横断面图连同土方的面积与体积计算表一并提交监理人批准。所有横断面图都应标有图题框,其大小由监理人指定。一旦横断面图得到最后批准,承包人应交给监理人原版图及三份复制图。 6. 运输车辆体积 (1)用体积计量的材料,应以经监理人批准的车辆装运,并在目的地进行计量。 (2)用于体积运输的车辆,其车厢的形状和尺寸应使其容量能够容易而准确地测定并应保证精确度。每辆车都应有明显标记。每车所运材料的体积应于事前由监理人与承包人相互达成书面协议。 (3)所有车辆都应装载成水平容积高度,车辆到达送货点时,监理人可以要求将其装载物重新整平,对超过定量运送的材料将不支付。运量达不到定量的车辆,应被拒绝或按监理人确定减少的体积接收。根据监理人的指示,承包人应在货物交付点,随机将一车材料刮平,在刮平后如发现货车运送的材料少于定量时,从前一车起所有运到的材料的计量都按同样比率减为目前的车载量。 7. 质量与体积换算 (1)如承包人提出要求并得到监理人的书面批准,已规定要用立方米(m^3)计量的材料可以称重,并将此质量换算为立方米(m^3)计量。

续上表

<table>
<tr><td rowspan="3">工程量计量规则的主要组成内容</td><td>说明</td><td>（2）将质量计量换算为体积计量的换算系数应由监理人确定，并应在此种计量方法使用之前征得承包人的同意。
8. 沥青和水泥
（1）沥青和水泥应以千克（kg）为单位计量。
（2）如用货车或其他运输工具装运沥青材料，可以按经过检定的质量或体积计算沥青材料的数量，但要对漏失量或泡沫进行校正。
（3）水泥可以以袋作为计量的依据，但一袋的标准应为50kg。散装水泥应称重计量。
9. 成套的结构单元
如规定的计量单位是一成套的结构物或结构单元（实际上就是按“总额”或称“一次支付”计的工程子目），该单元应包括了所有必需的设备、配件和附属物及相关作业。
10. 标准制品项目
（1）如规定采用标准制品（如护栏、钢丝、钢板、轧制型材、管子等），而这类项目又是以标准规格（单位质量、截面尺寸等）标识的，则这种标识可以作为计量的标准。
（2）除非所采用标准制品的允许误差比规范的允许误差要求更严格，否则，生产厂确立的制造允许误差不予认可</td></tr>
<tr><td>第100章
总则</td><td>第100章包括的主要工程内容有：保险；竣工文件；施工环保费；安全生产费；信息化系统（暂估价）；临时工程与设施（包括临时道路修建、养护与拆除；临时占地；临时供电设施架设、维护与拆除；电信设施的提供、维修与拆除；临时供水与排污设施）承包人驻地建设和施工标准等。</td></tr>
<tr><td>清单
第200章～
第700章</td><td>公路工程建设项目永久工程项目的工程量清单，先按单位工程进行划分，包括200章路基，300章路面，400章桥梁、涵洞，500章隧道，600章安全设施及预埋管线，700章绿化及环境保护设施。各章的子目划分按照分部分项工程的具体特点、性质、部位、材料、施工方法等或其他特性进一步逐级视工程实际情况划分。
工程量清单与计量规则在编制时应遵循以下原则：
（1）计量规则和技术规范保持一致。工程量清单各工程细目在名称、单位、计量规则等方面均应和技术规范保持一致，以便承包人清楚各工程细目的工作内容、计量规则以及为计量所必须确定的施工要求、质量检验标准等内容。因此在采用《公路工程标准施工招标文件》（2018年版）时，其工程细目的划分应尽量与《公路工程标准施工招标文件》（2018年版）保持一致。如果根据项目的实际需要对工程细目重新予以划分，则应明确子目的计量支付方法，注意修改技术规范中的相应内容，以保证整个合同的严密性和前后一致性。
（2）合理划分工程项目，确定计量规则便于计量支付、合同管理及处理工程变更。工程细目和对应计量规则的设置步距大小应科学。工程细目设置可大可小，工程细目设置的步距小有利于处理工程变更的计价，以及及时对子目进行支付，但却使计量工作量变大并增加计量的难度。相反工程细目的步距大的优点是可以减少计量的工作量，但过大会难以发挥单价合同的优势，不便于处理变更单价，同时使子目支付周期延长，导致承包人资金压力增加最终影响合同的正常、公平地履行。对清单中缺少的项目，或根据项目的实际需要对工程细目重新予以划分时也应在确定计量规则时充分考虑合同管理和变更处理的影响因素。
（3）应保证合同的公平性。为保证合同的公平性，工程量清单中的第100章总则中对应的开办项目应作为独立的工程细目单列。开办项目往往是一些一开工就要发生或开工前就要发生的项目，如工程保险、临时设施、承包人驻地建设、施工标准化等。如果将这些项目计量支付包含在其他项目清单中，将导致承包人开工时就上述款项得不到及时支付。这不仅影响合同的公平性和承包人的资金周转，而且会影响招标中预付款的数量，并且会加剧承包人的不平衡报价，并因此影响变更工程计价。
（4）计日工清单不可缺少，保证清单的灵活性。计日工清单是用来处理一些附加的或小型的变更工程计价的。清单中计日工的数量完全是由业主虚拟的。合理计日工数量的取定，可以避免承包人在投标时计日工单价填报过高。计日工清单方便了合同管理，增加了合同执行过程中清单的灵活性</td></tr>
</table>

例题解析

1. 下列有关计日工的说法正确的是( )。

A. 计日工的使用需得到监理人的书面指令,计日工可以调价

B. 计日工工资的工时应从工人到达施工现场,并开始从事指定工作算起,到返回原出发地点为止,不扣用餐和休息时间

C. 计日工单价也是一个综合单价,包括计日工劳务的基本单价及承包人的管理费、税费、利润等所用附加费

D. 计日工施工机械的租价应包括施工机械的折旧、利息、维修、保养、零配件、油燃料、保险和其他消耗品的费用以及全部有关使用这些机械的管理费、税费、利润,不包含司机与助手的劳务费等费用

答案:C

【解析】 关于选项A,计日工的使用需得到监理人的书面指令,计日工不调价;关于选项B,计日工工资的工时应从工人到达施工现场,并开始从事指定工作算起,到返回原出发地点为止,扣去用餐和休息时间;关于选项D,计日工施工机械的租价应包括施工机械的折旧、利息、维修、保养、零配件、油燃料、保险和其他消耗品的费用以及全部有关使用这些机械的管理费、税费、利润和司机与助手的劳务费等费用。

2. 下列关于工程量清单与费用项目清单的区别说法正确的是( )。

A. 工程量清单与费用项目清单在公路工程各阶段造价文件的编制中适用的阶段不同

B. 工程量清单与费用项目清单的清单子目设置的原则不一致

C. 工程量清单与费用项目清单的清单子目数量的计算原则不同。工程量清单子目对应的工程数量是按照清单工程数量计算规则计算的,不可用于计量支付的实物数量。而费用项目清单的细目仅指费用项本身

D. 工程量清单与费用项目清单的清单子目的编码原则不一致

答案:ABD

【解析】 关于选项C工程量清单与费用项目清单的清单子目数量的计算原则不同,工程量清单子目对应的工程数量是按照清单工程数量计算规则计算的,可用于计量支付的实物数量。

本节习题

Ⅰ.单项选择题

1. ( )实际就是按计量规则计算的实体项目的工程数量汇总表。

A. 工程量清单　　B. 标价的工程量清单

C. 未标价的工程量清单　　D. 经复核的工程量清单

2. 招标工程量清单的标底或最高投标限价应以( )为基础确定。

A. 批准的设计概算　　B. 批准的施工图预算

C. 施工图预算　　D. 编制的工程量清单预算

3. 在公路工程发、承包活动中，发、承包双方根据合同法、招(投)标文件及有关规定，以约定的工程量清单计价方式，签订工程承包合同时确定的工程量清单是(　　)。

A. 招标工程量清单　　B. 投标工程量清单

C. 合同工程量清单　　D. 结算工程量清单

4. 在公路实施过程中或工程完工后，发、承包双方根据有关法律、法规，按合同约定用以计算确定的最终工程价款所确定的工程量清单是(　　)。

A. 招标工程量清单　　B. 投标工程量清单

C. 合同工程量清单　　D. 结算工程量清单

5. 工程量清单的组成中(　　)对工程量清单的性质、承包人填报工程量清单的单价和合同价格的要求、计量支付的方式方法、费用计算的依据等做明确规定。

A. 工程量清单说明　　B. 投标报价说明

C. 计日工说明　　D. 说明

6. 公路工程工程量清单子目的划分应分级划分、逐层编制，编码可递延、可扩展。其编码的一级划分应按(　　)中的相关内容执行。

A.《公路工程建设项目造价文件管理导则》(JTG 3810—2017)

B.《公路工程建设项目概算预算编制办法》(JTG 3830—2018)

C.《公路工程建设项目投资估算编制办法》(JTG 3820—2018)

D. 工程量清单计算规则

7. 以下关于报价时招标文件各部分的优先次序不正确的是(　　)。

A. 合同专用条款及数据表(含招标文件补遗书中与此有关部分)优先于合同通用条款

B. 工程量清单中的工程数量(含招标文件补遗书中与此有关的部分)优先于图纸中的工程数量

C. 工程量清单中项目划分、计量与技术规范必须相结合

D. 工程量清单计量规则优先于技术规范及图纸

8. (　　)是招标文件和合同的重要组成部分，这些资料具体地规定了兴建工程的形式、内容、地质情况、结构尺寸、施工技术要求等，是投标人在拟订施工组织方案、确定施工方法以至提出替代方案和计算投标报价时必不可少的资料。

A. 通用合同条款　　B. 专用合同条款

C. 工程量清单计量规则　　D. 招标图纸

9. 对钢筋、钢板或型钢计量时，其搭接、接头套筒以及固定、定位架立钢筋等应(　　)。

A. 单独计量　　B. 不予计量

C. 一并计算并计量　　D. 由工程师指示是否计量

10. 按面积计量时，对于面积在(　　)m^2 以下的固体物(如检查井等)不予扣除。

A. 0.5　　B. 1.0　　C. 1.5　　D. 2.0

11. 水泥混凝土的计量应按监理人认可的并已完工工程的净尺寸计算，钢筋的体积不扣除，体积不超过(　　)的开孔及开口不扣除。

A. $0.01m^3$　　B. $0.02m^3$　　C. $0.03m^3$　　D. $0.04m^3$

12. 水泥混凝土的计量应按监理人认可的并已完工工程的净尺寸计算,钢筋的体积不扣除,面积不超过( )的填角部分也不增加。

A. 0.1m×0.1m B. 0.15m×0.15m C. 0.2m×0.2m D. 0.25m×0.25m

13. 土方体积可采用平均断面面积法计算,但与似棱体公式计算结果比较,如果误差超过( )时,监理人可指示采用似棱体公式。

A. ±2% B. ±3% C. ±5% D. ±6%

14. 关于路基边沟、排水沟、截水沟的土方计量,下列说法正确的是( )。

A. 工程数量包括在路基土石方中,同路基土石方一并计量

B. 作为边沟、排水沟、截水沟的附属工作,不另计量

C. 单独计量

D. 按监理工程师的指示进行

15. 某路基利用方填筑,填料石料含量为40%,则对应的子目是( )。

A. 利用土方填筑 B. 利用石方填筑 C. 利用土石混填

16. 按面积计量的路面结构层,其面积计算是按铺筑的( )。

A. 顶面面积 B. 底面面积 C. 中间层面积

17. 后张法预应力钢绞线、预应力钢筋的计量质量按( )计算。

A. 两端锚具间的理论长度

B. 两端锚具间的理论长度+锚固长度

C. 两端锚具间的理论长度+锚固长度+工作长度

Ⅱ. 多项选择题

1. 工程量清单根据在公路建设过程中订立时间、阶段的不同分为( )等类别。

A. 招标工程量清单 B. 投标工程量清单

C. 合同工程量清单 D. 结算工程量清单

E. 竣工工程量清单

2. 以下属于工程量清单的作用的是( )。

A. 是投标人公平竞争投标报价的共同基础

B. 评标的共同基础

C. 促进投标人提高技术水平和管理水平

D. 合同工程量清单是工程计量支付和中期支付的依据

E. 为费用监理提供依据

3. 工程量清单的组成包括( )。

A. 说明 B. 工程量清单表 C. 计日工明细表 D. 暂估价表

E. 工程量清单汇总表

4. 对于工程量清单,下列说法正确的是( )。

A. 工程量清单是投标报价、评标的共同基础

B. 工程量清单的工程量是投标的共同基础,是最终结算与支付的依据

C. 工程量清单中所列的工程数量是估算的或设计预计的数量,不仅作为投标报价的共

同基础,还能作为最终计算与支付的依据

D. 标有单价的工程量清单是处理工程变更计价的依据

E. 工程量清单中所列工程量的变动,不会降低或影响合同条款的效力,也不免除承包人按规定进行施工和修复缺陷的责任

5. 工程量清单表是招标工程中按章的顺序排列的各个项目表。包括(　　)。

A. 子目号　　B. 项目名称　　C. 工程数量　　D. 单价、合价

E. 定额编号

6. 按照公路工程项目的基本组成划分,公路工程工程量清单可以分为(　　)。

A. 交通土建工程工程量清单　　B. 交通机电工程工程量清单

C. 房屋建筑工程工程量清单　　D. 桥涵工程工程量清单

E. 隧道工程工程量清单

7. 计日工明细表包括(　　)。

A. 计日工劳务　　B. 计日工材料

C. 计日工施工机械　　D. 计日工汇总表

E. 计日工单价表

8. 暂估价是在工程招标阶段已经确定的材料、工程设备或工程项目,但又无法在投标时确定准确价格,而可能影响招标效果时,发包人在工程量清单中给定一个暂估价。暂估价表包括(　　)。

A. 材料暂估价表　　B. 工程设备暂估价表

C. 专业工程暂估价表　　D. 机械设备暂估价表

E. 其他工程暂估价表

9. 工程量清单汇总表是(　　)汇总相加而得出该项目的总报价。

A. 各章的工程细目表　　B. 计日工明细表

C. 暂列金额　　D. 材料、工程设备暂估价

E. 专业工程暂估价

10. 工程量清单计量规则由(　　)组成。

A. 子目号、子目名称　　B. 单位

C. 工程量计量　　D. 工程内容

E. 单价、合价

11. 以下关于工程量清单计量规则的作用说法正确的是(　　)。

A. 工程量清单计量规则是计量工程量的计算依据

B. 工程量清单计量规则确定了清单子目所包含的工作内容

C. 工程量清单计量规则对承包人完成子目工作的工艺流程、施工过程提出了具体的要求

D. 工程量清单计量规则、技术规范对承包人完成子目工作的工程质量提出了对应的质量检验标准

E. 工程量清单计量规则可以促进投标人提高技术水平和管理水平

12. 工程量清单不能单独理解,这是在使用清单时必须注意的,清单说明中已经明确指出

工程量清单应与招标文件中的(　　)一起阅读和理解。

A. 投标人须知
B. 通用合同条款
C. 专用合同条款
D. 工程量清单计量规则
E. 技术规范及图纸

13. 下列关于工程量计量规则说明中的有关内容说法正确的是(　　)。

A. 本规则的计量与支付,应与合同条款、工程量清单以及图纸同时阅读,工程量清单中的支付项目号和本规则的章节编号是一致的

B. 工程量应由承包人计算,由监理人审核。工程量计算的副本应提交给监理人并由监理人保存

C. 除合同特殊约定单独计量之外,全部必需的模板、脚手架、装备、机具、螺栓、垫圈和钢制件等其他材料,应包括在工程量清单中所列的有关支付项目中,均不单独计量

D. 监理人应严格标准计量基础工作和材料采购检验工作。沥青混凝土、沥青碎石、水泥混凝土、高强度等级水泥砂浆的施工现场必须使用电子计量设备称重。因不符合计量规定引发质量问题时,所发生的费用由承包人承担

E. 除监理人另有批准外,凡超过图纸所示的面积或体积,都不予计量与支付

14. 工程量计量规则中关于土方的计量要求说法正确的是(　　)。

A. 土方体积可采用平均断面积法计算,但与似棱体公式计算结果比较,如果误差超过 ±5% 时,监理人可指示采用似棱体公式

B. 各种不同类别的挖方与填方计量,应以图纸所示界线为限,而且应在批准的横断面图上标明

C. 用于填方的土方量,应按压实后的纵断面高程和路床面为准来计量。承包人报价时,应考虑在挖方或运输过程中引起的体积差

D. 在现场钉桩后 28d 内,承包人应将设计和进场复测的土方横断面图连同土方的面积与体积计算表一并提交监理人批准

E. 所有横断面图都应标有图题框,其大小由监理人指定。一旦横断面图得到最后批准,承包人应交给监理人原版图及三份复制图

15. 工程量清单与计量规则在编制时应遵循的原则有(　　)。

A. 计量规则和技术规范保持一致

B. 合理划分工程项目确定计量规则便于计量支付、合同管理及处理工程变更

C. 应保证合同的公平性

D. 计日工清单不可缺少,保证清单的灵活性

E. 要严格遵守国家的防震政策和有关制度,尤其是对工程造价管理的各项规定和要求

16. 招标规范中定额工程量与清单工程量的说法正确的是(　　)。

A. 定额工程量与清单工程量的区别是两者的用途和参考的计算依据不同、计算口径不同、覆盖范围不一致

B. 所有招标清单项目工程量按实际施工工程计算

C. 计算综合单价时需考虑施方案增加的工程量,但不考虑施工程中的材料损耗

D. 清单工程量,基坑开挖面积,按顶面到底面,以超出基底周边 0.5m 的竖直面为界。

17. 按照《公路工程标准施工招标文件》(2018 年版)规定,下列工程量计算规则说法正确的是(　　)。

A. 沥青路面是按顶面积来计算　　B. 平整场地是按长度计算

C. 水泥混凝土路面按立方米(m^3)计算　　D. 挖土方按天然挖方计算

18. 下列关于计日工说法正确的是(　　)

A. 计日工不计算利润

B. 计日工不能调价

C. 计日工单价也是一个综合单价包括计日工劳务的基本单价及承包人的管理费、税费利润等所用附加费

D. 计日工的单价或合同总额价一般作为工程量清单的附件包括在合同内,是由发包人在招标时根据明细表所列

本节习题答案及解析

Ⅰ. 单项选择题

1. **答案**:C

【解析】 未标价的工程量清单实际就是按计量规则计算的实体项目的工程数量汇总表。

2. **答案**:D

【解析】 招标工程量清单在项目的招投标阶段编制通常由招标人提供,招标工程量清单的标底或最高投标限价应以编制的工程量清单预算为基础确定,投标工程量清单则由投标人根据自身情况填报项目的单价、合计。

3. **答案**:C

【解析】 合同工程量清单是指在公路工程发、承包活动中,发、承包双方根据合同法、招(投)标文件及有关规定,以约定的工程量清单计价方式,签订工程承包合同时确定的工程量清单。

4. **答案**:D

【解析】 略。

5. **答案**:D

【解析】 工程量清单说明是对清单细目中不能具体表述的内容进行进一步的明确。它对工程量清单的性质、承包人填报工程量清单的单价和合同价格的要求、计量支付的方式方法、费用计算的依据等做明确规定。

6. **答案**:A

【解析】 公路工程工程量清单子目的划分应分级划分、逐层编制,编码可递延、可扩展。其编码的一级划分应按《公路工程建设项目造价文件管理导则》(JTG 3810—2017)中的相关内容执行,二级划分宜按《公路工程建设项目造价文件管理导则》(JTG 3810—2017)附录的"工程量清单子目组成及编码框架表"划分。

7. 答案:D

【解析】 略。

8. 答案:D

【解析】 略。

9. 答案:B

【解析】 钢筋、钢板或型钢计量时,应按图纸或其他资料标示的尺寸和净长计算。搭接、接头套筒、焊接材料、下脚料以及固定、定位架立钢筋等,则不予另行计量。

10. 答案:B

【解析】 除非另有规定,计算面积时,其长、宽应按图纸所示尺寸线或按监理人指示计量。对于面积在 $1m^2$ 以下的固定物(如检查井等)不予扣除。

11. 答案:C

【解析】 水泥混凝土的计量应按监理人认可的并已完工工程的净尺寸计算,钢筋的体积不扣除,倒角不超过 $0.15m \times 0.15m$ 时不扣除,体积不超过 $0.03m^3$ 的开孔及开口不扣除,面积不超过 $0.15m \times 0.15m$ 的填角部分也不增加。

12. 答案:B

【解析】 同本节“单选”题 11 解析。

13 答案:C

【解析】 略。

14. 答案:A

【解析】 略。

15. 答案:C

【解析】 石料含量小于30%为土,石料含量大于70%为石。

16. 答案:A

【解析】 略。

17. 答案:A

【解析】 略。

Ⅱ. 多项选择题

1. 答案:ABCD

【解析】 工程量清单根据在公路建设过程中订立时间、阶段的不同分为招标工程量清单、投标工程量清单、合同工程量清单、结算工程量清单等类别。

2. 答案:ABCDE

【解析】 略。

3. 答案:ABCDE

【解析】 略。

4. 答案:ABDE

【解析】 中标后含单价的工程量清单将成为合同文件的重要组成部分,是计量支付的额重要依据之一。

5. **答案**:ABCD

【解析】 工程量清单表包括子目号、项目名称、工程数量、单价、合价5项。

6. **答案**:ABC

【解析】 按照公路工程项目的基本组成划分,公路工程工程量清单可以分为三大类,分别是交通土建工程工程量清单、交通机电工程工程量清单、房屋建筑工程工程量清单。

7. **答案**:ABCD

【解析】 计日工明细表由计日工劳务、计日工材料、计日工施工机械、计日工汇总表组成。

8. **答案**:ABC

【解析】 暂估价表由材料暂估价表、工程设备暂估价表、专业工程暂估价表组成。

9. **答案**:ABC

【解析】 材料、工程设备、专业工程暂估价已包括在清单合计中,不应重复计入投标报价。

10. **答案**:ABCD

【解析】 工程量清单计量规则由子目号、子目名称、单位、工程量计量、工程内容组成。选项E为工程量清单的组成内容。

11. **答案**:ABCD

【解析】 关于选项E,工程量清单可以促进投标人提高技术水平和管理水平,并不是工程量清单计量规则。

12. **答案**:ABCDE

【解析】 略。

13. **答案**:ABCE

【解析】 关于选项B,应是承包人应严格标准计量基础工作和材料采购检验工作,而不是监理人。

14. **答案**:ABCE

【解析】 关于选项D,在现场钉桩后56d内,承包人应将设计和进场复测的土方横断面图连同土方的面积与体积计算表一并提交监理人批准。

15. **答案**:ABCD

【解析】 关于选项E,其描述的为工程造价编制的原则。

16. **答案**:AD

【解析】 略。

17. **答案**:AC

【解析】 平整场地按平方米(m^2)计算,挖土方按自然方计算。

18. **答案**:BC

【解析】 计日工是综合单价,不得调价。计日工单价包括计日工劳务的基本单价及承包人的管理费、税费利润等所用附加费。计日工是工程量清单的组成部分。

目的定额工程量直接关系到造价文件编制的准确性,对确定建设项目工程造价起着决定性的作用,因此正确确定定额工程数量是建设项目合理计价的前提。

2.答案:C

【解析】　定额工程量是经现场勘察,对设计图纸和施工组织设计阅读、理解的基础上,根据定额工程量的计算规则,综合图纸的设计工程量和施工组织方案确定的施工措施工程量(又称辅助工程量),以消耗量定额本身的项目划分及计量单位为编制单元计算出来的工程数量。由于工程计价的多阶段性和多次性,定额工程量计算也具有多阶段性和多次性,且工程量的计算过程有不同的具体内容。

3.答案:A

【解析】　清单工程量是招标人编制工程量清单时,依据施工图纸、招标文件、技术规范确定的工程数量。清单工程量一般是投标人投标报价的基准数量,是签订合同的组成部分。

4.答案:B

【解析】　合同工程量指在公路工程发、承包活动中,发、承包双方根据合同法、招(投)标文件及有关规定,以约定的工程量清单计价方式,签订工程承包合同时确定的工程量清单中填报的工程数量。合同工程量的实质是对项目实际需完成数量的预期。合同工程量与清单工程量数量是一样的,只是两者单价取定的主体和确定原则不同而已。

5.答案:C

【解析】　计量工程量是指在公路工程实施阶段按照合同约定的招(投)标文件及有关规定所确定的方法,对承包人符合上述要求的已完工程进行测量、计算、核查并确认的已完工程的实际数量。计量工程量对应对工程实施阶段项目已完工程数量的计算和确定这一环节,一个项目的计量工程量之和即工程项目的实际规模。

6.答案:D

【解析】　支付工程量指在公路工程实施阶段,对已完工程进行计量后,并按合同约定确认进行支付的计量工程量。支付工程量对应在工程实施阶段对已完工程数量进行确定支付这一环节,支付工程量之和与计量工程量之和在竣工结算时应是相同的。

7.答案:A

【解析】　定额工程量在计算过程中考虑了一定的施工方法、施工工艺和现场实际情况,而清单工程量主要计算工程实体的净量。如基坑开挖清单工程量的计算,取用原地面到基础底面间的平均高度并以超过基础底面周边0.5m的竖直面为界的棱柱体体积为计量规则计算基坑开挖的净量;而在定额工程量计算时,基坑开挖的净量仍需包括放坡及工作面等的开挖量,即包含了为满足施工工艺要求而增加的加工余量。

8.答案:B

【解析】　定额或指标均是在正常施工条件下,完成规定计量单位的符合国家技术标准、技术规范(包括设计、施工、验收等技术规范)和质量评定标准,并反映一定时间施工技术和工艺水平所必需的人工、材料、施工机械台班消耗量的额定标准。

9.答案:C

【解析】　隧道洞身工程预算定额说明中的工程量计算规则第8条"砂浆锚杆工程量为

(四)工程量清单计价

工程量清单计价知识点

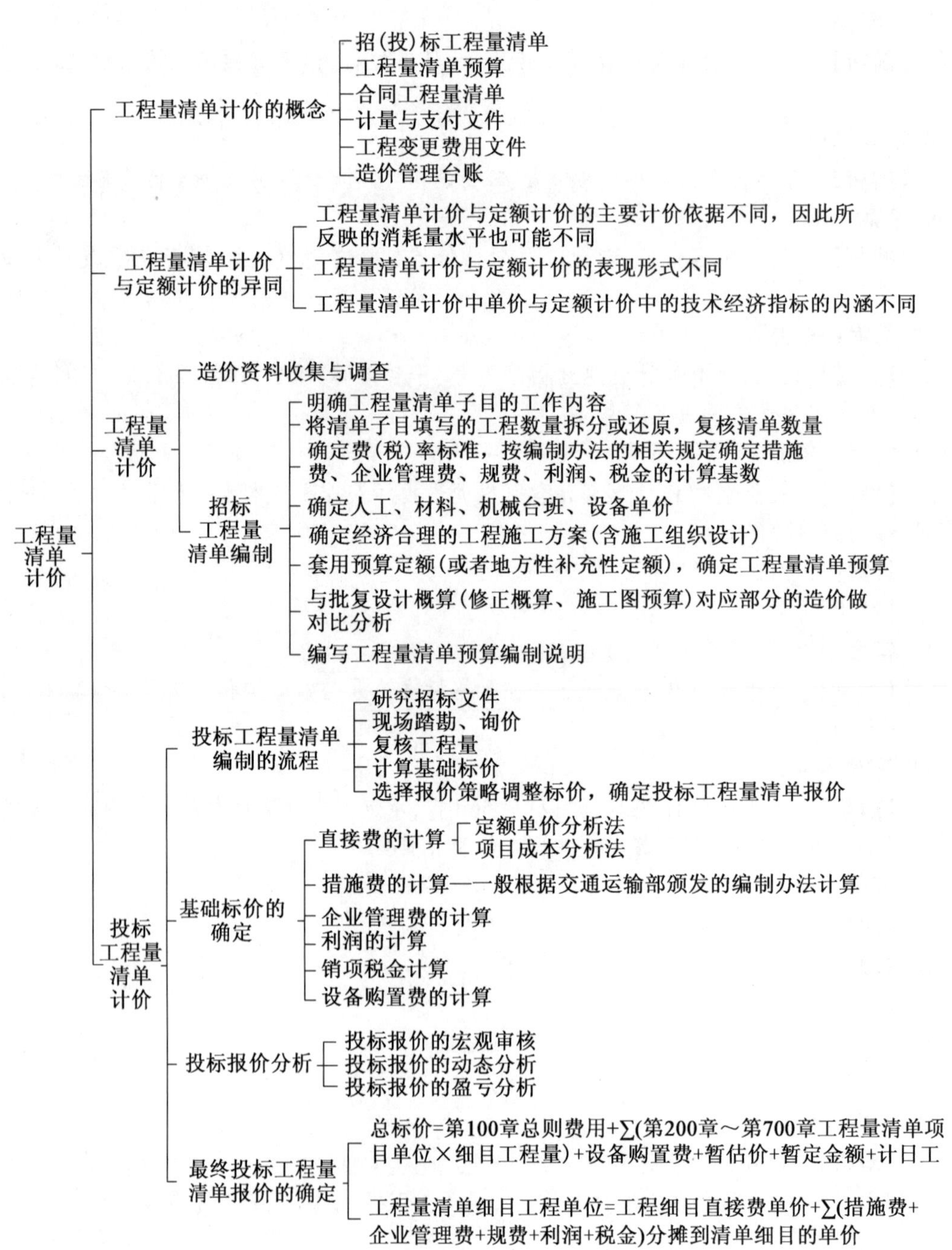

知识点集成

知识点 8:工程量清单计价

考核要求	1. 工程量清单计价的概念。 2. 工程量清单计价与定额计价的异同。 3. 工程量清单计价	此部分内容主要考核工程量清单计价的概念、工程量清单计价与定额计价的区别,工程量清单计价包括造价资料收集与调查、招标工程量清单编制

工程量清单计价相关知识表

工程量清单计价主要内容		
工程量清单计价的概念	招(投)标工程量清单	招标工程量清单是招标人在招标阶段编制的工程量清单,是招标文件的组成部分。招标工程量清单是投标人编制投标工程量清单、进行投标报价的依据。 投标工程量清单是投标企业以工程量清单为表现形式,依据招标文件约定的计量计价规则,根据市场价格和企业经营状况等因素,计算确定清单单价、合价及总价的文件。中标后,它是确定合同工程量清单的基础
	工程量清单预算	工程量清单预算是指在公路工程施工招、投标活动中,对采用工程量计价的工程,参照编制施工图预算的造价依据和方法,按规定程序,对招标工程建设所需的全部费用及其构成进行测算所确定的造价预计值。它是招标人确定招标标底或最高投标限价的依据,是评判投标报价合理性的重要依据。 工程量清单预算的编制项目划分是依据公路工程是依据招标文件的约定,参照《公路工程建设项目概算预算编制办法》(JTG 3830—2018)和配套定额,以及相应的补充造价依据进行的
	合同工程量清单	合同工程量清单是指在公路工程发、承包活动中,发、承包双方根据合同法、招(投)标文件及有关规定,以约定的工程量清单计价方式,签订工程承包合同时确定的工程量清单。合同工程量清单包括拟建工程量、单价、合计及总额。 合同工程量清单是发、承包双方进行工程计量与支付、工程费用变更、工程结算的依据。采用招标方式的工程,其合同工程量清单应根据中标价确定;不采用招标方式的工程,由承、发包双方协商确定
	计量与支付文件	计量与支付文件是指在公路工程实施阶段,对已完工程进行计量,并根据计量结果和合同约定,对应付价款进行统计和确认,用于支付工程价款而编制的文件。计量支付文件一般以规定格式的报表形式表现。 计量与支付文件是公路工程资金支付和工程结算的依据性文件。计量与支付文件应根据合同文件、工程变更、签认的质量检验单和计量工程量等资料编制
	工程变更费用文件	工程变更费用是指在公路工程实施过程中,由于工程设计、合同约定发生变化等因素导致增加或减少的费用。 发生费用变化的工程变更应编制工程变更费用文件,工程变更费用文件是评价工程变更经济合理性的依据,是编制计量与支付文件、工程结算、工程竣工决算的基础性资料。 根据工程管理的实际,工程变更费用文件可采用工程量清单形式或施工图预算形式编制。采用施工图预算形式编制的工程变更费用文件,应依据《公路工程建设项目概算预算编制办法》(JTG 3830—2018),采用公路工程预算定额及相应的补充造价依据编制;采用工程量清单形式编制的工程变更费用文件,应依据合同约定编制

续上表

<table>
<tr><td>工程量清单计价的概念</td><td>造价管理台账</td><td>造价管理台账是指在公路工程实施阶段,总体反映公路工程自初步设计至工程竣工过程中的造价变化、工程变更、合同支付以及预估决算等造价管理动态信息的台账式文件。
工程实施阶段,建设单位应组织编制造价管理台账。造价管理台账是合理控制工程投资的有效手段,其内容应反映公路工程建设项目实施期工程投资动态变化的总体情况。
造价管理台账应根据批准的初步设计概算、施工图预算、合同价、工程变更、投资进度及其他相关的造价管理信息等资料编制,并动态更新</td></tr>
<tr><td colspan="2">工程量清单计价与定额计价的异同</td><td>1. 工程量清单计价与定额计价的主要计价依据不同,因此所反映的消耗量水平也可能不同。工程量清单计价中投标单价的确定是根据施工企业自己的消耗量水平确定,而不是根据定额计算确定的。也就是说它只代表了企业本身在完成某项工作时的消耗量水平,这个消耗量水平可以比定额水平高也可以比定额水平低。此外如果投标人采用了不平衡报价策略,其单价可能在本企业实际消耗量水平的基础上又对清单子目单价进行了调整,这种调整不是定额计价模式中包含的。而采用定额计价计算顾名思义是以定额作为主要计算依据进行造价的测算,所以得到的消耗量水平就是拟定定额时的消耗量水平。在通常情况下企业为中标都会努力提高自身的生产力水平,降低消耗。由此可见工程量清单计价和定额计价两种计价模式所反映的资源的消耗量水平通常是不同的。但是在编制招标工程量清单时,通常是以定额作为主要计算依据进行编制,因此在对定额没有调整的情况下,招标工程量清单计价所体现的消耗量水平和定额计价所体现的消耗量水平是一致的。
2. 工程量清单计价与定额计价的表现形式不同。工程量清单计价以工程量清单为表现形式,以清单中的计价细目为单元进行单价的确定,且工程量清单应与招标文件中的投标人须知、通用合同条款、专用合同条款、工程量清单计量规则、技术规范及图纸一起阅读和理解。而定额计价以费用项目清单为表现形式,不与计量和支付规则对应,费用项目清单仅是在公路工程计价各阶段以表列形式展现的一种相对稳定的工程或费用的明细清单,其设置目的主要是适应标准化和信息化管理需要。
3. 工程量清单计价中单价与定额计价中的技术经济指标的内涵不同。清单计价中的单价是综合单价包括为实施和完成合同工程所需的劳务、材料、机械、质检(自检)、安装、缺陷修复、管理、保险、税费、利润等费用,以及合同明示或暗示的所有责任、义务和一般风险,此单价直接与项目的计量、支付工作对应。而定额计价中的技术经济指标则没有这种内涵,常常用来复核、检验对应费用项目的计价</td></tr>
<tr><td>工程量清单计价</td><td>造价资料收集与调查</td><td>工程量清单计价前应收集组价过程中需要的各种资料,这些资料包括:
(1)收集国家、省有关法律、法规、规章、规范性文件、技术标准(规范)。
(2)收集国家关于公路工程以及相关专业的行业造价依据以及省地方(补充性)造价依据。
(3)收集施工图(招标)设计、招标文件(含计量计价规则),以及有关(补充)资料。
(4)收集有关批复文件、会议纪要等。
(5)收集材料价格信息,调查材料市场价格,调查主要材料预算价格的计算参数等,调查工程所在地交通行业、建筑行业发布的材料价格信息,调查工程所在材料市场的价格信息,调查工程所在地的主要地方材料的料场分布、供应量、供应价格以及运距、运费标准、装卸次数、装卸费标准、保管费标准等。
(6)收集设备价格信息,调查设备市场价格,调查主要设备预算价格的计算参数等。
(7)收集工程施工方案(含施工组织设计)。
(8)调查借土、弃土(渣)的有关造价计算参数,根据调查借、弃土场位置,借土用量,借、弃土运距,隧道洞渣弃、利用量,借土资源费标准,建筑垃圾消纳量、运距、消纳费标准以及水土保持恢复措施。
(9)调查临时工程的有关造价计算参数,根据初步设计和施工图设计文件的不同深度要求,调查临时工程(便道、便桥、栈桥、码头、电缆、电力线路和变压器、用水、预制场、拼装场及拌和站等)的位置、规模及临时用地规模。
(10)调查辅助施工措施的有关造价计算参数,根据设计文件的不同深度要求,调查辅助设施(支架、基础、立柱、平台、导梁、门架等)的种类、形式及用量。
(11)调查建设环境、施工条件、交通运输条件、市场行情等。
(12)调查应用新设计、新工艺、新材料、新设备等的工程相关成本资料。
(13)收集有关经济性合同、协议以及实际发生费用等。
(14)收集有关造价指标(费用)、历史数据等</td></tr>
</table>

续上表

工程量清单计价	招标工程量清单编制	1. 明确工程量清单子目的工作内容。工程量清单中计价工程细目的综合程度较高,其名称对应的工作内容往往只是该计价细目的主体工作而不是全部工作,因此组价的第一步应对应《公路工程标准施工招标文件》(2018 年版)的工程计量、工程内容、技术规范等内容确定该清单子目的全部工作,进而确定该套用哪些定额进行组价。如第 204 节填方路基的 204-1-a 利用土方子目以利用土方的压实为主要工作。招标文件中描述的子目工程内容包括:基底翻松、压实、挖台阶;临时排水、翻晒;分层摊铺;洒水、压实、刷坡;整型的全部工作。由此可见除了选择土方压实外与压实工作相关的其他内容如:翻松、压实、挖台阶、洒水、刷坡、整型等工作内容均应在此子目中组价,而这些工作均不包含在压实定额中,需要单独套用相应定额计价。由此可见通常情况下清单计价工程细目、预算定额子目、图纸中的设计工程量细目之间的工作内容综合程度关系如下: 清单计价细目≥预算定额子目≥设计图纸细目 明确工程量清单子目的工作内容,确定需要计价的定额子目,保证在造价计算过程中不重不漏。 2. 将清单子目填写的工程数量拆分或还原,复核清单数量。工程量清单中填写的工程数量是根据图纸和中的工程细目划分原则,依据工程量“计量与支付”规则按“成品、实体、净量”的原则将图纸中比较细的数量这个汇总编制而成的。因此,对子目组价应先将清单中的工程细目还原,找到计价细目与图纸设计工程量之间的关系,复核清单数量是否正确,并将工程量调整套用工程定额的程度。对计量工程数量的拆分以达到能够套用消耗量定额计价为标准。 工程量拆分的目的是对每个计价细目进行单价分析时列算需套用定额的定额工程量,这个工程量既包括在图纸设计基础上综合得到的工程实体工程量,又包括计价范围内必要的不能单独计量的施工措施工程量。 同样以第 204 节填方路基的 204-1-a 利用土方子目为例,该子目的计量工程数量为压实方总量,需计量的压实方数量应包括: (1)路基土石方数量表中的利用土方数量。 (2)清除表土或零填方地段的基底压实、耕地填前夯(压)后,回填至原地面高程所需的土石方数量。 (3)路基沉陷需增加填筑的土、石方数量。 首先,要将需计量的压实方数量在相应图纸中找到,并相加复核,确定清单中填写的子目数量是否正确。需要注意的是该子目中路基压实定额的定额工程数量却通常比其计量数量大,这是因为该子目的计价数量还包括路基加宽需增加的土方数量,这个数量需要计价但不是清单的计量工程量,这种情况就是我们常说的计价不计量。其次,还需在图纸中还原该子目中不单独计量的其他工作对应定额的定额工程量,如:翻松、挖台阶、洒水、刷坡、整型等工作的工程数量,为套用定额做准备。 3. 确定费(税)率标准,按编制办法的相关规定确定措施费、企业管理费、规费、利润、税金的计算基数。 4. 确定人工、材料、机械台班、设备单价。 5. 确定经济合理的工程施工方案(含施工组织设计)。施工措施方案的选择因项目特征不同而不同,且措施项目不直接构成工程实体,其数量在设计图纸的工程数量表中也往往没有,需要造价人员自己或与设计人员共同计算确定。因此,确定经济合理的工程施工方案是合理计价的重点也是难点。常见的为计算施工措施类费用所需计量数量的项目,如路基宽填、钢护筒、钢板桩、钢围堰、桩基工作平台、施工挂篮、桥梁支架、预制底座、吊装设备等。 6. 套用预算定额(或者地方补充性定额),确定工程量清单预算。摘取统计与工序及预算定额相对应的工程数量;选取预算定额、输入工程量、取定工程类别并进行必要的调整;计算建筑安装工程费用。 7. 与批复设计概算(修正概算、施工图预算)对应部分的造价做对比分析。编制项目最高投标限价或控制价,需要注意的是最高限价应控制在批复概算以内,若项目分几个标段编制最高限价应汇总后和批复概算作对比,且需注意各个标段对应子目的单价应均衡合理。 8. 编写工程量清单预算编制说明。说明内容应包括编制依据、工程类别、取费标准、材料价格来源、选用的施工方案等内容

知识点9:投标工程量清单计价

考核要求	1. 投标工程量清单编制的流程。 2. 基础标价的确定。 3. 投标报价分析。 4. 最终投标工程量清单报价的确定	此部分内容主要考核投标工程量清单编制的流程、基础标价的确定、投标报价的分析、最终投标工程量清单报价的确定,包括研究招标文件、现场踏勘、询价、复核工程量、计算基础标价、选择报价策略调整标价,确定投标工程量清单报价、投标报价的宏观审核、投标报价的动态分析等

投标工程量清单相关知识表

投标工程量清单计价主要内容			
投标工程量清单编制的流程	研究招标文件		在取得招标文件后,为保证投标工程量清单报价的合理性,应对招标文件进行研究,主要对投标人须知、合同条款、技术规范、图纸和工程量清单等重点内容进行分析,正确理解招标人的意图
	现场踏勘、询价		投标人拿到招标文件后,应该进行现场踏勘,现场踏勘的内容主要包括工程的范围、性质以及与其他工程之间的关系;现场地貌、地质、水文、气候、交通、电力、水源等情况,有无障碍物等;进出现场的方式,料场开采条件,资源配置条件等。为了更合理地报价,对人工、材料、施工机械等进行询价
	复核工程量		招标工程量清单中的工程数量,投标人不能擅自修改。复核工程量是否正确,将直接影响投标报价。可根据复核后的工程量与招标文件提供的工程量之间的差距,考虑相应的投标策略,确定投标工程量清单报价
	计算基础标价		按相关规则计算直接费、设备购置费、待摊费等费用,确定项目基础标价
	选择报价策略调整标价,确定投标工程量清单报价		根据收集的投标信息资料研究竞争对手,选择报价策略,确定最终报价
基础标价的确定	直接费的计算	定额单价分析法	定额单价分析法是我国投标人员常用的方法,它与编制工程概、预算的方法大致相同,即按照招标文件的工程量清单所列工程细目,依据招标文件、交通运输部发布的有关公路基本建设工程的相关法规、文件、概预算定额及当地政府发布的有关补充定额和规定,结合投标施工组织设计,套用合理的定额、分析实际的工、料、机单价,完成该工程细目的直接费(即根据定额计算的工程细目直接费)计算。 定额单价分析法计算直接工程费的步骤如下: (1)分析确定工程量清单所列细目所包含的工作内容和相关要求。 (2)分析工、料、机单价。 (3)选用与工作内容相适应的工、料、机消耗定额。 (4)计算直接工程费。 定额单价分析法计算的直接费,一般是在正常的施工条件和合理的施工组织下计算。优点是计算方法比较规范、便于使用计算机,但缺点是各工程细目的人工和机械台班消耗是分别计算的,对各工程细目之间的相互关系,人员和机械的合理调配问题没有考虑。也就是说,按定额单价法计算的直接费与整个工程的施工安排以及工期的要求没有必然的联系。由于工期要求不同,人员和机械配备的数量就不同,而不同的机械数量,又会导致人工和机械的利用率不同,从而影响施工成本。 为了克服定额单价分析法存在的缺陷,使分项工程单价计算更接近实际,可采用项目成本法进行校核和决策

续上表

基础标价的确定	直接费的计算	项目成本分析法	项目成本分析法的劳务费用根据企业颁发的类似项目劳务分包单价与各清单细目所涉及的各工序数量之积;材料费计算与定额单价分析法基本相同,但施工措施与施工辅助结构(如模板及支架费,水上施工的筑岛、钢平台及围堰等)费用根据施工组织设计中确定的数量进行计算费用,钢构件的摊销量和回收量也应根据施工组织设计确定;机械费是根据投标施工组织设计、施工进度计划和工程量,计算每道工序需要配置的机械数量,机械使用费按照该机械在本工序的利用率确定。 在缺乏以往报价资料和经验的情况下,为了慎重起见,先按定额单价分析法计算直接工程费,再按项目成本分析法计算直接工程费,两者进行比较后再进行调整,确定最后报价
基础标价的确定	措施费的计算		措施费的计算,一般根据交通运输部发布的编办计算
	企业管理费的计算		企业管理费计算,在国内编制工程概、预算时往往以直接费的百分率计算,在工程投标中所包含内容与标书工程量的分项有关,而且与工程规模、特点以及地区经济条件有关。用百分率取费的办法往往与实际偏离较大,特别是在竞争激烈,需要精打细算时更不适用。因而,在公路工程施工中,一般都要逐项据实计算
	利润的计算		根据投标单位掌握的招投标信息、自身管理水平和施工能力、投标战略及竞争对手的实力以及投标项目的规模和施工难易程度、缺陷责任期长短、合同包含的风险等因素决策利润率的计算
	销项税金计算		销项税金指国家税法规定应计入建筑安装工程造价的增值税销项税额,结合税收管理水平及能抵扣的进项确定列入工程量清单细目单价的税额
	设备购置费的计算		设备购置费是指满足公路初期运营、管理需要购置的构成固定资产标准的设备和低于固定资产标准但属于设计明确列入设备清单的设备费用,包括渡口设备,隧道照明、消防、通风的动力设备,公路收费、监控、通信、路网运行监测、供配电及照明设备等。 设备购置费包括设备原价、运杂费、运输保险费、采购及保管费,各种税费按编制期有关部门的规定计算
投标报价分析	投标报价的宏观审核		投标报价的宏观审核是依据长期的工程实践中积累的大量的经验数据,用类比的方法,从宏观上判断初步计算标价的合理性。可采用下列宏观指标和评审方法。 (1)首先应当分项统计计算书中的汇总数据,并计算其比例指标。 (2)通过对各类指标及其比例关系的分析,从宏观上分析标价结构的合理性。例如,分析总直接费和总的管理费比例关系,劳务费和材料费的比例关系,临时设施和机具设备费与总的直接费用的比例关系,利润、流动资金及其利息与总标价的比例关系等。承包过类似工程的有经验的承包人不难从这些比例关系中判断标价的构成是否基本合理。如果发现有不合理的部分,应当初步探讨其原因。首先研究拟投标工程与其他类似工程是否存在某些不可比因素,如果考虑了不可比因素的影响后,仍存在不合理的情况,就应当深入探讨其原因,并考虑调整某些基价、定额或分摊系数。 (3)探讨上述人均月产值和人均年产值的合理性和实现的可能性。如果从本公司的实践经验角度判断这些指标过高或过低,就应当考虑所采用定额的合理性。 (4)参照同类工程的经验,扣除不可比因素后,分析单位工程价格及用工、用料量的合理性。 (5)从上述宏观分析得出初步印象后,对明显不合理的标价构成部分进行微观方面的分析检查。重点是在提高工效、改变施工方案、降低材料设备价格和节约管理费用等方面提出可行措施,并修正初步计算标价

续上表

<table>
<tr>
<td rowspan="2">投标报价分析</td>
<td>投标报价的动态分析</td>
<td>投标报价的动态分析是假定某些因素发生变化,测算标价的变化幅度,特别是这些变化对计划利润的影响。
(1)工期延误的影响。由于承包人自身的原因,如材料设备交货拖延、管理不善造成工程延误、质量问题造成返工等,承包人可能会增大管理费、劳务费、机械使用费以及占用的资金及利息,这些费用的增加不可能通过索赔得到补偿,而且还会导致误期赔偿。一般情况下,可以测算工期延长某一段时间,上述各种费用增大的数额及其占总标价的比率。这种增大的开支部分只能用风险费和计划利润来弥补。因此,可以通过多次测算,得知工期拖延多久,利润将全部丧失。
(2)物价和工资上涨的影响。通过调整标价计算中材料设备和工资上涨系数,测算其对工程计划利润的影响。同时切实调查工程物资和工资的升降趋势和幅度,以便作出恰当判断。通过这一分析,可以得知投标计划利润对物价和工资上涨因素的承受能力。
(3)其他可变因素影响。影响投标报价的可变因素很多,而有些是投标人无法控制的,如贷款利率的变化、政策法规的变化等。通过分析这些可变因素的变化,可以了解投标项目计划利润的受影响程度</td>
</tr>
<tr>
<td>投标报价的盈亏分析</td>
<td>初步计算标价经过宏观审核与进一步分析检查,可能对某些分项的单价做必要的调整,然后形成基础标价,再经盈亏分析,提出可能的低标价和高标价,供投标报价决策时选择。盈亏分析包括盈余分析和亏损分析两个方面。
盈余分析是从标价组成的各个方面挖掘潜力、节约开支,计算出基础标价可能降低的数额,即所谓“挖潜盈余”,进而算出低标价。盈余分析主要从下列几个方面进行:
(1)定额和效率,即工料、机械台班消耗定额以及人工、机械效率分析。
(2)价格分析,即对劳务、材料设备、施工机械台班(时)价格三方面进行分析。
(3)费用分析,即对管理费、临时设施费等方面逐项分析。
(4)其他方面,如流动资金与贷款利息,保险费、维修费等方面逐项复核,找出有潜可挖之处。
考虑到挖潜不可能百分之百实现,尚需乘以一定的修正系数(一般取 0.5 ~ 0.7),据此求出可能的低标价,即:
低标价 = 基础标价 - 挖潜盈余 × 修正系数
亏损分析是分析在计算标价时由于对未来施工过程中可能出现的不利因素考虑不周和估计不足,可能产生的费用增加和损失。主要从以下几个方面分析:
(1)人工、材料、机械设备价格。
(2)自然条件。
(3)管理不善造成质量、工作效率等问题。
(4)建设单位、监理工程师方面问题。
(5)管理费失控。
以上分析估计出的亏损额,同样乘以修正系数(0.5 ~ 0.7),并据此求出可能的高标价。即:
高标价 = 基础标价 + 估计亏损 × 修正系数</td>
</tr>
<tr>
<td>最终投标工程量清单报价的确定</td>
<td colspan="2">最终投标工程量清单报价是将本工程全部费用(基础标价)按照工程量清单格式计算的标价。它是在内部标价计算的基础上,经过分析、组合、分配后对外做出的最终报价。
总标价 = 第 100 章总则费用 + Σ(第 200 ~ 700 章工程量清单细目单价 × 细目工程量) + 设备购置费 + 暂估价 + 暂定金额 + 计日工。
工程量清单细目工程单价 = 工程细目直接费单价 + Σ(措施费 + 企业管理费 + 规费 + 利润 + 税金)分摊到清单细目的单价</td>
</tr>
</table>

例题解析

1. 下列关于招标工程量清单编制说法正确的是(　　)。

A. 明确工程量清单子目的工作内容,确定需要计价的定额子目,保证在造价计算过程中不重不漏

B. 将清单子目填写的工程数量拆分或还原,复核清单数量

C. 确定经济合理的工程施工方案。施工措施方案的选择因项目特征不同而不同,且措施项目直接构成工程实体,其数量在设计图纸的工程数量表中往往没有,需要造价人员自己或与设计人员共同计算确定。常见的计算施工措施类费用所需的数量的项目如路基宽填、钢护筒、钢板桩、钢围堰、桩基工作平台、施工挂篮等

D. 套用预算定额(或者地方补充性定额),确定工程量清单预算

E. 与批复设计概算(修正概算、施工图预算)对应部分的造价做对比分析,编写工程量清单预算编制说明

答案:ABDE

【解析】 施工措施方案的选择因项目特征不同而不同,且措施项目不直接构成工程实体,其数量在设计图纸的工程数量表中也往往没有。

本节习题

Ⅰ.单项选择题

1. (　　)是招标人确定招标标底或最高投标限价的依据,是评判投标报价合理性的重要依据。

A. 招(投)标工程量清单　　B 工程量清单预算

C. 合同工程量清单　　D. 计量与支付文件

2. 总体反映公路工程自初步设计至工程竣工过程中的造价变化、工程变更、合同支付以及预估决算等造价管理动态信息的是(　　)。

A. 造价管理台账　　B. 合同工程量清单

C. 计量与支付文件　　D. 工程量清单预算

3. 在编制投标单价时,通常以定额作为主要计算依据进行编制,对定额的消耗水平调整正确的是(　　)。

A. 只能调高　　B. 只能调低

C. 不能调整　　D. 根据企业自身的消耗量水平确定

4. 下列关于工程量清单计价与定额计价的异同说法错误的是(　　)。

A. 工程量清单计价与定额计价的主要计价依据不同,因此所反映的消耗量水平也可能不同

B. 工程量清单计价与定额计价的表现形式不同

C. 工程量清单计价与定额计价采用的人、材、机单价不同

D. 工程量清单计价中单价与定额计价中的技术经济指标的内涵不同

5. 从工作内容的综合程度上考虑,清单计价细目、预算定额子目、设计图纸细目的关系是(　　)。

A. 清单计价细目≥预算定额子目≥设计图纸细目

B. 设计图纸细目≥预算定额子目≥清单计价细目

C. 预算定额子目≥预算计价细目≥设计图纸细目

D. 预算计价细目≥设计图纸细目≥预算定额子目

6. 在编制投标工程量清单时,直接工程费的计算一般采用定额单价分析法进行计算,采用(　　)进行校核和决策。

A. 工程量清单单价分析法　　B. 项目成本法

C. 综合单价分析　　D. 基础标价分析法

Ⅱ. 多项选择题

1. 以下哪些属于项目实施阶段的造价文件(　　)。

A. 招(投)标工程量清单　　B. 合同工程量清单

C. 计量与支付文件　　D. 工程变更费用文件

E. 造价管理台账

2. 工程量清单计价前应收集组价过程中需要的各种资料,这些资料包括(　　)。

A. 收集施工图(招标)设计、招标文件(含计量计价规则),以及有关(补充)资料

B. 收集材料价格信息,调查材料市场价格

C. 收集设备价格信息,调查设备市场价格,调查主要设备预算价格的计算参数等

D. 调查建设环境、施工条件、交通运输条件、市场行情等

E. 调查应用新设计、新工艺、新材料、新设备等的工程相关成本资料

3. 投标人拿到招标文件后,应该进行现场踏勘,现场踏勘的内容主要包括(　　)。

A. 工程的范围、性质以及与其他工程之间的关系

B. 现场地貌、地质、水文、气候、交通、电力、水源等情况,有无障碍物等

C. 进出现场的方式、料场开采条件、资源配置条件等

D. 为了更合理的报价,对人工、材料、施工机械等进行询价

E. 按相关规则计算直接费、设备购置费、待摊费等费用

4. 以下关于项目成本分析法说法正确的是(　　)。

A. 劳务费用根据企业颁发的类似项目劳务分包单价与各清单细目所涉及的各工工序数量之积确定

B. 材料费计算与清单单价分析法基本相同

C. 施工措施与施工辅助结构(如模板及支架费,水上施工的筑岛、钢平台及围堰等)费用根据施工组织设计中确定的数量进行计算费用,钢构件的摊销量和回收量也应根据施工组织设计确定

D. 机械费是根据投标施工组织设计、施工进度计划和工程量,计算每道工序需要配置的机械数量,机械使用费按照该机械在本工序的利用率确定

E. 在缺乏以往报价资料和经验的情况下,为了慎重起见,先按定额单价分析法计算直接工程费,再按项目成本分析法计算直接工程费,两者进行比较后再进行调整,确定最后报价

5. 对投标报价的分析评估包括( )。

A. 投标报价的宏观审核　　B. 投标报价的动态分析

C. 投标报价的盈亏分析　　D. 投标报价与预算的对比分析

E. 投标报价与项目成本的对比分析

6. 投标报价亏损分析是分析在计算标价时由于对未来施工过程中可能出现的不利因素考虑不周和估计不足,可能产生的费用增加和损失,主要从( )分析。

A. 人工、材料、机械设备价格　　B. 自然条件

C. 管理不善造成质量、工作效率等问题　　D. 建设单位、监理工程师方面问题

E. 管理费失控

7. 工程变更费用文件可采用( )。

A. 工程量清单　　B. 施工图预算　　C. 工程概算　　D. 工程竣工结算

本节习题答案及解析

Ⅰ. 单项选择题

1. **答案:**B

【解析】 工程量清单预算是指在公路工程施工招、投标活动中,对采用工程量计价的工程,参照编制施工图预算的造价依据和方法,按规定程序,对招标工程建设所需的全部费用及其构成进行测算所确定的造价预计值。它是招标人确定招标标底或最高投标限价的依据,是评判投标报价合理性的重要依据。

2. **答案:**A

【解析】 造价管理台账是指在公路工程实施阶段,总体反映公路工程自初步设计至工程竣工过程中的造价变化、工程变更、合同支付以及预估决算等造价管理动态信息的台账式文件。

3. **答案:**D

【解析】 工程量清单计价中投标单价的确定是根据施工企业自己的消耗量水平确定,而不是根据定额计算确定的。

4. **答案:**C

【解析】 工程量清单计价与定额计价的主要计价依据不同,工程量清单计价与定额计价的表现形式不同,工程量清单计价中单价与定额计价中的技术经济指标的内涵不同。

5. **答案:**A

【解析】 通常情况下清单计价工程细目、预算定额子目、图纸中的设计工程量细目之间的工作内容综合程度关系如下:清单计价细目≥预算定额子目≥设计图纸细目。

6. **答案:**B

【解析】 为了克服定额单价分析法存在的缺陷,使分项工程单价计算更接近实际,可

采用项目成本法进行校核和决策。

Ⅱ.多项选择题

1. **答案**:ABCDE

【解析】 根据交通运输部发布的《公路工程建设项目造价文件管理导则》(JTG 3810—2017),工程量清单计价属于项目实施阶段的造价文件编制,其组成如下:招(投)标工程量清单;工程量清单预算;合同工程量清单;计量与支付文件;工程变更费用文件;造价管理台账。

2. **答案**:ABCDE

【解析】 造价资料收集与调查。工程量清单计价前应收集组价过程中需要的各种资料,这些资料参见教材第370页。

3. **答案**:ABCD

【解析】 现场踏勘的内容主要包括工程的范围、性质以及与其他工程之间的关系;现场地貌、地质、水文、气候、交通、电力、水源等情况,有无障碍物等;进出现场的方式、料场开采条件、资源配置条件等。而按相关规则计算直接费、设备购置费、待摊费等费用是确定项目基础标价。

4. **答案**:ACDE

【解析】 劳务费用根据企业颁发的类似项目劳务分包单价与各清单细目所涉及的各工序数量的乘确定;材料费计算与定额单价分析法基本相同,施工措施与施工辅助结构(如模板及支架费,水上施工的筑岛、钢平台及围堰等)费用根据施工组织设计中确定的数量进行计算费用。

5. **答案**:ABC

【解析】 投标报价分析评估从以下几个方面进行:投标报价的宏观审核;投标报价的动态分析;投标报价的盈亏分析。

6. **答案**:ABCDE

【解析】 投标报价的亏损分析主要从人工、材料、机械设备价格;自然条件;管理不善造成质量、工作效率等问题;建设单位、监理工程师方面的问题;管理费失控等方面进行分析。

7. **答案**:AB

【解析】 工程变更费用文件可采用工程量清单形式或施工图预算形式编制。采用施工图预算形式编制的工程变更费用文件,应依据《公路工程建设项目概算预算编制办法》(JTG 3830—2018),采用公路工程预算定额及相应的补充造价依据编制;采用工程量清单形式编制的工程变更费用文件,应依据合同约定编制。